KB016265

제국의 관문

개항장도시의 식민지 근대

부산대학교 한국민족문화연구소 로컬리티 연구총서 30

제국의 관문 개항장도시의 식민지 근대

초판 1쇄 발행 2017년 4월 25일

지은이 | 오미일
펴낸이 | 윤관백
펴낸곳 | 도서출판 선인

등 록 | 제5-77호(1998.11.4)
주 소 | 서울시 마포구 마포대로4다길 4(마포동 324-1) 곶마루빌딩 1층
전 화 | 02)718-6252 / 6257
팩 스 | 02)718-6253
E-mail | sunin72@chol.com
Homepage | www.suninbook.com

값 40,000원

ISBN 979-11-6068-081-2 93910

이 저서는 2007년 정부(교육과학기술부)의 재원으로 한국연구재단의 지원을 받아 연구되었음(NRF-2007-361-AL0001).

부산대학교 한국민족문화연구소
로컬리티 연구총서 30

제국의 관문

개항장도시의 식민지 근대

Colonial Modernity of Open Port City as a Gateway of Empire

오미일

도서출판 선인

책을 내며

'소설 자본론'이라 할 『강철군화』의 저자 잭 런던(Jack London)은 이 책이 출간되기 4년 전 러일전쟁 때 특파원으로 일본군 종군기자로 조선을 방문한 적이 있다. 그때 보고 들은 견문록을 모아 사후에 불어판으로 발간한 것이 『조선사람 엿보기』(La Corée En Feu, 1982)이다. 잭 런던의 조선 관찰은 전형적인 제국주의자의 시각이고 백인종의 편견을 그대로 드러낸다. 그가 밑바닥 노동자 출신의 사회주의자였기에, 이교도를 야만인으로 규정했던 선교사의 견문기와는 다를 것이라고 생각했기에, 그 내용은 다소 충격적이고 곤혹스러웠던 것으로 기억된다. 그러나 19세기 서양의 사회주의자도 무력에 의한 영토 확장에 반대했을 뿐, 식민주의자나 선교사와 마찬가지로 '문명화'의 사명을 시대정신으로 받아들였다.

마르티니크 섬 출신의 탈식민주의자 에메 세제르(Aime Césaire)가 신랄하게 비판하듯이, 인종적 우월감으로 가득 찬 식민주의자들은 식민지의 토착주민들을 짐승으로 취급하고 잔인하게 고문하고 학살함으로써 비인간화되었고 오히려 저열한 야만인이 되었다. 폭압적이고 비인간적인 식민지배에 분노하고 저항한 식민지 민중들은 도덕적으로 훨씬 우위에 있었다.

인천지역 신문인 『조선신보』의 기자 시오자키(鹽崎誓月)가 쓴 『최신의 한반도』(1906, 도쿄)에는 '노탐한인(露探韓人)의 교살(絞殺)'이란 사진이 실려 있다. 러일전쟁 때 한국인들이 지켜보는 가운데, 일본 군인들이 러시아 밀정인 한국인 남자를 교수형에 처하는 장면이다. 흐릿한 사진이지만, 백여 년 전 세상을 마감한 한 남자의 원통함이 시공을 넘어 전해져 오는 듯하다.

이 책의 맨 앞에 나와 있는, 갓을 쓰고 도포를 입고 오른손에 장죽을 쥐고 포즈를 취한 '한복을 입은 저자'는 서문에서 이렇게 쓰고 있다. "아 전후(戰後: 러일전쟁 후－필자)에 조선은 대화민족이 팽창 발전할 천지(天地)이다. 현해탄 저쪽에 건전한 신일본의 건설을 볼 수 있는 날은 언제일까? 가자 가자 최신의 한반도로."

그런데 죽은 남자는 왜 러시아 밀정이 되어야 했을까? 러일전쟁 때 북부 지방은 청일전쟁에 이어, 한번은 러시아군이 한번은 일본군이 들어와 전쟁의 참화를 겪어야 했다. 한국인들은 국가가 보호하지 못하는 가족을 지키기 위해 러시아의 지원으로 항일의병대를 조직하거나, 반대로 일본군의 승리를 위해 종군해야 했다. 제국주의 열강의 전쟁 속에, 한국인이 생존을 위해 택할 수 있는 방법은 많지 않았다. 산으로 피신하거나 아니면 러시아 군대의 밀정이 되거나 혹은 일본 군대의 앞잡이가 되거나.

한국인 여자는 더한 고통을 겪었다. 대표적인 예로 러일전쟁 때 회령 인근에 주둔했던 러시아 군대는 점령 후 한국 남자들을 내쫓고 한국 여자들을 유린했다. 몇 달 후 일본 군대가 진격하면서 러시아 군대는 퇴각했고, '강제야합'의 결과 혼혈아 수십 명이 태어났다. 이들이 성장하여 출가할 나이가 되자, 조선에서는 혼처를 구할 수 없어 결국 블라디보스톡이나 우쑤리강 지방으로 떠나간다는 비화가 1927년 6월 조선일보 기사에 실려 있다.

북핵 문제와 고고도미사일방어체계(THAAD)를 둘러싼 긴장된 정세에서 보듯이, 한반도는 여전히 정전(停戰) 상태로 열강의 틈바구니에 있다. 이것이 제국주의 전쟁과 식민주의를 과거의 일로 망각할 수 없는 이유이다.

나라 안팎으로 '역사전쟁'이다. 밖으로는 일본의 역사왜곡과 우익교과서문제, 안으로는 국정교과서문제. 미셸 푸코에 의하면, 17세기 유럽에서 절대왕조와 부르주아 연합에 의해 권력에서 밀려난 귀족들은 역사의 주제와 주체로 '국가'를 대신하여 '사회'를 내세우며 왕권을 공격했다. 프랑스 대혁명 전후 역사는 다시 부르주아에 의해 권력 장악의 무기가 되었으니, 그들은 '민족'이란 중심 개념으로 역사를 서술했다.

마찬가지로 일본 제국주의자들은 식민지배를 정당화하기 위해 임나일본부설, 정체성론, 일선동조론(日鮮同祖論) 등을 이론화하고 전파했다. 역사는 권력관계에 의해 각 세력(계급) 혹은 종족(민족)의 정당성과 지위를 부각하기 위한 의도로 서술되어 온 것이다.

해방 후 70여 년이 지났지만 여전히 식민주의의 뿌리는 깊다. 위안부문제는 현재의 뜨거운 화두다. 식민주의의 야만성과 폭압성은 저들에게만 부메랑으로 돌아간 것이 아니며, 우리 사회 내부에도 각인으로 유산으로 남아 있다. 이러한 문제의 근원은 식민주의를, 식민지의 역사를 잊어버리고 싶은 기억으로 혹은 지우고 싶은 치욕으로 덮어버리고 제대로 성찰하지 못했기 때문이 아닐까?

잭 런던의 예에서 보듯이, 야만과 문명의 척도 혹은 인종적 편견은 바로 공간적(지리적) 입지에서 결정된다고 할 수 있다. 발화자(發話者)의 시각 혹은 가치관에 공간적 입지가 미치는 영향이 얼마나 중요한지 깨닫게 된다. 비틀어 말하면 비판과 담론에서는 탈중심화된 국지적 성향(로컬리티)이 중요하다는 의미이다. '유럽을 지방화하기'가 주창되는 것도 이러한 맥락에서일 것이다.

오늘날 자본주의의 전지구화 추세에 따라, 그에 대응하는 비판 담론도 전지구적이고 포괄적이며 총체적이다. 그러나 담론은 사회의 현실과 미래를 조망하는 정치적 사회적 기획이며, 따라서 각 사회의 역사와 경험주의에 기초해야 공감되고 확산되는 것이라고 생각한다. 로컬리티 역사연구는 단일역사 지향의 '국가사' '민족사', 권력 장악과 역사적 부상을 기획하는 집단·세력에 의한 '새로운 역사'(New History)의 대안을 지향한다. 그리고 언제나 단일화된 대문자 '역사', 배타적이고 단선적인 역사의 대안으로 로컬 (히)스토리를 제안한다.

로컬 히스토리는 '지금, 여기'의 생활세계인 소사회(小社會)에 연결된 과거를 제대로 마주보고 성찰하는 것이다. 칼 마르크스가 이야기하듯이, "인간은 스스로 선택한 환경 하에서가 아니라 과거로부터 곧바로 맞닥뜨리게 되거나 그로부터 조건지워지고, 넘겨받은 환경 하에서 역사를 만들어가는 것이다. 모든 죽은 세대들의 전통은 악몽과도 같이 살아 있는 세대의 머리를 짓누르고 있다"(『루이 보나빠르트의 브뤼메르 18일』). 로컬 히스토리는 식민주의의 '문명'에 의해 '미개'로 낙인찍혀 뿌리 뽑힌 본래의 토착사회와 그것이 어떤 과정으로 부서지고 파편화되어 갔는지 이른바 '문명화'(근대화) 과정에 관한 기록이기도 하다.

'로컬리티의 인문학' 아젠다 연구를 시작한 지 어느덧 채 십 년이 되어 간다. 십 년이면 강산이 바뀌고, 서당개도 삼 년이면 풍월을 읊는다고 했던가? 처음 길을 내는 것은 쉽지 않았지만, 이제 두 개의 길을 내고 있는 중이다. 이 책은 그 하나의 작은 길이다.

로컬리티 역사연구의 대상으로 개항장도시를 택한 이유는 현대 한국 사회체제의 기원이라고 할 '문명화'가 시작된 역사공간이기 때문이다. 개항장은 서양 문물과 사조가 유입되는 세계자본주의체제의 투입구였다. 이곳으로부터 확산된 자본주의 경제와 서구 사조는 점차 전통사회의 정치경제제도를 균열시키고 사회체제를 해체시키는 단서로 작용했다.

현대 한국사회에서 여전히 작동하고 있는 식민주의의 유산, 특히 자본과 권력에 대한 윤리적 가치관의 분열증과 폭력적 억압의 기원이 이곳으로부터 시작되었다. 연구대상 지역은 인천(1부, 3부)과 원산(1부, 2부)이다. 원산을 택한 이유의 하나는 오늘날 세계 어디든 갈 수 없는 곳이 없지만, 이곳은 갈 수 없는 공간이기 때문이다. 그러나 역사여행으로는 갈 수 있다.

자신의 의지와 별도로 개인의 삶과 영욕을 지배하고 규정하는 역사의 수레바퀴란 어떻게 굴러가는 것인가란 물음은 답이 없는, 그저 물어야만 하는 화두임을 이제 와서야 어렴풋이 깨닫는다. 이 책을 내기까지 늘 격려하고 성원해준 부모님과 동생에게 무한한 감사를 드린다. 연구소 여러 동료 교수, 그리고 늘 그림 편집을 도와준 김현주 씨와 도서출판 선인의 윤관백 사장님에게도 고마움을 전한다.

2017년 3월

개항장도시 부산에서

차 례

2부 근대 주체의 형성과 지역정치 - 서발턴 · 토착자본가 · 식민자

3장 1920년 9월 원산지역 만세시위와 저항의식 형성의 기제

4장 조선인 자본가층의 결집과 지역번영단체의 조직

5장 원산시영회와 원산시민협회의 개발 프로젝트와 그 사회정치적 의미

6장 1920~1930년대 초반 조선인 자본가층의 지역정치 - 원산시영회와 원산시민협회의 선거 및 노동 개입을 중심으로

7장 이주 일본인들의 지역단체 조직과 사회관계망

3부 동원의 일상, 의례와 기억

8장 전시체제기 인천지역의 기념(일)의례와 동원의 일상

9장 개항장도시 인천의 기념사업과 기억의 정치

표차례

그림/사진/지도차례

총설

로컬리티 담론과 개항장도시의 식민지 근대

1. 로컬리티 담론과 '소사회' 역사공간
2. 개항장도시의 식민지 근대

총설: 로컬리티 담론과 개항장도시의 식민지 근대

1. 로컬리티 담론과 '소사회' 역사공간

역사란 시간적인 구성물이며 사실들로 구성된 하나의 서사이다. 따라서 그것은 실재(實在) 사실들에 기초하지만 실재적인 것만은 아니고, 구성적이지만 그저 허구적인 구성물은 아니다. 그러므로 역사는 "실재와 허구 사이"에 있다고 할 수 있다. 역사란 구성되는 공간마다 다른 시간을 갖는다. 그러나 대문자로 쓰이는 '역사'(History)는 언제나 이 상이한 시간들을 하나의 시간 안에 포획하거나 포섭한다.[1)]

19세기 이래 역사의 주체로 등장한 것은 국가/민족이었다. 그런데 내셔널리티가 출현하게 된 배경은 유럽 절대주의왕권들의 공격으로부터 프랑스혁명을 지켜내기 위한 과정에서였다고 알려져 있다. 19세기 후반 출현한 초등학교는 이질적인 인민들을 하나의 통일적인 국민으로 만들어내는 중요한 목표를 부여받았는데, 이 학교에서 가르친 가장 중요한 과목이 수학과 더불어 국어와 국사(national history)였다. 때문에 역사라는 기억의 단위는 국민이고, 역사가 서술하는 대상은 국민이며, 그 역

---

1) 이진경, 『역사의 공간-소수성, 타자성, 외부성의 사건적 전유』, 휴머니스트, 2010, 16쪽.

사의 주체 또한 국민이었던 것이다.[2)]

우리에게 익숙한 역사관념은 18세기 말 이래 만들어지고 발전되어온 서구의 근대적 역사 관념이다. 유럽의 철학자와 역사가들은 인간의 과거에 대한 전지구적 비전을 '문명'이란 척도에 의해 목적론적인 단선적 대로(大路)의 역사로 창조했다. 이 서구적 문명이란 잣대에 의해, 크게는 유럽을 제외한 비(非)서구의 역사가, 그리고 작게는 '소사회'(小社會)의 역사가 '문명'이란 잣대로 읽혀지면서, 로컬 히스토리는 내셔널 히스토리에 편제(編制)되어 묻혔다.

'진보'라는 사고는 세계의 거의 모든 역사 연구를 고취하고 체계화하는 동력을 부여한 패러다임이었다. 그리고 그 진보의 척도는 문명이었다. 자본주의의 세계적 확대와 함께 근대적 시간과 공간 관념이 전개되면서 물질적 진보라는 개념은 확실한 뿌리를 내리게 되었다. 그러나 오늘날 양화된 물질적 가치가 기준이 되면서 대중의 삶이 피폐해지자, 여태껏 자명하다고 받아들여져 왔던 가설 즉 문명이란 척도에 의해 개념화된 '진보' 그 자체에 대해 이의가 제기되고 있다.

---

2) 이진경, 위의 책, 2010, 48~49쪽. 이는 대표적으로 조제프 에르네스 르낭(Renan Jeseph Ernest) 이래 일반화된 설이다(신행선 옮김, 『민족이란 무엇인가?』, 책세상, 2002). 그러나 미셸 푸코는 "역사학이 부르주아지에 의해 발명되었다"는 기존 가설을 뒤엎고, '봉건제'라는 역사용어를 최초로 사용한 불랭빌리에와 같은 귀족들로부터 기원되었다고 밝혔다. 즉 기존 지위와 권력을 빼앗긴 귀족들과 그들과 연결된 역사학자들이 절대왕조와 부르주아지에 대항하기 위해 역사의 새로운 주제이자 주체로 '사회'(하나의 신분에 의해 결집된 개인들의 총체 · 집단 · 연합이거나 또는 고유의 관습 · 풍습 그리고 자기들만의 특별한 법칙을 가진 일정수의 개인들로 구성된 집단을 의미)와 '민족'을 내세웠다. 즉 애초에 역사학은 부르주아지와 결탁하여 귀족을 약화시킨 절대왕권에 대항한 귀족의 공격 무기였으나, 대혁명을 전후하여 부르주아계급에게 넘어갔다는 것이다. 알려져 있듯이, 부르주아계급이 사용한 주요 개념은 '민족'이었다. 푸코의 실증적 분석의 핵심은 "역사는 모든 계급이 자기 권리를 부각시키기 위한 수단이고 역사가 있는 곳에는 반드시 권력관계가 있다는 사실"이다(미셸 푸코, 박정자 옮김, 『"사회를 보호해야 한다"－1976, 콜레주 드 프랑스에서의 강의』, 동문선, 1998, 154~161 · 338쪽).

진보-발전의 관념을 새롭게 이해하고 이를 바탕으로 지구적 인식체계를 사고해야 한다는 소리는 기존 역사인식에 대한 성찰과 새로운 역사관을 요구하는 점에서 매우 유의미하다. 아리프 딜릭(Arif Dirlik)이 "지역적인 것은 유산이 아닌 기획"이라고 하는 관점에서 일상적 생활의 필요에 따라 형성된 인간관계를 강조하며 발전지상주의 이데올로기를 발본적으로 거부하고, 토착주의(indigenism)를 주장하는 것도 하나의 예이다.[3] 로컬리티 담론과 그 문제의식에 기초한 역사연구 역시 문명을 내용으로 하는 진보의 사고체계를 의심하고 전복하는 패러다임의 하나이다.

이 때, 푸코(Michel Paul Foucault)가 꿈꾸는, '판단을 시도하지 않는 비판'은 로컬리티 담론에 시사하는 바가 크다. 푸코는 사회 분석에서 근본적인 회의주의를 주창한다. 예를 들어 현재가 과거보다 우월하다거나 역사적으로 진보해왔다고 하는 가정 또는 유럽 대륙 외부에 있는 국가들을 '개발도상국가'나 '산업화 이전의 나라들'로 묘사하며 그들의 삶을 '원시적'이라거나 '단순하다'고 하는 '판단'들은 서구 자본주의 모델을 은연중에 전제한 것이라고 본다. 지식과 권력에 관한 푸코의 이론은 우리가 자명한 진리로 받아들이는 정보가 어떻게 권위와 특권을 부여받고 유지되는가에 대해 많은 시사점을 제공해준다. 또한 우리가 알고 있는 지식이 어디에서 왔으며 어떤 조건에서 어떻게 생산되었고 누구를 위해 봉사하는지에 관해 생각하게 만든다.

자본주의 생산양식은 모든 만리장성을 무너뜨리고 모든 대안적 생산양식을 유린하며, 계급이나 직업, 심지어 혈연에 의해 규정되는 사회적 공간상의 모든 차이를 철폐함으로써 개별 사회 내부에서 그리고 전지

---

3) 아리프 딜릭 지음, 설준규 · 정남영 옮김, 『전지구적 자본주의에 눈뜨기』, 창작과비평사, 1998, 167쪽.

구적으로 공간을 동질화시켰다. 이러한 공간의 동질화에 의해 지역의 역사가 국가의 역사에 통합되고, 국가의 역사는 또한 세계사의 일부가 되는, 시간의 전지구화가 함축된 것이다.[4)]

전지구화와 공간 동질화에 대한 대항담론인 로컬리티 담론은 지배담론의 근대성과 식민성을 비판하고 그 둘 어디에도 통합되지 않는 '차이의 역사'를 사유한 서발턴 연구그룹의 서발터니티 개념과 지정학적 공간적으로 공명하거나 치환될 수 있는 것이라고 할 수 있다.[5)] 이런 점에서 보면 로컬리티는 근대의 식민주의와 약탈적 자본주의에 대항할 수 있는 포스트콜로니얼 인식론의 (공간적) 진지라고도 할 수 있다.

로컬리티는 역사지리적 유산이며, 따라서 지역민의 독특한 삶의 방식(특정한 생활양식)을 구축하는 기제이고, 때에 따라 사회적 실천(실행)을 이끌어내는 다양한 의미의 지역적 공유가치로 발현되기도 한다. 로컬리티는 특정 공간의 경계 내에서 각기 상이한 시간에, 경제적·정치적·이데올로기적 층위에서 이루어지는 주체들의 역사적 실천에 의해 형성되고 또한 변화된다. 즉 로컬리티는 역사적으로 특정한 시간과 공간의 국면이 만들어내는 사회적 관계들의 융합이라고 생각한다. 따라서 로컬리티 담론은 일상공간에 작동하고 있는 자본·권력의 기제와 이로 인한 소사회 내 중층적 공간의 대립·분리와 교류, 다양한 근대 주체들의 저항과 포섭의 사회적 관계에 대한 사실적 탐구의 레토릭이라고 할 것이다.

포스트 콜로니얼 연구는 주로 문화, 문학 부문에서 활발하게 이루어지고 있는데, 대개 담론 분석에 집중되어 있다. 이는 식민지배의 후유증 혹은 트라우마가 무의식 세계에서 현재진행형이기 때문일 것이다.

---

4) 아리프 딜릭, 앞의 책, 1998, 34~35쪽.

5) 김택현, 「'로컬' 역사를 다르게 인식하기: 이론적 모색들」, 『횡단적 역사 담론의 형성』, 선인, 2015, 306쪽.

그러나 식민주의의 후유증은 생활세계에 여전히 실체적으로 남아있다. 식민주의를 해체하기 위해서는 식민주의가 근대 생활공간에서 어떻게 작동되었는지에 대한 탐구가 전제되어야 한다.

로컬리티 역사연구는 종래 단일성, 일국성, 통일성, 계열성으로 포섭된 메타역사를 로컬리티 시각의 서사로 재구성하는 것이다. 로컬리티 담론의 지향이 자기가 사는 지역을 세상의 중심으로 재구성하는 것이 아닌 이상, 로컬리티 역사연구는 국가/민족이 주도하는 일국사 중심의 단일역사를 대체하는, 또 다른 지역 중심의 역사를 서술하려는 것이 아니다. 또한 무작정 다양한 복수의 서사를 구축하려는 것도 아니다.

로컬리티 역사연구는 선형적(線型的), 진화적 역사 관념의 단일 대문자 역사에 묻히거나 축소된 소사회의 역사를 읽어내려는 작업이다. 역사공간 안에서 거의 유일한 서술축이자 행위 주체로 국가/국민을 사고하던 것에서 벗어나, 그에 가려져 보이지 않던 상충되는 힘(주체)들이 경합하고 대결하는 역사적 공간으로 재구성하는 것이다. 단일한 보편적 역사에 포섭되면서 동질화된 소사회의 역사 층위를 더듬어, 묻히고 접혀진 결들을 펴내는 작업을 통해 복수의 역사를 상상하고 서사화하는 것이다.

그 좋은 예로 오스트레일리아 국립대학의 일본사 연구자인 테사 모리스 스즈키(Tessa Morris Suzuki)가 변경(아이누의 오호츠크해역)을 서사의 중심으로 놓고 역사를 읽어낸 연구방법을 들 수 있을 것이다.[6] 종래 변경은 국민국가들의 접촉면, 즉 경합하는 국가/국민적 서사들이 만나는 지점으로만 간주되었으나, 그는 이러한 관점의 역전을 시도한 것이다.

로컬리티 역사연구는 내셔널 히스토리에 박탈된 로컬 히스토리를 읽어내려는 것이고, 중심(중앙)의 역사에서 배제된 변방의 역사를 동등한 가치로 구성하려는 것이다. 이를 위해 내셔널 히스토리에 의한 '기억의

6) 테사 모리스 스즈키, 임성모 옮김, 『변경에서 바라본 근대』, 산처럼, 2006.

정치'는 중요한 연구주제이다. 국가의 거대 기억, 공식기억에서 배제되거나 묻힌 소사회의 기억을 통해 국가경계 단위로 서술된 국민의 역사가 아닌 다원화된 소사회 질서 속의 인간의 역사를 읽어낼 수 있을 것이다. 또한 근대 자본주의와 지구적 자본주의의 확산 과정에서 제국주의 혹은 국가주의에 의해 소사회의 생활양식과 공동체 질서가 어떻게 파괴되거나 변용되었고, 국가/민족 패러다임에 의해 재영토화 되었는가도 매우 중요한 연구영역이다.

로컬리티 역사연구가 탐구하는 주요 대상인 소사회는 독일 철학자 오토 프리드리히 볼노(Otto Friedrich Bollnow)의 체험공간(erlebter Raum), 뒤르크하임(Graf Dürckheim)의 살아가는 공간(gelebter Raum)이라고 할 수 있다.[7] 체험공간은 가치중립적인 영역이 아니며 심리적인 것, 상상으로 만든 곳이 아니라 우리의 삶이 진행되는 현실의 구체적인 공간이다. 역사공간은 결코 주체에서 분리된 대상이 아니며, 공간성은 인간 현존재의 존재규정이다. 이 말은 삶은 근원적으로 인간과 공간의 관계 속에 존재하며, 인간은 살면서 언제나 자신을 둘러싼 공간에 대한 관계를 통해 규정될 수밖에 없다는 뜻이기도 하다.[8] 뒤르크하임이 "구체적인 공간은 그 안에서 사는 존재에 따라 또 그 공간에서 진행되는 삶에 따라 다른 공간이 된다. 공간은 그 안에서 행동하는 사람과 함께 변하고 그 순간 자아 전체를 지배하는 특정 견해와 지향에 따라 달라진다"고[9] 말한 것 역시 같은 맥락이다.

인간 삶의 공간성과 인간이 체험하는 공간은 긴밀한 상관관계를 맺으며 서로 대응한다는 것은 프랑스 아날학파 역사학자 페르낭 브로델이 역사를 지리적 역사(구조)－집단사회사(국면변동)－사건사(사건)의 3부로

---

7) 오토 프리드리히 볼노, 이기숙 역, 『인간과 공간』, 에코리브르, 2011, 17쪽.

8) 위의 책, 23쪽.

9) 위의 책, 20쪽.

구성하여 서술했던 방법론을 상기시켜 준다.[10] 로컬리티 역사서술은 역사적 상상력에 덮여있는 지리적(공간적) 상상력을 끌어내어 역사적이면서도 또한 지리적으로 맥락화하는 작업이라고 생각한다. 즉 역사가 발생하는 지점이거나 혹은 역사를 구성하는 공간의 해석적 의미를 탐구하는 것이다.

그러면 이러한 소사회 역사공간에 대한 연구는 현재의 글로벌 자본주의체제에 어떤 성찰을 제기하고 반란을 제기할 수 있을까? 『공유의 비극을 넘어』의 저자 엘리너 오스트롬(Elinor Ostrom)은 15세기 스페인 발렌시아 우에르타지역, 17세기 필리핀의 일로코스 노르테 지역 등 몇 개의 공유자원체계에 대한 실증적 분석을 통해 국가 혹은 외부의 리바이어던(leviathan) 없이도 충분히 지속가능한 자치적 공유자원체계가 가능했고 오랫동안 유지되어 왔음을 입증했다. 또한 인도 출신으로 노벨 경제학상을 수상한 아마르티아 센(Amartya Sen)은 인도 케랄라(Kerala) 지역을 대안적 경제발전모델로 극찬했다. 이곳은 GNP로 보면 경제발전 수준이 다른 개발도상국보다 훨씬 낮고 따라서 '비문명'의 사회이지만, 상당히 높은 수준의 삶을 구가하고 있다. 그 이유에 대해 센은 1957년 세계 최초로 민주적 선거에 의해 집권한 케랄라주 공산당 정부가 토지 개혁, 공공보건 확대, 공공주택 설립, 카스트 간 격차 시정, 교육 확대 등의 개혁정책을 지속적으로 추진했기 때문이라고 주장했다.

이와 같이 소사회의 역사적 공간에 대한 연구는 글로벌시대 오늘날의 우리가 봉착한 문제에 대한 대안을 사고하는 지평을 열어준다. 사회를 바꾸기 위해서는 여러 가지가 필요하다. 구체적인 사회정책의 실시, 법과 제도의 개혁 등…. 그러나 이에 앞서 전제되어야 하는 것은 사람

---

10) 김응종, 「페르낭 브로델의 지리적 역사」, 『현대 공간이론의 역사가들』, 한울, 2005, 438~439쪽.

들의 의식 변화일 것이다. 그런데 의식의 변화를 위해 필요한 것은 역사와 사회를 바라보는 기존생각으로부터의 탈피, 즉 새로운 의제와 담론이다. 설혹 '소사회' 역사공간에서 오늘의 우리가 찾고 있는 대안을 발견하지 못한다 하더라도, 대안의 관점을 기대할 수는 있을 것이다.

로컬리티 역사연구의 목적은 대문자 '역사' 연구에 낯익은 우리들에게 낯선 관점을 제기하는 데에 있다. '진보'와 '발전'의 가치를 역사공간에서 새롭게 찾고 유토피아 서사를 다시 쓰는 것이다. 그리고 역사에 대한 권리를 국민국가 영역단위가 아닌 다원적인 소사회에게도 복권시켜주고 그 목소리를 낼 수 있도록 하는 것이다.

2. 개항장도시의 식민지 근대

로컬리티 담론에 기초한 역사연구의 일환으로 개항장도시를 택한 이유는 무엇보다 이곳이 현대 한국 사회체제의 기원이 시작된 역사공간이기 때문이다. 포함외교에 의해 체결된 불평등조약 결과 설치된 개항장은 대량생산된 상품, 서양 문물과 사조가 유입되는 세계자본주의체제의 투입구였다. 이곳으로부터 확산된 자본주의 경제적 양상과 서구 사조의 전파는 점차 전통사회의 정치경제제도를 균열시키고 사회체제를 해체시키는 단서로 작용했다.

개항장도시는 서양 문물을 가장 먼저 접할 수 있는 곳이기도 했지만, 또한 제국주의자와 식민주의자들에 의한 생활공동체 파괴와 폭력을 일상적으로 체득하는 곳이기도 했다. 기본식량인 쌀의 약탈적 무역이 이루어지는 곳이었고 청일전쟁·러일전쟁 과정에서 군대의 상륙지이자 경유지였기에, 제국주의 열강에 대한 저항의식이 다른 지역보다 일찍 형성되었고 저항도 격렬했다. 이런 점에서 개항장도시는 한국의 근대성과 식민성의 기원을 가장 잘 보여주는 역사공간이라고 할 수 있다. 현대 한국사회에서 여전히 작동하고 있는 식민주의의 유산, 특히 자본과 권력에 대한 윤리적 가치관의 분열증과 제국주의의 폭력에 대한 트라우마에 다가가기 위해 그 기원의 장소, 개항장 도시공간을 연구대상으로 택했다.

식민지 근대의 공간적 구현

1부에서는 식민지 근대가 어떻게 공간적으로 구현되는지, 공간의 분절과 공간의 차별화란 측면에서 다루었다. 식민주의는 민족별로 공간을 분절하며, 또한 공간을 차별적으로 배치한다. 사회공간은 일본인 시가와 조선인 시가로 분절되며, 주민들의 복리를 위해 필요한 공공시설과 공공장소는 일본인 시가나 혹은 근접지에 설치하고 세민지구(細民地區)·형무소·화장장 등의 기피공간과 혐오시설은 조선인 시가 인접지에 배치하는 방식이다. 개항장도시는 가장 먼저 근대적 도시화가 진행되어 전기·철도·도로·하수도·우체국·공회당 등의 도시기반시설이 갖추어지면서 근대 문명과 문화를 누리게 되었으나, 이는 경계 너머 식민자들에게 주어진 혜택이었고 조선인 시가의 열악한 상황은 상대적 박탈감을 낳았다.

19세기에 진행된 세계화 곧 식민주의는 자본의 프로젝트로 시작된 것인데, 이는 지리적 과정을 통해 구현되고 작동되었다. 식민지 도시는 기존의 조선인 마을과 떨어져 있던 일본인 거류지를 중심으로 도시계획이 이루어져, 일본인 시가와 조선인 시가라는 이중도시로 발달했다. 식민지도시는 어느 곳이나 대개 개항 초기 일본인 거류지였던 혼마치(本町)에서 시작하여 조선인 마을 쪽으로 확대되었는데, 경계지대는 점차 잡거지로 변화되는 추이를 보였다. 또한 일본인 시가에 일부 조선인이, 조선인 시가에 일부 일본인이 잡거하는 현상이 나타났지만, 시구(市區) 개정과 도시 개발이 진행되는 과정에서 공간의 분절과 차별적인 공간의 배치는 오히려 심화되었다.

공설운동장, 부립도서관, 공회당, 공원, 유흥시설 등의 공공건물이나 공공장소의 위치를 일본인 시가를 중심으로 배치하여 일본인 공간으로 전유한 것은 전형적인 공간의 차별화였다. 원산과 인천지역에서 조선인들이 공회당과 공설운동장을 독자적으로 설립하자고 계속 주장했던 것은 공적 공간을 둘러싼 식민주의자와 식민지 피지배자 사이의 갈등의 심연을 보여주는 단면이다. 식민지의 '공공성'(公共性)이란 지배자들만의 명제였음을 말해준다.

1장에서는 스포츠 이벤트의 장소를 통해 식민지도시 원산의 공간 분절이란 명제를 다루었다. 식민지시기의 원산지역에서는 대회 주최자와 참가 선수뿐만 아니라 관중도 민족별로 분리되었기 때문에 운동회가 열리는 장소도 공간적으로 완전히 분리되어 있었다. 원산중학의 개교기념마라톤 코스조차 민족별 공간의 경계를 넘지 않을 정도로 스포츠를 통한 조선인과 일본인 사이의 경쟁이나 교류가 운동장에서 이루어지는 일은 매우 드문 풍경이었다. 원산에서는 휴양공간조차 일본인 시가와 가까운 송도원(松濤園), 조선인 시가의 외곽인 갈마반도의 명사십리로 분리되어 있었다.

2장에서는 인천지역을 대상으로 자본의 운동과 그것을 배경으로 작동하는 공간정책, 그리고 자본의 요구에 의한 노동력의 이동 등에 의해 공간적 스케일 또는 공간구조가 어떻게 편성·변화되는지 살펴보았다.

자본주의사회에서 공간구조는 기본적으로 자본축적 과정에 의해 발생하며 공간은 자본주의생산양식의 '구성적 요소'(constitutive element)로서 자본축적에 의미 있는 역할을 담당한다. 공업화는 특정 지역에 산업공간을 형성하고, 이들 산업공간은 자본주의에 내재된 불균등의 작용으로 상이한 특성을 지니면서 발전한다. 자본주의 연구에서 공간의 생산과 편성, 특히 지역 내 다양한 층위의 '공간적 스케일(spatial scale)'[11]의 분화를 통한 공간 조직화는 매우 중요한 문제라고 할 수 있다.

일제와 인천부당국은 1930년대 말 1940년대 초 전시기 군수공업화정책을 실시하면서 국책에 부응하는 일본 대기업의 이윤을 극대화시키기 위한 최적의 공간 조건을 제공하는 방향으로 공간정책을 추진했다. 매립공사와 부역(府域) 확대 등에 의해 형성된 새로운 산업공간을 둘러싸고 기능적 지구나 각종 시설물이 민족적 계급적 공간 분할에 의해 설치되었다. 예를 들어 공장에 몰려든 노동자들을 수용하는 세민지구와 갱생주택지 등을 조선인 시가의 끝에 설치하여 일본인 거주지인 도시중심부와 차단했다. 또한 취업을 위해 새로 탄생된 산업공간으로 이주했으나 결국 도태된 부랑자들이 사회문제로 대두되자, 그 해결책으로 새로 부역에 편입된 외곽지역인 부평에 특수지대를 조성하고 부랑자와 룸펜을 노동자로 재탄생시키는 교화시설과 행려병자 시설을 유치했다.

근대 주체의 형성과 지역정치

2부에서는 개항장도시 원산지역에서 나타나는 근대 주체의 형성과 지역정치에 대해 서발턴과 지역유력자를 중심으로 살펴보았다. 또한 일본인들이 구체적으로 식민의 사회공간을 만들어나가기 위한 시스템

11) 공간적(지리적) 스케일에 대해 일찍이 개념 규정을 시도했던 지리학자 닐 스미스(Neal Smith)는 "공간적(지리적) 스케일은 사회활동을 통해 생산되고, 사회활동은 차례로 사회적 상호작용의 지리적 구조를 생산하며 그리고 그것에 의해 생산된다. 결국 지리적 규모의 생산은 어쩌면 격렬한 정치적 투쟁의 근원일 것이다"라고 주장했다("Homeless/global: scaling places", in Jon Bird, Barry Curtis, Tim Putnam, George Robertson and Lisa Tickner, *Mapping the Futures: Local Cultures, Global Change*, Routledge, London, 1992, p. 97). 닐 스미스의 연구경향과 사상에 대해서는 국토연구원 엮음, 『현대 공간이론의 사상가들』, 한울, 2005, 331~342쪽 참조).

으로 지역 단위의 민간단체를 결성하여 사회경제를 주도해나가는 과정에 대해 다루었다.

소사회에서 근대인의 출현은 언제 어떻게 시작되었을까? 근대적 주체로서의 시민의식, 민족의식은 일반적으로 시민혁명과 근대 국가 수립 과정에서 계몽사상가들의 영향을 받아 형성되었다고 말한다. 한국에서는 대개 근대적 민족의식이 한말 자강운동 과정에서 형성된 것으로 보는 것 같다. 즉 종래 지식인을 중심으로 사회진화론과 민족주의사상이 수입되어 서적 · 신문매체나 강연을 통해 전파되는 경로를 걸은 것으로 이해되어 왔다.[12]

그러나 전체사적으로 국가 단위로 자료를 독해하지 않는다면 역사는 다르게 구성될 수도 있다. "노동계급은 정해진 시간에 태양이 떠오르듯이 정해진 어느 시간에 떠오른 것이 아니다. 그것은 노동계급 자신이 만들어내는 과정 속에서 나타난 것이다"라고[13] 말한 에드워드 톰슨(Edward Parlmer Tompson)의 언급에 비유한다면, 민족의식은 이미 훨씬 이전부터 민중들의 생활 속에서 체득되면서 형성되어 왔다고 할 수 있다. 즉 톰슨이 계급을 경제구조나 생산수단관계 속에서 위치지워지는 것, 또는 그 범주로 보지 않고 인간관계에서 실제로 일어나는 어떤 것 즉 역사적 형성물로서 파악했듯이,[14] 한국 근대주체의 민족의식도 마찬가지였다.

1898년 5월 3일 밤 원산에 체류하고 있던 러시아 군인들(군인 8명, 한국인 통역 4명)이 술을 마시다가 군인 1명이 조선인 2명을 살해하는 사

12) 베네딕트 앤더슨(Benedict Richard Anderson)은 『상상의 공동체』에서 민족 인식에 결정적 영향을 미친 것으로 '인쇄자본주의'를 주장하며 지식인들이 라틴어가 아닌 자신들의 토착어로 저술함으로써 민족주의사상을 전파하여 상상의 공동체인 민족을 실재하는 것으로 만들어냈다고 주장한다.

13) E.P. 톰슨 지음, 나종일 외 옮김, 『영국 노동계급의 형성』, 창비, 2007, 6쪽.

14) 김기봉, 「역사서술의 문화사적 전환과 신문화사」, 『오늘의 역사학』, 한겨레신문사, 1998, 137쪽; 이영석, 『역사가를 사로잡은 역사가들』, 푸른역사, 2015, 133~134쪽 참조.

건이 발생했다. 이에 분노한 원산리 주민들은 군인이 도망간 프랑스 선교사 집을 포위하고 응징하려고 했으나, 선교사가 단총 6발을 쏘아 저지하고 러시아 사관에게 알려 군인을 구출해갔다.[15] 다음날 조선인들은 감리서와 러시아인들이 투숙한 여관으로 몰려가 시위했다. 시위는 여기에서 끝나지 않았다.

5월 20일 경무소에서 도박 혐의로 무고한 인민 2명을 태형에 처하자 민중들이 경무소에 몰려들어 항의했는데, 순검들이 칼을 빼 저지하는 과정에서 한 사람이 부상을 당했다. 다음날 석우동 거주 민중들(자료에는 수십 명이라고 하지만, 경무소를 격파할 정도면 그 이상이지 않았을까 생각된다)이 경무서로 돌진하여 이를 파괴하고 순검을 구타하는 '소요'가 발생했다. 이 봉기의 근본적인 원인은 5월 초 조선인 피살사건의 부당한 처리 때문이었다. 조선인을 살해한 러시아 병사는 러시아 순양함으로 본국에 압송되고 유족에 대한 보상과 경무서 파손에 대한 변상에 대해서는 모두 경성에서 담판하는 것으로 무마되자, 무능한 원산 지방관과 경무관에 대한 민중들의 분노가 폭발한 것이었다.[16] 봉기한 민중들은 '러시아 병사 사건의 경우 조선인 관료는 러시아인이 원하는 대로 굴복하여 대사건임에도 불구하고 거의 방임하고 개의치 않았다. 이에 반하여 우리 동료의 술주정이나 혹은 극히 사소한 절도사건에 대하여는 일본인으로부터 넘겨받으면 조금도 정상참작 없이 매우 준엄하고 혹독한 처분을 단행하는 등, 이는 소위 외유내엄(外柔內嚴)의 경관으로서 오히려 없느니만 못한 경무서이므로 이를 격파해야 한다'고 생각했던 것이다.

이 사건은 러시아 무관 등 수십 명이 두만강을 건너 경성으로 가는 길에 원산에 체류하던 중 발생했다. 이 사건을 자세히 들여다보면, 원

---

15) 「公第23號 露國武官一行 元山里에서의 韓人暴行致死事件 報告」(1898. 5. 4), 『駐韓日本公使館記錄 13』.

16) 「元警第47號」(1898. 5. 22), 『駐韓日本公使館記錄 13권』.

산의 민중들은 러시아 군인, 프랑스인 선교사뿐만 아니라, 일본인 경찰관과 상인, 그 외에 캐나다와 미국 선교사 등의 외국인들을 일상적으로 접하고 있었다. 이들로부터 때로는 미개한 종족으로 취급받으며 인간적인 모멸을 당하거나 생명과 재산의 안전을 위협받고 있었지만, 정부 권력은 보호막이 되지 못했다. 봉기한 민중들은 외국인에게는 한없이 유약하지만 자국민에게는 부당하게 폭력적인, 정의롭지 못한 지배 권력에 저항하며 자율적인 자위태세를 취했던 것이다.

1898년 봉기한 원산 지역민은 '무이데올로기'의 전(前)정치적 민중이[17] 아니었다. 이들에게는 외국인에 의해 자행되는 폭력과 경제적 위협 등 구체적이고 일상적인 제국주의 침략에 저항하는 분명한 정치의식이 있었다. 이는 거의 같은 시기에 활동했던 활빈당이 강령 「대한사민논설」(大韓士民論說)에서 행상에 대한 징세 금지, 악형 형벌제도 폐지, 도우(屠牛) 금지 등 반(反)봉건의 기치와 함께 곡물 수출 금지, 시장에 외국 상인 출입 금지, 철도부설권 이양 반대 등 반(反)제국주의의 기치를 분명히 하고 있었던 예를 통해서도 알 수 있다.

민중들의 저항은 의병항쟁이나 활빈당 등의 조직적인 형태 이외에 일상적으로 자연발생적으로 전개되고 있었다. 1897년 9월 원산 일본인 거류지의 상점에 고용된 조선인이 위해를 당하자, 이에 격분한 조선인들이 일본인 거류지에서 조선인 마을의 원산리 시장으로 들어오는 길목에 돌을 쌓고 목책을 설치하여 일본 상인과 조선인 객주의 통행을 수일간 저지하는 사건이 발생했다.[18] 1899년 9월 초에는 부선(艀船)에 종사하는 일본인과 조선인 사이에 대쟁투가 벌어져 조선인이 며칠간 파

---

17) 홉스 봄은 『의적의 사회사』에서 "사회적인 도적은 무조직 또는 무이데올로기에 가깝다"라고 하며 '전(前)정치적 민중'이란 개념을 사용했다(라나지트 구하, 『서발턴과 봉기』, 김택현 옮김, 박종철출판사, 2008, 20~21쪽).

18) 高尾新右衛門, 『원산발전사』, 계문사, 1916, 244쪽.

업하자 거류지의 일본인들이 크게 곤란을 겪는 일도 벌어졌다.[19]

이와 같이 개항장이 있었던 소사회의 역사를 찬찬히 들여다보면, 제국주의·식민주의의 폭력과 경제적 침탈에 대한 한국인들의 저항의식의 터에 생활공동체=정치공동체가 존재했고, 이는 실재적 생존투쟁의 거점이었음을 깨닫게 된다. 민족의식은 생활공간에서 외국인들의 식민주의적 시선을 접하게 되면서, 그리고 청일전쟁·러일전쟁과 같은 제국주의전쟁을 겪으면서 시간적 경과물로 형성되었다고 보아야 할 것이다. 제국주의자와 식민주의자의 소사회에 대한 위협과 파괴에 맞서 주민들이 계속 자위적 봉기에 나섰다는 사실은 종래 일반사에서 강조해온, '민족담론'이 서구로부터 수입된 민족주의사상과 지식인들의 출판물에 의해 형성되었다는 사실보다 주목해야 할 점이다.

즉 저항의 기제이며 원초적 민족의식의 터인 생활공동체=정치공동체의 투쟁에 관한 서사를 민족담론의 전사(前史)가 아니라 본사(本史)로 서술해야 한다고 생각한다. 이는 유럽사와 달리 식민 지배를 겪은 한국역사에서 나타나는 민족담론의 특수성이라고 할 수 있다. 이 지점이 식민지 근대를 바라보는 사고체계의 분기점이 아닌가 생각한다. 즉 생활속에서 형성된 자위적 저항의식이 이후에 지식인들에 의해 민족의식으로 개념화되고 담론화된 것이다.

한편 근대인으로의 사고 전환과 생활양식의 변화는 어떻게 진행되었을까? 원산의 한 소년의 예를 들어 살펴보자. 전통사회의 시공간 의식과 생활경험은 서구와의 강압적인 조우(Western Impact)에 의해 변형되고 굴절되었다. 태양과 달의 운행, 별의 위치, 바람과 조수간만 등 자연의 변화에 따라 하루가 십이지(十二支)로, 1년이 24절기로 구분되는 순환시간관은 시계의 출현으로 시간-분-초 단위로 세밀화되었다. 집집

19) 위의 책, 266쪽.

마다 시계가 없던 시절이었으므로 소년은 매일 조선인 시가가 내려다 보이는 남산에 올라가 기상 · 취침 나팔을 불어 주민들에게 시간을 알렸다.[20] 산 위에서 해안가에 길게 늘어선 마을을 향해 나팔을 부는 소년의 광경은 1920년대 어느 날, 원산의 식민지 근대를 함축한 장면이다.

소년은 낮과 밤을 해가 뜨고 지는 자연의 시간이 아니라, 시계가 구분하는 근대적 시간에 따라 생활하도록 계몽함으로써 신체에 각인된 전통적 시간관념을 '개조'하는 원산야광소년회(元山夜光少年會)란 단체의 회원이었다. 이 단체의 취지와 소년의 기상나팔은 원산부청이 해마다 본토와 마찬가지로 매년 '시(時)의 기념일' 캠페인을 실시한 효과일 수도 있고 혹은 3 · 1운동 이후 활발했던 문화운동의 영향일 수도 있다. 중요한 것은 나팔의 시간이 (나팔소리 가청권의) 지역민들에게 공식적인 시간으로 인식되어 이제 없어서는 안 될 나팔이 되었다는 사실이다.

근대란 국가 단위 사회제도의 표준성을 요구한다. 시간관념도 마찬가지이다. 학교 수업시간은 8시부터, 공장 근로자의 출근은 8시라는 것이 근대적 표준이다. 주목할 것은 소년의 나팔에서 보듯이, 이제 소사회의 시간 역시 근대적으로 표준화되었다는 사실이다.

요컨대 소사회 주민들의 제국주의, 식민주의에 대한 저항의식 곧 원초적인 민족의식은 서구로부터 도입된 민족주의사상이 대중에게 전파되기 훨씬 이전부터 부동산 거래, 상업 · 무역 교섭이나 청일전쟁 · 러일전쟁 과정에서 자의적 타의적으로 외국인과 접촉하는 가운데 생존권의 자위 차원에서 개항 이후 일찍부터 형성되었다. 반면 서양 일상생활품의 사용이나 문화적 접촉이 소사회 민중에게는 상대적으로 지체되었고,

---

20) 「기상취침시간 원산시민에 경고」, 「원산시민의 기상, 취침시간 소년회에서」, 『중외일보』 1927. 3.12, 4. 27. 나팔 부는 시간은 낮과 밤의 길이에 따라 변경되었는데, 3월 10일부터는 기상 오전 6시, 취침 오후 9시, 4월 25일 이후에는 오전 5시 반, 오후 9시 반으로 바뀌었다.

근대적 생활방식과 의식(시민의식, 시간관념, 가치관 등)은 더욱 그러했다고 생각된다.

민족의식의 형성과 근대적 생활방식으로의 변환 사이의 시간적 격차는 사회공간에 따라 다르게 존재했다. 앞에서 보았듯이 교통과 군사적 요충지이고 무역 교섭으로 외국인과의 접촉이 잦았던 개항장도시의 특성 상 민족의식의 형성이 일찍부터 시작되었고, 전통적 생활방식이 해체되면서 근대적 생활방식 및 의식으로의 변환이 다른 지역보다 상대적으로 빠르게 진행되었다.

> "元山 관다리 으르릉
> 새벽차 가는 소리
> 고무공장 큰 애기
> 밴도밥만 싼다.
>
> 원산이라면 누구나 먼저 명사십리 해당화와 함께 지금은 일반화된 이 민요를 연상할 것이다. …이 민요의 뒤에는 큰 비애가 숨어있는 것이다. 새삼스러운 말 같지만 이 민요 이전의 원산은 평화스러운 한 어촌이었던 것이다. …그러나 이 민요를 부르기 시작할 때부터 그들은 이 생명의 포구에서 쫓겨난 것이다.
>
> 기차가 지나가게 되고 공장 굴뚝이 높이 솟게 되자 생활을 잃은 그들의 딸과 아들들은 새벽차 지나가는 기적 소래와 함께 벤또를 끼고 공장으로 향하게 된 것이다. 이 민요는 그때부터 시작되었던 것이다. 그리하야 오늘과 같은 도시가 된 것이며 소란한 항구가 된 것이다."[21]

위의 민요는 어업으로 영위하던 원산항의 어부가 전래의 생활을 빼

21) 韓仁澤, 「民謠에 쫓겨난 元山港의 白鷗」, 『신동아』 6-6, 1930년 6월, 274쪽.

앗기고, 그 아들 · 딸들은 고무공장 직공으로 일하는 원산의 사회경제적 변화를 잘 표현하고 있다. 관다리는 일본인 시가와 조선인 시가를 구분하는 경계로 식민지 이중도시(dual city)의 특성을 드러내며, 고무공장은 어항으로부터 변화된 개항장도시의 식민지 근대를 압축하여 상징한다.[22)]

3장에서는 1920년 9월 23일 발생한 원산 만세시위의 참여자가 서발턴 민중임을 분석했으며, 이들이 봉기 대열에 참여하게 된 저항의식의 형성 과정에 대해 살펴보았다. 이 대규모 민중 봉기는 한 달 전 8월 18일에 일어난 자위적 저항시위와 같은 사회분위기의 연장선상에서 발생했다고도 볼 수 있다. 즉 모자를 외상으로 샀으나 돈이 없어 지불을 연기해달라고 요청한 조선인이 일본인 점원에 의해 난타당하고, 출동한 일본인 순사 역시 인치하여 무차별적으로 폭행하자, 이 광경을 지켜본 조선인들이 파출소를 습격하여 조선인을 구출하려 했던 것이다. 이 시위는 일제의 민족차별적이고 폭력적인 공권력 행사에 대한 자위적 저항이었다.

9월 만세시위는 원산청년회 내 일반 회원들로 구성된 십여 명의 일심단(一心團)이 계획했지만, 길을 가다가 혹은 집에서 쉬다가 만세소리를 듣고 참가한 이들은 짐꾼 · 노동자 · 행상 · 소상인 등 그야말로 서발턴 민중들이었다. 그들은 '우연히' 봉기 대열에 참여했지만, 그 행위는 돌발적인 '우연'이 아니었다. 서발턴 민중들은 이미 오래 전부터 그리고 한 달 전 8월 시위에서 잘 드러나듯이, 일상에서 체험하며 형성된 자위적 저항의식이 내면화되어 있었고, 또한 사회문화공간으로 기능한 자강

22) 여기에서 유독 고무공장을 든 것은 원료인 생고무가 모두 남양제도에서 수입되어 고무공장이 주로 개항장도시에 설립되었기 때문일 것이다.

단체와 교회가 설립한 학교와 야학, 대중강연회를 통해 과학적 세계관을 깨치고 사회개조의 관념을 수용하고 있었던 것이다.

4~6장에서 다루는 근대 주체는 지역 개발과 정치를 주도한 지역유력자들 구체적으로는 객주조합원들과 기타 상공업자들이다. 이들은 처음 원산청년회를 조직하고 실력양성운동을 전개했으나, 1920년대 중반 이후 사회주의사상의 영향으로 인한 청년회 혁신과 함께 청년회에서 배제되었다. 이후 독자적인 기구로 원산시영회(元山市榮會)를 조직하고, 조선인 시가의 해면매립공사, 철도인입선 부설, 어항(漁港) 시설과 방파제 축조, 조선인 중등교육기관 설립, 조선인 공회당 설립 등 다양한 프로젝트를 추진했다.

또한 시영회와 그 후신인 시민협회(市民協會)의 주도세력은 평의원회에서 공인후보를 선출하고 유권자대회를 주최하는 등 부협의원 · 학교비평의원 · 상업회의소 등의 공직 선거를 주도했다. 공인후보들은 이 단체의 전 · 현직 임원들이었고, 이들은 대부분 그대로 당선되었다. 따라서 이들 단체의 주도층은 명실상부한 지역유력자들이었다. 이들은 1927년 파업과 1929년 원산총파업에서 보듯이 노동단체를 해산시키고 어용노조를 건설하는 데에 앞장섬으로써 지역사회에서 서발턴과는 구분되고 때로 대립하는 존재였다.

1920~1926년 경성에서 용산공립심상초등학교와 경성중학교를 다녔던 나카지마 아쓰시(中島敦)는 〈순사가 있는 풍경—1923년의 한 스케치〉란 소설에서 식민지의 주체와 타자에 대해 잘 묘사하고 있다.

> 그날 오후 부회의원의 선거 연설을 감시하러 같은 경찰서에 있는 다카기라는 일본인 순사와 함께 회의장인 어느 유치원에 갔었다. 몇 명인가 내지인 후보의 연설에 이어, 단 한 명뿐인 조선인 후보의 연설이 시작되었다.

상업회의소의 우두머리까지 한 일이 있어 내지인 사이에서도 상당한 인망이 있는 그 후보자는 유창한 일본어로 자신의 포부를 말하기 시작하였다. 그런데 그 와중에 맨 앞에 있던 청중 한 명이 일어서서 "닥쳐, 여보인 주제에"라고 소리를 지른 것이다. 스무 살도 안 되어 보이는 지저분한 옷차림을 한 젊은이였다. 다카기 순사가 잽싸게 그 놈의 목덜미를 잡고 장외로 끌고 나가 버렸다. 그때 이 후보는 한층 더 소리 높여 외쳤다.

"나는 지금, 매우 유감스러운 말을 들었습니다. 하지만 나는 우리도 영광스러운 일본인임을 믿어 의심치 않습니다" 그러자 갑자기 회의장 일각에서 힘찬 박수소리가 일었던 것이다…….[23)]

이 단편소설은 주인공인 순사 조교영(趙教英)이 식민지 상황에서 느끼는 조선인으로서의 정체성에 관한 심리적 갈등을 그린 내용이다. 조교영은 선거 연설을 감시하기 위해 나간 장소에서, 민선 부협의원 선거에 출마한 조선인 후보가 등 뒤에서도 아닌 공식적인 연설장에서 남루한 차림의 일본인 청년으로부터 조선인을 비하하는 '여보'로 멸시당하는 장면을 목격했다. 그런데 조선인 후보는 개의치 않고 '우리도 영광스러운 일본인'이라고 유창한 일본어로 소리쳤다.

조선인 지역유력자들의 선거열은 과열이라고 할 정도로 매우 뜨거웠다. 그러나 당선되더라도 조선인 부협의회원은 어린 일본인 청년에게마저 조롱당하는 타자에 다름 아니었다. '우리도 영광스러운 일본인'이라고 생각하지 않는 (서발턴)조선인에 대한 차별은 더 말할 것이 없었다.

---

23) 아쿠타가와 류노스케 · 나카지마 아쓰시 · 유아사 가쓰에, 최관 · 유재진 옮김, 『조선을 그린 일본 근대소설 식민지 조선의 풍경』, 고려대학교출판부, 2007, 81~82쪽. 그런데 이 소설 내용은 사실에 기초하면서도 상황을 구성한 부분이 있다. 1920년대 부협의원선거 시 일본인 후보와 조선인 후보는 같은 자리에서 선거 연설을 하지 않았다는 점이다. 적어도 원산지역에서는 한 번도 없었다. 경성지역에서도 동일했을 것으로 생각된다. 1930년대에는 민족별로 정원이 정해져 있었으므로 더욱이 선거 과정이 분리되어 진행되었다.

동원의 일상, 의례와 기억

3부에서는 오늘날 한국사회에서 기억되고 기념되고 있는 각종 의례가 왜곡된 내셔널리즘에 근거하고 있다고 알려져 있으나, 실상 그 기원은 식민주의에 뿌리를 두고 있음을 살펴보았다. 8장에서는 1930년대 말 1940년대 초 전시기에 기념(일) 의례를 통해 일상적으로 이루어지던 전쟁 동원에 대해 살펴보았다. 전시 하 인적 물적 자원의 전쟁 총동원을 위해 내선일체정책을 추진했던 식민권력은 '일본정신' 고취를 위한 수단의 하나로 기념의례를 활용했다.

인천지역에서 실시된 기념의례는 크게 보아 전국적인 기념의례와 지역 차원의 기념의례로 나눌 수 있다. 당연히 횟수로는 조선총독부 차원의 전국적 기념의례가 지역기념의례보다 압도적으로 많았다. 전국적 기념의례 가운데에서도 전시기 상황을 반영하여 육군기념일 · 해군기념일 · 만주사변기념일과 같은 전쟁 관련 기념의례와 행사가 기원절, 명치절, 시정기념일 같은 일본 국가 · 왕실 관련 기념일보다 중시되었다. 또한 '지나사변기념일' · 장고봉사건기념일과 같이 중국침략 관련 기념일이 새로 제정되었다. 하지만 전국적 기념의례도 중앙의 통첩에 의거해 일률적으로 실시되기보다, 각 지역사회의 역사지리적 조건이나 혹은 사회경제적 상황에 따라 일정하게 변용되어 진행되었다.

지역 차원에서 실시된 기념일은 인천해전기념일과 비정기적인 개항기념제, 그리고 인천항제가 가장 대표적이었다. 인천해전기념일은 1904년 2월 9일 인천 앞바다에서 일본함대가 러시아군함을 격파한 것을 기념하기 위해, 1905년 인천거류민회에서 이 날을 '인천데이'로 제정한 이후 매년 2월 8일 전야제, 9일 기념의례와 행사를 실시했다. 인천해전기념일과 개항기념제에 대해서는 9장에서 자세하게 다루었다. 개항기념제는 25주년인 1908년 5월과 50주년 되는 1933년 10월에 일주일간 축제가 있었다. 인천항제는 1936년 제2축항기공식과 무역액2억돌파, 수인철도 기공식을 축하하기 위해 5월 춘제(春祭)를 기해 개최한 축제로, 이후 매년 개최되었다. 개항기념제와 인천항제의 준비 기획과 진행에 주요 역할을 한 것은 인천상공회의소였다.

기념의례는 크게 제전과 식전, 그리고 시가행진 · 각종 체육대회와 여흥행사 · 강연회 등 부수 행사로 진행되었다. 기념의례는 거의 대부분 인천신사의 제전으로 시작되었다. 인천신사는 주기적인 기념일과 수시적인 전승축하 때 제전이 개최되는 장소일 뿐만 아니라, 각종 향군대회(鄕軍大會)나 기타 행사 때 의례적인 참배의 장소이기도 했다. 인천신사의 제전이 끝나면 이어서 기념식 혹은 연회행사와 강연회가 열렸던 공립학교 교정과 공회당은 동원의 공간이었다. 제전 참석자 이외에 각 관변단체 회원, 일반 주민, 특히 학생들이 대거 동원되어 참석했던 것이다.

거리행진과 공공축제는 전시기 지역민의 국민 포섭과 전쟁 협력을 목적한 일종의 '정치양식'[24]이었다. 시가행진 코스는 인천 식민도시 건설에서 의미 있는 건축물과 그 장소를 연결하는 선(線)으로 채택되었다. 해방 이후 일본제국주의의 상징물들이 제거된 채 국가에 대한 헌신 · 대중동원 · 거리행진의 기억은 지속되었고, 그것은 개발독재 하에서 '지역 전통'으로 재현되기도 했다.

9장에서는 인천 지역사회의 집단기억에 대해 살펴보았다. 일본제국주의와 인천 거류 일본인유력자들은 지역사회 지배와 집단적 결속을 위해 기억의 정치를 적극 활용했다. 식민지시기 인천 거류 일본인에 의해 형성된 집단기억은 러일전쟁의 발단이 된 인천해전 기념과 개항기념제였다. 인천해전기념이 '승리와 지배'란 정치사회적 목적의 기능기

---

24) 조지 L. 모스, 「4장 공공축제: 토대와 발전」, 『대중의 국민화』, 소나무, 2008, 121~152쪽 참조.

억으로 역할했다면, 개항기념은 '근대화와 산업개발'이란 경제적 측면의 기능기억이었다.

해방 이후 기억의 재구성이 진행되면서 인천해전기념을 대체하여 만들어진 집단기억은 맥아더 · 인천상륙이었다. 새로운 집단기억이 만들어지고 전승되기 위해서는 상징, 텍스트, 그림, 의례, 기념비, 장소 등과 같은 각종 문화적 표현물의 제도적 장치가 필요하다. '맥아더의 인천상륙'이란 집단기억의 제도적 장치는 1957년에 건립된 맥아더 동상, 1980년 인천상륙작전 30주년기념으로 세워진 인천지구전적비, 1984년 준공된 인천상륙작전기념관과 자유수호의 탑이었다.

'전쟁(인천해전/인천상륙) 기념'은 인천 집단기억에서 상위를 점했으나, 현재에는 '제2의 개항'이 제기되면서 개항기념이 주요하게 부각되고 있다. 그런 점에서 개항 관련 기억 전유가 오히려 훨씬 더 강렬한 인천 공간의 장소성으로 작용하고 있다고 할 것이다. 전쟁기념 기억은 인천의 지정학적 규정력을 기초로 제국주의나 국가가 주도한 부분이 크지만, 개항기념 기억은 지역사회 차원에서 형성된 측면이 강하기 때문일 것이다.

1990년대 말 이후 정치적 민주화와 함께 일각에서 '평화도시'란 슬로건을 제기하며 인천의 공간과 장소에 대한 기억재구성이 진행되고 있다. 종래 제국주의와 국가가 조형해왔던 집단기억에 대항하는 하위서사들의 기억투쟁은 바로 로컬리티 담론의 관점에 의거한 '기획'이라고 볼 수 있을 것이다.

1부

식민지 근대의 공간적 구현

1장 스포츠 이벤트와 민족의 지리학

– 1910~1920년대 원산지역을 중심으로

1. 스포츠 이벤트와 식민지 근대의 공간적 맥락

모든 역사는 발생하는 장소가 있다. 그러나 그동안 공간은 죽어 있고 고정되어 변화의 여지가 없는 대상으로 파악되어온 반면, 반대로 시간은 풍부한 생명력을 갖는 변증법의 대상으로 간주되어 왔다.[1] 이러한 역사주의적 인식은 생활세계가 역사 발전 과정뿐만 아니라 인문지리의 형성과 공간의 사회적 생산, 지리경관의 끊임없는 구성 및 재구성 속에 위치한다고 보는 이론적 접근에 장애물이 되어 왔다.[2]

로컬리티 역사서술이 유의미한 것은 바로 역사적 상상력에 덮혀 있는 지리적 상상력을 끌어내어 역사적이면서도 또한 지리적으로 맥락화하는 작업이라고 생각한다. 이 글은 역사가 발생하는 지점이거나 혹은 역사를 구성하는 공간의 해석적 의미를 맥락화하는 로컬리티 역사 서술의 관점에서 개항장도시의 식민지 근대성이 어떻게 공간적으로 구성

---

1) 콜린 고든, 홍성민 옮김, 『권력과 지식: 미셸 푸코와의 대담』, 서울: 나남출판, 1991, 101쪽.

2) 에드워드 소자 지음, 이무용 외 옮김, 『공간과 비판사회이론』, 시각과 언어, 1997, 22쪽 참조.

되고 구현되는지 살펴보기 위한 일련의 작업 가운데 하나의 시도이다.

이를 위해 실재적 장소에서 전개되어 생활문화의 단면을 잘 보여주는 전통기념일의 스포츠 이벤트와 근대 스포츠 경기에 대해 탐구해보려고 한다. 스포츠·운동회에 대한 기존의 연구는 민족주의 이데올로기의 시각에서 일제시기 스포츠를 다룬 연구와[3] 국가권력이 신체를 지배하고 배치한다는 관점에서 체육과 학교운동회를 다룬 연구를[4] 대표적으로 들 수 있다.

여기에서는 개항장 도시 원산지역을 대상으로 전통 스포츠와 근대적 운동회의 주최·후원 세력, 유형과 전개양상 그리고 그 개최 장소의 역사성을 살펴봄으로써 식민도시의 공간성에 대해 검토해보려고 한다. 원산은 조선 후기 이래 지역적 유통망을 기반으로 성장해온 객주를 중심으로 단오절과 같은 전통기념일 행사가 매우 활발했으며, 1880년 개항된 이후 선교사와 지역 유지들에 의해 설립된 많은 사립학교를 매개로 다양한 근대 스포츠가 유입되었던 곳이다. 신체를 접촉하며 부딪치고 대면해야 하는 스포츠 경기나 운동회가 원산 지역민들에게는 어떠한 삶의 양식으로 체화되고 있었는지 그 구체적인 장면들을 포착해볼 것이다. 나아가 스포츠 이벤트의 장소를 가로지르는 역사성, 그리고 식민주의의 공간적 배치에 대해 접근해보려고 한다. 지역 단위에서 접근하는 이러한 작업은 스포츠 정치학이나 민족주의 이데올로기적 측면에서 이루어져온 기존 연구의 층위를 보완하는 의미도 있을 것으로 기대한다.

---

3) 대표적으로 천정환, 『조선의 사나이거든 풋뽈을 차라: 스포츠 민족주의와 식민지 근대』, 푸른역사, 2010; 정예지, 「북간도 조선인학교의 연합운동회」, 『만주연구』 12, 2011; 이동진, 「간도의 조선인 축구」, 『동북아역사논총』 40, 2013을 들 수 있다.

4) 대표적으로 신주백, 「체육교육의 군사화와 강제된 건강」, 『식민지의 일상, 지배와 균열』, 정근식·공제욱 편, 문화과학사, 2006; 김성학, 「근대 학교운동회의 탄생: 花柳에서 훈련과 경쟁으로」, 『한국교육사학』 31, 2009; 김현숙, 「대한제국기 운동회의 기능과 표상」, 『동아시아 문화연구』 48, 2010; 박환, 「근대 수원지역 학교운동회 연구」, 『한국민족운동사연구』 81, 2014를 들 수 있다.

2. 전통기념일과 각희대회

전통 스포츠의 가장 대표적인 종목은 각희(脚戱, 씨름)[5]였다. 각희대회는 음력 5월 단오날의 주요 행사로 매년 정기적으로 개최되었다. 추석 명절이나 신춘 무렵에 각희대회가 열리는 경우도 간혹 있었으나 드문 예였고,[6] 그 외에 가끔 특별한 기념축하 행사의 경우 이벤트로 열리기도 했다.[7] 각희는 빠질 수 없는 '단오놀이'였다.

〈표 1-1〉 1910년대 원산지역 각희대회

	시기	주최기관	후원기관	개최장소	출처
1	1914. 음력 5.5	관교동, 석우동 연합		정차장 뒤 모래사장	매일신보 1914.6.5
2	1914. 음력 5.6.	명석동		원끼미 산평(山坪)	同 1914.6.5
3	1914. 음력 5.6.	진신(縉紳) 이기종(李基鍾), 박대규(朴大奎), 김태호(金泰浩)		남산 앞	同 1914.6.5
4	1914. 음력 5.7	객주 및 상점	원산상의소장 남정선, 객주 남경선 등이 후원금 갹출	박산(博山) 앞	同 1914.6.5

5) 씨름을 지칭하는 용어는 각력(角力), 각저(角抵), 각희(脚戱), 상박(相撲), 쟁교(爭校) 등 시대에 따라 다양했다. 일제강점기에는 각희란 용어를 주로 사용했다(곽낙현, 「매일신보」에 기재된 脚戱, 씨름 기사에 대한 고찰: 1920년~1945년을 중심으로」, 『한국체육학회지』 46-6, 2007, 3쪽). 그러나 매우 드물게 신문기사 광고에 '원산씨름대회'라고 사용하기도 했다(「광고: 원산씨름운동대회」, 「中秋씨름運動大會」, 『동아일보』 1923. 6. 19, 1925. 9. 21). 여기에서는 자료에 나오는 용어대로 '각희'로 서술한다.

6) 1925년과 1931년 중추절에 각희대회가 열렸다. "(1925년-필자) 8월 추석에 각희대회를 열기는 원산이 개벽한 이래 처음"이었다고 한다(「원산각희대회」, 『동아일보』 1925. 9. 20; 「중추가절에 원산각희대회」, 『조선일보』 1931. 9. 19). 신춘각희대회는 1925년 음력 정월 21~23일 사흘간 원산체육회 주최, 원산청년회와 원산노동회 후원으로 거행되었다(「원산각희대회」, 『동아일보』 1925. 2. 11).

7) 대표적인 예를 들어 1928년 7월 포하천(浦下川)의 개축 기공을 기념하기 위해 협찬회 주최로 열린 축하대회에서 이벤트로 각희대회를 개최했다(「축하각희대회」, 『동아일보』 1928. 7. 8).

	시기	주최기관	후원기관	개최장소	출처
5	1918. 음력 5.6	상리 상동		구 예배당 뒤 공터	同 1918.6.13
6	1918. 음력 5.6~7	물산객주(物産客主)		남산 잠두(蠶頭)	同 1918.6.13

〈표 1-1〉을 보면 1910년대 원산지역 단오날 각희대회는 대개 동(洞) 단위로 열렸음을 알 수 있다. 즉 단오날에 지역 주민들이 동리 단위로 전통 놀이를 즐기는 차원에서 각희대회를 개최했던 것이다.

또한 객주(상점)도 단오에 각희대회를 개최했는데, 이는 동리 단위의 각희대회와 달리 원산지역 전 주민이 참여한 대규모 행사였다(〈표 1-1〉의 4, 6항 참조). 1914년 박산(博山) 아래에서 열린 각희대회는 원산 주민들뿐만 아니라 타 지역 관광객으로 인해 말 그대로 '인산인해'의 상황이었다고 한다. 객주들의 조직인 원산상의소(元山商議所) 차원에서 주최한 이 행사는 상의소장 남정선(南廷善)과 객주들의 갹출로 상금과 기타 비용을 조달했으며, 원활한 행사 진행을 위해 추진위원회를 조직하고 시상계(施賞係), 경호계(警護係) 등의 부서를 두었다.[8] 대회 우승자가 안변군과 북청군 주민인 사실을 보더라도 함경남도 인근 지역에서 이 각희대회에 참가하거나 구경하기 위해 몰려들었음을 알 수 있다.[9]

각회대회 뿐만 아니라 부인들의 그네뛰기, 소풍 등 다양한 행사가 열리는 단오절의 원산지역은 "5일로부터 3, 4일간은 자고(自古)로 쾌유(快遊)에 부(赴)하는 관습의 지방"이 되어 수만 여 명의 인산인해로 장관을 이루었다고 한다. 표현의 과장을 감안하더라도, 지역사회의 단오절 풍경을 짐작하게 해준다. 좁게는 각 동리 단위로, 넓게는 원산부 뿐만 아

---

8) 원산상의소는 1903년 8월 농상공부의 인가를 얻어 설립한 조선인 상인들의 조직이었다. 1910년 무렵 회장(史泰均), 부회장(李澤鉉), 회계, 사무원, 상의원(商議員), 평의원으로 직제가 구성되었다(西田常三郎 편, 『東朝鮮(一名 元山案內)』, 元山每日新聞社, 1910, 93쪽).

9) 「脚戲大會」, 『매일신보』 1914. 6. 5.

니라 인근 군민들도 참가하여 즐기는 각희는 단오절의 여러 행사 가운데에서도 가장 대표적인 전통 스포츠였다.

〈표 1-2〉 1920년대 원산지역 각희대회

	시기	주최기관	후원기관	개최장소	출처
1	1920. 음력 5.6~7	원산청년회	동아일보 지국	광석동 광장	동아 1920.6.26
2	1921. 음력 5.5.	원산리중개조합		광석동 운동장	동아 1921.6.10
	1921. 음력 5.7	장촌동 시민		장촌동 수정(樹亭)	동아 1921.6.10
3	1922. 음력 5.5~6	원산청년회	객주조합, 중개조합, 노동회, 동아일보지국	상동(上洞) 원산청년회 운동장	동아 1922.5.28, 6.19
4	1923. 음력 5.4~5	관교동 윤수원(尹洙源)· 박창운(朴昌運)			조선 1923.6.19
5	1925. 음력 1.21~23	원산체육회	원산청년회, 원산노동회	상리 1동 동락좌 (同樂座)	동아 1925.2.11
6	1925. 음력 5.5~6	석우동 유지		석우동 뒷산	동아 1925.6.17
7	1925. 음력 5.5.	유지 노문기(盧文麒) 등		관교동 고등여학교 앞 광장	동아 1925.6.24
8	1925. 음력 8.16~17	원산청년회	조선·시대· 동아일보 지국	상동 청년회 운동장	동아 1925.9.20, 21
9	1926. 음력 5.6~7	원산어원상조회 (元山漁員相助會)	동아일보지국	원산청년회 운동장	조선 1926.5.20; 동아 1926.6.4
10	1926. 음력 5.5~6			장촌동 송정(松亭)	동아 1926.6.8
11	1926. 음력 5.5	관교동, 영정, 석우동, 옥천동 연합		적전교 아래 백사장	동아 1926.6.17; 조선 1926.6.17
12	1927. 음력 5.5.	석우동 유지 조화벽· 최중군·김재옥·장호 섭·김치련·홍창순 외 10여 명		원산역전 광장	중외 1927.6.3
13	1928. 음력 5.6~7	석우동		원산역전 광장	중외 1928.6.14; 동아 1928.6.20

	시기	주최기관	후원기관	개최장소	출처
14	1928. 음력 5.6	상동		상동 청년회 운동장	중외 1928.6.14; 동아 1928.6.20
15	1928. 음력 5.6~7	어시조합(漁市組合)		해안매축지 광장	중외 1928.6.14; 동아 1928.6.20
16	1928. 음력 5.	장촌동		하장촌(下場村)	중외 1928.6.14
17	1928. 음력 5.7	본정5정목, 관교동, 영정, 옥천동 연합 대회		관교동	중외 1928.6.20
18	1929.7.6	포하천개수기공협찬회(浦下川改修起工協贊會)	원산시영회, 원영회		동아 1928.7.8
19	1929. 음력 5.5	원산어상조합		상동 원산체육회 코트	조선 1929.6.3
20	1931. 음력 5.5~6	남촌동, 북촌동	매일신보 지국	상동 원산청년회 운동장	매일 1931.6.18, 6.25
21	1931. 음력 8.15~16	대원구락부(제1회 전조선각희대회)	동아, 조선일보 지국, 제이소방조	해안매축지 광장	조선 1931.9.19; 매일 1931.10.1
22	1932. 음력 5.6~7	삼천리 원산지사		해안매축지	매일 1932.6.6
23	1932. 음력 8.17~18	대원구락부(제2회 전조선각희대회)	삼천리, 동아, 매일 지국	해안매립지 광장	매일 1932.8.29
24	1933. 음력 5.5~6	대원구락부		해안매립지 광장	매일 1933.5.26
25	1933. 음력 8.16~17	대원구락부(제3회 조선각희대회)	동아, 조선중앙 지국	해안매립지 광장	동아 1933.8.31; 조선중앙 1933.9.2
26	1935. 음력 9.7~9	대원구락부(제4회 전조선각희대회)	동아 지국	장촌동 축산시장	동아 1935.9.17, 10.6
27	1936. 음력 5.5~6	본정5정목, 영정	중앙, 조선, 동아 지국		동아 1936.6.20; 조선중앙 1936.7.3
28	1936. 음력 8.16~17	대원구락부(제5회 전조선각희대회)	조선, 매일 지국	중리2동 해안(삼옥철공소 매립지)	조선 1936.9.24; 매일 1936.10.4
29	1937. 음력 5.5~6	원산체육회	대원구락부	해안통 5정목 미리미곳	동아 1937.6.11
30	1938. 음력 5.5~6	원산체육회	대원구락부	해안통 6정목 송원철공소 인근	동아 1938.5.21

1920년대에 들어서 제한적이나마 비정치적인 사회단체 결성이 가능해지면서 각희대회의 주최기관에 변화가 나타났다. 〈표 1-2〉를 보면 1920년 결성된 원산청년회와 1924년 조직된 원산체육회 등의 사회단체가 각희대회의 새로운 주최자로 나서면서 동리의 경계를 넘어 전 원산의 행사로 확대되는 경향이 강하게 나타났다. 이와 같이 원산부민의 행사로 규모가 확대된 데에는 후원기관인 동아일보나 시대일보, 조선일보 지국 등 언론사의 홍보 광고가 주효하게 작용했다. 이는 주최 단체의 주도세력 가운데 동아일보 · 조선일보 · 시대일보 등의 지국장이나 기자들이 많았기 때문이다.

그러나 전래대로 동 단위 혹은 동 연합의 각희대회가 개최되는 경우도 여전히 많았다. 각희대회가 열린 마을은 주로 장촌동(場村洞), 석우동(石隅洞), 관교동(舘橋洞), 영정(榮町)이었다. 동 단위 혹은 동 연합 각희대회를 주도한 이들은 지역의 유지들이었다.[10] 또한 원산지역 조선인 경제계를 대표하는 객주조합과 어상조합 등의 경제단체가 주최하는 각희대회도 종종 개최되었다. 1930년대에 들어서는 대원구락부가[11] 전

---

10) 예를 들어 1921년경 장촌동시민각희회를 수행하기 위해 조직된 임원진은 회장: 김삼현(金參鉉), 부회장: 장인주(張仁洲), 시상부: 이차준(李次俊) 이하 3인, 서기: 신명성(愼明晟) 이하 1인, 심판부: 장익진(張翼珍) 이하 5인, 경호부: 표원석(表元錫) 이하 7인, 설비부: 이용호(李容昊) 이하 8인, 응접부(應接部): 김찬문(金燦文) 이하 3인으로 구성되었다. 이들 가운데 장익진은 해륙물산 객주로 이후 원산지역 경제계를 장악하고 있는 객주조합의 조합장(1927, 1933)을 지낸 인물이다. 그는 원산상업(주) 창립위원(1929) · 감사 · 이사(1931~1933), 명태조합 이사(1932), 원덕어업조합(元德漁業組合) 지정중개인(1932)이었고 상업회의소 평의원(1918~1920) · 부회두(1927~1928), 부협의원(1926, 1930), 함남노동회 이사(1929), 학교비평의원(1927, 1930), 원산제2소방조 조두(組頭)를 지낸 지역 유력자였다. 김찬문은 자동차업에 종사하고 원덕어업조합 지정중개인(1932)이며 원산시영회 회원(1926), 원산시민협회 사업위원(1928), 학교비평의원, 함남노동회 이사로 활동한 인물이었다.

11) 대원구락부는 원산지역의 쇠퇴를 우려한 조선인 유지들이 "원산의 향토를 사수(死守), 세교(世交) 친분을 가일층 공고히하자, 상호부조를 힘써 하자"란 취지로 1931년 7월 초 조직했다. 원산청년회가 쇠퇴하자 회원들의 중론에 의해 청년회관을 대원구락부에서 관리하는 데에서 알 수 있듯이, 이 단체는 1930년대 조선인 유지들의 대표

조선각희대회를 주최했다. 그 외에 원산체육회와 삼천리사(三千里社) 원산지사도 각희대회를 개최했다.

각희대회의 상금은 동 단위의 비교적 소규모 대회일 경우에도 1등에게는 대우(大牛)를 수여하는 것이 일반적이었다. 2등에게는 중우(中牛)를 지급하고 3등에게도 소우(小牛)나 광목을 지급하는 경우가 많았다. 거액의 상금은 지역 경계를 넘어 원산 인근 주민들을 유인하기에 충분했다. 1920년 단오절에 원산청년회가 주최했던 대회(〈표 1-2〉의 1항)나 1926년 관교동 · 영정 · 석우동 · 옥천동 등 4동 연합대회(〈표 1-2〉의 11항)의 우승자가 원산 주민 외에 북청, 함흥, 안변에서 원정 온 이들인 것에서 알 수 있듯이, 일부 각희대회는 참가 자격이 원산 지역민에 제한되지 않고 개방되어 있었기 때문에 더욱 많은 대중이 운집했던 것이다. 단오절의 각희는 시합을 통해 우열을 가리는 스포츠 경기의 성격도 존재했지만, 그보다는 공동체적 유대감을 확인하고 여흥을 즐기는, 전통 사회에서 유래된 놀이에 가까웠다.

3. 근대적 스포츠와 운동회

1) 학교운동회와 근대 스포츠의 학습

개항장 원산에는 1883년 최초의 근대식 학교인 원산학사(元山學舍)가 '향중부로(鄕中父老)'들에 의해 설립되어 일찍부터 학교 교육이 보급되기 시작했다.[12] 따라서 학교운동회도 1900년대 이전에 개최되었을 것으

적인 모임이었다(「元山有志가 대원구락부 창립을 결의」, 「청년회관을 대원구락부에 委讓」, 『매일신보』 1931. 7. 8, 1932. 7. 5)

12) 신용하, 「우리나라 最初의 近代學校 設立에 대하여」, 『한국사연구』 10, 1974, 192~

로 생각되지만,[13] 자료상으로 원산지역에서 학교운동회가 확인되는 것은 1908년이다. 이 해 5월 내리(內里) 사립학교에서 6백여 명의 학생이 참가한 춘기연합운동회가 열렸고, 11월 말에는 13개 학교가 참가한 추기연합대운동회가 열렸다. 남녀 학생 1천여 명이 참가하고 관광자가 인산인해로 성황을 이루었으며 70세 노인이 경주를 하였다는 기사로 보아[14] 학부모와 그 친척, 동리 사람들이 다수 참가하는 학교운동회가 주민들에게는 일종의 지역 축제로 수용되고 있었음을 알 수 있다.

1910년 6월에는 사립 춘성학교(春成學校)와 광성학교(光成學校), 공립 원산보통학교 연합운동회가 열렸으며, 운동회가 끝난 후 조혼의 폐단을 통박(痛駁)하는 연극이 상연되었다. 학생과 주민들이 대거 모인 운동회가 사회 계몽의 장으로도 활용되었음을 보여주는 부분이다. 원산지역 운동회는 한말 설립된 사립학교에 의해 주도되었다. 이들 학교는 대개 기독교계통에서 경영하는 학교들이었다. 1914년경 원산지역 사립학교로는 장로교계의 숙명여자학교, 배성학교(심상보통과) · 진성여학교(심상과 · 고등보통과) · 보광학교 · 루씨여자학교(1931년 보통학교와 고등보통학교로 이원화), 남감리교계의 광성학교(심상과 · 보습과) 등이 있었다.[15]

한편, 기독교회에서 운영하는 주일학교에서도 매년 봄철이면 유 · 소년(幼少年) 대상의 운동회를 개최했다. 1921년 5월 장로교회와 남감리교

195쪽; 정재걸, 「학교 근대교육의 起點에 관한 연구」, 『교육사학연구』 2 · 3, 1990, 103~120쪽. 원산학사의 교과목은 경서(經書) · 병서(兵書) · 물리 · 농업 · 양잠뿐만 아니라 법률 · 만국공법 · 지리 등 근대 학문을 교수했다.

13) 최초의 근대적 운동회는 1896년 5월 31일 관립소학교 학원(學員)들이 훈련원에서 연 것이라고 한다(천정환, 앞의 책, 2010, 94쪽).

14) 「원산운동의 성황」, 「元校運動」, 『황성신문』 1908. 11. 26, 1909. 6. 10. 1910년 6월경에도 사립 춘성학교와 광성학교, 공립보통학교 연합운동회가 열렸고, 여흥으로 조혼의 폐단을 통박하는 연극이 개최되었다(「元校의 運動演劇」, 『황성신문』 1910. 6. 22).

15) 金二坤, 「元山港耶蘇敎會內의 敎育」, 『崇實學報』 1호, 1915년 1월, 107쪽; 『원산안내』, 1914, 37쪽; 金元錄, 『元山要覽』, 元山要覽編輯會, 1937, 35~37쪽).

회 연합으로 광석동 운동장에서 개최된 주일학교 운동회의 풍경을 살펴보자.

> "원산 장로, 감리 양교회의 연합 주최로 5월 28일 춘계 유년(幼年) 주일운동회를 시내 광석동 운동장 녹음 속에서 성대히 거행하얏더라. …운동회 정문에는 채색이 선명한 만국기와 홍백이 찬란한 차일은 바람에 날리어 운동회원을 환영하는데 남녀 학생 천여 명은 선생의 보호하는 아래 용감한 태도로 악대를 선두에 세우고 유쾌한 운동가를 합주하면서 시내를 순회하여 당당히 정문에 들어서자 벌써 구경하는 사람은 여러 천 명에 달하야 입추의 여지가 업는 중 정각이 되매 회장 이병옥(李炳沃) 씨의 개회사와 찬송가와 기도가 끝나자…사립진성학교 녀학생의 체조로 운동이 시작되엇는데 순서를 계속하야 사십여 종의 경기를 박수하는 소리 속에서 대성황으로 맛치고 조용한 기도로 폐회하얏는데 당일 관람객 수천 명에게 무한한 환영의 박수갈채를 받은 곳은 보광교(保光校)의 체조와 배성교(培誠校)의 경주와 진성여학교(進誠女學校)의 오월계의 과목과 신정교(信貞校) 유치과 생도의 귀여운 유희이엿스며 유희로는 고금의 풍속을 모방한 두 차례의 가장행렬이 잇섯다.……"[16]

위 예문을 보면, 주일학교 운동회라고 하지만 교단에서 운영하는 모든 사립학교가 참여하여 학교운동회와 다름이 없었다. 특히 기독교회의 의례에 따라 찬송가와 기도로 시작하여 기도로 폐회하는 장면은 국가 의례로 시작하는 일반 운동회와 다른 점으로 주목된다. 일장기가 아닌 만국기가 펄럭일 수 있었던 것도 서양 선교사들의 영역인 사립학교이었기에 가능했을 것이다.

1923년 봄 장로교회 연합운동회는 음력 5월 5일 단오날에 개최되었

16) 「원산 幼年의 연합대운동회」, 『조선일보』 1921. 6. 1.

는데, 프로그램으로 전통적인 씨름대회나 윷놀이가 아니라 30여 종의 육상경기를 진행했다. 이날 인근 안변과 덕원읍내 학교에서도 참가하여 관중이 3천여 명에 이르렀고 당일 『운동시보』(運動時報)까지 발행했다는 사실로 보아 주일학교 운동회에 대한 일반 대중의 관심과 호응이 매우 컸음을 알 수 있다.[17)]

학교운동회는 대개 9월과 10월에 각급 학교 단위로 일제히 개최되었다. 학제가 조선인 학교와 일본인 학교로 분리되어 있었기 때문에[18)] 운동회도 민족별로 분리되어 열렸다. 간혹 여러 학교의 연합으로 열리기도 했는데, 연합운동회는 대개 사립은 사립끼리 공립은 공립끼리 열렸다.[19)] 운동회는 체육경기뿐만 아니라 댄스, 체조 등도 실시하여 여흥을 더하기도 했다.

전체 재학생 중 절반 정도가 조선인인 원산공립상업학교에서는 야구, 정구, 농구, 축구, 마라톤, 유도, 검도, 원영(遠泳) 등의 스포츠를 체육시간이나 과외활동시간에 배웠다.[20)] 여름철이 되면 일주일간 송도원(松濤

---

17) 「원산주일학교대운동」, 『동아일보』 1923. 6. 15; 「연합운동회 개최」, 「연합운동회 개최 속보」, 「주일학교대운동회」, 『조선일보』 1923. 6. 6, 6. 14, 6. 23. 이 운동회 개최를 위해 회장, 총무, 시상위원, 심판, 사령(司令), 준비원, 경호원, 접빈(接賓), 위생, 통신, 회계, 설비 등으로 부서를 구성하여 준비했다(「연합운동회 개최속보」, 『조선일보』 1923. 6. 14).

18) 1920년대 중반 공립학교로는 초등학교의 경우 일본인 대상의 심상고등소학교와 심상소학교가 있었다. 그리고 조선인 학교로는 제일공립보통학교와 제2공립보통학교가 있었다. 중등 과정으로는 일본인 대상의 원산중학교와 원산공립고등여학교가 있었고, 일본인과 조선인 공학의 원산공립상업학교가 있었다. 지역 총인구 중 약 19%를 점하는 일본인의 경우 학생수가 훨씬 많아서 교육 혜택 면에서 조선인이 피해를 보고 있었다. 정규 교육의 혜택을 받지 못하는 학생을 위한 강습소나 학원이 모두 조선인 대상이었던 점은 교육 기회의 불평등한 처지를 나타낸다.

19) 사립학교 운동회는 보광 · 배성 · 진성(장로교), 광성(감리교) 등의 각 학교별로 열리기도 했지만, 장로교 계통 학교의 연합으로 혹은 장로교와 감리교 학교의 연합운동회를 열기도 했다. 1927년 가을 공립 제일보통학교와 제이보통학교의 연합운동회가 해면매립광장에서 성대하게 열린 경우도 있었다.

20) 朴鐵男(22기), 「체육으로 명예 높여 제2의 人生 기폭제로」, 원산공립상업학교동창

園) 해수욕장에서 전교수영훈련대회를 열고 10킬로를 헤엄치는 원영 훈련을 실시했다.[21] 그리고 겨울방학 때에는 전교생의 대다수가 소속된 유도부와 검도부의 강화훈련이 약 10일간 행해졌다.[22]

조선인 중등교인 사립 루씨여자고등보통학교에서는 배구 · 농구 · 테니스뿐만 아니라 야구까지 가르쳤다.[23] 당시 여학교로는 드물게 야구를 가르친 것은 야구의 본고장인 구미계 선교사가 설립한 학교였기 때문일 것이다. 루씨여고보의 학생들은 여름이면 오전 수업을 하고 전교생이 송도원에서 수영했으며, 겨울이면 교내 운동장 한쪽에 만든 스케이트장에서 스케이트를 탈 수 있었다. 이들은 대개 상류층 집안으로 각기 전용 스케이트를 가지고 있었다.[24]

일본인 여학생을 위한 교육기관으로 소수의 조선인 학생이 재학하고 있는 원산공립고등여학교에서도 방과 후 활동으로 본인의 특성에 따라 궁도부, 배구부, 테니스부, 탁구부, 원예부, 금부(琴部, 거문고부) 등을 선택하여 체력을 키울 수 있었다. 그리고 여름철이면 오후에 전교생이

회, 『明沙』, 1996, 115쪽; 崔鍾曄, 「전국대회를 제패했던 元商 柔道」, 같은 책, 71쪽. 공립원산중학교에는 정규과목으로 무도과(유도, 검도)가 있었으며, 또한 방과 후 과외활동의 체육 종목으로 육상과 농구 · 정구 등의 구기 종목, 그 외에 일본 무예인 유도 · 검도 등을 선택하여 학습했다.

21) 朱東雲, 「나의 元商 시절의 추억」, 『明沙』, 118쪽; 洪瓘植, 「靑雲의 꿈 깃들인 제의 고향 원산」, 같은 책, 136쪽.

22) 朴容珪, 「寒稽古 納會에서 받은 望外의 柔道賞」, 『明沙』, 103쪽.

23) 양혜석, 「루씨예찬」, 『常綠: 樓氏高女100年誌』, 元山樓氏高等女學校總同窓會, 2003, 100~101쪽; 「회별대담(15회): 베이스볼의 원조 전설의 루씨야구단」, 같은 책, 146쪽. 이 학교는 1903년 미국 남감리교회 여선교사들에 의해 세워졌는데 학교 건축비를 기부한 미국 노스캐롤라이나 여선교회 회장 루시 커닝김(Lucy Armfield Cuninggim)의 이름을 따서 루씨건잉금(樓氏健仍金)학교로 개명했다. 1921년 4년제 고등과를 설치했다.

24) 정도화, 「아름다운 땅 아름다운 사람들 원산에는 명문 루씨가 있었다」, 위의 책, 2003, 107쪽; 김호연, 「원산루씨고녀와 나의 처」, 같은 책, 106쪽; 오선혜, 「철없던 소녀들의 파티」, 같은 책, 112쪽; 「회별대담(15회): 베이스볼의 원조 전설의 루씨야구단」, 「회별대담(16회): 루씨의 마지막 졸업생」, 같은 책, 146 · 148쪽.

〈사진 1-1〉 루씨여자고등보통학교 학생들의 체육활동

출처: 『常綠: 樓氏高女100年誌』, 2003, 44쪽.

송도원에서 수영을 실시했고, 운동기구가 다양하게 구비되어 있어 정구, 탁구 등의 구기 종목을 익힐 수 있었다. 특히 겨울이면 학교 앞 교정에는 스케이트장을, 학교 뒷산에는 송도원의 스키장만큼 큰 스키장을 마련하여 겨울 스포츠를 즐길 수 있었다.25)

학교운동회는 지역사회의 주요한 행사였다. 따라서 학무위원·학교비평의원과 같은 교육계의 주요 인사, 그리고 재정 후원을 할 수 있는 상인, 지주 등 유력자들이 운동회 비용을 지원했다. 그러나 교육열이 강한 전통적 분위기에 힘입어 노동회에서도 소액이나마 기부하고 또는 노동자들이 직접 임금을 받지 않고 사역으로 부조하기도 하는 등 계층을 망라하여 사회적 지원이 있었다. 공립학교 운동회는 중추원 참의, 부협의원 등 식민지 권력을 공식적으로 대변하는 관변 인물들이 내빈으로 참가하여 축사하는 등 부 당국과 관료·지역 유지들이 적극적으로 지원했다.

2) 시민운동회와 스포츠의 대중화

근대 스포츠의 보급이 학교의 체육시간과 주기적인 운동회를 통해 이루어졌다면, 일반 시민들에게 스포츠 경기에 참가하고 관전할 수 있는 장을 마련해 준 것은 시민운동회였다. 학제(學制)가 구분되어 있었기 때문에 민족별로 분리되어 열렸던 학교운동회와 마찬가지로 시민운동회도 조선인 사회와 일본인 사회에서 각기 별도로 개최되었다.26)

---

25) 李相玉, 「건전한 정신은 건전한 신체에 깃들인다」, 『松濤』, 원산공립고등여학교동창회, 1999, 42쪽; 李殷春, 「신앙은 은총의 선물」, 같은 책, 30쪽; 咸淑貞, 「媤母님 모시고 시집살이 알뜰히」, 같은 책, 32쪽; 洪福子, 「송도원 해변가를 걷던 낭만적인 감상」, 같은 책, 39쪽; 「元山高女에 스키場」, 『동아일보』 1927. 12. 5.

26) 1931년 시민운동회의 경우 6천 미터 마라톤과 자전거 경주, 일반 릴레이 부문의 우승자는 모두 조선인이었지만, 8백 미터 마라톤과 특정 릴레이의 우승자가 일본인인

대중 주체의 시민운동회가 등장한 것은 문화통치로 제한적이나마 비정치적인 단체 결성과 대중 집회가 허용된 1920년대에 들어서였다.

〈표 1-3〉 원산 시민운동회(1920~1936년)

	시기	주최기관	후원기관	개최장소	관람 인원	출처
1	1920.5.29. 제1회 원산시민 대운동회	원산기독청년회, 원산문우회(元山文友會)	동아일보 지국	광석동 광장		매일 1920.5.18.; 동아 1920.5.29, 6.3, 6.4
2	1924.10.25. 제2회 원산시민 추계대운동회	원산체육회, 원산청년회, 객주조합, 포목상조합, 미곡상조합	동아, 시대, 조선 지국	제2 보통학교 운동장	수만 명	조선 1924.10.13, 10.16, 10.25, 10.28; 동아 1924.10.28.; 시대 1924.10.12, 12.18
3	1926.5.9. 제3회 원산시민육상경기대회	원산체육회	원산시영회, 조선일보 지국			조선 1926.4.16
4	1926.10.3 원산시민육상경기대회	원산청년회	동아일보 지국	제2 보통학교	수천 관중	동아 1926.9.16, 9.17, 9.26, 10.4
5	1927.6.18 해면매립축하전원산시민 대운동회	원산시영회	조선, 중외일보 지국	해면 매립지 광장	선수 신청은 원산지역 외 전 조선인에게 개방	중외 1927.5.2., 6.12
6	1.5.31 원산 시 대운동회	원산시민협회, 어상조합, 곡물상조합, 객주조합, 미곡상조합, 잡화상조합, 물상조합,	원산체육회, 조선일보 지국,	제1 보통학교 운동장	선수 3, 4백 명	동아 1931.5.11., 6.3, 매일 1931.6.3
7	1936.6.7 원산 시민 대운동회	대원구락부	동아일보 지국	상동		동아 1936.5.23

〈표 1-3〉에서 보듯이, 제1회 원산시민대운동회는 1920년 5월 말에 처

것으로 보아 일본인들도 일부 참여했던 것으로 보인다. 하지만 대다수 선수와 관람자는 조선인이었다.

음으로 개최되었다. 이후 1924년 10월(제2회), 1926년 5월(제3회), 1927년 6월, 1931년 5월, 1936년 6월에 간헐적으로 열렸다. 시민운동회의 선수 자격은 대개 만 15세 이상이며 대회에 앞서 미리 신체검사를 했다.

주도층과 후원세력을 살펴보면, 먼저 제1회 시민운동회 주최 기관은 원산기독청년회와 원산문우회(元山文友會)였는데 시민운동회준비위원회의 위원[27] 가운데에는 지역 경제계를 주도하고 있는 객주 출신 자본가들이 많았다. 이택현(李澤鉉)(회장), 남백우(南百祐)·홍종희(洪鍾熙)(부회장), 안정협(安廷協)·조병철(趙炳喆)(총무부), 최광린(崔光麟)·남충희(사령부), 정운준(鄭雲駿)·이정화(李正華)(심판부), 안돈의(安敦義, 시상부), 정봉점(鄭鳳漸, 회계부) 등은 모두 객주조합원으로 무역회사나 창고운송회사를 경영하는 자본가들이며, 사회적으로 부참사·부협의원·학교비평의원 등으로 활동한 지역 유지들이었다.[28] 이외에 김상익(金相翊)은 동아일보 원산지국 기자, 차형은(車亨恩)은 반도의원 의사였다. 이들은 거의 모두 시민운동회 직후인 1920년 6월 창립된 원산청년회의 발기인이거나 간부였다.[29]

1924년 가을에 열린 제2회 원산시민운동회의 주최기관은 원산체육회

---

27) 위원회는 회장: 이택현, 부회장: 남백우·홍종희, 총무부: 안정협·조병철·김상익·최제순(崔濟淳), 사령부: 강기덕(康基德)·최광린·김이현(金利鉉)·남충희, 심판부: 정운준(鄭雲駿), 이정화 외 5명, 위생부: 김용호(金容浩)·박태형(朴泰亨)·차형은(車亨恩) 외 3명, 시상부: 김원복(金源福)·전처선(全處善)·안돈의 외 3명, 경호부: 김영근(金永根)·김병유(金秉洧)·신언국(申彦國) 외 19명, 접빈부: 박창국(朴昌菊)·윤상필(尹相弼) 외 6인, 설비부: 김경문(金敬文)·심춘택(沈春澤)·한상영(韓相泳) 외 7명, 회계부: 임지영(林芝永)·정봉점·서태호(徐泰鎬) 외 3명, 기록부: 손조봉(孫祚鳳)·김상익 외 6명으로 구성되었다(「元山市民秋季大運動會」, 『조선일보』 1924. 10. 13).

28) 본서 2부 4장 참조.

29) 원산청년회 창립 시의 임원진은 안정협(회장), 남백우(부회장), 최광린(체육부장), 조병철(경제부장), 정봉점(회계부장), 李正華(평의장)이며 그 외 정운준·조종구·안돈의는 발기인이었다.

와 원산청년회, 객주조합, 포목상조합, 미곡상조합 등 5개 단체였다. 추진위원회의 임원진은[30] 역시 대부분 객주 출신 자본가로 원산청년회와 원산체육회의 간부들이었다.

1927년 6월 18일 열린 원산시민대운동회는 중리 1동으로부터 상동에 걸친 해면매축 준공을 축하하기 위한 목적으로 원산시영회(元山市榮會) 주최로 열렸다. 조선인 마을 해안의 매축공사이기는 했으나 부 차원의 사업이므로 이 '해면매립축하시민운동회'의 임원진은 원산부윤을 총재로 하여 원산시영회 간부들로써 구성되었다.[31]

1931년 5월의 시민운동회는 그동안 원산시영회와 원영회(元榮會)로 분열되어 있던 조선인 유력자들이 1928년 12월 통합기구로 조직한 원산시민협회의[32] 발의에 의해 객주조합, 어상조합, 곡물상조합, 미곡상조합, 잡화상조합, 고물상조합 등 실업단체 연합으로 개최되었다. 대회 준비위원[33]가운데 조기주(趙基周, 객주조합장, 원산상업(주) 전무이사),

---

30) 추진위원회는 회장: 이택현, 부회장: 안정협 · 조기주, 사령부장: 강기덕, 심판부장: 남백우, 경기부장: 남충희, 시상부장: 김병유, 총무부장: 김경식(金瓊植), 설비부장: 탁봉실(卓鳳實), 경호부장: 김용호, 접빈부장: 윤상필, 회계부장: 조병철, 통신부장: 김상익, 위생부장: 차형은, 감시부장(監視部長): 임호영(林虎英), 녹사부장(錄事部長): 조종구(각 부에 부원 수명)로 구성되었다.

41) 시민대운동회 준비위원회는 총재: 기무라(木村靜雄) 원산부윤, 부총재: 이택현, 참모: 장익진 · 김경식 외 수인(數人), 회장: 조기주, 부회장: 최수악, 한치항, 총무부 위원: 박창조(朴昌祚) · 남백우 · 조종구 · 김상익, 시상부위원: 이봉록(李鳳祿) · 이병균(李秉均), 노기만 외 십여인, 녹사부위원: 박민룡(朴敏龍) · 윤치혁(尹致赫) · 조병하(趙炳夏) 외 4인, 회계부위원: 김석오(金錫五) · 김연재(金演栽) · 배수성(裴壽星) 외 3인, 접빈부위원: 이세모(李世模) · 이배근(李培根) 외 10인, 사령부 위원: 김경준 · 오병주(吳秉珠) · 남진희(南辰熙) · 이종석(李種錫) 외 5인, 심판부위원: 한군필(韓君弼) · 김대욱(金大郁) 외 6인, 선수부위원: 김용빈(金用斌) · 안용정(安容禎) 외 8인, 경기부위원: 최광린 · 조화벽(趙和璧) 외 9인, 경호부위원: 이춘하(李春河) · 최중군(崔仲軍) 외 17인, 설비부위원: 김찬문 · 임용흥(林用興) 외 10여 인, 구호부위원: 한경교(韓景敎) · 김용호 외 5인으로 구성되었다(「매축준공 축하대운동회」, 『중외일보』 1927. 6. 6).

32) 본서 2부 4장, 5장 참조.

33) 대회 준비위원은 조기주 · 김상익 · 박준호 · 이창원(李昌元), 노기만, 위정학 · 채낙

노기만(盧紀萬, 해산물 위탁판매, 원산관(주) 사장), 위정학(魏禎鶴, 원산제일어시장 경영주), 한치항(韓致恒, 곡물무역상, 원산정미소), 장익진(張翼珍, 해륙물산 객주, 객주조합장), 김경준(金景俊, 元興商會, 상업회의소 부회두), 안돈의(객주), 최광린(객주조합원), 박준호(朴俊鎬, 해산물상), 김양근(金楊根, 부협의원), 김경택(金冏澤, 원산관(주) 감사, 요리업) 등은 객주조합원이거나 여타 실업가였다.

경기종목은 1924년 경우 성인마라톤(元山全週 마라톤)과 학생마라톤(元山半週 마라톤), 1천 미터 경주, 6백 미터 경주, 여자 자전거경기, 달려서 높이 멀리 뛰기, 장대 짚고 높이뛰기, 원반던지기, 포환던지기, 해머던지기, 자전거 서행(徐行) 경기 등 육상이 주종이었다. 특히 '여자 자전거 경기'가 종목으로 채택된 점이 주목된다.[34] "부인 경기에 활발하게 날뛰는 신진 여성들의 용자(勇姿)는 원산지역이 아니면 보기 어려운 여장부의 기상"이란 기사와 같이 여성들은 이제 운동회의 '관광자'에 머무르지 않고 직접 선수로 활약하며 운동회의 주체로 나섰다. 여기에는 근대 교육이 일찍 보급됨으로써 여성의 체육활동을 자연스럽게 받아들여 여학생과 부인들이 운동장에서 달리고 구르는 것에 대해 별다른 거부감이 없는 지역의 사회분위기가 크게 작용했을 것이다.

1927년 시민운동회의 경기종목은 주로 마라톤으로 여기에 자전거 경주가 부가되었다. 1931년 시민운동회의 경기 종목은 마라톤, 각 동정(洞町) 릴레이, 단체 릴레이, 필산(筆算)·암산(暗算) 경기, 여자 50미터 달

기(蔡洛奇)·박용대(朴容大)·김양근·김병홍(金柄洪)·허승하(許承河)·이원하(李元河)·한치항·김경택·한광수(韓光洙)·전용빈(全容斌)·장익진·이홍준(李弘俊)·배순호(裴舜鎬)·김경준·최익용(崔益用)·이지명(李芝明)·정학룡(鄭學龍)·김진국(金鎭國)·이용휘(李龍徽)·안돈의·김진규(金眞珪)·김영래(崔英來)·최광린·이재춘(李在春) 외 22명이었다(「원산은 준비」, 『동아일보』 1931. 5. 13; 「실업단체 주최 원산시민운동」, 『조선일보』 1931. 5. 13).

34) 1931년 시민운동회에서도 '부인 경주' 종목이 진행되었다(「원산시민대운동회」, 『매일신보』 1931. 5. 16).

리기, 1백 미터 · 2백 미터 · 5백 미터 · 8백 미터 · 1천 5백 미터 달리기, 소학생 마라톤, 높이뛰기, 상점방문 경주 등이었다. 그 외에 내빈 대상의 각종 경기도 있었다. 특히 기왕의 일반 시민운동회에서 볼 수 없었던 필산 경주, 암산 경주, 상점방문 경주 등의 독특한 경기는 주최자가 어상조합 · 객주조합 · 잡화상조합 등의 상업계였기 때문이다.

이와 같이 시민운동회의 경우 구기종목이 거의 없고 육상과 자전거 경주로만 구성된 점이 특징이다. 때문에 1926년 10월에 열린 시민운동회는 그 명칭을 아예 '전원산육상경기대회'라고 부르기도 했다. 구기 종목의 경우 별도의 전문 경기장이 필요한데 이를 충족시킬 공설운동장(부립운동장)이 없었기 때문일 것이다.[35] 또한 구기 시합의 경우 팀제로 진행되어야 하므로 일반 시민이 선수단을 구성하기 어렵고 경기 규칙에 익숙하지 못하였기 때문이 아닌가 생각된다.

시민운동회에 대한 대중의 참여와 그 호응은 매우 뜨거웠다. 당시 일간지는 많은 군중이 참여하여 성황을 이룬 시민운동회의 광경에 대해 다음과 같이 보도했다.

> "관람하기에 편의한 자리를 선점하랴고 광파(狂波)와 가티 모혀드는 군중은 동으로 서으로 남으로 북으로 또 일방(一方)으로 범선과 증기선을 타고 모혀 드러 찰나 사이에 수만(數萬)을 산(算)할만치 인산인해를 일우는 중에도 부인관람석은 어지간히 질편질편하얏고 장내의 좌우 양편에 장사진을 벌인 대회 본부와 남녀의 내빈석, 원산 각 단체석 각 학교 학생석을 합하야 사오십 개의 천막과

35) 원산부에서는 1926년부터 공설운동장 설립을 계획하고 우선 1만 5천 원의 예산을 계상하였다. 그러나 1927년도에 들어서 예산이 삭감되자 원산체육협회(일본인 단체)를 비롯하여 각 청년단들이 '운동장완성실행회'를 창립하고 적극 대응했다. 그 결과 1928년 11월 공설운동장의 일부를 개장하게 되었다(「원산공설운동」, 『조선일보』 1926. 7. 17; 「원산의 청년단체 분기」, 『매일신보』 1927. 3. 9; 「원산공설운동장」, 『동아일보』 1928. 11. 16).

운동장 내외의 해면(海面) 일대로 안행(鴈行)과 가티 내려단 수천의 전등만 하야도 일반관람자의 안목을 당연(瞠然)케 하얏다.…"[36)]

"…출장(出場) 선수 총 삼사백 명에 달하여 운동회 역원만도 백여 명이 동원되여 당일의 운동회를 참관하려 모으는 사람은 일은 아참부터 신록의 남산 전면에 채색 옷을 입히리만큼 실로 인산인해를 싸엇섯다. …특히 수백 원의 거비(巨費)로 편성하엿다는 북촌동의 가장행렬대는 악대 선두로 맑은 아참 공기를 요란케 하며 전 시를 一週하야써 더욱 이채를 도도앗스며 부인 경기에 활발이 날뛰는 신진여성들의 용자(勇姿)는 북선이 아니면 보기 드문 여장부의 기상이엿다. 관교동, 남촌동, 북촌동의 기운찬 응원대며 본보지국과 송학관(松鶴舘)의 개인응접대도 만록점홍(萬綠點紅)의 일폭(一幅)이엿다.…"[37)]

시민운동회가 열리는 매립해안 광장에 좋은 자리를 차지하려고 배를 타고 해안 쪽에서 모여드는 광경, 빽빽한 부인관람석과 남녀 내빈석, 각 사회단체와 학교의 수십 개의 천막 시설들, 운동회 시작 전에 가장행렬대와 악대의 시내 일주로 고양된 분위기와 각 동 응원대의 맹렬한 기세는 운동회 기사마다 등장하는 상투적인 '인산인해'란 표현이 결코 과장이 아님을 보여주는 장면들이다. 후원을 맡은 언론사 지국은 시민운동회의 경기 일정과 프로그램, 대회 진행과 경기 상황을 보도한 호외나 〈시보〉(時報)를 발행하여 무료로 배포함으로써 시민들의 운동회 참가에 일조했다.[38)] 각종 경기뿐만 아니라 여흥놀이가 가미되어 군중들을 '포

36) 「盛況을 豫期하든 원산시민운동회」, 『중외일보』 1927. 6. 21.

37) 「大盛裡에 終幕된 원산시민운동회」, 『매일신보』 1931. 6. 3.

38) 1924년 가을 시민운동회 때 개벽 지사와 조선·시대·동아일보 지국 기자들은 대회의 내용을 빠짐없이 보도하기 위해 당일 「時報」를 함께 발간하였고, 1927년 6월에는 중외일보 지국에서 시민운동대회를 보도한 신문 수만 매를 관람자에게 무료 배포하였다(「원산시민운동 대성황으로 진행」, 『동아일보』 1924. 10. 28; 「원산시민운동회」,

복절도'하게 할 만큼 흥을 돋우는 시민운동회는 지역사회의 축제였다.

3) 원산체육회와 전문적 스포츠 경기의 주최

앞에서 살펴보았듯이 학교운동회는 학생들이 체육시간과 방과 후 특별활동을 통해 단련하고 익힌 기량을 겨루는 대회이자 지역사회의 중요한 행사였다. 시민운동회는 대중적인 육상종목과 자전거 경주를 위주로 여흥놀이까지 더해져 대중을 위한 스포츠 이벤트로서의 기능을 다했다.

여기에서 나아가 지역 스포츠의 육성과 발전을 목적으로 하는 체육단체가 설립되어 전문적인 스포츠 경기를 주최하고 후원했다. 1924년 10월 원산체육회 창립총회가 불교포교당 내에서 원산청년회 회장 조종구의 사회로 개최되었다. 일본인 측에서는 이미 1920년 5월 "체육과 사상의 견실을 도모하야 각종 운동을 장려하며 또는 원조함으로써 목적"하는 원산운동협회를 조직하여 활동하고 있었다.[39]

원산체육회를 조직한 이들은 원산청년회의 주요 활동가였다. 이들은 조선일보 · 시대일보 · 개벽사의 지국장이나 기자 등 지식인 또는 지역유력자였다.[40] 강령은 "①인류애에 기인한 건전한 정신을 함양하여 차

『조선일보』 1927. 6. 21).

39) 본서 2부 7장 참조. 원산운동협회는 1925년 원산체육협회로 개칭되었다.

40) 창립 간부진은 회장: 강기덕(康基德), 총무부장: 김상익(金相翊), 경리부장(經理部長): 남규언(南圭(奎)彦), 사교부장: 조종구, 도서부장: 원태윤(元泰允), 육상경기부장: 김성(金星), 야구부장: 이오갑(李吳甲), 축구부장: 김철환(金鐵煥), 정구부장: 김창환(金昌煥), 음악부장: 최중선(崔仲善) 등이었다(「원산체육회 창립총회의 경과」, 『조선일보』 1924. 10. 3; 「체육회창립총회」, 『시대일보』 1924. 10. 4).
강기덕은 춘성학교 졸업 후 경성에서 보성전문학교 재학 중 3 · 1운동에 참여하여 보안법 위반으로 징역 2년형을 받았다. 이후 시대일보 원산지국 고문 · 지국장(1924~1927), 루씨여고보 학부형회 부회장, 조선민흥회 준비위원(1926)으로 활동했다. 1926년 설화사건에 연루되어 치안유지법 위반으로 6개월 형을 살았던 대표적인

(此)를 사회에 보급케 할 것 ②지덕을 겸비한 권위 있는 체육단체 되기를 기도(期圖)할 것 ③본회의 보존과 발전을 위하여 절대 단결을 역행(力行)할 것"이었다.[41]

창립 초기에는 육상경기, 야구, 축구, 정구 등의 스포츠 종목별로 부서를 두었으며 강령에서 제시한 "지덕을 겸비한 권위 있는 체육단체"가 되기에 필요한 음악부와 도서부도 두었다. 이후 "조선 청년 일반에게 유도술을 보급하기 위해 유도부를 신설하고" 유도장을 개설했다.[42] 또한 1925년 육상경기부에 스케이트 종목을 신설하고 원산청년회 운동장 6백여 평에 빙상운동장을 마련하여 동계 운동을 장려했다.[43] 원산체육회는 "스케이트에 한해 전력 연구"하는 입장을 견지했는데 이는 원산지

지역운동가이다.
김상익은 백산무역주식회사 감사(1919), 원산매일신문사 원산리지국장, 동아일보 원산지국 총무겸 기자(1922), 개벽지사장(1924)으로 활동했고, 문화인쇄소를 경영했다. 원산공립보통학교 졸업생교우회 간사(1917), 원산청년회 학예부장(1922), 원산여자청년회 고문(1920)으로 활동했다. 1920년 원산설몸수양단 연설회에서 연설한 내용으로 검속되기도 했고, 같은 해 9월 만세사건 주도로 1년 6개월 징역을 살았다.
조종구는 원산객주조합 이사, 객주조합 금융부 이사(1926)로 원산청년회 부회장·회장(1921·1922), 조선청년회연합회 위원(1922), 민립대학기성회 발기인(1923), 원산노동회 교무부장(1923), 동경진재조선인구제회(東京震災朝鮮人救濟會) 위원(1923), 조선일보 지국장(1924), 원산고아원장(1931), 함남노동회 이사(1929), 원산어항설치기성회(元山漁港設置期成會) 위원(1930), 부협의원(1930)으로 활동했다.
원태윤은 시대일보 원산지국장 겸 기자, 원산기독교청년회 총무(1920), 원산점원운동회 준비부장(1921)이며 잡화상을 경영하고 있었다(章勳夫, 『大正十二年統計年報』, 원산상업회의소, 1924). 김성은 시대일보 원산지국 총무 겸 기자였다. 창립 간부진은 1925년에 개선(改選)되었는데, 회장이 강승철(姜勝喆)로 교체되고 신설부서인 경리부장에 탁봉실(卓鳳實)이 선정된 것 외에 그대로 유임되었다(「원산체육회 총회」, 『동아일보』 1925. 10. 4).

41) 「원산체육회」, 『동아일보』 1924. 10. 4; 「원산체육회 창립총회의 경과」, 『조선일보』 1924. 10. 3.

42) 「유도 장려」, 「유도부 신설」, 『동아일보』 1925. 3. 5, 9. 21. 수강료로 월 50전을 받았으며 교습 강사는 유도부장 전정권(全廷權)이었다. 1933년과 1936년 원산체육회의 부흥 쇄신 때 부서 조직에 유도부가 없는 것으로 보아 중간에 폐지한 것으로 보인다.

43) 「원산체육회 '스켓트'신설」, 『시대일보』 1925. 11. 27.

역의 기후와 지형을 고려할 때 지역적이면서도 전국적인 스포츠가 될 가능성이 있다고 판단했기 때문일 것이다. 또한 1936년 회(會)의 부흥을 시도하면서 씨름부를 새로 설치한 점도 주목된다.

원산체육회는 창립되자마자 스포츠 경기를 연속으로 주최했다.[44] 먼저 1924년 11월에 제1회 여자정구대회를 개최했다.[45] "절기와 사조의 변화에 따라 여자의 운동열도 점점 맹렬"해지는 분위기에서 "관북 일대의 여자의 체육 발달과 운동열을 장려"하고자 여자정구대회를 개최했던 것이다.[46] 학교 체육을 통해 정구는 이미 여학생의 주요 스포츠로 자리잡은 상황이었지만, 대회장에 남성의 입장은 금지되어 있었다.[47] 이 정구대회는 1925년에는 '함남여자정구대회'로, 1927년에는 '관북여자정구대회'란 명칭으로 개최되었다.[48] 실제 원산지역 내 여자중등학교

---

44) 원산체육회 이외에 원산청년회, 원산기독교청년회, 원산소년회도 체육부를 두고 전문적인 스포츠 경기를 주최하고 후원했다. 대표적인 예로 원산청년회는 1922년 10월 말 동아일보 원산지국과 신생활사 원산지사의 후원을 받아 이틀에 걸쳐 원산개인정구대회를 개최했다. 1924년 5월에도 원산청년회는 동아일보와 조선일보 지국의 후원으로 청년회 앞 운동장에서 보통학교와 소년회 학생들의 정구대회를 개최했다. 기독교청년회 체육부는 거의 매년 소년척후대, 동아일보, 중외일보, 조선일보 지국 등 각 사회단체나 언론사의 후원을 받아 함남소년소녀정구대회(관북소년정구대회), 전원산여자개인탁구대회, 관북탁구대회 등을 주최했다. 1919년 8월 지역유지들에 의해 조직된 원산소년회도 소년을 대상으로 한 운동회를 매년 개최했다. 소년운동회의 참가자격은 15~19세의 소년으로 마라톤과 육상경기가 주요 종목이었다(「원산정구대회 개최」, 『동아일보』 1922. 10. 27; 「各小學生庭球」, 「庭球後報」, 『조선일보』 1924. 5. 20, 5. 22).

45) 「여자정구대회」, 『시대일보』 1924. 11. 7; 「원산여자정구」, 『동아일보』 1924. 11. 11. 이 대회는 개벽사, 시대일보, 조선일보, 동아일보 원산지국이 후원했다. 대회 장소는 산제봉 아래 루씨여자보통학교였으며 참가 선수는 모두 60명이었다. 우승자가 원산공립고등여학교 '桶口池田 편'이라고 하는 것으로 보아 일본인 참가도 가능했음을 알 수 있다.

46) 「원산에 개최될 관북여자정구」, 『매일신보』 1927. 9. 22.

47) 동아일보사와 매일신보사에 의해 각기 전선여자정구대회(全鮮女子庭球大會)가 개최되고 있었다. 매일신보사 주최 정구대회에서는 원산 선수단이 경성여자고보 선수단을 누르고 우승할 정도로 원산의 정구 수준은 높았다(「경성여자고보군 마침내 元山軍에게 패했다」, 『매일신보』 1925. 5. 19; 「원산여자정구」, 『조선일보』 1927. 9. 14).

경기였지만 함남대회, 관북대회로 지칭한 것은 대회의 위상을 높이려는 의도였을 것이다.

또한 원산체육회는 1924년 11월 조선일보, 동아일보, 시대일보, 개벽잡지사 원산지국과 원산소년회 등 5개 단체의 후원을 받아 이틀에 걸쳐 제2회 관북축구대회를 개최했다. 특히 조선체육회 간사 정인창(鄭寅昌)을 심판으로 초빙함으로써 전문적인 스포츠 경기의 격식을 갖추려고 한 점이 주목된다. 관북축구대회는 1923년부터 시작되어 언론사 지국의 후원 하에 함경도 각 지역의 청년단과 소년단이 참가하여 거의 매년 개최되었다.[49]

원산체육회는 매년 가을이면 주로 마라톤을 경기 종목으로 하는 육상경기대회를 개최했으며, 빙상경기(스케이트대회)와 스키대회 같은 동계 스포츠도 개최했다.[50] 특히 1929년 2월 송흥리에서 열린 '원산스키대회'는 조선인 최초의 스키대회로,[51] 조선교육협회에서 활동사진반을 파견하여 경기 상황을 찍어서 각지에 스키 선전을 할 정도로, 이 대회

---

48) 「함남여자정구」, 『동아일보』 1925. 9. 18; 「원산여자정구」, 『조선일보』 1927. 9. 14, 9. 19; 「원산에 개최될 관북여자정구」, 『매일신보』 1927. 9. 22.

49) 대회 경비는 매번 기부금과 참가회비(청년단 5원, 소년단 3원)로 충당했다. 원산체육회는 1925년 11월에 열린 제3회 관북축구대회도 시대, 조선, 동아일보 지국의 후원 하에 주최했다. 참가 선수는 청년단과 소년단으로 나뉘었는데 소년단의 참가 자격은 신장이 5척 2촌(157센티미터)으로 제한되었다. 제5회 관북축구대회는 조선일보 · 동아일보 · 중외일보 지국의 후원으로 1927년 5월 17~18일 양일간에 걸쳐 열렸다(「광고: 第三回關北蹴球大會」, 「광고: 제7회 관북축구대회」, 「함경편: 12년의 역사를 가진 원산체육회의 堅固」, 『동아일보』 1925. 11. 14, 1933. 11. 23, 1934. 1. 12; 「제5회관북축구회」, 『중외일보』 1927. 5. 16; 「제9회 관북축구대회 개최」, 『매일신보』 1936. 12. 8).

50) 「광고: 제1회 全元山氷上競技大會」, 『시대일보』 1925. 1. 10. 주최는 원산체육회였고 원산매일신문사와 시대일보원산지국이 후원했다. 또한 원산스케이트클럽도 1926년부터 원산스케이트대회를 해안 빙상에서 개최했다(「원산 빙상경기」, 『조선일보』 1927. 2. 15).

51) 「조선 최초의 스키대회」, 『매일신보』 1929. 2. 4.

는 당대 조선인 스포츠계의 '사건'이었다. 그러나 일본인 사회의 원산체육협회는 이미 1927년 2월 송흥리에서 최초의 '조선스키대회'를 개최했으며, 1930년부터는 신설된 신풍리 스키장에서 열렸다.[52]

이미 1927년 12월 교복 치마를 입은 원산공립고등여학교(일본인 학교)[53] 학생들이 스키를 타는, 어색하면서도 이색적인 풍경이 『매일신보』에 게재될 정도로(〈사진 1-2〉 참조), '원산의 스키'는 대중의 시선을 끌고 있었다. 여름에는 송도원이나 명사십리가 해수욕객을 불러들이는 공간이었다면, 이제 겨울에는 삼방이나 송흥리가 동계 스포츠를 즐기는 외지인을 불러들이는 공간이 되었다.[54]

〈사진 1-2〉 원산공립고등여학교 학생들이 스키를 타는 광경

출처: (좌) 「元山 스키場의 女學生들」, 『매일신보』 1928. 1. 26. (우) 元山公立高等女學校同窓會, 『松濤』, 1999, 145쪽.
비고: 뒤에 멀리 보이는 건물이 원산공립고등여학교임.

---

52) 「원산에 스키대회」, 「원산 스키대회」, 『조선일보』 1927. 2 3, 1931. 2. 11.

53) 1921년 4월 4학급 2백 명으로 설립 인가된 원산공립고등여학교는 원래 중정(仲町) 2정목에 위치했으나 교사(校舍)가 협소하여 1923년 舘橋洞 143-2번지로 신축, 이전했다(「元山公立高等女學校設置認可ノ件」(1921. 3. 30.), 「元山公立高等女學校位置變更ニ關スる件」(1923. 2. 24).

54) 예를 들어 용산철도국에서는 매년 동절기 운동으로 스키를 장려해왔는데, 1930년 1월 제1회 스키대회를 경원선 삼방수(三防水) 부근 설원(雪原)에서 개최했다(「처음으로 열릴 스키대회」, 『동아일보』 1929. 12. 27).

원산체육회는 1927년 5월 종래의 회장제를 위원제로 변혁하고 회원 정리를 단행했다. 이는 지역 운동계의 상황 즉 원산청년회의 주도세력이 장년층의 유력자들에서 사회주의 성향의 '혁신 청년'들로 교체되면서 회원 가입 연령을 낮추고 또한 회장제를 위원제로 개정한 변화와 무관하지 않았다.[55] 위원제로 변환된 이후에도 여전히 부진한 상태를 벗어나지 못하자, 1933년 10월경 부흥임시총회를 열고 간부진을 새로 선출하여 진용을 개편했다.[56] 회원 150명의 회비와 기본금의 이자, 기타 수입으로 운영했으나[57] 재정이 어렵자, 1936년 6월경 체육회의 부흥을 목적으로 기부금을 모집했다.[58] 부흥 이후 첫 사업은 여태껏 자금 부족으로 실행하지 못했던 명실상부 전국 규모의 경기를 개최한 것으로, 동년 8월 제1회 전조선정구대회를 주최했다.[59] 일본인 사회에서는 원산

---

55) 「元靑十二名除名」, 「원산청년회 위원제로 변경」, 『조선일보』 1926. 3. 12, 5. 9. 위원의 면면을 정확하게 알 수는 없으나 초기 체육회를 주도했으며 청년회 혁신과정에서 배제된 조종구가 그대로 유임된 것으로 보아 주도층이 크게 바뀌지는 않은 것으로 보인다.

56) 「원산체육회 부흥임시총회」, 『동아일보』 1933. 10. 21; 「원산체육회 부흥총회」, 『조선중앙일보』 1933. 10. 21. 임원진은 이사: 김인수(金仁洙) · 박홍범(朴弘範) · 김하영(金河榮) · 김형준(金亨俊) · 천일남(千一南) · 김복산(金福山) · 김상익 · 박장성(朴長星) · 장군문(張君文) · 이선규(李善圭) · 이창준(李昌俊) · 김창하(金昌河) · 임보균(林輔均) · 박성학(朴成鶴), 감사: 하영락(河榮洛) · 서성표(徐成杓) · 김희준(金希俊) 등이었다.

57) 「함경편: 12년의 역사를 가진 원산체육회의 堅固」, 『동아일보』 1934. 1. 12. 또한 시대일보 원산지국은 도서부장 원태윤의 개인경영이었는데 이를 승계 받아 체육회에서 직영으로 경영했다. 따라서 원산체육회에서 각종 운동회나 경기 개최 시 후원과 홍보 면에서 적극적인 지원을 받을 수 있었을 것이다(「본보 원산지국 移營」, 『시대일보』 1924. 11. 21).

58) 「원산체육회 부흥」, 『조선중앙일보』 1936. 7. 12. 이 시기 체육회의 쇄신과 부흥을 이끌어낸 인물은 신태금(申泰今), 김경택, 한영석(韓泳奭)이었다. 그리고 기부금을 낸 유지들 중심으로 임원진이 개편되었는데, 회장: 위정학, 부회장: 김경택, 김상익, 총무: 한영석, 서무: 김정호(金正浩), 회계: 이제학(李濟學), 이사 홍종상(洪鍾祥) 외 11명, 감사 2명으로 구성되었다. 체육부서로는 정구부 · 야구부 · 축구부 · 육상부 · 수영부 · 씨름부를 두었다.

59) 「원산체육회 주최 全朝鮮庭球大會」, 『조선중앙일보』 1936. 7. 19; 「원산체육 주최

매일신문사와 원산체육협회가 이미 1924년부터 전조선정구대회를 개최해 왔는데 비해,[60] 이때 처음으로 전국 경기를 주최했으니 원산체육회의 재정이나 제반 환경이 열악했음을 알 수 있다.

4. 스포츠 이벤트의 장소와 공간의 분절

앞에서 살펴보았듯이 일제시기의 학제는 보통학교(조선인)와 소학교(일본인), 고등보통학교(조선인)와 중학교(일본인)로 민족적으로 분리되어 있었기 때문에 학교운동회에서 조선인과 일본인이 시합하고 경쟁할 여지는 거의 없었다. 중등학교인 원산공립중학교와 원산공립고등여학교에 소수의 조선인이 재학하고 있었고 원산공립상업학교에는 재학생의 절반 정도가 조선인이었지만, 전체 지역사회의 측면에서 볼 때 그 접촉과 교류는 매우 제한적이었다.

원산중학의 조선인 학생은[61] 시설 좋은 환경에서 공부하며 일본어를 익히고 일본인의 심리를 잘 알 수 있는 이점을 누릴 수 있었으니, 한편으로는 그들과 나란히 공부하는 데 대해 우쭐한 마음까지 없지 않았다. 그러나 "고등보통학교를 다녔다면 느끼지 못했을 지배받는 민족이란 쓰라림을 뼈저리게 느낀" '원중 내의 이단적 존재'인 그들은 "원중 안에

개인정구대회」, 『매일신보』 1936. 8. 9. 이 대회는 조선중앙일보 지국의 후원으로 8월 9일 해수욕 철을 맞이하여 송도원 해수욕장 코트에서 개최되었다.

60) 「북조선대표 결정」, 『매일신보』 1929. 6. 19.

61) 원산중학교는 소학교를 졸업한 일본인 학생의 진로를 위해 1921년 5년제 총 10학급으로 설립되었는데, 조선인 학생은 정원 100명 중 1명만 입학이 허용되었다. 이후 3명 정도 입학하다가 1926년 부협의회에서 조선인 학생을 위한 고등보통학교가 없으므로 조선인 입학 정원을 늘리도록 요구하면서 16명으로 증가되었다. 1928년 20명의 입학이 허용되었으나 다시 십여 명으로 줄었다(원산공립중학교동창회, 『원산중학창립60주년기념동창회지』, 1981, 21~23 · 45~46 · 56쪽).

또 하나의 우리들만의 단체"인 원중조선인친목회를 만들었다. 친목회는 시나 작문을 게재한 회지를 등사하여 만들기도 했다. 그러나 이 친목회는 광주학생사건 때 학교 당국에 적발되어 중단되었으며 일부 학생은 정학 처벌을 받았다.[62] 학교 내에서 철저한 타자였던 조선인 학생들은 "이천 만의 앞길에 등대되려고 장덕산(長德山) 모진 폭풍 그 아래서 피눈물을 머금고 배워 나가는 이십여 인의 맹(猛)소년"이란 회가(會歌)를 부르며 울분을 토했다. 이러한 상황은 원산공립고등여학교의 조선인 학생도 마찬가지였다. 그들 역시 조선인 학생 모임인 '선우회'(鮮友會)를 조직하여 매월 셋째 토요일에 모여 친목과 단합을 도모했는데, 일본 헌병들이 따라 다녀 집회는 자주 무산되었다고 한다.[63]

원산중학 유도부는 일본인 중학교만의 경기인 전선(全鮮)중학교유도대회에 출전했으며,[64] 스키부는 홋카이도 · 아오모리 · 나가노 등지에서 열리는 전일본선수권대회에 참가했다. 요컨대 원산중학의 시합 경쟁자는 지역 단위에서만 아니라 전 조선에서도 나아가 제국 차원에서도 조선인이 아니라 일본인이었다. 원산중학의 조선인 학생들은 정구선수로 혹은 유도선수로 활약하고 또는 개교기념 1만 미터 마라톤에서 교내 기록을 갱신하는 등 기량을 발휘했으나 '선인'(鮮人) '요보'로 불리는 타자들이었다.[65] 이들이 제국의 운동장에 입장할 수 있는 것은 일본인 학교

---

62) 김형규, 「이름만 남은 元山中學」, 『수필의 향기』, 일조각, 1981, 230~233쪽; 『元山中學創立60周年紀念同窓會誌』, 1981, 22 · 50 · 46쪽. 이 회가(會歌)는 일본 백호대(白虎隊) 곡조에 가사를 개사한 것이라고 한다(『원산중학창립60주년기념동창회지』, 51 · 57쪽).

63) 安桂勳, 「잊을 수 없는 나의 학창시절」, 『松濤』, 27쪽; 李玉暻, 「학창시절의 아련한 추억」, 같은 책, 36~37쪽. 참고로 원산공립고등여학교의 조선인 신입생은 1933년 경우 100명 중 5명으로 원산중학보다 더 소수였다(「원산공립고등역학교 합격자명단」, 『동아일보』 1933. 4. 3).

64) 藤原正義, 「開校の頃を偲ぶ記」, 『長德: 八十周年記念』, 元中長德同窓會本部, 東京: 三朋印刷株式會社, 2000, 84쪽.

65) 李濟九, 「元中 草創期의 先輩들」, 『원산중학창립60주년기념동창회지』, 48~49쪽; 노

의 학생 자격으로만 가능했으며, 일본인의 경쟁자로서가 아니었다.

원산체육회나 원산기독교청년회, 원산소년회 등의 사회단체가 주최한 원산지역 단위의 스포츠 대회도 조선인 학생들만의 경연이었으며, 운동장에서 일본인 학생과 대면하여 겨루는 일은 매우 드물었다. 예외적인 경우를 제외하고 학교 간 시합, 사회단체 주최 청소년 경기는 거의 대부분 민족별로 개최되었다. 명칭은 '전원산정구대회' '전원산육상경기대회'이지만, 실제로는 '전원산조선인정구대회' '전원산 조선인육상경기대회'였으니, 운동장에서 조선인과 일본인이 만나는 일은 거의 없었다.

한편, 앞에서 살펴보았듯이 조선인 사회의 시민운동회 개최 장소는 주로 단오절 씨름대회가 열리는 광석동 광장과 보통학교 운동장이었다. 반면 일본인 사회의 원산체육협회가 주최하는 부민운동대회의 장소는 대개 원산중학교였다. 원산지역에서는 제국 차원에서 건국기념일인 기원절(紀元節, 2. 11), 국왕 생일인 천장절(8. 31), 메이지절(11. 3)과 지역 차원에서 개항기념일을 주요하게 기념했다.[66] 일본인들의 부민운동회는 천장절축일(10. 31)과[67] 개항기념일(5. 23)에 주로 열렸다. 일본 국왕

동설, 「피난민 제1호」, 같은 책, 57쪽.

66) 이는 인천지역의 기념의례와 비슷하다(본서 3부 8장 참조).

67) 1921년 천장절축하시민운동회(10. 31)의 경기종목은 일반인 경기와 특수 경기로 구분되었다. 일반인을 대상으로 한 경기는 2백 미터 도보경주, 1천 미터 경주, 장애물경기, 이인삼각(二人三脚) 등 총 20종이었는데 이 가운데에는 빗속에 절름발이로 걷기(雨中跛足競爭), 갑자기 한쌍 만들기(俄夫婦), 풍선깨며 가기(風船破行, 단체), 금어 경쟁(金魚競爭), 닭 쫒기(鷄追), 미꾸라지 잡기, 노동 경쟁, 두레박 끌어올리기(罐鉤) 경쟁 등 경기 내용을 가늠하기 어려운 독특한 종목이 많았다. 특수 경기는 군대의 무장경쟁, 지역 유지들의 야구시합, 소학생의 마라톤, 각 관청 은행 회사, 운송업 · 요리점 · 무역상 · 잡화상 · 유상(油商) · 이발업 · 포목상 등 직능별 업종별로 5인 1조로 실시하는 단체릴레이 등으로 구성되었다. 1919년 천장절에는 원산점원위로대운동회가 원산매일신문사 주최로 행정에서 열렸다(「지방통신: 원산시민대운동」, 「원산」, 『매일신보』 1919. 11. 8, 1920. 10. 26).

의 생일을 기념하는 천장절 행사의 성격 상 조선인 대중의 참여는 별로 없었다. 개항기념일에는 관공서가 휴업하고 원산신사(神社)에서 대제식(大祭式)과 신행제(神幸祭) 등 부청 차원의 공식적인 기념식과 제전이 열렸으며 각종 가장행렬, 제등행렬, 기(旗)행렬 등 여러 가지 여흥과 사진전시회가 마련되었다.[68] 제전집행위원이 모두 일본인으로 구성되었고, 행사 내용도 대개 일본인 위주의 행사였다. 일본 국기가 나부끼고 등롱(燈籠)이 반짝이며, 바다에서는 해신(海神) 금비라궁(金比羅宮)의 신여(神輿)를 모시는 해개제(海開祭)와 축항 방파제 부근에서는 원산매일신문사 주최 연화대회(煙火大會)가 열리는 개항기념일의 원산 거리는 식민지 도시의 전형적인 풍경이었다.[69]

하지만 개항기념일에 열리는 마라톤대회에는 조선인이 다수 참여하기도 했다. 일본인 언론인 원산매일신문사가 개항기념일에 주최하는 '북선마라톤경주대회'[70]는 개항 35주년이 되는 1915년부터 개최되기 시작하여 매년 열렸다. 1922년 6조로 나누어 행한 마라톤 예선대회에서 1등은 모두 조선인이었다.[71] 또한 1932년 마라톤대회의 8천 미터 경주에서 2, 3, 4, 5등 모두 조선인이었고, '정동(町洞)릴레이'에서는 1착이 영

---

68) 「원산개항기념제」, 「개항기념과 각 관청」, 「원산개항기념 축하준비 紛忙」, 「개항기념전」, 『매일신보』 1915. 5. 25, 1916. 5. 24, 1930. 5. 21, 5. 26; 「원산개항기념제」, 『동아일보』 1920. 5. 22. 사진전시회의 내용은 청일전쟁, 러일전쟁 당시의 사진, 거류민단 관련 기록 등 일본인의 조선 점령과 지역 '개발'에 초점이 두어져 있었다.

69) 三笑生, 「元山行」(三), 『매일신보』 1922. 8. 13. 이는 원산부에서 개항50주년기념사업으로 원산신사의 이전 개축, 개항기념비 건립, 공로자 표창, 거류민단의 원산개척사를 담은 향토지 편찬, 물산공진회 개최 등 일본인 위주로 추진한 것을 보더라도 알 수 있다(「元山開港五十周年記念大事業計劃」, 『부산일보』 1927. 6. 4).

70) 廣田駒次郎, 『元山案內』, 元山每日新聞 編輯局, 1917, 119쪽. 또한 원산매일신문사는 매년은 아니지만, 북조선정구선수권대회를 주최하기도 했다(「원산서 개최된 3대 운동회」, 『조선일보』 1934. 10. 22).

71) 「마라손경주예선」, 『동아일보』 1922. 5. 23. 참고로 1921년 개항기념 마라톤대회에 13일까지의 예선 신청자 27명 가운데 조선인은 20명이었다(「시민대운동회 詳報」, 『동아일보』 1921. 5. 13).

정, 2착이 광석동으로 모두 조선인이었다.[72] 1923년 7회 마라톤대회에서는 보통학교 선수의 소(小)마라톤으로 대회의 막을 열었다는 것으로 보아 일반 조선인뿐만 아니라 보통학교 학생도 참가했음을 알 수 있다.[73] 한편 원산부에서 주최하여 매년 10월 초에 열리는 원산체육데이는 각 정(町) 총대, 각 학교 직원과 원산체육회, 원산체육협회가 함께 협의하여 행사를 준비했으므로 형식적으로 조선인도 함께 참여했다.[74]

이상에서 살펴보았듯이 학교운동회는 학제 분리로 민족적으로 분리되어 개최되었으며, 사회단체가 주최하는 '전원산대회'도 민족별로 각기 개최되는 경우가 대부분이었으므로 조선인 학생과 일본인 학생이 운동장에서 대면하여 시합하고 교류하는 경우는 드물었다. 일반 시민의 경우 조선인과 일본인이 운동장에서 만나는 때는 개항기념일과 부민대회였는데, 조선인의 참가 범주가 시민운동회에 비교해 매우 제한적이었기 때문에 그 접촉은 국부적이었다.

'원산대회'는 전 원산이 아니라 실제로는 거의 대부분 '원산조선인대회'이거나 '원산일본인대회'였다. 후원기관 역시 조선인 대회의 경우 주로 홍보를 지원하는 동아일보 · 조선일보 · 중외일보 지국과 개벽 · 신생활사 지사, 그리고 비용을 조달해주는 객주조합 · 어상조합과 같은 각종 경제단체였고, 일본인 대회의 경우 원산매일신문사 · 매일신보 지국 · 일본인 단체 등이었다. '전원산대회'는 주최자와 선수, 관람자뿐만 아니라

72) 「원산개항기념마라손대회」, 『매일신보』 1932. 5. 27.

73) 「대성황의 경주」, 『조선일보』 1923. 5. 31.

74) 「원산체육데이」, 「원산체육데이 1일부터 3일까지」, 『매일신보』 1926. 9. 15, 9. 29. 첫째 날은 신궁경기(神宮競技) 예선, 둘째 날은 검도 · 유도대회, 셋째 날은 각 정 · 동 경기로 구성되어 있고, 또한 우승자가 원산경찰서 · 영흥경찰서 · 학교교직원단인 것으로 보아 일반 시민보다 관공서, 정 · 동 대항 경기여서 일반 조선인이 개인 자격으로 참가하는 시민운동회는 아니었던 것 같다(「원산의 체육일」, 『매일신보』 1926. 10. 5).

후원세력까지 각기 민족별로 분절되어 개최되었던 것이다. 이는 체육 관련 사회단체가 원산체육회(조선인)와 원산체육협회(일본인)로 양립되어 있었던 사실에서도 단적으로 드러난다.

이러한 민족적 분리는 인종적 분리와는 다른 차원이었다. 즉 원산의 조선인들은 오히려 서양인들과는 운동장에서 만나 스포츠를 통해 친선 관계를 유지했다. 대표적인 예로 1920년 8월 초 원산 시외 두남리 명사십리에 피서 온 서양인들이 야구 경기를 했는데 관람자가 수백 명이었다고 한다. 원산청년회 운동부는 이 서양인들과 야구 시합을 열었는데 승부를 가리지 못하고 비겼다.[75]

조선인들이 서양인들과 자주 축구를 한 곳은 명사십리였다. 원산지역은 휴식공간조차도 구분되어 있었으니, “부 당국에서는 조선인이 적은 송도원에는 해마다 많은 경비를 들여 온갖 시설에 분주하다가 최근에는 송도원 경영을 부영(府營)으로 한다는 계획까지 세웠다는데 조선인 거주지인 명사십리에는 지금까지 조금도 성의를 표하지 않아 불평이 많았다.”[76] 일본인 시가의 북쪽에 인접하고 교통이 편리하여 접근성이 좋은 송도원이 일본인들의 유원지였던 반면, 조선인 시가의 남쪽에 위치한 명사십리는 풍광이 좋아 외국인 별장지대가 있었다.[77] 조선인 유지들이 명사십리 한 쪽에 바라크 건물로 탈의실과 수동식 펌프로 된

---

75) 「원산 對 서양인 야구」, 『동아일보』 1920. 8. 13. 당시 야구의 본 고장 사람인 미국인과의 야구시합은 특별한 의미가 있었던 것 같다. 피서 차 원산에 온, 중앙기독교청년회의 야구단 일행이 원산 거주 4백여 명의 서양인 가운데 가장 기술이 탁월한 사람들로 선발하여 조직된 야구단과 시합을 벌인 일도 있었다(「서양인과 對戰코자 중앙군 원정」, 『조선일보』 1923. 8. 10).

76) 「絕勝: 명사십리에」, 『동아일보』 1934. 4. 8.

77) 「八克園, 「關北探勝記」, 『매일신보』 1919. 9. 9.
“갈마(葛麻)의 외인촌에는 목하에 영미인(英米人) 184명이 래유(來遊)하는 중인데 예(豫)히 설치 중이던 ‘골후링크’도 거(去) 19일에 완성되얏슴으로 작금의 재천(災天)하에서 맹연습을 행하는 터인데…”(「元山府下 外人村의 殷賑」, 『매일신보』 1925. 7. 31). 이 외인촌은 1937년 중일전쟁 이후 폐쇄되었다.

세면장을 만든 데서 알 수 있듯이 조선인들은 휴식공간에서도 배제되어 있었다.[78] 원산지역 내 거의 모든 사립학교가 서양 선교사들에 의해 설립되어 현실적으로 그리고 심리적으로 서양인들과 우호적인 관계를 맺고 있었고 또한 동일한 휴양공간에서 접촉하는 점이 이들과 스포츠 교류를 하게 된 배경이라고 할 수 있을 것이다.

그러면 이러한 스포츠 이벤트가 개최되는 장소를 통해 원산지역에서 식민 지배가 공간적으로 어떻게 맥락화 되고 있었는지 살펴보자. 식민지 도시에서 지배자와 피지배자의 차별과 억압은 공간적 분절로 가시화되어 제일 먼저 거주공간(=장소)의 격리로 나타난다. 스포츠 이벤트의 장소는 식민지 도시의 공간 분절이란 상징적 명제를 가장 잘 보여준다. 즉 대회 주최자와 참가 선수뿐만 아니라 관중도 민족별로 분리되어 있었기 때문에 운동회가 열리는 장소도 공간적으로 완전히 분절되었다. 심지어 마라톤 코스 조차 민족별 공간 경계를 넘지 않았다. 예를 들어 원산중학교는 개교기념일인 5월 5일에는 해마다 전교생마라톤대회를 실시했다(〈사진 1-3〉 참조). 그 코스를 보면 운동장을 나서서 적전천 제방을 따라 송도원 해안을 경유하여 시가지로 들어와 평원도로(平元道路)를 따라 북상하여 다시 교문으로 들어오는 것으로 일본인 시가와 조선인 시가를 경계 짓는 적전천을 넘어 가지 않는 경로였다.[79]

---

78) 김형규, 앞의 책, 58쪽. 김형규는 원산중학 재학 중에는 송도원에서 수영을 했으나 경성제대로 진학한 후에는 귀향하면 심리적으로 송도원에 가기가 꺼려져 명사십리에서 여름을 보냈다고 한다.

79) 藤原正義, 「開咬の頃を偲ぶ記」, 『長德: 八十周年記念』, 元中長德同窓會本部, 2000, 85쪽; 山中一正, 「元中を思う」, 같은 책, 329쪽.

〈사진 1-3〉 5월 5일 개교기념일에 열린 원산공립중학교 1만 미터 마라톤 대회

출처: 원산공립중학교동창회, 『원산중학창립60주년기념동창회지』, 1981.

〈그림 1-1〉 대흥교(적전천)로 경계지워진 원산 일본인 시가와 조선인 시가

출처: 笠井久義, 『元山の想ひ出』, 1981, 17쪽에서 재편집.

장소는 사람이나 사물을 병치하거나 통합하는 기능이 있으며 때문에 삶의 양식이라고도 한다.[80] 그런 점에서 스포츠 이벤트의 장소는 원산 지역 생활세계에 내재한 식민 지배의 공간적 메타포라고 할 것이다.

〈지도 1-1〉에서 보듯이 원산지역 거주공간을 민족별로 구분해본다면, 개항 후 적전천을 경계로, 일본인들이 통칭 '원산리'라고 불렀던 동남쪽 조선인 시가[81]와 조선인들이 '관(館)동네'라고 불렀던 일본인 시가[82],

〈지도 1-1〉 원산부 공간의 민족별 배치

비고: ★ 중국영사관, ■ 원산역, ● 갈마역, ▲ 장덕산(長德山), ◎ 남산
출처: 高尾新友衛門, 『大陸發展策より見たる元山港』, 원산: 東書店, 1922를 저본으로 하여 작성.

80) 마루타 하지메 지음, 박화리 · 윤상현 옮음, 『장소론』, 심산, 2011, 63쪽.

81) 笠井久義, 「元山市街圖」, 『元山の想い出』, 1981, 17 · 161쪽; 金春岡, 「元山短評」, 『개벽』 55호, 1925년 1월.

82) 김학철, 앞의 책, 50쪽; 김형규, 앞의 책, 58쪽; 元山市史編纂委員會, 『元山市史』, 三信文化社, 1968, 28쪽.

그리고 일본인 거주지의 북쪽에 위치한 중국인 거주지(支那町),[83] 남부 조선인 시가의 동쪽 덕원군 두남리(斗南里)에 위치한 서양인 별장지대(갈마반도 부근)로 나눌 수 있다. 조선인 시가는 해안을 따라 길게 늘어져 발달한 지형 상 시가가 확장되면서 경원선 철도 건널목을 경계로 남/북(상/하)으로 구분되었다. 색전대회(索戰大會)를 할 때에도 남부와 북부로 나누어 편을 정했고 부협의원 시민공인후보를 선출할 때에도 남북 각기 3인씩 정했다.[84]

스포츠 이벤트의 장소를 살펴보면, 먼저 단오절과 같은 전통기념일에 각희대회가 자주 열렸던 곳은 〈표 1-1〉과 〈표 1-2〉에 나타나듯이 1910년대~1920년대 초에는 광석동 운동장, 동락좌(同樂座), 원산청년회 앞 운동장 등이었으며, 이후 사회단체가 주최하고 언론사의 홍보로 대회 규모가 커지면서 더욱 넓은 원산역전 광장, 해안매축지 광장으로 옮겨갔다.

〈사진 1-4〉 원산역전 광장
출처: 高尾新右衛門, 『大陸發展策より見たる元山港』, 元山: 東書店, 1922.

83) 지나정(支那町)은 1927년 4월 시구 개정에 의해 춘일정(春日町)에 병합되었다. 그러나 조선총독부의 법적 고시에 의한 공식적인 명칭 변경은 1931년 7월 1일부터 시행되었다(「元山町名 改稱」, 『매일신보』 1927. 4. 22; 「朝鮮總督府 咸鏡南道告示 第46號, 元山府內町洞ノ名稱及區域ヲ昭和六年七月一日ヨリ左ノ通變更ス」, 『조선총독부관보』 제1299호, 1931. 5. 8).

84) 본서 2부 5장 참조.

먼저 광석동 운동장(〈지도 1-2〉의 ①)은 각희대회와 시민운동회가 가장 자주 열렸던 장소였다. 원산 출신으로 조선의용대에서 항일투쟁을 전개했던 연변 작가 김학철은 “해마다 단오날이면 광석동 뒷산 밑 놀이터에서 씨름판이 벌어지곤 했다”[85]고 회상했다. 광석동은 단오절 씨름대회가 열리는 곳이자 시민운동회가 열리는 장소였다. 광석동은 북부 조선인 시가와 남부 조선인 시가의 중간 위치란 입지로 접근성이 좋아 1910년대~1920년대 중반에 동 연합각희대회나 시민운동회가 자주 열렸

〈지도 1-2〉 원산지역 스포츠 이벤트 장소

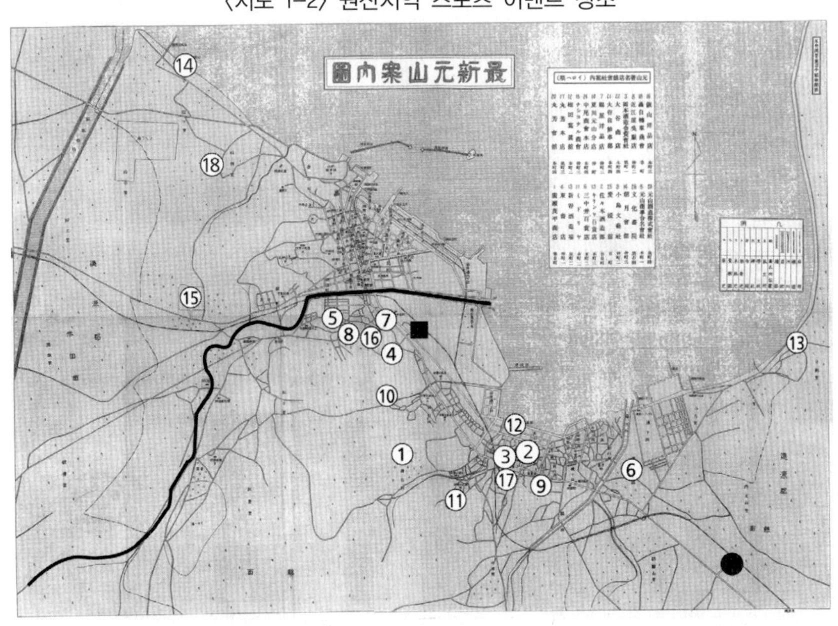

①광석동 ②동락좌(상리 1동) ③원산청년회 운동장(남산동) ④석우동 ⑤관교동 ⑥장촌동 ⑦본정 5정목 ⑧영정 ⑨제1공립보통학교(龍洞) ⑩제2공립보통학교(1927년 이후 명석동) ⑪루씨여자고등보통학교(산제동) ⑫해안매립광장 ⑬명사십리 ⑭송도원 해수욕장 ⑮ 원산공립중학교 ⑯원산공립고등여학교(관교동) ⑰원산공립상업학교(신흥동) ⑱공설운동장(송흥리)
비고: ━ 적전천, ■ 원산역, ● 갈마역
자료: 金東弼(製圖者)·森脇毅(저작 겸 발행인), 「最新元山案內圖」, 共榮商會, 1938.

85) 김학철, 앞의 책, 23쪽.

던 것이다.

조선인 거주지인 상리 1동에 위치한 동락좌(〈지도 1-2〉의 ②)는 종종 각희대회가 열렸던 곳인데 원산청년회 창립총회가 열렸던 장소이기도 했다. 영화 상영뿐만 아니라, 대중 계몽이나 기타 기금 마련을 목적으로 전문 배우가 아닌 일반인들이 출연하는 소인극(素人劇)이나 연극, 악극대회(樂劇大會)가 개최되어 조선인들의 문화·예술 센터라고 할 수 있었다.

원산청년회 앞 운동장(〈지도 1-2〉의 ③)은 남산동에 위치하며 테니스 코트가 설치되어 있고 상시적으로 운동할 수 있는 곳이었다. 협소하기는 했으나 원산청년회의 체육부가 주관하는 소규모 시합이 자주 열렸던 곳이다. 단오절에 각희대회가 가장 많이 열린 석우동(〈지도 1-2〉의 ④)은 원산역이 위치한 곳으로 일본인 시가와 조선인 시가를 잇는 중간 지점이었다. 따라서 각희대회의 장소는 대부분 원산역전 광장과 정차장 뒤 모래사장이었다(〈표 1-1〉과 〈표 1-2〉 참조). 관교동(〈지도 1-2〉의 ⑤)은 영정과 함께 적전천을 경계로 일본인 시가에 인접한 곳이다. 관교동 유지들이 1921년경 석우동 유지들과 함께 원산사설학술강습소를 설립하고 보통학과를 교수하는 등 문화운동에 나선 점을 생각할 때 각희대회도 조선인 사회를 아우르고 단합하는 친목행사의 일환이었던 것으로 보인다. 본정 5정목(〈지도 1-2〉의 ⑦)과 영정(⑧)은 원래 적전천 남쪽 조선인 거주지인데, 일본인 시가가 팽창하면서 잡거지가 된 곳이다. 행정구역 상 정(町)으로 편입되었으나 여전히 조선인이 다수 거주하는 곳이었다.[86] 장촌동(〈지도 1-2〉의 ⑥)은 전통 원산의 번화지는 아니었으나 가축시장과 도축장이 있어 부근에 검역소가 세워진 곳이다. 이렇게 보면 조선인 시가의 중심지나 시장이 위치하여 상인들의 거주지인

86) 1936년 말경 본정 5정목의 호구수는 일본인 90호/ 394명, 조선인 476호/ 2,235명이었다. 영정은 일본인 218호/ 1,137명, 조선인 1,038호/ 4,653명이었다(金元錄, 『元山要覽』, 元山要覽編輯會, 1937, 23~24·27~28쪽).

마을에서 각희대회가 자주 열렸음을 알 수 있다.

한편 시민운동회가 자주 개최된 장소는 초기에는 광석동 광장이었으나 이후 공립보통학교 운동장과 해안매립 광장에서 주로 열렸다(〈표 1-3〉 참조). 공립보통학교 운동장은 규모가 크고 시설이 좀 더 나은 편이어서 시민운동회가 많이 개최되었던 것이다. 1927년 조성된 해안매립 광장은 조선인 시가의 중간 지점인데다 시장이 위치하고 평지가 넓어 대중적인 공공장소로 안성맞춤이었다. 이상에서 살펴보았듯이 조선인의 스포츠 이벤트 장소는 주로 조선인 시가의 공터, 공립보통학교 운동장, 해면매립광장 등지로 각기 생활기반과 역사에 근거한 입지였다.

스포츠 이벤트의 장소는 식민도시의 공간 분절이란 상징적 명제를 가장 잘 보여준다. 즉 대회 주최자와 참가 선수뿐만 아니라 관중도 민족별로 분리되었기 때문에 운동회가 열리는 장소도 공간적으로 완전히 분절되어 있었다. 원산중학의 개교기념마라톤 코스조차 민족별 공간의 경계를 넘지 않을 정도로, 적어도 스포츠를 통한 조선인과 일본인 사이의 경쟁이나 교류가 운동장에서 이루어지는 일은 매우 드문 풍경이었다고 해도 좋을 것이다. 일본인 시가와 조선인 시가의 경계 지역에서 상당한 잡거가 진행되었고, 또한 일부 일본인 시가에서 조선인이, 일부 조선인 시가에서 일본인이 거주하는 현상이 나타났으나, 시구(市區) 개정과 도시 개발이 진행되는 한편으로 공간의 분절과 차별적인 공간의 배치는 오히려 심화되었다고 볼 수 있다.

공설운동장(〈지도 1-2〉의 ⑱)이 일부 완공되어 1928년 11월 개장했지만, 원산체육협회가 주최하는 부민운동대회나 일본인 대상 각종 스포츠 경기의 공간으로 전유되었다. 일본인 시가의 동북쪽 외곽 송흥리에[87]

---

87) 송흥리는 원래 덕원군 적전면에 속했으나, 1933년 10월 덕원군 적전면 · 현면(縣面)의 일부가 편입된 원산부 구역 확장 시 와우리 · 송하리 · 신풍리 등과 함께 원산부로 편입되었다(「朝鮮總督府咸鏡南道告示 제99호」, 『조선총독부관보』 제2031호, 1933.

위치했기 때문에 조선인들의 시민운동회나 각희대회가 열리기에는 접근성이 떨어져 공설운동장의 이용은 요원할 뿐이었다. 공설운동장의 위치를 일본인 시가를 중심으로 배치하여 일본인 공간으로 전유한 것은 전형적인 식민주의에 의한 차별의 공간화라고 할 것이다. 조선인들이 원산공설운동장이라 부르지 말고 '일인 공설운동장'으로 부르라고 비판하며, 조선인 시가에 공설운동장을 건설하려고 시도한 것은 일제시기 공적 공간을 둘러싼 식민주의자와 식민지인 사이의 갈등의 심연을 보여주는 단면이다. 이런 점에서 공설운동장은 식민주의의 영토 지배와 공간 배치가 식민지 피지배 대중에게 차별과 불평등으로 기제화되는 저간의 과정을 여실하게 보여준다고 할 것이다.

---

10. 14).

2장 자본주의생산체제의 변화와 공간의 편성

– 일제 말기 인천지역을 중심으로

1. 자본주의와 공간의 편성

공간은 다른 것과 마찬가지로 고전적인 의미에서 역사적인 산물이다. 공간은 역사적 자연적 요소들로 모양 지워지고 형성되지만, 이것은 정치적 과정의 산물로 이데올로기적인 것이다.[1] 달리 표현하면, 공간은 사회적 관계들에서 독립하여 존재하는 자연적 존재가 아니라, 즉 이미 절대적으로 주어진 범위가 아니라 사회적 관계들에서 형성되는 하나의 실체이다. 예컨대 자본의 이동과 국제화, 자본의 재구조화, 사회적 관계들의 변화와 통신 · 교통 및 기술의 발달에 따라 공간구조는 늘 상대적으로 재편되고 있다. 자본주의사회에서 공간구조는 기본적으로 자본축

---

1) 최병두 · 한지연 편역, 『자본주의 도시화와 도시계획』, 한울, 1989, 234쪽. E.Soja에 의하면 사회적으로 생성된 공간, 즉 특정한 사회적 내용을 지닌 공간을 공간성(Spatiality)이라 칭한다. 그는 "모든 공간이 사회적으로 생성된 것은 아니지만, 모든 공간성은 사회적으로 생산된 것"이라고 주장한다(E. Soja, "The Spatiality of Social Life", in D. Gregory and J. Urry(eds), *Social Reflations and Spatial Structures*, Macmilian Pub, p. 92, pp. 98~99, 김왕배, 『도시 공간 생활세계』, 한울, 2009, 41쪽에서 재인용).

적 과정에 의해 발생하며 공간은 자본주의생산양식의 '구성적 요소(constitutive element)'로서 자본축적에 의미 있는 역할을 담당한다.2)

자본주의적 공업화가 진행됨에 따라 도시 등의 특정 지역에 산업공간을 형성하고, 이들 산업공간은 자본주의에 내재된 불균등의 작용으로 상이한 특성과 성격을 지니면서 발전한다.3) 산업공간, 즉 입지는 자본의 전반적 순환과 축적 내에서 하나의 능동적 계기이며, '지리적 불균등 발전'은 자본주의경제의 근본적 재구성 과정에서 중요한 역할을 담당한다.4)

한편 노동력의 이동은 노동력의 생산과 재생산을 지배하는 과정들의 맥락에서 이해되어야 한다. 노동력이 보다 이동적이면, 자본은 더욱 쉽게 새로운 노동과정을 채택할 수 있으며 우월한 입지 이점을 취할 수 있다. 노동력의 '자유로운' 지리적 이동성은 자본축적을 위한 필수적 조건으로5) 노동의 평균가치에 임금율을 균형화시키는 데 이바지한다. 그러나 지리적 이동성은 또한 노동자들의 전통적 부양메커니즘과 생활방식들을 붕괴시킨다.

자본과 노동 양자는 이동권을 가지며, 이러한 두 권리들 간의 힘이 공간구조를 결정한다. 공간구조의 변화에는 자본의 힘 이외에도 정치력, 이데올로기, 계급 등의 다양한 사회과정들이 작용한다. 따라서 공간의 구조화를 파악하기 위해서는 국가의 전략이라든가 계급간의 관계 등이 분석되어야 필요가 있다. 공간구조에 영향을 미치는 다양한 사회적 요인들의 역

---

2) 김왕배, 「공간정치경제학의 기본 개념과 분석틀」, 한국공간환경학회 편, 『공간의 정치경제학－현대 도시 및 지역연구』, 아카넷, 2000, 59쪽.

3) 김재철, 『한국산업공간의 변화와 주변지역 공업화의 성격에 관한 연구』, 전남대 지리학과 박사학위논문, 10~12쪽.

4) 데이비드 하비, 최병두 역, 『자본의 한계－공간의 정치경제학』, 2007, 한울, 512쪽(원서는 D., Harvey, *The Limits to Capital*, Basil Blackwell, 1995).

5) 최병두 역, 위의 책, 501~503쪽.

학은 또한 각 사회의 역사적 발전과정과 국면에 따라 달리 작용한다.

요컨대 공간은 사회관계의 배경으로 일상생활의 영역 외부에 이미 존재하는 틀이 아니라, 오히려 사회적 정체성을 구성하고 재생산하는 데 능동적인 역할을 한다. 공간과 사회는 단순히 상호작용하거나 서로를 반영한다기 보다 상호구성적이라고 할 것이다.[6] 이런 점에서 자본주의 연구에서 공간의 생산과 편성, 특히 지역 내 다양한 층위의 '공간적 스케일(spatial scale)'의 분화를 통한 공간 조직화는 매우 중요한 문제라고 생각된다.

여기에서는 자본의 운동과 그것을 배경으로 작동하는 공간정책, 그리고 자본의 요구에 의한 노동력의 이동 등에 의해 공간적 스케일 또는 공간구조가 어떻게 편성·변화되는지 살펴보려고 한다. 이러한 작업을 통해 공업화에 의한 공간의 생산과 편성이 지역사회에 어떻게 작용하는지 접근할 수 있을 것으로 기대한다.

이를 위해 1930~1940년대 전반 인천지역을 사례로 살펴보려고 한다. 이 시기의 인천지역을 택한 이유는 전시기 일제의 군수공업화정책에 따라 경공업 위주의 공업구조에서 중공업 중심으로 전환되는 자본주의적 생산의 변화가 대표적으로 진행되면서 이에 따른 공간의 편성이 잘 드러나기 때문이다. 이러한 접근방법은 개항장도시 인천의 공간성을 규정한 가장 기본적이고 결정적인 요소는 자본주의의 내적 모순과 운동법칙이라고 보는 시각에 기초한다.

인천이라는 공간은, 앙리 르페브르(Henri Lefebvre)가 '자연'과 '이차자연(second nature)'을 구분했듯이,[7] 본질적으로 주어진 '자연'이면서 또한 사회적으로 생산된 공간 즉 '이차자연'이다. '이차자연'이란 의도적인 인

---

6) 질 발렌타인 지음, 박경호 옮김, 『사회지리학』, 논형, 2009, 15~23쪽.

7) アンリ・ルフエ-ブル, 齋藤日出治 譯, 『空間の生産』, 青木書店, 2000, 539~540쪽.

간노동을 가함으로써 나타나는 변형되고 사회적으로 구체화된 공간성을 말한다. 여기에서 분석하고자 하는 것이 바로 인천의 '이차자연'의 형성 즉 사회공간의 편성과 변화이다.

종래 역사학에서 수행해온 지역사 연구는 주로 '이차자연'인 사회적 공간 내에서 이루어진 역사적 사건과 그에 수반한 사회적 변화의 구명에 초점을 두는 방식이었다. 지역 내 일정 기간에 이루어진 사건을 중심으로 한 시간적 변화나 미시적 분석에 집중했고, 지역정체성(로컬리티)에 연계되는 장기지속적 구조적 요인에 대한 탐구는 소홀했다고 생각된다. 여기에서는 이러한 기존 연구방법의 탈피를 위한 시도로, 지역을 공간의 차원에서 접근하되 로컬리티에 연관된 장기적 요인 곧 입지조건에 기초한 생산체제, 그리고 그것에 연계된 노동력문제에 의거해 살펴보려고 한다.

사회적 산물로서의 인천의 공간성이 1930년대 후반 전시기에 들어서 크게 변화하는 것으로 보고, 그 주요 요인인 일본 독점기업의 초과이윤을 목적으로 한 식민지 조선으로의 자본 이전과 그에 따른 공장 설립, 기계기구공업 중심으로의 공업 구조 변화에 대해 살펴볼 것이다. 이후 새로 설립된 공장 가동을 위해 요구되는 노동력의 이동을 인구 추이, 이주와 관련하여 살펴보려고 한다. 나아가 자본주의생산의 변화와 노동력 이동에 부응한 공간정책에 의해 이루어진 인천의 공간 편성과 분화에 대해 살펴볼 것이다. 이러한 분석은 자본주의생산 변화에 의한 지역재구조화의 구체성을 일반화하는 데에도 기여할 것으로 생각한다.

인천 공간의 생산 및 편성과 관련하여 다루려고 하는 범주인 인천의 공업 발달, 노동력, 인구문제, 그리고 매립공사나 도시계획과 관련하여서는 역사학, 지리학, 공학 등 다양한 학문분야에서 연구되었다. 먼저 공간 편성의 기본 요인으로 다루는 전시기 지역의 공업 발달 문제에 대해서는 전시통제 하 경인공업지대의 형성과 관련한 연구가 있다.[8] 1930년대 '공업화'문제가 화두로 되고 있지만, 정작 전시기 공업에 대한 연구는 시작단계에 불과하여, 지역 단위의 연구는 드문 편이다.[9] 인천 지역 노동력 이동과 이주에 관한 연구는 시도된 바 없으며, 노동자 존재형태와 관련하여 다룬 연구가 있을 뿐이다.[10] 그 외 인천 인구 추이에 대한 개괄적인 성과가 있다.[11] 이에 비해 공간 편성과 관련하여 살펴볼 매립공사와 시가지계획 등에 관해서는 상대적으로 많은 연구성과가 축적되어 있는 편이다.[12]

여기에서는 각 학문 영역에서 이루어진 이러한 기존 성과를 활용하는 한편, 자본주의생산 변화에 의한 인천 공간의 편성과 재구조화에 초점을 두고 접근하려고 한다.

2. 자본 이동과 공업의 발달

1910년대 중반 일제시기 인천 공업은 정미업 · 제염업(製鹽業) · 청주양조업 · 장유양조업 · 탈곡업 · 국수 제조 등 식품공업과 염료 · 양초 제조업

8) 배성준, 「전시(1937-45) 통제하 경인공업지대의 형성」, 『기술과 역사』 창간호, 2000; 형기주, 「경인공업지대를 예로 한 공업의 분포와 그 지역적 구조유형」, 서울대 경제학과 석사학위논문, 1960.

9) 1937년 만석정에 설립되었던 조선기계제작소 관련 연구로 배석만, 「일제시기 조선기계제작소의 설립과 경영(1937~1945)」, 『인천학연구』 10, 인천대학교 인천학연구원, 2009가 있다.

10) 이병례, 「일제말기(1937~1945) 인천지역 공업현황과 노동자 존재형태」, 『인천학연구』 10, 2009.

11) 이준한 · 전영우, 『인천인구사』, 인천대학교 인천학연구원, 2007.

12) 김용하 외, 『인천 공유수면매립지 토지이용현황조사 연구』, 인천발전연구원, 2001; 조찬석, 「인천시 행정구역의 변천-특히 1883~1945년을 중심으로」, 『기전문화연구』 12, 경인교육대학교 기전문화연구소, 1983; 염복규, 「1930-40년대 인천지역의 행정구역 확장과 시가지계획의 전개」, 『인천학연구』 6, 2007; 이현아, 「서울-인천 도시회랑의 지리학적 연구」, 이화여자대학교 사회생활학과, 1980; 심재만, 「인천 시가지의 성장과 변천에 관한 연구-1910~1945」, 인하대 건축공학과, 1986.

이 발달했다.13) 식품공업의 발달은 개항 이래 거류민을 대상으로 하여 시작된 것이었다. 이러한 상황은 1930년대에도 마찬가지여서 정미공업이 총생산액의 약 80%를 점하여 압도적 1위를 차지했으며, 그 다음으로 주조업, 간장·성냥·된장·조선주, 비누·염료·고무제품 제조업 등이 차지했다. 그러나 1937년 중일전쟁이 발발하면서 인천지역의 공업 구조에 변화가 나타났다. 즉 종래에는 '쌀의 항도'답게 정미업을 대표로 하는 식품공업이 주류를 이루었으나, 이 시기에 이르러 중공업 부문이 증가하였다.14)

〈표 2-1〉 1930~1940년 인천지역 공장 추이

조사시기 / 업종	1930	1932	1936	1938	1940
방직공업	2	0	3	7	1
금속공업	1	1	2	4	10(6.2)
기계기구공업	7(7.9)	6(8.6)	8(9.8)	32(21.7)	44(27.6)
요업	2	1	3	3	7
화학공업	5(9.0)	4(5.7)	5(6.1)	4(2.7)	8(5.0)
제재(製材) 및 목제품공업	4	3	3	9(6.1)	19(11.9)
인쇄 및 제본업	3	9(13.0)	2	9(6.1)	10(6.2)
식료품공업	58(65.9)	38(55.0)	50(61.7)	72(48.9)	52(32.7)
가스 및 전기업	0	0	0	0	0
기타공업	6(6.8)	7(10.1)	5	7	8(5.0)
합계	88	69	81	147	161

* 인천지역 범주는 인천부와 1936·1940년에 인천부로 편입된 부천군 문학면, 다주면, 부내면을 포함.

자료: 조선총독부 식산국 편, 『조선공장명부』, 조선공업협회, 1932, 1934, 1938, 1940, 1942년판(자료의 공장은 5인 이상 직공을 사용하는 공장이며, 관영공장과 정련(精鍊) 공장은 제외한 통계이다).

〈표 2-1〉을 보면 인천지역 공장 수는 1930년 말 88개, 1936년 말 81개, 1937년 140개, 1938년 147개로 1937~1938년에 급증했음을 알 수 있다. 이는 중일전쟁 이후 전시(戰時) 호황에 따른 현상이었다. 그런데 공장수의

13) 田中周次, 『仁川港經濟事情』, 조선은행, 1916, 108쪽.

14) 「港都仁川의 縱橫展望記」, 『동아일보』 1939. 6. 20.

압도적인 증가뿐만 아니라, 보다 중요한 점은 공업 구조의 변화였다. 즉 종래 인천지역 공업은 식품공업 그 중에서도 정미업에 편중되어 있었으나, 1937~1938년경에 식품공업의 비중이 감소하고 대신 기계기구공업의 비중이 크게 증가했다. 종전에 거의 찾아볼 수 없었던 인천의 기계 금속 공장은 이 무렵 급격하게 증가했는데, 1940년대 초에는 그 종업원 수가 경성에 필적하게 될 날이 멀지 않을 것으로 예상되기도 했다.[15)]

이러한 공업구조 변화는 전쟁을 계기로 일본 독점자본과 제국주의에 의해 추진된 자본의 재배치를 의미한다. 1930년대 후반 일본 독점자본의 조선 진출에 앞서 조선의 공업입지에 대해 활발한 입지학적 논의와 조사가 있었다. 일반적으로 공업 입지는 생산과정에서 생기는 희생과 낭비를 최소화하고 가장 편의한 수요지(需要地) 혹은 수출지로 운송하기 좋은 지역이었다.

인천지역이 기계기구공업의 메카로 된 것은 1930년대 후반이지만, 그 입지조건은 이미 이전부터 주목받고 있었다.[16)] 1938년 조선 주요 수이입품 무역액에 관해 보면 기계류(자전차 및 부분품, 금속세공품을 제외)의 수·이입액은 약 8천 3백만 원으로 총 수이입품 중 제1위를 점하여 같은 해 조선 내 생산액의 4배 정도에 달했다. 그런데 조선은 기계공업 확립의 기초라고도 할 철과 전력자원이 풍부하고 석탄 및 노동력 자원도 풍부하여 기계공업 발전의 객관적 기초는 갖추어져 있었다. 그럼에도 조선에서 생산된 선철(銑鐵) 및 강재(鋼材)를 일본으로 운반하여 그것을 기계나 기타 제품으로 제작하여 다시 조선으로 이입했다. 따라서 수송비나 생산비의 증가 등을 고려하면 조선 내 자급이 가장 합리적이

---

15) 전국경제조사기관연합회조선지부 편, 『조선경제연보』, 1941·1942, 개조사, 288쪽.

16) 1933년경 기계기구공업의 주요 공업지로 경기도가 지목되고 있는데 이는 특히 용산, 인천을 말한다(조선총독부 학무국 사회과, 『工場及鑛山に於ける勞動狀況調査』, 1933, 10쪽). 1968년 도화동 일원에 공단 설립을 추진하여 1974년에 완공된 인천 기계공업공단의 존재도 이러한 입지조건과 무관하지 않으며, 또한 그 역사적 유산이기도 하다.

었으므로 수송이 편리하고 용산~영등포 공업지대에 가까운 인천지역에 공장을 설립하는 것이 당연했다.[17]

종래 조선의 기계공업은 농업도구를 생산하는 대장간적인 소(小)철공업의 영역을 벗어나지 못했다. 그 후 교통이 발달함에 따라 각종 차량 또는 소형선박 등의 수리 또는 제조업의 창설을 보기에 이르렀다. 1936년 이전에 근대적 기계공장은 조선 전체에서 차량을 제조하는 용산공작(경성)과 농업 및 광산 기계를 제조하는 조선상공(진남포, 평양), 도량형을 제작하는 조선계기(朝鮮計器, 경성) 3사 정도에 지나지 않았다.[18] 그러나 일본제국주의가 군비확장과 생산력 확충 때문에 급증한 수입으로 국제무역 결제수단인 금을 확보하기 위한 정책을 실시하면서 조선총독부도 이에 부응하여 1937년 초 '산금(産金)5개년계획'(1938~1942)을 추진하게 되자, 기계공업 가운데에서도 광산용 기계공업이 발달하기 시작했던 것이다.[19] 그리고 당시 일본 기계공업계가 조선으로부터 산금 관련 기계를 수주 받더라도 소화할만한 여력이 없는 상황이었던 점도 조선 내 기계공업의 육성을 정책적으로 추진하게 된 배경이었다.[20]

중일전쟁 이전 인천의 규모 있는 기계기구공장으로는 1925년 9월 설립된 용산공작주식회사 인천공장(港町)이 유일했다.[21] 그러나 1937년

---

17) 小倉政太郎, 『年間朝鮮 昭和17年版-朝鮮産業の共榮圈參加体制』, 동양경제신보사경성지국, 1942, 55쪽.

18) 「擴充急務の機械工業」, 『朝鮮産業年報 昭和18年版-朝鮮産業の決戰再編成』, 1942, 42쪽.

19) 1936년 조선산업경제조사회에서 농공병진(農工併進)으로 가는 경우 어떤 산업을 진흥시킬 것인가가 논의되었는데, 그 하나로 지하자원의 개발이 크게 다루어졌고 이것이 계기가 되어 조선의 공장생산적 기계공업이 발흥하기 시작했다. 따라서 조선의 기계공업은 지하자원 개발을 대상으로 하는, 즉 광산용기계의 생산으로부터 출발했다고 할 것이다(廣島敏行, 「기계공업」, 『年間朝鮮 昭和17年版－朝鮮産業の共榮圈參加体制』, 189쪽).

20) 川合彰武, 「朝鮮機械工業の再編成」, 『大陸東洋經濟』 34호, 1945년 5월, 13쪽.

21) 인천상공회의소, 『인천상공회의소연보』, 1937년판, 176~178쪽; 『年間朝鮮 昭和17年版－朝鮮産業の共榮圈參加体制』, 136 · 149쪽; 「인천부」, 『조선』 254호, 1936년 7월, 26~27쪽. 그 외 다른 업종의 대공장으로는 1933년 12월 설립되어 1934년 6월에 조업

이후 인천지역에는 많은 대기업 공장, 특히 기계기구공장이 집중적으로 설립되었다.

〈표 2-2〉 1937~1942년 인천 · 부평지역 진출 주요 일본 대기업

지역	계통	공장명(소재지)	설립시기(조업일자)	공장 면적(坪)	생산품	불입 자본금(천 원)	공장 규모(직공수)
인천	요코야마	㈜조선기계제작소(만석정)	1937. 6 (1938.1)		광산기계, 토목기계	1,125	D급
		㈜조선제강소(만석정)	1937.6		광산기계	875	C급
	미츠이	㈜일본차량제조 인천공작소(송현정)	1937.10.		철도차량	15,000	D급
		조선중앙전기제작소(학익정)	1937.11		일반전기 기계기구 및 재료	400	
		㈜조선전선	1938.7			50,000	
		㈜조선강업(송현정)	1939.6		전신전화용 규격 철선, 강선	950	
		㈜인천제정(制釘) 공장(만석정)	1939.7		철선, 둥근 못(丸釘)	150	
		㈜조선화공	1939.7		전기용접봉	500	
		㈜조선목재공업 인천공장(만석정)			베니야판	350	
		조선화학비료(화수정)	1938.7	26,000	유산 및 비료 제조	1,500	
		조선중앙전기제작소(학익정)	1939.4		전기기계	400	
	이와이	㈜경성화학공업(일출정)	1939.11.		안료(顔料), 도료	3,000	
	미츠이	㈜도쿄시바우라전기(화수정)	1940. 1.	14,000	소형전동기 · 변압기	159,475	
	닛산	히타치(日立)제작소 인천공장(학익정)	1940. 3 (1941.8)	216,000	차륜(車輪), 주강품(鑄鋼品)	291,250	
	레켄	㈜조선이연금속(송현정)	1940. 8.	58,000	제련(특수강)	11,250	
	리켄	㈜조선이연고무공업(화수정)	1940. 9.	3,000	재생고무	1,000	
	야스다	㈜제국섬유	1942.11.		아마(亞麻)방적, 로프	42,463	
부평		㈜홍중상공(소화정)	1938.10		광산용기계		D급
		㈜국산자동차	1939.6		자동차, 자전거	2,500	

개시한 동양방적 공장, 1935년 조업을 시작한 풍국제분 공장(만석정, 본점 소재지 경성)과 일본제분 공장(화방정, 본점 도쿄), 오타후쿠 면(綿)공장, ㈜일선염공(日鮮染工), 그리고 1936년 9월 개업한 ㈜조선목재공업(만석정, 본점 소재지 경성) 정도에 불과했다.

지역	계통	공장명(소재지)	설립시기 (조업 일자)	공장 면적 (坪)	생산품	불입 자본금 (천 원)	공장 규모 (직공수)
					제조, 스프링 기타 부품 제작		
		㈜경성공작	1939.11		수도용 강관		
	닛산	㈜동경자동차공업	1939.12.	5,000	자동차 조립	53,538	
		㈜일본고주파중공업	1939		각종 금속제품		
		오사카철사공장	1938				
		㈜부평요업	1939		연와, 기와	195	
		육군조병창	1939		소총탄약, 소구경화포탄약, 총검, 수류탄, 경(輕)차량, 총검		
	닛산	디젤자동차공업주식회사	1940		자동차 수리 및 조립		

비고: 공장규모 C급은 직공수 100인 이상 200인 미만, D급은 200명 이상임.

자료: 동양경제신보사, 『朝鮮産業年報 昭和18年版-朝鮮産業の決戰再編成』, 1943; 東洋經濟新報社, 『年刊朝鮮 昭和17年版-朝鮮産業の共榮圈參加體制』, 1942; 『朝鮮工業協會會報』 1935~1941; 『조선은행회사조합요록』, 각년판; 『朝鮮經濟年報』, 1941, 476쪽; 『동아일보』 1938. 4. 12, 1939. 6. 17, 7. 23; 『조선일보』 1939. 3. 10, 6. 11.

〈표 2-2〉를 보면, 인천 · 부평[22]지역에는 1937년 6월 조선기계제작소가 설립된 이래 요코야마(横山) · 미츠이(三井) · 이와이(岩井) · 리켄(理研) 등 대표적인 일본 독점재벌의 공장, 또는 히로나카(弘中)상공주식회사와 같이 조선 내에서 자본을 축적한 공장이 다수 진출했다.

지역별로 보면 인천지역에는 주로 광산용 기계, 소형전동기, 금속 주

22) 1940년 제2차 부역 확장 때 인천부로 편입된 부평은 지리적으로 계양산과 철마산으로 분리되어 인천과 문화권을 달리했다. 역사적으로 인천(도호부)에 비견되었던 부평(도호부)이 근대에 들어서 공간성이 변화되는 과정은 흥미로운 연구대상이다. 부평도호부는 1895년 부평군으로 강등되어 인천관찰부에 예속되었고, 1914년 인천의 관할구역이 개항장 중심으로 축소되면서 인천부에 편입되지 못한 인천 여타 지역, 강화군과 남양군 일부 도서지역과 함께 인천과 부평의 글자 한 자씩 따서 새로 만든 부천군에 편입되어 부내면이 되었다. 오늘날 부평은 인천광역시 관할이지만, 여전히 개항장도시 인천과는 구별되는 문화권역으로 인식되고 있다(부평사편찬위원회, 『부평사』 1권, (주)인천신문, 2007, 42~51쪽; 부평사편찬위원회, 『부평의 역사』, (주)인천신문, 2007, 40~47쪽; 오미일, 「부평 로컬리티와 이주민-1945년~1960년대를 중심으로」, 『인문과학』 46, 2010 참조).

강품(鑄鋼品), 차륜(車輪) 제작공장이 설립되었다. 그리고 부평지역에는 동경자동차공업 · 국산자동차 · 디젤자동차 등의 자동차공장과 무기를 제작하는 육군조병창이 1939년에 설립되었다. 특히 육군조병창의 설립으로 부평지역은 '군수공장의 센터'가 되었다.

1942년경 조선 내 총 21개 기계기구 제작 공장 가운데 인천과 부평에 위치한 것은 9개로 이는 모두 1937년 이후 설립된 것이었다.[23] 이를 업종별로 보면 광산기계와 차량 제작이 2대 부문을 구성하고, 그 다음이 선박 전기 기계부문으로, 전체적으로 볼 때 사업 종류가 극히 소수인 상태였다. 즉 인천 부평을 중심으로 한 기계공업은 광산기계, 철도차량, 선박 수리 부품을 위주로 한 조대(粗大)공업이고 기계공업의 모체인 공작기계공업은 거의 발달하지 않은 상태였다. 그러나 육군조병창이 1939년 착공되어 주로 소총탄약 · 소구경(小口徑)화포탄약 · 총검 · 수류탄 · 경(輕)차량의 제작에 주력하는 한편, 하청공장의 전면적인 육성에 나서면서[24] 공작기계공업 발전의 계기가 되었다.

3. 노동력의 지리적 이동과 인구 추이

근대 공장공업의 발달은 필연적으로 도시의 집중적 발전을 가져왔다. 도시의 공업 발달에 수반하여 인구의 도시 집중 현상도 나타났다. 그러면 앞에서 살펴본, 1930년대 후반 인천부의 기계기구공장을 비롯한 대기업 설립과 공업구조 변화에 따라 발생한 노동력 이동 현상의 추이에 대해 살펴보자.

---

23) 『年間朝鮮 昭和17年版－朝鮮産業の共榮圈參加体制』, 55쪽.
24) 『十五年戰爭極秘資料集 5－朝鮮軍槪要史』, 고려서림, 1995, 114~117쪽.

〈표 2-3〉 인천부 인구 추이

조사시기	조선인(%)	일본인(%)	중국인(%)	기타	총계
1925	41,541(73.7)	11,974(21.2)	2,752(4.8)	28	56,295
1926	39,993(74.4)	11,651(21.6)	2,072(3.8)	25	53,741
1927	40,085(74.4)	11,671(21.6)	2,077(3.8)	32	53,865
1928	44,288(77.0)	11,206(19.5)	1,922(3.3)	31	57,447
1929	45,763(76.8)	11,534(19.3)	2,232(3.7)	29	59,558
1930	49,960(73.3)	11,238(16.4)	2,427(3.8)	33	63,658
1931	51,005(79.8)	11,373(17.8)	1,469(2.3)	34	63,881
1932	55,377(81.2)	11,276(16.5)	1,502(2.2)	34	68,189
1933	59,321(81.4)	11,687(16.0)	1,820(2.5)	29	72,857
1934	61,602(81.5)	12,038(15.9)	1,882(2.4)	23	75,557
1935	65,595(81.5)	12,492(15.5)	2,291(2.8)	42	80,420
1936	83,642(83.3)	13,351(13.3)	3,265(3.2)	45	100,303
1937	87,737(85.6)	13,890(13.5)	805(0.7)	41	102,473
1938	93,476(85.9)	14,194(13.0)	1,064(0.9)	40	108,774
1940	151,454(88.4)	17,850(10.4)	1855(1.0)	6	171,165

자료: 1925~1931년은 『仁川府史』, 1933, 6~10쪽, 1932~1938년은 『인천상공회의소연보』, 1938년판에 의거. 1940년은 『昭和15년 조선국세조사결과보고요약』(1940.10)에 의거.[25] 그 외에 『昭和5년 朝鮮國勢調査速報』, 조선총독부, 1931; 『昭和9年 朝鮮の人口統計』, 3~4쪽; 『昭和10年 國勢調査』; 『簡易國勢調査結果標』(1925년 10월 1일 현재), 조선총독부; 『朝鮮人口ニ關スル資料』, 조선총독부, 1941; 『조선일보』 1937. 1. 13, 1939. 2. 15; 『동아일보』 1938. 2. 5. 참조.

〈표 2-3〉은 인천부 인구를 민족별로 정리한 통계이다. 이를 보면, 조선인 비율이 1920년대에는 70%대였으나, 1930년대에 들어서 80%대에 이르렀다. 조선인 인구는 실제 절대 수치를 보더라도 계속 증가했는데, 특히 부역(府域)이 확장된 1936년과 1940년에 크게 증가했다.

조선인 인구비율이 지속적으로 증가한 반면, 일본인 인구는 1920년대 말 1930년대 초 11,000명대에서 소폭의 증감을 반복하면서 계속 정체 답보

25) 『인천부사』와 『인천상공회의소연보』의 인구 수자는 일치하지만, 『朝鮮國勢調査報告』의 수치와는 차이를 보인다. 예를 들어 1930년 인천지역 총인구에 대해 『인천부사』에서는 63,658명으로 기재하고 있으나 『조선국세조사보고』 全鮮編 제1권, 結果表 (1930), 10쪽에 의하면 68,137명으로 되어 약 4천 4백여 명의 차이가 난다. 1935년의 경우 『조선국세조사보고』 全鮮編, 16쪽에서는 82,997명으로 기재되어 2,577명의 차이가 난다. 어쨌든 『仁川府史』 『인천상공회의소연보』의 인구통계로 미루어 볼 때 인천부 차원에서 일정한 기준으로 매년 인구통계를 작성했음을 알 수 있다.

된 상태였는데, 1933년 이후 지속적으로 증가 추세를 보였다. 이는 인천부가 출생수보다 사망자수가 많아 자연증가율이 가장 낮은 곳 중의 하나였다는[26] 점을 고려한다면, 어떤 사회경제적 이주 요인이 있었음을 나타낸다. 그 요인은 바로 앞 장에서 살펴본 대공장 설립과 관련된 것이다. 비록 그 증가율과 증가인구가 조선인에 비해 매우 약세이지만, 일본 대자본에 의해 기술수준과 노동숙련도를 요하는 기계기구공장이 새로 설립되면서 기술 이전과 현장 지도를 위해 일본인 경영진과 기술자, 숙련공이 주로 일본으로부터 이주했던 사실을 나타내는 중요한 지표적 변화이다. 요컨대 부역이 확장된 1936년과 1940년도를 제외한, 1930년대 후반의 인구증가는 사회경제적 요인에 의한 노동력 이동과 밀접하게 관련되어 있었던 것이다.

그러면 이주의 요인으로 노동력 이동 즉 자본에 의한 공장 설립과 관련된 구체적 사례에 대해 살펴보자. 1933년경 인천부의 인구밀도는 1평방킬로미터에 10,783명으로 이는 경성의 10,343명보다 높았다.[27] 이렇게 인구밀도가 높아진 것은 이 무렵 타 지역으로부터의 인구 유입 때문이었다. 종전 6만 명대에 머무르던 인천부 인구가 1933년 12월 7만 2천여 명, 1934년 7만 5천여 명으로 크게 증가했는데, 이는 1933년 11월 항정에 용산공작주식회사 인천철공소가 설립되고, 또한 오사카 소재 동양방적이 인천분공장 건설공사를 시작하여 1934년 6월 조업 개시함에 따라 인천으로 노동력과 그에 부수된 인력이 이주했기 때문이다.[28] 1932년도에는 전년도 대비 인구증가

26) 조선총독부, 『朝鮮の人口問題』, 1935, 185~186쪽. 1921~1925년 5년간 인구 1천명 당 자연증가수가 인천부는 -1.34명으로, 부산(2.47명)・군산(4.64명)・서울(5.88명) 등 인구 자연증가율이 낮은 도시보다 보다 훨씬 낮았다. 1931년도에는 출생자 1,831명, 사망자 1,748명으로 자연증가율이 플러스였으나 여전히 낮았다(『인천부사』, 1933, 11쪽).

27) 「경성보다 더한 인천 인구밀도」, 『조선일보』 1933. 5. 29.

28) 「年復年激增하는 인구」, 「증가하는 인천 인구」, 『조선일보』 1934. 3. 4, 1935. 3. 2. 용산공작 인천철공소는 정확한 직공수는 알 수 없으나 직공수가 100인 이상 200명 미만의 C급 공장이었다(『조선공장명부』 1938년판에는 C급, 1939년판에는 B급, 1940년판에는 C급으로 기재되어 있다). 동양방적은 산포(三甫)방적, 오사카방적, 오사카

율이 1933년보다 훨씬 높았는데, 이는 공장 설립 이전 단계로 매립 및 대지 조성과 건설공사가 시작되면서 노동력이 유입되었기 때문일 것이다.

구체적으로 살펴보면, 인천부에서는 동양방적을 유치하기 위해 약 2만 평의 공장부지와 5천 평의 사택 부지를 제공하려고 4만 2천여 원의 공사비를 투입하여 만석정 수면매립과 부지 조성공사를 시행했다.[29] 이렇게 해서 설립된 이 공장을 가동하기 위해 필요한 남자직공 3백 명과 여공 8백 명의 노동력 역시 인천부가 원조 알선했다.[30] 따라서 동양방적 인천분공장 가동으로 적어도 1천 명 내외의 직공 대부분이 인천 인근 혹은 원거리 농촌지역에서 이주했던 것이다. 대표적으로 1935년 8월

〈사진 2-1〉 동양방적주식회사 인천공장

사진제공: 화도진도서관

합동방적 등 대소 20여개의 방적회사가 동양제일을 표방하며 합병하여 설립되었다.

29) 「휘보」, 『조선총독부관보』 1933. 7. 3; 「인천부에서 동양방적 부지 매축비 계상」, 『동아일보』 1932. 7. 16; 「東洋紡績, 仁川に大工場を新設」, 『부산일보』 1932. 5. 18; 「상권이 축소되는 인천 생산도시화에 급급」, 『매일신보』 1932. 7. 16.

30) 「東洋紡績對仁川側の假契約內容」, 『경성일보』 1932. 5. 17.

14~17세의 군산 거주 어린 소녀 수십 명이 동양방적 여공견습생으로 취업하기 위해 군산직업장려관의 알선으로 인천으로 이주했던 예를 들 수 있다. 그리고 정확한 숫자는 알 수 없으나 일본인 숙련여공 다수도 1934년 3월 일본으로부터 이주했다.[31]

1935년 무렵 공장 증설로 인천지역 기존 여공의 단속에 비상이 걸리자 인천공업협회는 각 공장의 임금, 근로시간, 기타 수당 급여의 표준을 제정함으로써 여공 이탈을 막으려고 시도했다. 당시 동양방적에서는 하루에 10여 명의 여공이 이탈하는 상황이었다고 한다.[32] 공장 신설이 노동력의 지역 내 이동도 자극했던 것이다.

이와 같이 1930년대에 들어서 일본 독점자본이 진출함에 따라 공장 설립과 함께 인천으로 이주노동력이 유입되면서 인구가 해마다 증가하기 시작했다. 그러나 인천이 공업도시로 비약적인 발전을 이룬 것은 앞에서 언급했듯이 1930년대 후반 특히 기계기구공업 육성이 정책적으로 추진되면서이며, 이들 대공장에 취업하기 위해 이주민이 증가했던 것이다. 1천여 명 이상의 직공이 근무한 조선기계제작소와 150여 명의 직공이 노동했던 조선제강소가 조업을 개시한[33] 1938년도에 전년도 대비 6천여 명의 인구가 증가한 사실은 이주노동력의 유입을 단적으로 드러낸다. 기계기구공업은 민족별 공장노동자수에서 일본인 노동자의 비중이 23.2%로 화학공업(32.7%) 다음으로 높았다.[34] 이는 미숙련노동자의

---

31) 「棉は山積み女工さんも入」來」, 『경성일보』 1934. 3. 28.

32) 「工場增設から女工戰線大異變」, 『朝鮮每日新聞』 1935. 8. 7.

33) 조선기계제작소는 해방 후 1946년 10월경 직공수가 1천 1백여 명이었으므로 성업 중이었던 1930년대 말 이후 전시기에는 이보다 훨씬 많은 종업원이 일하고 있었을 것이다(「7백명 직공 일시에 해고」, 『자유신문』 1946. 10. 17). 조선제강소의 직공수는 초기에 백여 명이었으나, 주문이 밀려들자 1938년 1월경 증원하여 150여 명이었다(「조선제강소 확충」, 『매일신보』 1938. 1. 25).

34) 남만주철도주식회사 경제조사회, 『朝鮮人勞動者一般事情』, 남만주철도주식회사, 1933, 75쪽.

비중이 큰 식품공업이나 방직업과 달리 기계기구공업의 경우 노동숙련도나 기술 수준을 요했기 때문이다.

1933년 전국적으로 기계기구공업의 종업직공수(3,967명)와 기술자수(142명)를 비교해보면 직공 27.9명 당 기술자 1명의 비율이었다. 그러나 1940년에는 직공수 28,971명, 기술자수 1,558명으로 증가하여 직공 18.5명 당 기술자 1명의 비율로 직공수에 대한 기술자 비율이 매우 증가했다. 이는 중일전쟁 후 대공장 신설에 따라 생산분야의 확대 및 기종(機種)의 증가, 고도기술의 필요 등에 기초한 것으로 주로 일본인 기술자를 유치함으로써 공급되었다.[35)]

기계기구공업 중심지인 경성과 인천을 비교해보면, 인천의 노동자당 기술자 비율이 훨씬 높았다. 산업기계 업종의 경우 경성 소재 공장은 직공 37.4명 당 기술자 1명인데 비해, 인천 소재 공장은 직공 14.7명 당 기술자 1명이었다. 이는 새로 조성된 인천 기계기구 공장지구의 기술자확보율이 기존 경성 공장보다 훨씬 높았음을 의미한다. 인천 모사(某社)에서의 기술자수는 97명 중 일본인 74명, 조선인 23명이었는데, 이는 조선인 기술자가 23%로 비율이 높았던 실례이다.[36)]

또한 숙련공의 경우 인천 모 대공장에서 3개년 이상의 경험자 중에서 상당히 엄격한 심사표준으로 선정한 결과에 의하면, 직공 1,426명 중 숙련공은 일본인 120명, 조선인 423명 합계 554명으로 직공 2.6명 당 숙련공 1명의 보유율을 보였다. 위 공장에서 직공의 민족별 구성은 일본인 120명(8%), 조선인 1,306명(92%)으로 일본인은 전부 숙련공으로 지도적 지위에 있었다.

직공의 민족별 구성을 보면, 인천 소재 중규모 공장의 경우 총직공수

---

35) 中山幸三郎, 「朝鮮に於ける機械工業の實情と其の對策」(續), 『朝鮮』 349호, 1944년 6월, 49쪽.

36) 위의 책, 49~51쪽.

92명 전부가 조선인이었다. 부평 소재 모 공장에서는 직공 총 935명 중 일본인 35명, 조선인 900명으로 일본인은 겨우 3.7%를 점했다. 따라서 노동자의 민족별 구성에서 일본인 직공의 비율이 대공장일수록 높고, 중소공장의 경우 낮다는 것을 알 수 있다. 일본인 기술자와 숙련공의 비율은 대공장에서도 10% 전후였다.

기계기구공장이 많이 들어선 시기에 기술자나 숙련공의 경우 주로 일본으로부터 이주했을 것이다. 예를 들어 조선기계제작소가 1943년 선박엔진 제작에 착수할 때 기술 이전 및 현장 지도를 위해 일본 쓰루미 조선소와 오사카상선으로부터 각기 기술자 및 직공 수십 명이 파견되었다.[37] 이와 같이 새로 설립된 기계기구공장에는 거의 대부분 일본인 기술자와 숙련공이 일시 파견되거나 혹은 보다 좋은 노동조건에 이끌려 이주했다. 그러나 미숙련노동자의 경우 지방으로부터 이주하는 것이 일반적이었다. 대공장이 들어섬에 따라 인천의 직공 부족은 심화되었고 이에 기업이나 상공단체에서는 노동력 확보를 위한 여러 방안을 모색하기도 했다.[38]

한편 부평 평야에 들어선 이로나카상공의 종업원 수는 1천 5백여 명, 동경자동차 공장의 종업원은 1만여 명으로 예상되었는데, 따라서 종업원 가족과 파생되는 상업 관련 종사자를 합하면 1942년경 부평역 부근의 인구는 대략 7, 8만 명이 될 것으로 보았다.[39] 이는 최대치로 본 것인데, 예정 공장이 모두 들어설 경우 적어도 2, 3만 명의 인구가 유입될 것으로 보았다.[40]

---

37) 배석만, 앞의 글, 182쪽.

38) 1938년 11월 인천상공회의소 공업부회에서는 직공양성문제를 중요한 현안으로 토의하기도 했다(「인천부내의 각 공장 직공부족으로 곤란」, 『매일신보』 1938. 11. 13).

39) 「미구에 공업지대로 부평 비약을 예상」, 『매일신보』 1939. 8. 12.

40) 『동아일보』 1939년 10월 6일자에서는 경인선 부근에 진출한 공장 10여 개로 2, 3년 내에 부평역 부근에 3만 인구를 수용하는 소도시가 형성될 것으로 보았다(「행운의

이와 같이 공장이 설립되어 새로운 산업공간이 형성되고, 여기에 필요한 노동력이 부근 농촌과 지방 각지에서 그리고 일본에서 이주하여 도시가 팽창함으로써 이제 적절한 공간 편성이 요구되었다.

4. 공간의 편성과 분화

1930년대 후반 이후 대공장이 들어서고 이에 따른 노동력 유입으로 인구가 증가하면서 인천은 이제 모름지기 '쌀의 도시'가 아니라 '동양의 맨체스터' '공업왕국'으로 표현되고 있었다.[41] 여기에서는 공업 발달과 노동력 유입으로 인천지역 공간이 생산되고 편성되는 과정에 대해 살펴보려고 한다. 조선총독부나 인천부의 공간 계획과 편성이 일본 독점기업의 이윤을 극대화시키기 위해 최적의 공간 조건을 제공하는 방향으로 이루어졌으며, 이것이 여러 사회문제를 야기했음을 살펴볼 것이다.

1) 매립과 부역 확장을 통한 공간의 편성

인천지역 공간의 편성은 크게 보아 공유수면 매립과 부역 확장을 통해 이루어졌다. 먼저 인천의 지형상 공유수면 매립은 공간의 확장과 편성에 주요 요인이었다.

〈지도 2-1〉은 1930년 이전 인천 지형을 묘사한 것이다. 이 그림에서 나타나듯 인천은 대개 화평리 구릉에서 남으로 해군묘지 구릉에 이르는 축을 경계로 동서로 나뉘었다. 인천 공간의 지표면은 몇 개의 구릉

부평평야」, 『동아일보』 1939. 10. 6).

41) 「공업왕국 인천 부근에 주요 60공장 林立」, 『동아일보』 1940. 5. 4.

과 그 남서쪽에 길게 이어진 모래둔치(汀成地)와 광대한 개펄(간석지) 그리고 그 일부를 메운 매립지로 이루어져 있었다. 매립공사는 주로 이 간석지를 매립하여 부지로 조성하는 작업이었다.

〈지도 2-1〉 인천 지형과 매립지 약도

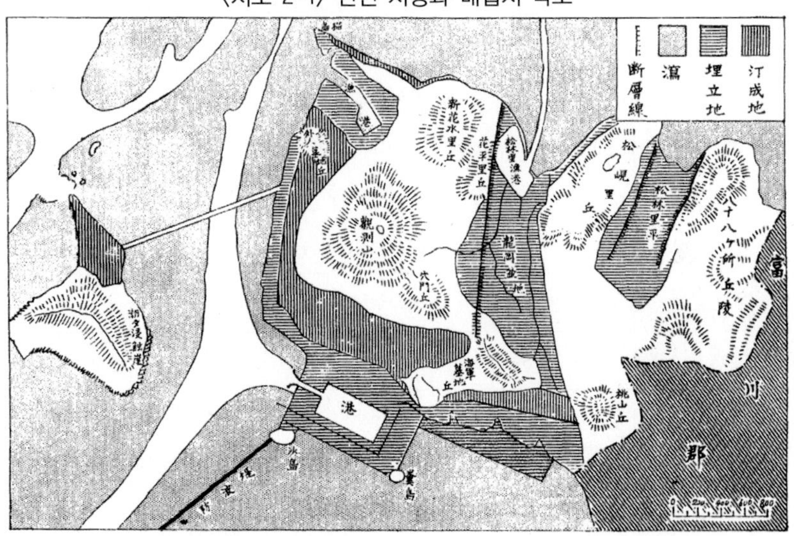

자료: 中原倉造, 「仁川 汀成地埋立地略圖」, 『仁川鄕土誌』, 인천교육회, 1932, 8쪽.

〈표 2-4〉 인천지역 용도별 매립용지의 추이

구 분		도시용지 (%)	항만시설	공업용지	농업용지	쓰레기 용지	발전 용지	계
1945년 이전	개항기	252,564	59,504	-	348,134	-	-	660,202
	일제시기	345,166 (13.9)	423,963 (17)	1,678,590 (67.5)				2,483,432
1945년 이후	1950년대	-	-	367,228	-	-	-	367,228
	1960년대	1,959,782	1,112,439	11,379,918 (65.3)	2,385,375	-	582,748	17,420,262
	1970년대	642,958	7,840,286	630,127	-	-	4,985	9,118,356
	1980년대	6,888,801	33,458	4,596,619	16,492,636	21,331,237	-	49,342,751
계 (%)		10,089,271 (12.7)	9,469,650	18,652,482 (23.4)	19,226,145	21,331,237		79,392,231

출전: 김용하 외, 『인천 공유수면매립지 토지이용현황조사 연구』, 인천발전연구원, 2001, 69쪽.

〈표 2-4〉는 개항 이후 해방 후까지 조성된 매립용지를 매립 목적 또는 용도별로 정리한 것이다. 이를 보면 개항기 인천의 매립공사는 도시용지의 공급이 주된 목적이었다. 공업용지가 큰 비중을 점했던 시기는 일제 강점기와 1960년대로 총 매립면적 가운데 각기 67%, 65%를 차지했다.

일제시기 매립공사는 1920년대에도 있었으나,[42] 대부분 1930년대에 이루어졌다. 특히 1930년대 후반 일본 대자본이 시국산업인 중공업 공장을 인천지역에 설치하려고 하면서 공장 부지를 확보하기 위한 목적의 매립공사가 매우 활발해졌다.

〈표 2-5〉 1930~1940년대 인천지역 매립공사

	매립면허일 ~준공인가	지역/ 면적(평)	공사주체	공사비용	목적 또는 용도	자료
1	1932.11.9	궁정 · 화정/ 7,159	인천부		도로 및 철도부지 속성	관보 1932.11.14
2	1932.8.12~ 1932.11.1	만석정 36번지의1/ 7,301	인천부		대지 조성	관보 1932.11.7
3	1932.8.12	만석정/ 7,336	인천부		공장부지 조성	관보 1932.8.18
4	1933.6.29~ 1934.7.3	만석정 37번지의 3/ 132.85	동양방적 주식회사		저수지 조성	
5	1933.7.14~ 1934.8.17	화정3정목 12-2/ 887	야마자키 (山崎信雄)		대지 조성	관보 1934.8.22
6	1933.8.7~1 934.8.17	화정3정목 13번지/ 164	동양척식 주식회사		대지 조성	관보 1933.8.10, 1934.8.22
7	1933.11.20 ~1934.8.17	화정 3정목/ 3,783	㈜리키다케 (力武)물산 외 1명		대지 조성	관보 1934.10.19
8	1934.4.9~1 941.3.	화정/ 제1~제7구 총 59,832.3	인천부	36만 원	시가지 조성	관보 1934.4.14, 1935.8.19, 1938.6.17; 동아일보 1934.2.24, 5.29, 1940.5.21
9	1935.2.12~ 1937.8.31	화방정/ 2,527.8→2,738평	인천부→합명회사 마루이		대지 조성	관보 1935.12.16, 1936.4.16, 1936.

42) 1925~1927년 무렵 송현리 갈대밭 매축공사가 대규모로 진행되었다(「인천매축공사」, 「매축장 해독을 부근 주민이 府에 진정」, 『동아일보』 1925. 6. 14, 1927. 3. 19).

	매립면허일 ~준공인가	지역/ 면적(평)	공사주체	공사비용	목적 또는 용도	자료
			(丸二)상회 (1936.12.10)			9.11 1937.9.3
10	1936.5.19~ 1938.7.21	송현정/ 12,214	일본차량제조주식회사		대지 조성	관보 1938.7.26.; 동아일보 1936.1.18, 1.24
11	1936.5.19~ 1939.5.9	송현정/ 35,924(도로제외 13,691)	요시다 히데지로(吉田秀次郎) 외 2명	105,140원	대지 및 도로부지 조성	관보 1939.5.13.; 『공유수면매립대장』, 1934
12	1937.2.19~ 1939.12.15	화수정 / 60,060	인천부가 B, C구 24,410평 매립권을 시바우라제작소에 양도		공장부지 조성	관보 1939.1.12, 1939.1.14, 1939.8.18, 1940.5.4., 1940.7.3; 『公有水面埋立의 件(준공)』, 1940
13	1937.6.29~ 1938.6.15	만석정/ 486	인천부		철도궤도부지 조성	관보 1937.7.2
14	1937.4.26~	학익정/ 216,361	인천부→ 히타치제작소(1938.11)		대지조성	관보 1937.5.4, 1938. 8.10, 1938.11.18,
15	1937.7.1	만석정/ 42,379, 물양장 787	인천부		대지조성	관보 1939.3.18, 1939.8.2
16	1938.5.11	송현정 1번지/ 76,485	인천부→1구(58,343평)를 조선이연금속에 양도(1939.3)		도로, 대지 및 잡종지 조성→대지 조성	관보 1939.3.20, 1939.6.1, 1939.10.11, 1940.5.20
17	1938.5.18~ 1941.2.20	만석정 3번지/ 11,375	인천부		대지 및 조선(造船)지대 조성	관보 1938.5.23, 1938.12.21, 1939.6.9, 1941.2.28
18	1938.7.19~ 1940.5.16	송현정/ 17,439	요시다 히데지로가 매립권을 ㈜일본차량제조사에 양도		대지, 도로 및 철도부지 조성	관보 1940.5.21.; 「대장번호 제93호」, 『공유수면매립대장』, 1934
19	1938.8.2	화방정1정목4번지/ 2,425	경기도어업조합연합회		대지 및 하양(荷揚)설비 조성	관보 1938.8.5
20	1939.6.9~1942.2.14	송현정 및 송림정/ 49,559	인천부		대지, 잡종지 및 도로 조성	관보 1941.11.13, 1942.2.21
21	1939.10.13	만석정 37번지의 4/ 82	동양방적주식회사		대지 조성	관보 1940.12.11
22	1941.3.28	만석정 102번지	체신국장		공장부지	관보 1941.4.4

	매립면허일 ~준공인가	지역/ 면적(평)	공사주체	공사비용	목적 또는 용도	자료
					조성, 돌제(突堤)물양장 1기 설치	
23	1942.5.26	송현정/ 26,832	인천부		대지 및 잡종지 조성	관보 1942.5.30
24	1942.12.2	화방정1정목/ 10,084	철도국장		철도용부지 조성	관보 1942.12.9
25	1943.10.23	화수정/ 2,240	조선기계 제작소		공장부지 조성	관보 1943.10.30
26	1943.12.23 ~	화수정 및 만석정/	조선기계 제작소		준설, 방파제 조성	관보 1944.11.22
27	1944.2.10	송림정 11번지/ 12,003	조선알루미늄공업주식회사		공장부지 조성	관보 1944.2.17
28	1944.5.13	화수정7번지의 15/ 8,465, 물양장 453평	인천부		대지 조성	관보 1944.5.22
29	1944.7.2	만석정 2번지의 1, 2번지의 3/ 406	인천부		도로부지 조성	관보 1944.7.13
30	1944.10.15	만석정 산2의 1 임야/ 495	인천부		대지 조성	관보 1944.11.1

〈표 2-5〉는 1930~1940년대 전반 전개된 인천지역 매립공사를 『조선총독부관보』에 의거하여 정리한 것이다. 이를 보면 1930년대 매립공사는 만석정 · 화수정 · 송현정 · 송림정 등 주로 북항지대에 집중되었고, 그 외에 궁정 · 화정 · 학익정 · 일출정 등 남쪽 해면에서 일부 이루어졌다.

매립공사 시행주체는 주로 인천부와 민간기업이었다. 인천부는 공업도시 건설을 위해 "인천의 공장 유치 방침은 부지를 실비제공하는 것이며 토지로 이익을 취하는 것이 아니므로 싸게 제공하여 우수한 공장 유치에 노력하지 않으면 안 된다"는 방침을 취하고 있었다.[43] 이에 따라 대지를 조성한 후 도로 및 공공부지를 제외하고는 모두 민간자본가나 기업에 매각했다. 그러나 공사 도중에 매립권을 민간 기업에 매각, 양도하는 경우도 있었다. 특히 공사 규모가 큰 경우에 그러했다. 대표적

43) 「仁川緊急府會開き埋立地讓渡を審議」, 『朝鮮民報』 1939. 2. 26.

〈사진 2-2〉 화정 일대(좌)와 궁정 일대

사진제공: 화도진도서관

으로 인천부는 화수정 해안 4만여 평을 1937년 2월~1940년 7월 3년여에 걸쳐 매립하는 공사를 진행하던 도중 1938년 12월에 B구 1만 7천여 평을, 그리고 1939년 3월에 C구 7,061평을 ㈜시바우라제작소(1939년 5월 도쿄시바우라전기주식회사로 개칭)에 매각 이양했다.[44] 이후 인천부는 A구와 D구만 직접 공사를 시행했다(〈표 2-5〉의 12항 참조).

또한 1937년의 학익정 해안 21만여 평 매립공사도 시행 도중인 1938년 11월 히타치제작소에 매립권을 매각했다(〈표 2-5〉의 14항 참조). 히타치제작소는 1940년 2월 우선 5만 평의 매립공사를 신청하여 인가를 받아 4월부터 직접 매립공사에 들어갔다. 학익정에는 풍부한 지하수가 매장되어 대공장 유치에 유리한 장점이 있었다.[45] 송현정 1번지 7만 6천여 평의 매립도 1938년 5월 매립면허를 얻어 인천부가 공사하던 중 1939년 3월 조선이연금속주식회사에 1구(58,343평) 매립권을 매각했다. 조선이연금속은 "도로, 대지 및 잡종지 조성"이란 공사 목적에서 '도로, 잡종지'를

---

44) 「公有水面埋立工事竣工ノ件」, 「土第394호 公有水面埋立工事竣工認可申請ノ件」(1940. 4. 10), 『公有水面埋立의 件』.

45) 「인천 남해안의 廿三萬坪 매립」, 『조선일보』 1936. 5. 6.

삭제하고 '대지 조성'으로 변경하여 공사했다.(〈표 2-5〉의 16항 참조).

한편 민간 회사가 처음부터 공유수면 매립 인가를 얻어 공장 부지를 조성하기도 했다.[46] 예를 들어 일본차량제조주식회사는 1936년 5월 1만 2천여 평의 송현정지역 매립권을 총독부로부터 직접 인가받아 시공하여 1938년 7월에 완공했으며, 다시 같은 달에 1만 7천여 평의 매립권을 인가받고 공장 부지와 도로, 철도부지를 시공했다(〈표 2-5〉의 10, 18항 참조).

이와 같이 민간의 매립 주체는 대개 인천에 공장을 설립하려고 하는 일본 대자본이었다. 매립공사는 그야말로 '상품으로서의 공간'[47]을 생산하는 것이었다. 그런데 매립지가 일본 대기업의 공장부지로 초기에 매각될 수 있었던 것은 인천부가 유망한 대기업을 유치하기 위해 부지를 매립원가로 제공했을 뿐만 아니라, 인천부세진흥회(仁川府勢振興會)와 인천상공회의소 등의 상공업계에서도 적극 교섭에 나섰기 때문이었다. "여행자도 북인천으로부터 주안에 이르는 대매립지를 바라보게 되면 공업도시 인천의 생생한 기운을 느낄 수 있을 정도"라고[48] 할 만큼 해안 매립에 의한 새로운 공간 편성은 곧 대기업에 의한 공장 건설과 밀접하게 관련되어 있었다.

매립면적은 1934~1938년 기간에 부청 사업으로 259,998평, 민간사업으로 162,160평으로 총 422,159평에 달했다.[49] 1930년대 후반부터 본격

---

46) 1935~1938년 기간 부청 시행 매립공사는 123,555.7평, 민간 시행 공사는 14,301.8평으로 약 11.5%가 민간 시행공사였다.

47) Neil Smith, *Uneven Development: Nature, Capital and the Production of Space*, Basil Blackwell, 1991, pp.81~83.

48) 「京仁大都市の建設 2」, 『경성일보』 1939. 4. 7.

49) 「碧海가 桑田으로, 매립된 인천의 해면」, 『매일신보』 1938. 10. 26. 『매일신보』 1938년 6월 15일자에서는 1933년 8월 永井照雄 부윤이 부임한 이후 1938년까지의 매립 완료 면적은 60여만 평에 달하며, 이 중 약 350만 원 가량이 각 공장에 매각되었고, 약 170여만 원 가량의 면적이 잔존했다고 한다. 1940년 3월 말경 부청 시행 북인천 해면 매립면적은 295,139평, 소요 비용은 276만 1,047원이었다. 이 가운데 19만 3,262평이 공장 용지로 매각처분되었는데, 그 대금은 360만 6,239원이었다. 여기에 민간

화된 매립공사에도 불구하고 일본 대기업이 진출하면서 착공 혹은 준공과 함께 공장부지로 매각되어 공장용지가 부족해지자, 인천부는 3, 4년 계획의 단기 매립이 아닌 좀 더 장기적인 매립 계획의 필요를 느끼게 되었다. 이에 인천부는 1937년에 10개년 계속사업으로 학익정과 일출정에 적당한 지구를 선정하여 총공사비 600만 원으로 834,690평의 공장기지와 직공 주택기지를 조성한다고 발표했다.[50]

1937년부터 시작된 굉이뿌리(猫島)에서 주안염전에 이르는 예정면적 45만 평의 북부해안 매립공사도 이후에 약 300만 평을 더 매립한다는 계획으로 추진되었는데 이곳 역시 공장지대로 제공하기 위한 것이었다.[51] 그리고 맞은편 부천군 서곶면 부근 연안 간석지도 매립하면 300만 평 혹은 최대 1,800만 평(6천 정보)의 공장지대를 확보할 수 있다고 주목되었는데,[52] 이는 장기적으로 1937년 이후 북항 매립지에 조성된 중공업지구를 배경으로 서곶면으로부터 율도(栗島), 청라도(青螺島) 그리고 맞은 편 김포 일대를 북인천항의 중심부로 건설하는 장대한 계획이었다.[53]

시행면적까지 합치면 매립면적은 훨씬 증가할 것이다(「3백만원 공비로 29만평 해면 매립」, 『동아일보』 1940. 5. 21).

50) 「인천부의 10개년 사업 집단공장지 선정」, 『조선일보』 1939. 3. 19.

51) 「해면 3백만 평 공장지대로 매립」, 『동아일보』 1937. 7. 8.

52) 「공장 진출에 備하야 인천 해안 또 매립」, 「인천 북해안 간석지 6천여정보 매립」, 『조선일보』 1937. 7. 10, 8. 20. 1939년경 나가이(永井) 인천부윤은 총5천 정보(1천5백만 평)의 해면 매립 계획을 표명하기도 했다(「各府의 새해 설계」, 『동아일보』 1939. 1. 28).

53) 「京仁大都市の建設」(5), 『경성일보』 1939. 4. 11. 서곶면 일대를 매립하여 중공업지구로 만들 것을 가장 먼저 제안한 이는 경성상공회의소 회두 가타 나오지(賀田直治)였다. 그는 광대한 서곶면 간사지를 부근 연안 산지의 토사로 매립하여 공업지구로 설정하도록 제안했다. 그는 인천 묘도(猫島)를 기점으로 율도(栗島)의 일단을 거쳐 청라도로 연결하고 거기에서 오른쪽으로 꺽어 연희리(連喜里)의 돌출된 곳에 연결하여 축제(築堤)하고 내면(內面)을 매립하여 대규모 화학공업, 제재공업 및 각종 공업지구로 하는데, 기계철공장, 차량공장, 비행기, 선박 도크 등의 조립, 수리제작공장 등을 적당히 안배할 필요가 있다는 의견을 제시했다. 그리고 주안 염전은 폐지하여 중공업지구로 편입하는 것이 좋다고 주장했다(賀田直治, 「京仁一體の具現化に

이와 같이 1930년대 후반 이후 본격적으로 진행된 매립공사는 인천의 지리 경관을 변화시켰다. 인천부의 표상이 종전에는 개항장거리를 축으로 한, 무역의 메카인 남항이었다면 이제는 여기에, 신매립지 위에 연이어 설립된 북항의 대공장이 오버랩되고 있었다.

한편 인천지역 공간의 편성은 인근 부천군 일부 면을 부역으로 포섭하는 형태로도 이루어졌다. 인천부는 1934년부터 13,597원의 조사비를 투입하여 대상공도시 건설을 목표로 도시계획, 시가지 정리, 행정구역 확장에 관한 기본조사를 실시했다.[54] 조사 결과 인구밀도에 비추어 부역이 포화상태라고 판단하고, 1965년의 부(府) 인구를 예상하여 이에 대응하는 면적 및 교통 등의 요인을 감안하여 부역 확장을 계획했다. 그리고 공장가, 상업가, 거주가, 미정가(未定街)로 구획하여 도시계획에 기초한 도시 발전을 구상했다.

1936년 10월 1일자로 부천군 다주면(多朱面) 토충리(土忠里) · 도화리(道禾里) · 장의리(長意里) · 용정리(龍亭里)의 전부, 간석리 일부(전 면적의 9%), 문학면 학익리(鶴翼里) · 옥연리(玉蓮里)의 전부와 승기리(承基里) · 관교리(官校里)의 일부(전 면적의 54%와 43%) 총 19.931km²를 인천부로 편입시켜 종전 부역(7.6574km²)의 약 3.6배로 확장되었다.[55] 이러한 1차 부역 확장은 인천부내가 이미 포화상태였기 때문에, 잉여인구가 이들 인접 면으로 유입되어 도시화의 경향을 보이고, 그 일부는 인천부와 연속하여 시가를 형성하는 현상을 추인한 것이기도 했다. 즉 인천부에 관계된 시설을 이들 인접 면에 설치한 경우가 많았으니, 예를 들어 장의리에 공설운동장을, 승기리에 인천부의 화장장을, 옥연리에 유원지와 주택지 시설을 한 것을 들 수 있다. 또한 이들 계획구역은 모두 인천

就て」, 『경제월보』, 경성상공회의소, 1937년 9월, 3~4쪽).

54) 「대상공도시 기본조사 실시」, 『동아일보』 1934. 3. 27.

55) 조선총독부, 내무국 편, 『인천시가지계획결정이유서』, 1937, 6쪽.

경찰서와 인천우편국 관할 소속으로 여러 시설을 인천부와 함께 이용하고 있는 상황이었다.

인천시가지계획이 1937년 5월 1일 정식으로 공포되면서 행정구역 확장뿐만 아니라, 가로망 부설과 구획정리 사업도 진행되었다.[56] 가로망 부설로는 먼저 17만 원의 공사비로 송현정 시장 북측 연장 600m의 중로(中路) 제1류 노선 신설공사를 추진했다. 구획정리사업으로는 대화정·도산정·화정·일출정 일부를 포함하는 총 38만 평의 대화지구를 1938년부터 4개년계획으로, 여기에 인접한 송림지구는 1939년부터 도시계획에 의한 신시가지로 조성하는 공사가 시행되었다.[57] 대공장이 새로 들어선 매립지와 부역 확장으로 새로 편입된 지역에서 도로 설비와 구획정리사업이 주로 이루어졌음을 알 수 있다.

앞에서 살펴보았듯이 1930년대 들어서 대상공도시를 표방한 인천부는 해면 매립과 부역 확장을 통해 공장 부지를 확보하려 했다. 특히 1930년대 후반부터 대륙침략기지란 입지 역할에 의거하여 공간 편성이 본격화되면서 박차를 가한 해면 매립공사는 그 비용과 효율 면에서 자본주의적 공간화에 한계를 드러냈다. 즉 광대한 부지가 필요한 자동차 제작공장과 육군조병창의 진출이 가시화되면서 매립공사만으로는 부지 확보가 쉽지 않았다. 이에 1938년 상반기부터 제2차 부역 확장이 거론되기 시작했다.[58]

마침내 1940년 4월 1일 부천군의 문학면, 남동면, 부내면, 서곶면이 인천부로 편입되었다. 그 결과 인천부 면적이 1.759방리(方里)(27.12km²)로부터 일약 10.751방리(165.82km²)가 되어 경성의 8.77방리를 능가했으

56) 염복규, 앞의 글, 90쪽.

57) 「대인천 건설의 전제」, 「大仁川建設行進譜」, 『동아일보』 1938. 7. 16, 10. 12.

58) 「인천부의 행정구역 제이차 확장계획」, 『매일신보』 1938. 4. 21; 「각 부의 새해설계」, 『동아일보』 1939. 1. 28.

며, 인구는 1939년 말 조사에 의하면 117,098인으로부터 147,456인이 되어 조선에서 5위를 차지했다.[59] 〈지도 2-2〉에서 나타나듯 2차 확장을 통해 인천부 면적은 1936년보다 약 6배가량 확대되었다.

〈지도 2-2〉 인천부의 행정구역 변화

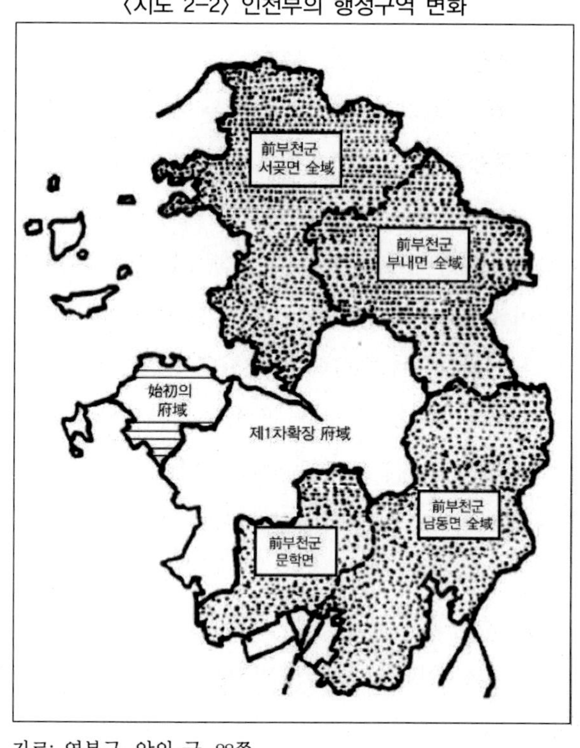

자료: 염복규, 앞의 글, 88쪽.
비고: [pattern]는 2차 확장 부역.

59) 「휘보」, 『조선』 300호, 1940년 5월. 그런데 1939년 10월 총독부가 경인시가지계획을 발표하고 부천군 소사면·오정면·계양면, 부내면, 서곶면, 시흥군 동면·서면, 김포군 양동면·양서면·고촌면 지역을 포함시킴으로써 인천 부역 확장의 대상지로 주목되던 곳도 대개 '대경성부 계획'으로 포섭되었다(경인시가지계획에 대해서는 「경인시가지계획결정안」, 『조선』 1939년 11월호 참조). 하지만 경인시가지계획은 도시 외곽지역의 지가를 고정시켜두기 위한 행정조치의 측면이 컸기 때문에 총독부 방침에 따라 중단되었던 인천부의 제2구역확장은 지연되기는 했으나 그대로 진행될 수 있었다(염복규, 앞의 글, 97~98쪽).

이러한 부역 확장을 통해 새로운 산업공간으로 탄생된 대표적인 곳이 부평이었다. 한 때 직공 1만 명 이상을 요하는 공장 설립의 기대감으로 부평을 '특별도시제'로 즉 경인도시계획에서 분리된 '신도시'로 만들거나 혹은 부평을 중심으로 읍제를 실시하자는 논의가 분분하기도 했다.[60]

1940년 조선총독부는 〈조선시가지계획령〉 제3조 제3항 규정을 통해 경인시가지계획으로 일단(一團)의 공업용지 조성과 함께 일단의 주택지 경영사업(부평지구의 일부)을 경기도 지사가 실시, 인가를 하도록 고시했다.[61] 그리고 조선총독부 〈고시 제444호〉로 1941년 3월 경인시가지계획사업 토지구획정리지구(부평역전)의 토지구획정리 시행에 관해서는 인천부윤이 사업을 시행하여 1946년 3월 31일까지 완료하도록 명했다.[62]

1940년 봄 이후 인천부에서는 부평에 상업지구 건설도 조속히 실현하기 위해 구체적인 계획 착수에 나섰다.[63] 부평역을 중심으로 화물과 승객 이동이 급증하게 되자, 인천 시내버스가 부평까지 연장되었고, 부평 중심의 환상선(環狀線) 버스, 그리고 경인간 고속전차 부설도 검토되었다.[64] 이에 따라 인천부는 주안정 부근에 부(府)출장소를 세우려던

60) 「부평평야를 京仁에서 분할?」, 「유력시되는 특별도시제」, 『동아일보』 1939. 10. 6, 10. 7; 「부평을 중심으로 읍제실시설 대두」, 『조선일보』 1939. 10. 15. 부평공업지구 건설 당시 공장이 들어서게 되면 10년 이내에 백만 명의 인구를 포용하는 공업도시가 될 것으로 예상하기도 했다(「氣高萬丈의 부평평야」, 『동아일보』 1940. 5. 12; 「부평공장지구에 통신기구를 확충」, 『조선일보』 1940. 3. 13).

61) 『조선총독부관보』 1940. 8. 15.

62) 『조선총독부관보』 1941. 4. 4. '昭和土地區劃整理工事'는 1941년 11월 9일부터 시작되어 1942년 8월 준공 예정으로 工藤組에서 29만여 원의 공사비로 시행했다(「昭和16年度 昭和土地區劃整理工事」, 인천부). 소화동(昭和洞)이 오늘날의 부평동이다.

63) 「경인간 부평평야에 건설공사 착착 진척」, 『동아일보』 1940. 5. 24.

64) 「京仁一帶工業都市へ 活潑な貨客の動き」, 『경성일보』 1939. 10. 22; 「인천부내버스 부평까지 遂延長」, 『매일신보』 1940. 3. 29; 「부평 중심의 環狀線 버스와 경인간 전차실현 요망」, 『동아일보』 1940. 4. 26.

종전 계획을 수정하여 부평역전에 설치하기로 결정했다.[65]

〈표 2-6〉 매립지와 부역 확장 공간의 인구 동향

	1932			1937			1938		
	일본인	조선인	총인구	일본인	조선인	총인구	일본인	조선인	총인구
화정	1,491	3,275	4,825	2,035	2,495	4,534	2,085	2,410	4,498
만석정	382	1,821	2,222	700	3,386	4,102	721	3,502	4,236
화수정	35 (신화수리)	5,230	5,269	55	8,235	8,296	25	8,421	8,446
송현정	27	6,818	6,856	41	11,456	11,507	86	12,225	12,317
대화정				188	5,941	6,145	158	6,994	7,202
일내출정				84	1,463	1,607	63	789	1,836
신정	809	314	1,242	802	421	1,270	800	470	1,335
본정	907	110	1,079	998	150	1,173	909	188	1,149

출전: 1932년은 『인천부사』, 13~14쪽, 1937년은 『인천상공회의소연보』, 1937년판, 141~142쪽, 1938년은 같은 책, 1938년판, 147~148쪽 참조.

〈표 2-6〉은 매립지와 부역 확장으로 새로 인천부에 편입된 공간의 인구 추이를 옛 인천부 공간과 비교한 것이다. 이를 보면 1932년부터 1938년까지 그리고 이후에도 지속적으로 매립이 진행되어 조선기계제작소, 조선제강소, 인천제정주식회사, 조선목재공업 등의 대기업 공장 부지로 분양되어 공장이 들어선 만석정은[66] 대표적으로 1938년 인구가 1932년에 비해 약 1.9배로 증가했다. 또한 송현정도 이미 1920년대 후반부터 매축공사가 진행되어 조선인 빈민들의 집단거주지로 형성되고,[67] 또한 1936~1938년에 대지 조성 공사가 이루어져 일본차량제조주식회사 공장이 들어서면서 1932년도 대비 1938년 인구가 약 1.8배 증가했다. 매립지로 1936년에 제1차 부역확장을 통해 편입된 히노데마치(日乃出町)나 부

65) 「인천부출장소 부평에 신설」, 『조선일보』 1940. 3. 21.

66) 〈표 2-2〉와 〈표 2-5〉 참조.

67) 송현정에 조선인 거주지가 형성된 것은 1900년대 초 일본군이 오늘날의 중구 전동 부근에 주둔하면서 기존 주민들을 송현동으로 내쫓으면서였다고 한다(경인일보 특별취재팀, 『격동 한세기 인천이야기』 하, 다인아트, 2001, 117쪽).

천군에서 편입된 다이와쵸(大和町)는 1937년과 1938년을 비교해보면 1년 만에 인구가 거의 1천~2천여 명이 급증했다. 이는 기존 부역인 혼마치(本町)나 신마치(新町)의 인구가 거의 답보상태인 것과 대비되는 현상이다. 따라서 매립지와 부역 확장공간에 나타난 인구증가는 일본대자본의 진출과 함께 설립된 대규모 공장에 유인된 이주노동력 때문이었음을 확인할 수 있다.

2) 공간의 분화와 공간성

매립공사나 부역 확장과 같은 공간의 편성은 경제적인 이해관계를 극명하게 드러냈다. 매립공사로 자본가들이 공사가 끝나기도 전에 수십만 원의 이익을 앉아서 얻게 되는 반면, 차지인이나 기타 소시민들은 지가 상승으로 큰 피해를 당했다. 예를 들어 1936년 송현리 수문통 매립지는 공사 시작 전에 시가가 평당 6원 내지 6원 50전이었는데 평당 3원 50전의 원가로 인천부 유력자 요시다 히데지로에게 매각하기로 결정했다.[68] 이에 요시다는 공사가 끝나기도 전에 계약과 동시에 10만 원의 이익을 보게 되었으니 이 문제로 『조선매일신문』에서 매립공사의 동기가 "사리탐재"(私利貪財)라는 특혜의혹을 제기하면서, 부윤이 부회에 출석하여 눈물을 흘리며 해명하는 사태까지 벌어졌다.[69] 반면 이 송현리 매립공사로 부근 신화수리의 지가가 상승하여 차지인들은 차지료가 증가함으로써 큰 타격을 받게 되었다. 또한 1937년 봄 화수정과 만석정

---

68) 「매축도 하기 전에 10만 원 남긴 매축지」, 『동아일보』 1936. 2. 20.

69) 「仁川府會 波瀾」, 『조선중앙일보』 1936. 3. 31; 「부윤, 吉田 兩氏의 결탁 無根判明」, 『동아일보』 1936. 5. 2. 결국 요시다는 김윤복(金允福), 무카이 사이이치(向井最一)와 함께 매립하며 그 이익으로 조선인교육후원회의 재원을 조성하겠다는 조건으로 매립면허원을 제출하기로 했다(「인천해안 4만평매립」, 『조선일보』 1936. 5. 6).

매축지에 설립된 조선기계제작소는 인천부 소유 화수정 내 약 1만평 매립지를 매수하여 분공장을 건축하려고 했는데, 이곳에는 빈민 100여 호가 거주하고 있었다. 이들을 철거해주도록 위탁받은 부청과 주민들 사이에 이전 기한 연장, 이전장소 제공, 이전비 지불 등의 문제를 둘러싸고 분쟁이 벌어졌다.[70]

시가지계획 실시 또한 인천 공간 내 각 주체들의 이해관계를 첨예하게 드러냈다. 도시계획령에 의한 북부 시가의 간선도로 개통과 시가미화사업 등으로 송현정 등지의 조선인 주택은 철거당했다.[71] 그리고 북항 매립지가 공장지대로 변하면서 1937년경 공장의 운송 편의를 위해 하인천역에서 송현정에 이르는 철도를 부설하기로 했는데, 이 때문에 철도가 관통하는 지대에서 채전(菜田)으로 생계를 잇던 주민들과 신탄장(薪炭場)에서 일하는 50여 호의 주민들이 철거당하게 되어 부청에 생계 마련을 호소했다. 1934년 시가지계획령에 의해 공업용지 조성이 발표되고, 1937년 이후 본격적으로 일본 대기업이 진출한 부평에서도 지주와 자작농은 토지보상을 받았지만, 5천여 소작농은 고향을 떠나야 했다.[72]

이와 같이 진행된 일련의 공간 편성으로 구조화된 인천부의 공간성은 "일본 내지의 대재벌이 속속 인천에 진출하여 대공장 · 창고 · 문화주택이 건축되는 반면에, 세궁민의 증가에 따라 그네들이 우거하는 토막 · 불량주택 거주자의 수효도 지지 않고 늘어갔다"[73]는 기사에서 잘 나타난다. 인천부 사회계의 영세민 조사를 정리한 〈표 2-7〉을 보면, 1938년경 인천부 인구 12만 명 중 영세민은 20,397호, 106,993명(89%)에

---

70) 「인천 매축지에 接居한 갈 곳 업는 細窮民들」, 『조선일보』 1938. 7. 10.

71) 「철거될 빈민 주택난」, 『매일신보』 1937. 3. 24.

72) 「부평평야 市計實施로 代作할 곳조차 없는 소작인의 行路는?」, 『동아일보』 1939. 10. 11.

73) 「불량주택과 토막민도 격증」, 『동아일보』 1935. 9. 27.

달했다. 영세민 가운데 조선인은 17,340호, 83,642명으로 전체 영세민 가구의 85%, 인구로는 약 78%가 조선인이었다. 최빈민층이라 할 토막민은 1,705호, 6,616명으로 전체 영세민 호수의 8%, 인구로는 6%를 점했다. 공업화와 도시 발달로 경제적 분화가 심각해지는 가운데 조선인의 경우 경제적 빈궁이 더욱 심각했음을 알 수 있다.

〈표 2-7〉 1938년경 인천부 영세민과 토막민

총인구		합계		조선인		일본인	
		호수	구수	호수	구수	호수	구수
120,000	영세민	20,397 (100%)	106,993 (100%)	17,340 (85%)	83,642 (78%)	3,057 (15%)	23,351 (22%)
	토막민	1,705 (8%)	6,616 (6%)				

자료: 「항도 인천부내에 細窮民 十萬六千」, 『동아일보』 1938. 2. 11.

그런데 '구급(救急)을 요하는 이들 궁민' 즉 토막민의 절반 가량이 혈기왕성한 20세 미만 젊은이들이라고 하는 것으로 보아, 이들은 공장에 취업하기 위한 목적으로 혹은 공장 설립과 매립공사 등의 토목·건축 공사장에 일자리를 구하려고 지방으로부터 이주한 이들이었을 것으로 보인다. 이들은 작업장과 도시생활에 적응하지 못하거나 혹은 마땅한 일자리를 구하지 못해 도시빈민으로 전락했던 것이다.

인천부는 시내 중요 지구에 토막민이 산재한 것은 도시 미관상 매우 좋지 못하다고 하여, 송림정 팔십팔개소산(八十八個所山) 남단 서쪽 기슭 약 4천여 평의 부유지(府有地)를 세민지구로 지정하고 토막민 300여 호를 모두 이주시키기로 결정했다. 그리고 토막민거주지인 이른바 갱생주택지로 옮겨올 토막민에게는 형편에 따라서는 건축자금을 조달하며, 인보관(隣保館) 내에 갱생관(更生館)을 설치하고 소년소녀 룸펜을 수용하여 교화하기로 했다. 그러면 이러한 세민지구의 공간 배치는 어떠한 의미를 가지는지 살펴보자.

〈지도 2-3〉 인천의 민족적 계급적 공간 분화

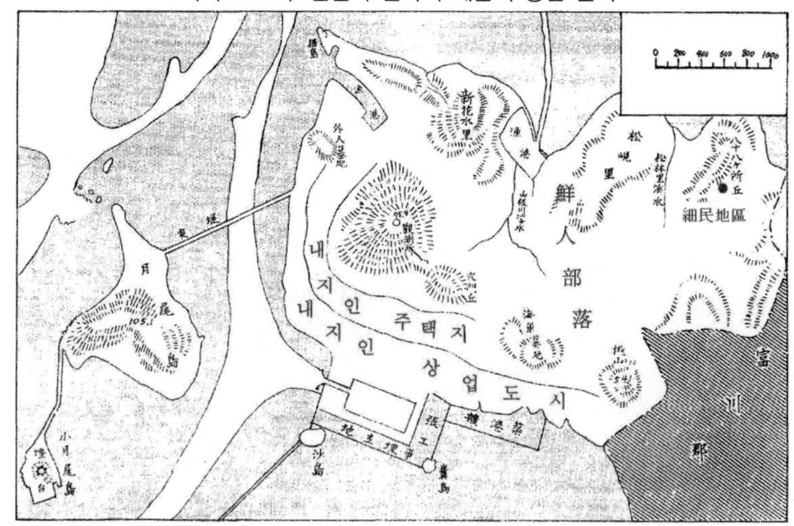

자료: 中原倉造, 「仁川人文圖」, 『仁川鄕土誌』, 인천교육회, 1932, 9쪽에서 재편집.

인천교육회에서 1932년경에 편찬한 『인천향토지』에 실린 「인천인문도」(仁川人文圖)는 인천 공간의 민족적 사회적 분화 현상을 잘 보여준다(〈지도 2-3〉). 여기에서는 인천부를 크게 '내지인 상업도시' '내지인 주택지' '조선인 부락'으로 분할 구획하고 있다. 항만을 중심으로 발달한 상업 · 금융구역(신정 · 항정 · 본정 등)은 일본인들의 공간이었고, 그 경제활동구역을 에워싸고 일본인 주택지(산수정 · 화방정 · 산근정 등)가 배치되어 있었다. 반면 조선인 공간은 송현리와 송림리 등 경제중심구역에서 떨어진 외곽에 배치되어 있었다. 또한 이 지도에서 조선인 거주지역을 차별 거주지를 의미하는 '부락'으로 표기한 것 또한 식민지적 공간 인식을 단적으로 보여주는 것이다.

〈지도 2-3〉에서 보듯 인천부 당국은 공업화에 따른 이주민 유입과 함께 생겨나는 토막민과 영세민거주지를 '세민지구'라고 하여 조선인 거주지 중에서도 외곽이라 할 팔십팔개소산 남쪽에 배치했다. 이는 토막

〈사진 2-3〉 인천 본정통 일대

사진제공: 화도진도서관

민을 일본인 거주지로부터 차단하기 위해 조선인 거주지를 보호막으로 위치시킨, 대표적인 공간 정치라고 할 것이다.

한편 일거리를 찾아 각지에서 인천으로 쇄도하는 이주노동자와 식민지 자본주의적 삶에서 도태된 부랑자가 격증하면서 위생문제나 사회안전망문제 등이 인천부의 현안으로 대두되었다. 예를 들어 1940년 5월에는 "부의 철옹성 같은 위생 방역"을 뚫고 부평 공장지대에 20여 명의 발진티프스 환자가 발생하는 비상사태가 벌어졌다.[74] 그러자 인천부는 부랑자문제 해결책으로 특수지대를 부평에 조성하고 행려병자 시설을 유치하기로 결정했다. 그리고 이 부랑자들에게 노동자교육을 실시하여 노동자 부족난을 타개하는 방법으로 삼으려고 했다.[75] 이러한 인천부의

74) 「발진지부스 환자 속출」, 『조선일보』 1940. 5. 26.
75) 「殺到하는 하층계급을 특수지대에 수용」, 『동아일보』 1940. 5. 25.

조처는 매립공사로 공장부지를 조성하여 원가로 분양하고 철도 도로를 기업의 운송체계에 맞추어 시설하는 등 독점기업들에게 이윤을 극대화할 수 있는 공간조건을 제공하는 연장선상에서 이루어졌던 것이다. 이는 자본에 의한 공간 편성과 공간 조직화가 관철되는 데에 식민권력의 공간정책이 어떻게 개입하고 지원했는지를 잘 보여주는 사실이다.

5. 제국주의 공간정책과 개항장도시의 경관 변화

이상 자본주의 생산체제의 변화에 따른 공간의 편성과 그로 인한 지역 재구조화에 대해 1930년대 후반 1940년대 초 인천지역을 대상으로 살펴보았다. 그 결과 식민지의 공간정책과 공간 편성이 국책에 부응하는 일본 대기업의 이윤을 극대화시키기 위해 최적의 공간 조건을 제공하는 방향으로 추진되었고, 또한 새로운 공간으로 탄생된 기능적 지구나 각종 시설물이 민족적 계급적 공간 분할에 의해 설치되었음을 확인할 수 있었다.

매립공사나 부역 확장, 시가지계획 실시와 같은 공간의 편성으로 각 계급의 경제적인 이해관계는 극명하게 드러났다. 지가 상승으로 자본가들이 큰 이익을 보는 반면, 차지인이나 도시 소시민은 기존 근거지에서 축출당하거나 인상된 차지료를 부담해야 했다.

공간 편성 이후 발생하는 사회치안과 위생문제를 해결하기 위해 인천부 당국은 조선인 거주지역 주변에 세민지구와 갱생주택지 등을 지정하여 일본인 거주지인 도시중심부와 차단하려고 했다. 또한 취업을 위해 새로 탄생된 산업공간으로 이주했으나 결국 식민지 자본주의적 삶에서 도태된 부랑자들이 사회문제로 대두되자, 그 해결책으로 새로 부역에 편입된 외곽지역인 부평에 특수지대를 조성하고 행려병자 시설을 설립했다. 그리고 부랑자와 룸펜을 노동자로 재탄생시키는 교화시설을 유치했다. 이러한 사실들은 도시의 공간적 분화를 가져오는 기능적 지구 설치에 내재되어 있는 제국주의 공간정책의 정치성과 폭력성을 단적으로 보여주는 것이다.

또한 무엇보다 자본주의적 생산체제, 공업구조의 변화는 결과적으로 해면 매립과 부역 경계의 이동을 야기한 결과, 인천 공간의 지리적 경관 변화를 수반하였다. 종전에 인천의 경관은 금융 · 상업기관과 소비재 공장이 주로 오늘날의 중구에 산재되어 있는 개항장 중심의 경관이었으나, 1930년대 후반 이후 북항(오늘날의 동구 만석동 · 송현동 일대)과 부평에 새로운 산업공간이 형성되면서 경인공업지대와 '대인천'이란 경관으로 변모되었던 것이다. 1930년대 후반 이후 전개된 인천 공간의 편성은 기존의 항만(개항장)을 중심으로 한 "일본인 상업구역, 일본인 주택지, 조선인 부락"이란 분할 편제의 틀을 유지하는 가운데 대륙병참기지론에 의거한 산업입지적 재구조화라고 할 수 있을 것이다.

소자(E. Soja)의 '공간성' 개념에 의하면 오늘날 인천의 공간성에는 1930년대 말 일본 독점자본에 의한 공장 설립과 노동력의 이주, 제국주의 권력의 공간정책과 공간 편성을 둘러싼 사회적 갈등 등 역사적 국면들이 용해되어 있다. 1930년대 후반 전시기에 대륙병참기지란 입지에 의거하여 이루어진 산업공간정책의 결과는 해방 후 오늘날 인천의 밑그림으로 남아 있다. 예를 들어 계양산으로 경계되어 지리적 조건이 동질적이지 않았고 때문에 오늘날까지 같은 인천이지만 개항장 인천과는 다른 문화권으로 인식되고 있는 부평이 제2차 부역 확장으로 인천에 편입된 것, 그리고 해방 후 자동차 공업의 메카로 부각된 것도 일제 말기 공간 편성의 유산이라고 할 것이다.

2부

근대 주체의 형성과 지역정치

- 서발턴·토착자본가·식민자

3장 1920년 9월 원산지역 만세시위와 저항의식 형성의 기제

1. 서발턴 이론과 식민지 지역사회의 저항시위

1920년 9월 23일 밤 원산에서 발생한 만세시위는, 경성의 기독교 교단과 연계하여 원산지역 기독교인들에 의해 전개된 1919년 3·1운동과 달리 학생들에 의해 발단되어 일반 서민 대중이 주도했다. 이 시위는 얼핏 이 해 8월 24일 미국 상·하 의원단 방문을 계기로 전국적으로 발생한 운동의 국지적 시위라고도 볼 수 있다. 그러나 한 달 뒤에 별도로 시위가 발생했으며, 또한 이 무렵 다른 지역에서 이런 대규모 시위가 없었다는 점에서 지역운동의 내재적 계기와 특성을 잘 보여준다고 생각한다.

여기에서는 1920년 9월 원산지역 만세시위를 '서발턴(subaltern)의 저항'이라는 시각에서 접근해보려고 한다. 서발턴이라는 용어를 처음으로 이론적 전략적 개념으로 사용한 사람은 안토니오 그람시(A. Gramsci)이다. 그는 서발턴을 한 사회에서 헤게모니 집단을 제외한 나머지 종속집단을 가리키는 통시적이고 포괄적인 용어로 사용했는데, 서발턴은 사회경제적으로는 종속되었지만 정치문화적으로는 지배의 틈을 비집고 때로 독자적인 문화와 세계관을 가진다고 보았다. 한편 가야트리 스피박(Gayatri C. Spivak)은 포스트식민주의론의 입장에서 서발턴이란 단어가 계급 분석이기보다 '상황적인(situational)' 개념으로 사용될 수 있는 것이며, 총체화나 동질화에 저항하는 '차이의 공간'을 가리킨다고 말한다. 반면 라틴아메리카 연구자들은 서발턴은 "변전하고 표류하는 주체"이며 "농민 · 프롤레타리아 · 공식 비공식부문 노동자 · 노점상 · 노숙자 등 광범한 대중"을 포함한다고 말한다.[1)]

다양한 서발턴 이론이 있지만, 여기에서 주목하는 것은 식민지 인도를 대상으로 하는 서발턴 연구그룹이다. 대표적 연구자인 라나지트 구하는 서발턴계급들을 민중과 동의어로 사용하며, 엘리트집단 이외의 모든 인도인을 서발턴이라고 보았다. 그가 서발턴을 엘리트와 분리된 대항집단으로 규정하는 이유는 "식민 국가에 관한 모든 것은 식민 엘리트와 토착 엘리트 사이의 거래였기 때문에 엘리트 정치 이외의 정치는 존재하지 않았다"는 식민지 인도에 대한 분석을 전제로 한다. 그는 생산관계의 관점에서가 아니라 동시대의 권력관계에서 식민 · 토착 엘리트들의 정치에 대항하는 서발턴의 '민중의 정치'가 역사적으로 실재했음을 논증했다. 서발턴과 엘리트를 이원적으로 분리하는 그의 연구는 엘리트 의식과 무관한 순수한 상태의 서발턴 의식이 가능한가란 점에서 많은 비판을 받았지만,[2)] 식민지 민중운동 연구에서 중요한 문제 제기라고 생각한다.

토착 엘리트가 주도하는 식민지 의회가 존재했던 인도와 달리 극히 제한적인 지방자문기구(1930년대에는 의결기구)만 존재했던 조선에서는 '엘리트 정치'를 실재적 범주로 설정하기 어렵다. 또한 적어도 대한

1) 김택현, 「다시 서발턴은 누구/무엇인가?」, 『역사학보』 200, 2008, 638~645쪽.

2) 김택현, 「라나지트 구하의 '서발턴 연구'와 역사학」(1), 『영국연구』 22, 2009, 301 · 308쪽.

제국 수립 이후 강제병합까지 일단의 지식인, 엘리트들은 제국주의 침략에 대항하기 위해 자강운동을 주도했다. 병합 이후에는 해외에 독립운동기지를 마련하고 비밀결사운동(의열운동)을 전개했으니, 3·1운동과 상해 임시정부 수립은 그러한 운동의 연장선상에서 이루어진 결과였다. 이런 점에서 구하의 '엘리트 정치' 개념은 식민지 조선에 그대로 적용하기 어렵다.

그러나 서발턴집단 개념은 계급분석으로 설명하기 어려운 지역 대중의 저항운동을 해명하기 위해 시도해볼 수 있는 접근 방법이라고 생각한다. 특히 노동운동이나 농민운동, 여성운동과 같은 특정한 주체의 대중운동이 아니라, 이 글에서 다루는 원산 9월 만세시위와 같이 지역의 다양한 직업군(하층 서민들)이 참가한 저항운동을 분석하기에 적절한 개념이다. 원산의 3·1운동은 다른 지역과 마찬가지로 기독교 교단과 천도교 교단에서 주도하여 지역 유지들이 주도하고 참여했으나, 이와 달리 9월 시위는 잡화상·행상·담군(擔軍)·우차부(牛車夫)·노동자·자전거수선업자·어부·선원·목수·학생 등 다양한 계층이 주도하고 참여했다는 점에서 차이를 보인다.

종래 통시적인 식민지 역사, 제국주의 침략사를 설명하기 위해 일국 단위나 세계적 차원의 자본 이동, 즉 생산양식관계와 계급투쟁의 서사를 방법론으로 활용해왔다. 그러나 지역운동사 연구에서는 이러한 분석방법이 오히려 식민주의에 저항하는 다양한 발현을 도식적으로 단순화시킬 수도 있다고 생각한다. 제국주의 경제침략으로 상품화폐경제가 발달하였으나 수입품과 이입품의 시장점유율이 높고, 자본주의적 대량생산제가 아직 발달하지 않아 일고(日雇) 형태의 운수노동자와 막벌이군이 큰 비중을 차지하며 공장노동자의 비율이 낮은 조선의 경제상황을 고려할 때, 서발턴 개념은 경제주의적 또는 생산중심적인 전통적 계급 분석을 확장시킬 수 있는 틀이라고 생각한다.[3]

여기에서는 1920년 9월 원산 지역민의 '저항 행위'를 '주체 형성의 서사'라는 틀로 접근해보고자 한다. 이 글은 먼저 원산지역의 1920년 9월 시위로부터 출발할 것이다.[4] 시위 양상과 주도·참여세력에 대해 살펴보고, 이들의 직업과 학력, 그리고 다수의 비조직화된 일반 대중 즉 서발턴들이 '우연히' 시위대열에 합류하게 되는 역사적 경로에 대해 살펴볼 것이다. 즉 그 '우연'한 행위는 실상 내면에 자리한 저항의식과 사회의식에 의해 표출된 것임을 주목하려 한다. 이에 원산지역 서발턴의 저항 '행위'의 기저에 자리한 민족의식 혹은 그 바탕을 이루는 근대 시민의식(사회의식)이 형성되는 기제와 정황에 대해 분석할 것이다. 서발턴의 저항 의식은 여러 관점에서 다양하게 접근할 수 있겠지만, 여기에서는 그 형성의 기제로 사회적 공간으로서의 자강단체와 교회를 주목했다. 특히 일제의 강제병합 후 자강단체가 설립한 학교는 대부분 폐교된 데 반해, 교회 부설 학교는 그대로 존속되었고 또 새로 설립되기도 했으니 원산의 사립학교는 모두 교단 운영 학교였다. 또한 교회는 사립학교-기독교청년회의 연계를 통해 지역 내 사회단체의 발회식과 집회 및 각종 강연회가 개최된 곳으로 사회적 이슈의 발신 장소이기도 했다. 학생과 서발턴이 사회 현실인식과 민족의식을 깨치는 주요한 사회문화적 공간이었던 학교와 야학, 그리고 대중강연 등에 대해 살펴보려고 한다.

---

3) 그람시는 서발턴을 계급, 집단, 도구적 계급 등 다양하게 언급한다. 일부 연구자들이 지적하듯이 당대 이탈리아에서 북부의 도시 노동자와는 상황이 달랐던 남부의 농민들을 염두에 두고 사용한 개념일 것이다. 또한 거대담론에서 제외된 존재들을 부각시키고 노동자계급과 지식인들 간의 관련성을 제시하기 위해 서발턴이란 단어를 사용했다고 보기도 한다(이성철, 『안토니오 그람시와 문화정치의 지형학』, 호밀밭, 2009, 69쪽; 강옥초, 「그람시와 '서발턴' 개념」, 『역사교육』 82, 2002, 135~161쪽).

4) 원산지역 1920년 9월 만세시위에 대해서는 「예심결정서」(『매일신보』 1921. 12. 7, 9, 10; 『사상월보』 1권 8호, 1931) 자료를 해제 소개한 김형목(「1920년 원산독립운동 관련 자료」, 『한국민족운동사연구』 75, 2013)의 기존 성과가 있다.

2. 1920년 9월 만세 시위와 서발턴

1) 1920년 9월 만세 시위의 전개 양상과 주도 그룹

1920년 9월 23일 원산지역에서 독립만세 시위가 발생했다. 이 시위는 보광학교 학생들이 교정에서 전쟁놀이를 하다가 이기면 만세를 부른 데에서 발단되어 일반 대중이 가세하면서 확대된 사건으로 알려졌다.[5] 경찰대의 발포로 남녀 학생 2명이 즉사했고 2명이 중상을 입었으며, 일제 경관도 2명이 부상을 입은 큰 사건이었다.[6] 시위 참가자 수천 명,[7] 검속된 이 5백 명, 그 중 취조를 거쳐 2년 6개월~8개월의 유죄 판결을 받고 옥살이를 한 이가 44명이었으니, 오히려 3·1운동 때보다 규모가 훨씬 컸고 격렬했음을 알 수 있다.[8]

이 시위는 단순히 보통학교 학생들의 전쟁놀이에서 비롯된 자연발생적인 사건이 아니었다. 만세 시위는 격문의 인쇄·배포와 나름대로 일정한 계획 등 준비 과정이 있었다. 당시 만세 시위의 배후로는 크게 세 그룹이 지목되었다. 첫째 블라디보스톡으로부터 유입된 해외 독립운동 단체, 둘째 8월 말에 미국 의원단 방문에 맞추어 시위를 계획하고 격문을 인쇄 배포한 세력, 셋째 시위를 직접 실행하고 대중의 참여를 독려하는 한편 일제 관공서 및 일본인 상점의 파괴를 선도한 일심단 세력이었다. 1920년 11월 초 일제 고등경찰이 원산 시위에 대해 보고한 속보

---

5) 「금회원산소요사건은 外人側과 連絡乎?」, 『매일신보』 1920. 9. 27.

6) 「원산의 대소요」, 『동아일보』 1920. 9. 25.

7) 「원산소요수모자 팔명은 검사국에」, 『매일신보』 1920. 10. 19. 『동아일보』 1920년 9월 25일자(「원산의 대소요」)에서는 보광학교 생도와 공립보통학교 생도만 6백여 명이라고 하니 일반인을 합하면 천여 명 이상이 되었을 것이다.

8) 원산지역에서 3·1운동 때 체포되어 유죄 판결을 받은 이는 11명이었다(경성복심법원 형사부, 「大正8年 刑控第230號 判決」, 1919. 5. 26).

〈사진 3-1〉 1920년 9월 원산지역 만세시위 관련 기사

元山에 大騷擾

이십삼일밤중에륙빅여명의 학생이각처에서크게소요히 학생두명은참살두명은부상 주모자로사십여명이잡히어

殖銀、東拓、郵便所、派出所等을破壞

이십삼일오후십시경부터원산(元山)에서는대소요가돌발하얏다 즉권긔시간에 야소교측에서경영하 는원산보광학교(保光學校) 싱도와및동디공립보통학교싱도륙빅여명은 떼를지어 조선식산 은힝원산지뎜동양쳑식회사원산지뎜원산우편국파및 장촌동(場村洞)외의두곳경찰관파츌소를 습격하야대대뎍소요를한후다시 원산시내로살도하는길에곡천(谷川)원산경찰서댱은즉시무수한 경관대를잇글고 소요를진무차로 급히하는중에마츰내중도에서 충돌이되야 경관두사람이부상을하고 학생측에서도두명의즉사 자와두명의중상자가낫스며주모자사십여명을톄포한후근신히진 압되얏스나 밤이새어도록온시가의 인심은자못흉흉하얏는데미 번소요의원인은 최근에해삼위방면에서 건너온조선독립단원의 션동을인함인듯하다더라(원산특뎐)

출처: 『동아일보』 1920. 9. 25.

元山學生의大騷動

학싱륙빅여명이들고나셔 각쳐금지훈데는닥치는디로파괴훈큰시위운동마시

◇學生四十餘名檢擧◇

지나간이십삼일 오후십시쯤되야 원산야소교에셔 경영ᄒᆞ야가는 보광학교『保光學校』와 그 입보통학교의 두학교학도륙빅 여명이 시위 운동을ᄒᆞ고 자시가에셔 디소요를 이르커 식산은힝지뎜과 동양쳑식회사 지뎜과 우편국파 경관파츌쇼와 긔타민가 칠호의 류리챵 파 창문들을 파괴ᄒᆞ얏는디 진압키위ᄒᆞ야 츌도ᄒᆞᆫ경 관디와 크게충돌ᄒᆞ야 경관디는 맛참니 총을노 아 위협ᄒᆞ야 학도수명은부상케ᄒᆞ고 ᄉᆞ 십여명을 검거ᄒᆞ야 간신히 진뎡식히고 방금 엄즁히 취됴즁인디 이번소요의 원인은 요ᄉᆞ이 히삼위도 부터 드러온 됴션독립당의 셔동인 듯ᄒᆞ다 더라 『원산특뎐』

출처: 『매일신보』 1920. 9. 25.

에 의하면, "일심단장 김종한 이하 146명을 취조한 결과 이들을 소요죄로 규정하고, 또 불온문서를 작성하여 배포한 김상익 등 20명의 행위는 보안법을 적용하여 담당 검사에게 송치한다"고[9] 했는데, 이는 경찰이 시위 세력을 크게 두 부류로 분류했음을 알려주는 사실이다.

첫째 해외운동가세력에 대해 살펴보면, 만세시위가 발생하기 6일 전인 9월 16일 무렵 일제 고등경찰은 블라디보스톡 방면으로부터 혈성단(血誠團)이[10] 잠입하여 남산 기슭에서 지역 활동가('在鮮不逞輩')와 회합하여 밀의했다는 첩보에 따라 경계령을 내렸다. 이에 동아일보에서는 시위 이틀 후 기사에서 "(만세시위 사건이) 최근에 해삼위 방면에서 건너온 조선독립단원의 선동으로 인함인 듯하다더라"고[11] 보도하기도 했다. 또한 매일신보에서도 '시위 당일에 함흥에서 4명, 경원선으로 2명의 외국인이 들어와 조선인 시가인 원산리(元山里)로 잠입했으며, 심지어 시위 와중에 기독교 교단에서 운영하는 보광학교(保光學校) 옥상에서 출동한 경관대를 겨냥하여 단총이 여러 차례 발사되었다'는 기사를 게재하여 해외 독립운동단체와의 연관 의혹을 강하게 제기했다.[12] 그러나 이 사건으로 체포된 이들의 「예심결정서」나 「함흥지방법원판결문」 「경성복심판결문」에는 해외운동가들과의 접촉에 관한 내용이 전혀 기재되어 있지 않으며, 또 해외 운동가의 체포 사실도 없었던 것으로 보아 해외 독립운동단체의 개입을 확언하기 어렵다.

그러면 두 번째 세력에 대해 살펴보자. 1920년 8월 24일경 상해를 거

---

9) 「大正9年11月3日 高警第33269號 元山騷擾事件續報」, 『朝鮮騷擾事件關係書類』(6), 日本陸軍省, 1229쪽.

10) 1920년 초 김국초(金國礎, 단장), 김춘일(金春日) 등이 중심이 되어 흑룡강(黑龍江) 오운현(烏雲縣) 경원둔(境遠屯)을 중심으로 활동했다. 애국청년혈성단이라고도 불렀다.

11) 「원산에 대소요」, 『동아일보』 1920. 9. 25.

12) 「今回元山騷擾事件은 外人側과 連絡乎?」, 『매일신보』 1920. 9. 27.

쳐 경성을 방문하는 미국 상·하 의원단에게 조선 독립의 강한 의지를 보이기 위해, 경성·인천·평양 등지에서 격문이 수만 매 살포되고 곽산·안주·개성 등지에서는 군중이 미국 국기를 들고 독립만세를 부르는 등 전국적으로 시위가 시도되거나 실행되었다.[13] 원산지역에서도 이러한 시위가 준비되었다. 이를 주도한 것은 1919년 3·1운동을 선도한 경험이 있는 지역활동가 그룹으로, 동아일보 원산지국 통신원인 김상익(金相翊)과 감리교 신자로 3·1운동에 참가했다가 형을 살고 나온 김장석(金長錫) 등이었다(〈부표 3-1〉의 1~6항 참조).

미국 의원단 방문에 맞추어 시위를 전개하기 위해 8월 20일 김상익과 이용훤(李容暄), 김장석 등이 회합하여 임무를 분담했다. 21일 김상익과 이용훤이 격문을[14] 작성하고, 22일 밤 김장석과 이봉운은 이를 인쇄했으며 배포는 김병윤·전성구 등이 담당했다.[15]

김장석은 덕원군 현면(縣面) 두남리(斗南里)의 취성학교(聚城學校)에서 교사 이봉운(李鳳雲)의 도움을 얻어 김상익에게서 받은 격문을 180매 등사했다.[16] 김상익은 인쇄한 격문을 김병윤에게 전달하여 배포하

---

13) 「경성부내에 불온문서」, 「평양에도 경고문」, 「인천에 宣傳書」, 「京義沿路에도 만세」, 『동아일보』 1920. 8. 24, 8. 26.

14) 격문은 대중적인 확산과 선동을 위해 '상해임시정부 결사대' 명의로 제작되었다. 공소장에 의하면 대강의 내용은 다음과 같다. "저회(這回) 미국의원단 제씨가 조선민족의 독립열망 정도를 탐지키 위하야 8월 24일 입경(入京)함으로 오(吾) 2천만 동포는 일제히 분기하야 차(此) 일행(一行)을 환영하겟고 차제 철시치 안는 자는 방화하고 친일파를 살륙하고 기(其) 가옥을 소각할지요. 일본상품의 매매를 금지하고 관공서는 파괴하리라. 신(神)은 오인(吾人) 천부(天賦)의 자유독립권을 보호할 것이다."(「元山騷擾事件(一)」, 『조선일보』 1920. 12. 10; 「元山里騷擾事件(一)」, 『매일신보』 1920. 12. 7)

15) 「元山里騷擾事件(一)」, 『매일신보』 1920. 12. 7; 경성복심법원, 「大正10年 刑控第32號 判決」(1921. 2. 26).
김상익은 8월 24일 경성 만세시위에 원산 대표로 상경하여 안국동 일대의 책임자로 참가했으며, 원산으로 내려와 시위를 전개하려 했으나 대중 시위를 이끌어내지는 못했다고 한다. 김상익의 경성 시위 참가는 김상익의 회고에 의한 부분이며, 문헌자료에서는 확인하기 어렵다(원산시사편찬위원회, 『원산시사』, 1968, 132~133쪽).

도록 했으며, 김병윤으로부터 격문을 받은 전성구(全聖球)는 해안통과 남산 쪽의 가구에 1~2매씩 배부하고 운동 참가를 권유했다. 이들 6명에 대해 일제 경찰은 출판법과 대정8년 제령 제7호(구 보안법)를 적용했다.

김상익과 김장석은 1919년 9월 강우규의 사이토 총독 암살사건 당시 원산지역에서 비밀 항일투쟁을 전개하며 이를 지원했던 한흥근(韓興根)과 함께 활동했던 것으로 보인다.[17] 또한 한흥근이 블라디보스톡으로부터 반입한 권총을 이용해 문무술(文武術)과 윤영주(尹永周)가 남상준(南相俊)·한낙범(韓洛範)·남관희(南觀熙) 등 지역의 대부호로부터 독립운동 자금을 모집했던 사건에도 관련되어 있었다.[18]

김상익과 김장석 그룹은 미국 의원단 방한에 맞추어 8월 22~23일 격문을 작성·인쇄·배포했으나, 전국적인 엄중한 경계로 인해 대중을 선동하는 데까지 나아가지 못하여 시위로 연결되지는 못했다. 따라서 일제 경찰도 이 계획을 파악하지 못했다가 한 달 후 대중 시위가 발생하여 조사하는 과정에서 드러났던 것이다.[19] 이 격문 살포가 9월 시위의

---

16) 경성복심법원, 「大正10年 刑控第32號 判決」(1921. 2. 26).

17) 함경남도 홍원군에서 거주하다가 북간도로 이주하여 이후 블라디보스톡 신한촌 노인단에서 활동하던 강우규는 사이토 총독 암살을 위해 국내에 들어왔다. 이 때 원산 출신으로 북간도와 블라디보스톡 등지로 망명하여 독립운동을 전개하다가 돌아온 최자남과 한흥근으로부터 폭탄 등 무기 구입 관련 도움을 받았다. 최자남은 강우규와 함께 체포되었으나, 한흥근은 암살이 실패하자 망명했다가 블라디보스톡에서 체포되어 원산으로 압송되었다. 이 사건에서 김상익과 김장석은 직접적으로 주요한 활동을 하지 않아 검거당하지는 않은 것으로 보인다(「폭탄범 한흥근 해삼위에서 잡혀 元山署로 압송해」, 「한흥근의 자백」, 「姜宇奎共犯者 韓興根 遂히 控訴」, 『매일신보』 1921. 4. 21, 4. 29, 7. 24; 『한국민족문화대백과사전』).

18) 경성지방법원 형사부,「大正9年9月14日 判決」; 경성복심법원 형사제2부, 「大正9年10月13日 判決」. 문무술은 원산부 상동에 본적을 두었고 윤영주는 함남 덕원군 북성면 출신이다.

19) 1965년 3월경 김상익은 "1920년 9월 24일 만세시위가 일어났으며… 9월 24일 미국의원단이 시찰 왔고…서울에서는 9월 24일 만세를 불렀고 이날 원산에서도 대대적인 군중시위가 있었다"라고 회고했다(이진구, 김상익, 「고물상 악기로 악대 꾸며」, 『신동아』 1965년 3월호, 139쪽). 미국 의원단 방문이 있었던 8월 24일 김상익은 서울

도화선이 되지 못했다는 사실은 1921년 3월 김장석이 경성복심법원에 제출한 상고신청서에 "위 반포문(격문—필자)에 의해서 원산, 기타 지방에 조금도 별다른 일이 없었다는 사실은 명백하다. 이번의 원산 소동도 역시 이 격문에서 원인되지 않았음은 재판소에서 인정한 바임에도 불구하고, 본인에게 2년 반의 장기의 징역형을 명하는 것은 너무 가혹하므로…"라고 기재한 것에서도 알 수 있다.[20] 이 시위 계획은 비록 실패로 끝났지만, 격문을 살포함으로써 저항 분위기를 조성했다는 점에서 의의를 찾을 수 있을 것이다.

세 번째 그룹, 즉 9월 23일의 원산 만세 시위를 계획하고 실행한 주도세력은 원산의 애국 청년들로 조직된 일심단이었다(〈부표 3-1〉의 7~15항 참조). 일제 고등경찰은 처음에는 학생들의 전쟁놀이에서 발단된 우연한 '소요'(騷擾)로 파악했으나, 만세시위의 '파급이 급속하고 행동이 포악하여 도저히 수긍하기 어려운' 점, 특히 이 해 여름 미국 의원단이 조선 방문을 기하여 각지 독립단체들의 시위운동이 계획되었던 사실에 비추어 조직적 모의가 있을 것으로 생각하고 검거자들을 취조한 결과 일심단(一心團)의 조직적 거사가 있었음을 밝혀냈다.[21]

일심단은 "원산청년회 회원 가운데 가장 과격한 사상을 가진" 이들로 조직된 비밀결사였다.[22] 일심단은 김종한(단장)·윤경수(부단장)·이용호(서기)·최종현 외 4명이 모여 1920년 8월 중순 무렵 결성했다.[23] 이후

만세를 보고 난 당일 밤에 원산에 내려와 만세에 참가했다고 하여, 8월 24일과 9월 23일 두 시위사건의 발생을 같은 날로 혼동했음을 알 수 있다.

20) 高等法院 刑事部, 「大正10年 刑上第48號 判決」(1921. 3. 19).

21) 「大正9年11月3日 高警第33269號 元山騷擾事件續報」, 『朝鮮騷擾事件關係書類』(6), 日本陸軍省.

22) 「大正9年11月3日 高警第33269號 元山騷擾事件續報」, 『朝鮮騷擾事件關係書類』(6), 日本陸軍省. 원산지역에서는 대동아전쟁 발발 후 일제의 패망이 멀지 않다고 생각하고 유사 시 일제에 항거할 조직으로 1941년 4월 리연복·최정순·최규봉 등 청소년들이 조직한 일심회도 있었다(원산시사편찬위원회, 『元山市史』, 1968, 224쪽).

동지 포섭에 의해 단원이 이십여 명으로 증가했다.

일심단원 중 시위의 계획과 실행을 적극적으로 주도하고 또한 현장에서 대중을 선도한 이는 최종현이었다.[24] 그는 단장 최종한의 행동이 지체되는 것을 유감스럽게 여기고, 부단장의 명이라고 칭하며 9월 16일 남산 아래 장촌동(場村洞)에 집합하여 독립만세시위를 거행할 뜻을 단원들에게 전달했다. 그런데 이날 밤 마침 블라디보스톡 방면으로부터 혈성단(血誠團)이 잠입하여 남산 부근에서 조선 내 운동가와 회합한다는 첩보를 입수한 원산경찰서가 엄중한 경계령을 내려 일심단의 시위 계획은 수포로 끝났다. 9월 22일 밤 다시 최종현은 최종빈 · 김연희 · 이용구 외 5명과 회합하여 다음날 밤에 다시 만세시위를 실행하기로 계획했다. 마침내 9월 23일 밤 최종빈 · 김연희 · 이용구 · 김봉순 · 조기천 · 전성준 · 정도인 등 7명은 시위를 실행하기 앞서 남산동 목욕탕에서 목욕을 마치고, 돌아오는 길에 장촌동 장춘교 부근에서 최종빈과 김연희가 한양가를 부름으로써 행동에 돌입했다. 최종빈이 처음 만세를 부르니, 부근에 흩어져 있던 학생 수십 명도 이곳에 집합했다. 점차 부근의 주민들이 호응하면서 대중 시위로 확산되었다.[25] 최종현은 남산 부근

---

23) 「大正9年11月3日 高警第33269號 元山騷擾事件續報」, 『朝鮮騷擾事件關係書類』(6), 日本陸軍省, 1226쪽. 그러나 최종현이 1920년 7월 초순 김종한으로부터 일심단의 취지와 단원 가입 부탁을 받고 일심단 결성에 참여했다는 것으로 보아 실제 비밀결사의 조직 준비는 이미 7월 초순부터 이루어졌던 것으로 보인다. 이러한 사실은 사법경찰관의 최종현 제2회 신문조서에 기재된 내용을 판결문에서 인용한 것이다(경성복심법원, 「大正10年 刑控第32號 判決」(1921. 2. 26).

24) 일제 경찰은 1920년 9월 시위에 대해 "崔鍾浩(최종현의 誤記-필자) 등이 수괴(首魁)가 되어 원산에서 캐나다 장로파 보광학교 생도 30명에게 사주하여 독립만세를 연창하게 하고 군중들과 함께 우편국, 경찰관주재소, 은행 등을 습격, 파괴했다"고 하여 최종현을 주모자로 파악했다(조선총독부 高等法院 檢事局思想部, 「重大騷擾事件」, 『思想月報』 2권 6호, 1932년 9월, 4쪽).

25) 「大正9年11月3日 高警第33269號 元山騷擾事件續報」, 『朝鮮騷擾事件關係書類』(6), 日本陸軍省, 1228쪽; 「元山里騷擾事件(二)」, 『매일신보』 1920. 12. 9).

극장 동락좌(同樂座)에 모인 군중들에게 파출소 및 일본인 상점들을 파괴하자고 하며 대중의 전열을 지휘했다.[26] 요컨대 일심단의 9월 16일 1차 시위는 불발로 끝났지만, 9월 23일 2차 대중시위는 성공했던 것이다. 이날 북촌동과 남촌동 소재 파출소가 파괴되었고, 식산은행과 일본인 상점 등이 공격을 받았다.

2) 시위 대열의 서발턴

1920년 9월 만세 시위의 양상을 보면 1919년 3·1운동과 같이 많은 대중이 참가했을 뿐만 아니라 또한 매우 격렬했다. 특히 주도층 면에서, 1919년 3월 1일 시위는 기독교 교단세력들에 의해 격문 인쇄 및 배포가 조직적으로 전개되었고 3월 18일 시위는 천도교 교단이 앞장섰는데 비해,[27] 1920년 9월 시위는 종교세력의 조직적인 개입이 전혀 없이 일반 대중에 의해 전개되었다는 점이 특징이다.

그러면 시위를 주도하거나 참여한 대중은 어떤 사람들이었는지, 체

---

26) 경성복심법원 형사부, 「大正十年 刑控第32號 判決」(1921. 2. 26).

27) 원산의 3·1운동은 1919년 3월 1일 오후 2시경 원산리 시장에서 이가순(李可順)의 독립선언서 낭독으로 시작되었다. 이 운동은 남촌동 남감리교회 목사 정춘수가 경성의 교계와 연락하면서 준비되기 시작하여, 장로파 전도사 이가순·이순영·차용운·차광은, 감리파 전도사 곽명리·함하은·정연수(鄭延壽)·인리극(印利極)·이진구·김장석 등 13명이 주도했다. 시위 참가자는 약 2천 명이며 시위 현장에서 체포된 이는 50명이었는데, 이후 주모자들이 검거되었다. 3·1운동 주도자들이 기소되었다는 소식이 알려지면서 3월 18일 다시 만세시위가 전개되었는데, 이때에는 천도교도들이 앞장섰다. 2차 시위 결과 천도교도와 기독교도 등 40여 명이 검거되었고, 원산 천도교당은 폐쇄당했다. 이후 4월 5일 원산 시내 조선인 상점이 전부 철시함으로써 일제에 저항하기도 했다. 폐점하지 않으면 방화하겠다는 격문을 배포하여 철시를 주도한 이는 김진수(金鎭洙)·이종섭(李鍾燮)·황종성(黃鍾聲)으로, 체포되어 모두 10개월의 징역을 살았다(京城覆審法院 刑事部, 「大正8年 刑控第230號 判決」(1919. 8. 26); 독립운동사편찬위원회, 『독립운동사 2: 삼일운동사 上』, 669~673쪽; 「폐점을 협박한 자」, 『매일신보』 1919. 5. 5 참조).

포되어 형을 선고받은 이들을 중심으로 사회경제적 지위와 연령, 이후 사회활동을 중심으로 분석해보자. 시위 관련자로 체포된 수백 명 중에서 예심에 회부된 이는 59명이었다. 〈부표 3-1〉에 정리했듯이, 이 중 15명(45~59항)이 예심에서 면소되어 석방되었고, 1심인 함흥지방법원에서 다시 2명(43, 44항)이 무죄석방되었다.

〈표 3-1〉 1920년 9월 독립만세 사건 예심 회부자의 직업별 분류

직업	격문 작성·배포 그룹	대중시위 그룹	합계
신문통신원	김상익(잡화상 겸)		
교사	최창희, 이봉운		
상업	김장석 · 이용훤(잡화상)	최종현 · 임경완(과일상), 최종빈 · 정도린(잡화상), 조기천 · 전성준(미곡상), 정봉승 · 이종곤(행상), 주성극(면상), 송일봉 · 최문환(어상), 김광보(우상)	14
어업	김병윤	서원태,	2
고용인	전성구	김인희, 이용구, 원기복, 김봉순, 조군필, 이약수, 남상빈, 김연근, 양장복, 한득길(회사고용인), 김덕보, 조달원	13
대서업/이발업/재봉업		안재찬(대서업), 이복련 · 이일룡(이발업), 차귀남(재봉업)	4
자전차수선업/대장장이/목공업		양인성(자동차수선), 안술도(대장장이), 이양근(목공업)	3
노동		최명복, 김동준, 안성연 · 조권철 · 김인관 · 강동근(담군), 김원호(소달구지군)	7
선원		오창준, 이영복	
운송업		정학룡	
학생		김원보, 황재홍, 권명주, 김기석, 이근식, 최중손, 최영범	7
무직		김장손	
농업		장월연	
미상(未詳)		김영주	
합계	7	52	59

출처: 〈부표 3-1〉 참조.

앞에서 서술했듯이, 59명은 만세시위에서 활동한 시기와 내용으로 보아 크게 격문 그룹과 대중시위 그룹으로 나뉜다. 〈표 3-1〉에 정리했듯

이, 이들을 직업별로 보면 잡화상 · 미곡상 · 과일상 등 상업과 행상에 종사하는 직업군이 14명으로 가장 많고, 회사나 상점의 고용인이 13명이다. 노동 · 담군(擔軍) · 소달구지군(牛車夫) 등 노동자군이 7명이고, 대서업 · 이발업 · 재봉업 · 자전거 수선 · 대장장이 · 목공업 등 수공 기술을 이용한 소규모 자영업 내지 서비스업군이 7명이다. 전쟁놀이로 만세를 부른 보광학교 학생들도 시위에 참가하여 다수 검거되었는데, 그 중 7명이 예심에 회부되었다.

학력을 보면 지식인이라고 분류하기에는 미흡하지만, 문화 · 언론 · 교육 분야에 종사하며 지적 노동을 하는 부류는 교사 · 신문통신원(원산지국 기자) 등 3명이다. 이들은 모두 격문을 작성 · 배포한 그룹의 인물들이다.

김상익은 원산공립보통학교를 졸업하여 졸업생교우회 간사를 지냈고 생계로 잡화상점을 운영하면서 원산매일신문사 원산리지국장, 원산청년회 간부로 활동했으며, 원산문우회(元山文友會)[28]에서 활동하여 '소년문사'(文士)로[29] 알려졌던 인물이다. 그는 1922년 8월 만기출옥 후, 만세시위로 옥고를 치룬 이들의 친목 도모를 목적으로 조직한 원산애우회(元山愛友會)[30] 회장으로 추대되었고, 개벽 지사장(1924)과 시대일보 기

---

28) 1918년 12월 중순 원산상의소(元山商議所) 옛 사무소에서 총재 안정협, 이윤하(李允河), 박용대 등에 의해 조직되었다. 다른 청년단체와 함께 시민운동회를 개최하거나 문예활동 등을 전개했다(「원산문우회 발회식」, 「원산시민운동」, 『매일신보』 1918. 12. 22, 1920. 5. 18).

29) 「함흥과 원산의 人物百態」, 『개벽』 54, 1924년 12월.

30) 원산애우회는 1922년 8월 21일 창립되었다. 회원 자격이 '대정8년 제령 위반(조선정치범)으로 원산 감옥에서 복역한 자'로 규정되어 있어 1920년 만세시위 사건에 관련하여 복역한 이들로 만든 단체였음을 알 수 있다. 회의 목적은 '첫째 위친(爲親)을 표준으로 하며 기타 음악 자선 교육을 장려하며 호상친목을 도모'하는 것이었다. 회장 김상익, 총무 김병윤, 재무 황종성, 서기 정학룡, 위친부장 남상빈, 음악부장 황추강(黃秋岡, 황재홍의 오기로 생각됨), 자선부장 최문환(崔文煥), 상임간사 김영하(金永河, 金永柱의 오기-필자) · 이용훤 등이었다. 황종성은 앞에서 언급했듯이 1919년

자로 활동했다.[31] 1920년대 후반 이후에는 '조선인 위주의 지역 번영(개발)'을 기치로 내걸고 객주조합원들이 주도한 원산시영회의 간사 · 부장, 대원구락부 회장으로 활동한 이력으로 보아 민족주의계열의 활동가 · 지식인라고 할 수 있다. 이봉운과 예심에서 석방된 최창희(崔昌熙)는[32] 사립 취성학교 교사였다.

김상익과 격문 작성을 함께 한 잡화상 이용훤도 공립보통학교를 졸업했으니,[33] 김상익의 학교 선배였다. 두 사람은 모두 원산부 장촌동이 본적지인데다 인근에 거주하는 같은 마을 사람이고 잡화상이란 동종 직종에 종사하는 점에서 매우 친밀했으니 비밀 엄수를 요하는 격문 작성에 동사(同事)할 수 있는 관계였다.

감리교 교인으로 잡화상을 영위하던 김장석은 원산지역 3 · 1운동 지도부 13인 가운데 한 명이다. 1919년 5월 경성 복심법원에서 보안법 위반으로 징역 1년 6개월을 언도받았으나 9개월 24일로 감형되어 1920년 4월 말에 출소했는데, 몇 개월 안 되어 다시 만세시위에 참가한 것이다.[34] 이 9월 시위로 체포되어 2년 6개월의 옥고를 치르고 1923년 9월 19일 만기출옥했다.[35] 두 차례의 옥고로 인한 후유증으로 팔까지 잃었

4월 5일 원산 시내 조선인 상점의 철시를 주도한 인물이다. 창립일에 〈시대를 알어야 한다〉, 〈시대적 분발〉 등의 연설회가 있었던 사실로 보아, 사교모임을 표방했으나 단순한 사교모임을 넘어 사회정치적인 성향을 띠었음을 알 수 있다(「폐점을 협박한 자」, 『매일신보』 1919. 5. 5).

31) 「함흥과 원산의 人物百態」, 『개벽』 54, 1924년 12월; 「기자구락부 조직」, 『조선일보』 1924. 5. 19.

32) 그는 원산 루씨여자고등보통학교를 졸업한 후 협성신학교에 재학하면서 경기도 수원군 반월면 샘골(지금의 안산시 상록구 본오동)에서 농촌교육과 계몽운동에 앞장섰던 최용신의 부친이다. 심훈의 계몽소설 『상록수』(1935)의 무대가 샘골이며 주인공 채영신은 최용신을 모델로 했다는 설이 있다(『한국민족문화대백과사전』).

33) 「원산졸업예식」, 『황성신문』 1920. 5. 7; 「원산독립단의 공소공판개정」, 『조선일보』 1921. 2. 16.

34) 京城覆審法院, 「大正8年 刑控第230號 判決」(1919.5.26); 高等法院, 「大正8年 刑上第304號 判決書」(1919. 7. 3); 「출옥인환영회」, 『동아일보』 1920. 5. 7.

으며 제면업(製麵業)으로 생계를 도모하던 중 병마를 이기지 못하고 결국 1926년 2월 16일 순국했다.[36]

어업에 종사하는 김병윤은 1918년에 유지 청년들과 친목을 목적으로 하는 상친계(相親契)를 조직한 점 그리고 나중에 원산애우회 총무를 지내는 것으로 보아 지역 사회활동에 적극적이었던 인물로 생각된다.[37] 격문 배포 때 김장석과 함께 행동한 것으로 보아 감리교회 신자로 연결되지 않았을까 생각된다.

이와 같이 격문그룹은 대개 보통학교 이상의 학교과정을 이수하여 당시의 세계정세에 대해 어느 정도 이해하고 있었고 따라서 미국 의원단 방문이 3·1운동 때와 마찬가지로 독립의 의지를 표명할 좋은 기회라고 생각했던 것 같다. 이들은 대중 선동을 위한 격문을 자체적으로 작성할 수 있을 정도로 국내외 정세에 대해 인지하고 그것을 나름대로 문장으로 표현할 수 있는 집단이었다.

한편 대중시위 그룹은 학생 7명, 그리고 길주의 사립 수진학교(修進學校)를 졸업한 정봉승 이외에는 학력을 알 수 없다. 직업과 이후 경로로 미루어보건대 대서업을 한 안재찬, 시위사건 당시 미곡상을 영위하고 있었고 이후 미곡상조합 감사로 활동한 전성준, 그리고 고용인(회사원, 점원 등) 가운데 일부가 보통학교 정도의 학업을 이수할 수 있는 배경이었다고 생각된다. 짐꾼이나 막노동꾼, 소달구지군, 선원 등은 당시

---

35) 京城覆審法院 刑事部, 「大正10年 刑控第32號 判決」(1921. 2. 26); 「김장석씨 만기출옥」, 『동아일보』 1923. 9. 23.

36) 「함흥과 원산의 人物百態」, 『개벽』 54, 1924년 12월; 「김장석씨 추도」, 『중외일보』 1927. 2. 19.

37) 「相親契組織」, 『매일신보』 1918. 2. 26; 「원산애우회 창립회」, 『동아일보』 1922. 9. 5. 경조사의 공제를 목적으로 하는 상친계의 구성원은 유지청년으로 김병윤 외 박창한(朴昌漢), 김필호(金弼皓), 박근원(朴根遠, 1930년 어용단체 함남노동회 조사부) 등이었다.

평균적인 교육 상황으로 미루어 보건대 대부분 무학이거나 혹은 노동 야학을 이수했을 것으로 생각된다.

대중시위 그룹은 시위 과정에서의 역할을 기준으로 크게 두 부류로 나눌 수 있다. 만세 시위를 계획하고 선도한 일심단원들, 그리고 만세 소리가 들리자 대열에 동참하고 나아가 파출소와 일본인 상점의 공격에 나선 일반 대중과 학생으로 나눌 수 있다. 일심단원들은 원산청년회원 중 민족의식이 가장 강한 이들이었다. 이들은 지역 유력자로 구성된 임원진과는 구분되는 일반 서민 회원들이었다.

1920년 6월 창립된 원산청년회의 회원은 140여 명이 넘었는데,[38] 임원진은 대개 미곡·잡화 등의 위탁무역에 종사하거나 기타 상점을 경영하는 상공업자들이 대부분이었고 그 외에 의사·교사 등이 있었다.[39] 이들 임원은 부협의원, 학교비평의원, 상업회의소 의원 등의 공직에 참여하거나 주요 사회단체에서 활동하며 지역사회의 대표를 자임했다.

그러나 서민 대중도 실력양성운동, 문화운동의 고조와 함께 청년회나 노동단체 혹은 종교단체 등의 각종 강연, 웅변대회, 토론회 등에 참가하면서 식민지 현실과 지역 상황에 대해 깨치기 시작했다. 예컨대 정봉승(〈부표 3-1〉의 17항)은 길주군 출신으로 사립 수진학교를 졸업한 후,[40]

---

38) 원산청년회 발기회는 1920년 6월 5일 지역유력자들이 중심이 되어 청남주식회사 원산지점에서 열렸으며 같은 달 12일에 창립총회가 개최되었다. 창립총회 참석자가 매일신보에는 140명, 조선일보에는 137명이라고 되어 있는데, 총회에 참석하지 못한 이들까지 생각하면 초기 회원수는 140명 이상이었다고 생각된다(「원산청년회 발기회」, 「원산청년 창립총회」, 『동아일보』 1920. 6. 7, 6. 16; 「원산청년회 발기」, 『매일신보』 1920. 6, 17; 「원산청년회 조직」, 『조선일보』 1920. 6. 17).

39) 본서 2부 4장 참조.

40) 길주수비대 일본군 4명이 기생의 초치((招致)가 지체되었다는 이유로 길주군수를 난타하여 위독한 상태에 빠지자, 정봉승은 성진에 주둔하고 있는 일본헌병대의 장교를 찾아가 이는 군인이 할 수 있는 행위가 아니며 오랑캐의 관습이라고 항의하여 결국 문제의 일본군이 체포되게 만든 일화에서 보듯이 민족의식을 가지고 있는 인물이었다. 그는 서북학회 회원으로 활동하기도 했다(「吉倅被打後聞」, 「修校年試」,

원산지역으로 이주하여 행상으로 생계를 꾸리면서 인척관계로 보이는 정봉점의 집에서 기거했다. 정봉점은 동아일보 지국장과 원산청년회의 발기인·회계부장으로 활동하고 있었던, 원산 상업계에서 평판이 좋은 자본가였다.[41] 이로 보아 정봉승은 원산청년회 창립 때부터 주요 간부로 활동한 정봉점의 영향을 일정하게 받아 원산청년회에 참여했을 것이다. 시위가 발생한 날 그는 친구와 함께 장에 갔다가 돌아오던 길에 시위대에 합류하여 만세를 불렀고 북촌동 파출소에 투석했다.[42]

짐꾼인 김인관(金仁寬)·오창준(吳昌俊)·강동근(姜東根)·조권철(趙權喆)은 노동조합에 있다가 만세소리가 들리자 시위대에 합류하여 만세를 부르며 파출소에 투석했다. 노동자인 김동준(金東俊)과 목공일을 하는 이양근(李養根), 어상(魚商) 송일봉(宋一鳳)과 대서업자(代書業者)인 안재찬(安在燦), 자전차수선업자 양인성(楊仁成) 등 상당수는 집에 있다가 만세소리가 들리자 시위대에 합류했다. 또는 술 마시고 집으로 돌아가던 길에 시위대를 만나 참여한 이들도 있었다.[43] 이들은 조직된 대중이 아니었으며, 노동자·짐꾼·목공·행상·고용인·자전거수선업자·대서업자 등 다양한 군상이었다. 이들은 그야말로 원산 지역의 하층 서민, 서발턴이었다.

한편 대중시위 참가자의 상당수는 학생들이었다. 이 시위가 당초 학생들로부터 출발되었기 때문에[44] 체포자 수백 명이 학생이었다. 일제는

『황성신문』 1907. 3. 26).

41) 정봉점은 북선창고주식회사 감사, 원산상의소 상의원(常議員)이었다. 1925년 6월경 사망하자 원산청년회 차원에서 추도회를 개최했다(「地方每日: 함경남도 원산」, 「원산청년회발기」, 『매일신보』 1914. 5. 15, 1920. 6. 17; 「정씨추도회」, 『시대일보』 1925. 6. 13).

42) 京城覆審法院, 「大正10年 刑控第32號 判決」(1921. 2. 26).

43) 京城覆審法院, 「大正10年 刑控第32號 判決」(1921. 2. 26).

44) 「과거 1년간 우리의 독립운동」, 『독립신문』 1921. 1. 1; 「원산소요사건의 서원태 등 오명 출옥」, 『동아일보』 1921. 10. 30.

만세를 부른 학생을 모두 구속할 경우 더욱 민심을 자극할까 우려하여 대개 훈방조치했으며, 적극적으로 시위를 선도하고 투석한 이들 중심으로 구속했다. 일부는 예심에서 면소석방되었고, 재판에서도 집행유예를 선고한 경우가 많았다. 학생은 3·1운동을 기념하는 대표적인 주체였으니, 1924년 발생한 3·1운동 5주년기념 행사도 학생들에 의해 시도되었다.

1920년 9월 시위가 보광학교 학생들의 '전쟁놀이와 만세'에서 비롯된 것은 같은 학교 공간에서 생활하며 배양된 민족의식과 무관하지 않을 것이다. 1920년 8월 격문 작성 시 김상익과 이용훤이 동사했던 것도 원산공립보통학교 동문으로 비밀 유지를 담보할 수 있는 지인인데다 정세 인식과 운동 방법을 공유했기 때문일 것이다. 김장석과 김병윤은 감리교 신자로 교회 인맥으로 연결된 것으로 보인다. 시위를 주도한 일심단원들은 원산청년회의 인맥을 기반으로 활동했다. 하지만 당일 시위에 참가한 대다수의 서발턴은 만세 소리에 모여든 대중이었다.

3. 서발턴의 저항 의식: 형성과 발현의 기제

앞에서 1920년 9월 시위를 계획하고 선도하거나 혹은 동참한 이들은 일반 서민과 학생임을 살펴보았다. 여기에서는 이들로 하여금 시위에 적극 나서도록 만든, 일제 통치에 대한 저항 의식이 형성되고 발현되는 기제에 대해 살펴보려고 한다. 근대적 '주권', '민족' 개념에 기초한 저항 의식의 형성과 발현의 기제는 교육 문화 예술 사상 등 다양한 분야에서 접근할 수 있겠지만, 여기에서는 지역사회에서 가장 일반적 이슈였던 교육 부문을 중심으로 살펴볼 것이다. 그 실행 기제로 먼저 자강단체와 교회에 대해 살펴본 후, 가장 주력 사업이었던 학교와 야학, 대중강연회에 대해 살펴보기로 한다.

1) 사회문화적 저항 공간으로서의 자강단체와 교회

한말 원산지역 민심의 동향은 1909년 이토 히로부미가 안중근에 의해 사살되었을 때, 원산경찰서가 작성한 사찰보고에서 잘 나타난다. 이 보고서에 기초하면, 당시 안중근의거를 바라보는 원산의 민심은 크게 세 가지 반응으로 구분할 수 있다. 첫째, 원산상의소장 사태균(史泰均)은 "이토공은 한국을 위해 주야 진력했을 뿐만 아니라 현재 태자태사(太子太司)의 직에 있으므로 우리가 가장 경의를 표해야 할 사람인데 이번 같은 흉변을 보았음은 한국 장래를 위해 걱정하여 마지않는다"고 토로했다. 원산지역 재계를 대표하는 일부 상인은 일진회와 마찬가지로 이토 통감의 죽음을 애도하며 이 일이 오히려 조선이 비경(悲境)에 빠지는 계기가 될 것이니 거사자(안중근)를 상찬(賞讚)해서는 안 된다는 적극적인 친일적 입장을 견지했던 것이다.

둘째, 대한협회 지부장 남정하(南廷夏)는 표면상 일본인에게 애도를 표하기는 하지만, 추이를 지켜보며 침묵하는 입장이었다. 이들 부류는 정치적 입장의 표명을 유보하는데, 정세 변화에 따라 대세에 추수하는 다소 기회주의적 인물들이라고 볼 수 있다. 셋째 원산항민회의 심준택(沈埈澤)과 김진국(金鎭國), 대한협회 부장(副長) 김병흡(金秉洽)[45], 사립 춘성학교(春城學校) 교원 이경식(李璟植), 대한협회 회원이자 춘성학교 관계자 박동진(朴東振)은 모두 이토 저격이 이제야 발생한 것은 오히려 늦은 감이 있다고 하며 거사를 행한 이의 진충(盡忠)을 높이 평가했다.[46] 춘성학교 교사 남성유(南性裕)는 청년야학회에서 "안중근은 평안

---

45) 원문에는 '治'로 되어 있으나 오기임.

46) 「元秘發 第84號 伊藤公爵遭難ニ對スル當地及附近ノ民心狀況」(1909. 10. 29), 『統監府文書』 7; 「高秘發 第346號의 1, 凶變에 對한 地方民心에 關한 電報」(1909.11.2), 『한국독립운동사자료 7』(안중근 편 Ⅱ).

남도 출신으로 평안남도에는 우국지사가 많지만, 우리 원산에는 그와 같은 인물이 나타나지 않음이 유감"이라며 안중근 의거를 찬양했다.[47] 적어도 이토 통감 저격사건에 대한 태도를 기준으로 볼 때, 원산의 정치 지형은 친일적 태도를 견지하는 일진회와 원산상의소의 일부 유력상인 및 자본가들과 반면에 국권회복의 염원을 지닌 반일적 성향의 사립학교 교사나 자강단체의 일반 대중들로 분화되어 있었다고 볼 수 있다.

일제가 원산지역에서 여론을 정탐한 곳은 원산상의소, 민회 사무소, 지역유력자의 처소 등이었다. 그런데 일제에 대한 저항적 태도와 민족의식을 가진 인사들은 대개 자강단체나 사립학교 관련자들이었다. 원산의 사립학교는 거의 대부분 교회 부설 학교였다. 서발턴의 저항적 민족의식의 형성과 관련하여 당시 근대 계몽과 실력양성운동의 중심이었던 자강단체와 교회/사립학교를 주목한 이유는 이 때문이다.

원산항에는 1908년 8월 이전 대한협회 덕원지회가 설립되었고, 조선인 시가의 중심지인 상리(上里)에는 산하 리회(里會)가 조직되어 있었다. 덕원지회가 상리 리회에 청결 청소 등 위생사업을 실시하도록 하는 것으로 보아 마을 단위로 생활개선사업을 전개했던 것 같다.[48] 또한 1908년 9월 무렵 전(前) 경흥감리 남구희(南九熙)의 청원과 이동휘의 담보 서류에 의해 서북학회 지회가 설립되었다.[49]

1908년 11월 덕원부 원산항 유지들은 "시국이 위태로움을 깨닫고 자치제도를 모방하여 민회를 새롭게 조직함으로써 옛 습관과 부패를 통혁(痛革)"하려고 했다.[50] 민회 조직은 당시 전국적으로 전개되었던 자강운동의 연장선상에서 이루어졌다. 대표적 사례라고 할 한성부 민회가

47) 「高秘發 第407號」(1909. 11. 25), 『한국독립운동사자료 7』(안중근편 Ⅱ).
48) 「本會歷史」, 『대한협회회보』 6, 1908년 9월; 「本會歷史」, 같은 잡지 7, 1908년 10월.
49) 「會事記要」, 『서북학회월보』 5, 1908년 10월.
50) 「원산자치」, 『황성신문』 1908. 11. 26.

가장 주력했던 사업은 민회-부회(部會)-방회(坊會) 체제를 수립하여 방민(坊民) 부담에 의한 소학교 설립과 의무교육 실시였다.[51)]

원산항민회 창립 총회는 조직 시도가 있은 지 9개월이 지나서 1909년 9월 사립 춘성학교에서 '인민 수천 명'이 출석한 가운데 열렸다.[52)] 민회 설립에 대한 지역 여론은 "원산은 관북의 추요지인데 거민(居民)의 정도가 점차 발전함은 국가의 행복"이라며 매우 고조되어 있었다. 임원진은 회장 조형혁(趙亨爀), 부회장 김이현(金利鉉)이었는데 두 사람은 서북학회 회원이었다.[53)] 김이현은 사립 보광학교의 교감으로 오랫동안 일했던 인물이다. 민회의 소요 비용은 전 주사 박창윤(朴昌倫)이 부담했는데,[54)] 그는 간어상(干魚商)으로 대한협회 원산지회의 총무·평의원이자 서북학회 지회원이었다.[55)]

대한협회 지회와 서북학회 지회가 설립되고, 나아가 이를 기반으로 지방자치제를 의도하여 민회가 조직된 것은 자강운동이 원산항 산하 동리 단위까지 확산되었음을 말해준다. 원산항민회는 다른 지역과 마

---

51) 鄭英熹·金炯睦, 「韓末 漢城府民會의 活動과 地方自治論」, 『인문학연구』 1, 인천대 인문학연구소, 1994; 김형목, 「자강운동기 한성부민회의 의무교육 시행과 성격」, 『중앙사론』 9, 1997. 1907년 1월 일본 황태자 방한 시 임시 의식단체(儀式團體)로 설립되었다가 1908년 5월 근대 교육의 시행과 지방자치제를 표방하며 재발기되었다. 한성부민회는, 비록 통감부의 승인과 활동을 보장받기 위해서였다고 하나, 안중근의 거 당시 일본에 사죄단을 파견하고 이토통감추도회를 개최하는 등 친일활동으로 비난을 받기도 했다. 의무교육 시도는 인근 중화군에서도 찾아볼 수 있는데, 이곳 유지들이 공성학교(光成學校)를 설립하고 면리 단위로 의무교육을 실시하고자 6개월 단기 시범강습소를 무료로 운영했다(김형목, 앞의 글, 1997, 75쪽).

52) 「원산민회」, 「민회의 여론」, 『대한매일신보』 1909. 9. 16.

53) 「회계원보고 21호」, 『서북학회월보』 4, 1908년 9월.

54) 「원산민회」, 「朴氏擔費」, 『대한매일신보』 1909. 9. 16.

55) 「特甲第582號 吳大圭·洪貞珠·田又澤·崔悳·李正錫의 大阪 往來」(1904. 9. 17), 국사편찬위원회, 『한국근대사자료집성 3-要視察韓國人擧動 3』, 2002; 「회원명부」, 『대한협회회보』 2, 1908년 5월; 「本會歷史」, 『대한협회회보』 7, 1908년 10월; 「회계원보고 21호」, 『서북학회월보』 4, 1908년 9월.

찬가지로 위생사업이나 금주단연 등 생활개선, 교육·계몽, 지방자치 등 다양한 실력양성운동을 전개했을 것이지만, 가장 주력했던 사업은 역시 사립학교 설립이었다.

한편 사립학교 설립은 개항 직후부터 기독교 포교를 위해 들어온 선교사의 사역(使役)이기도 했다. 원산은 일찍 개항되어 상대적으로 경제적 발전이 빠르기 때문에 초기 선교에서 교인들의 물적 지원을 기대할 수 있는데다 또한 교통의 요충지라는 점에서 선교의 거점으로 주목받았다. 더구나 경관이 뛰어나고 기후가 습하거나 무덥지 않아 북미지역 선교사들이 정착하여 적응하기 어렵지 않았다. 원산의 두남리(갈마반도)는 '조선의 유일한 서양인 피서지'로 널리 알려져 있었고 따라서 '서양인촌'이 형성되어 있었다.[56] 특히 원산은 교통이 편리하여 동아시아 선교사대회가 열릴 정도로 외국인들에게는 널리 알려진 곳이었다.

원산지역에 포교가 시작된 것은 1892년 7월 미국 북장로교의 게일(J. M. Gale, 奇一)과 같은 해 11월에 미국 남감리회의 하디(R. A. Hardie)가 도착하면서였다. 1893년 들어온 미국 북감리회의 맥길(William McGill)은 의료선교를 시작하면서 예배당 3곳과 6명의 학생을 가르치는 여학교를 운영했다.[57] 이후 1898년 11월 도착한 캐나다 장로회는 미국 북장로교가 설립한 교회와 남자학교를 인수받아 선교활동을 시작했다.[58]

일반적으로 한국교회사를 서술할 때, 1903년 원산중앙교회에서 여선교사 화이트(M. C. White)의 기도회로부터 시작된 원산부흥회가 평양부

---

56) 「선교사대회」, 「외국인피서객」, 『시대일보』 1925. 6. 16, 1926. 7. 15. 1916년 봄 이래 외국인 선교사들이 두남리에 피서지를 정하고 17棟을 건축했다. 1917년부터 3년간 130동의 가옥을 건축하고 도로, 운동장, 하수도, 병원, 공회당, 체육시설 등을 설비하여 원산을 '이상적 피서지'로 건설하려고 계획했다(「원산에 모여드는 미국선교사」, 『매일신보』 1917. 7. 6).

57) 김윤성, 「함경도지역 교회사」, 『한국기독교와 역사』 3, 한국기독교역사연구소, 1994, 29~33쪽; 『북한선교사』, 643쪽.

58) 김승태, 『한말·일제강점기 선교사연구』, 한국기독교역사연구소, 2006, 100, 104쪽.

흥운동(1907)의 계기가 되었고 이후 한국 교회의 발전이 비롯되었다고 한다.[59] 그만큼 원산 기독교회는 한국선교사에서뿐만 아니라 한국근대사에서도 중요한 의미를 지닌다.

〈표 3-2〉 원산지역 교회

교회명	설립시기	위치	설립자	교파
광석동교회	1893	광석동	J.M.Gale	장로교
신풍리교회	1899	원산 신풍리		장로교
원산중앙교회	1901	남촌동	R.A.Hardi	남감리교
원산교회	1909	원산	팬윅	침례교
속후(俗厚)교회	1910	원산		침례교
신상(新上)교회	1910	원산		침례교
염성교회	1910	원산		침례교
유동교회	1910	원산		침례교
장진교회	1910	원산		침례교
석우동교회	1926	석우동		장로교
원산제일교회		상리 1동		성결교
원산제이교회		영정		성결교
원산영		남촌동		구세군
중청리교회		중청리		감리교
청진교회		원산		감리교
성진교회		원산		감리교
예배당		중리		감리교

자료: 한국기독교역사연구소 북한교회사집필위원회, 『북한교회사』, 한국기독교역사연구소, 1996, 554~591쪽; 박은배, 『하나님의 거처』, 새로운 사람들, 2009.

원산의 선교세력 중 개항 초부터 유입되었고, 또한 사회문화적 영향이나 지역운동과의 연관 등에서 주목할 교파는 장로교와 남감리교였다.[60]

---

59) 이정숙, 「M.C. 화이트 선교사의 원산 방문 재고」, 『한국교회사학회지』 21, 2007, 239~242쪽.

60) 캐나다 장로회와 남감리회는 1908년 원산지역이 대도시이므로 양 선교단의 공동포교구역으로 하기로 협정했다(김승태, 앞의 책, 2006, 102쪽). 천주교는 1920년 8월경 서울교구에서 원산교구가 분립되었고 1927년 덕원군에 성베네딕트수도원이 설립되었다. 명석동에 교회가 위치했는데, 전래 시기도 늦고 교세도 강하지 못한 편이었다(「耶蘇行蹟 활동사진」, 『동아일보』 1921. 7. 14).

〈표 3-2〉에 나와 있듯이, 장로교의 대표 교회는 1893년 게일(J. M. Gale)이 설립한 광석동 예배당이었다.[61] 남감리교 교회 가운데 대표적인 것은 남촌동 예배당 즉 원산중앙교회로 매일 열리는 장로교와 감리교의 연합사경회(聯合查經會), 매년 열리는 각 지방 선교교역자회의가 이곳에서 열렸으며, 1921년의 (감리교)선교백주년기념강연회도 여기에서 개최되었다.[62] 이곳은 한국교회부흥운동의 시발점이 된 1903년 원산부흥회를 주관한 로버트 하디(R. A. Hardie)가 설립한 교회란 점에서도 유명했다.

교회 예배당은 입학식 · 졸업식과 같은 교회 부설 사립학교의 주요 행사 공간이었다. 예를 들어 상리 상동에 소재하는 보광중학교의 졸업식이나 음악회가 광석동의 예배당에서 개최되었다.[63] 학교 운동회가 장로교단 주최 하에 사립학교연합운동회로 개최되는 등[64] 교회(교단) 차원에서 학교 행사가 결정되기도 했다.

또한 사회단체의 주요 행사 공간으로 활용되면서 지역사회 이슈의 발신 장소가 되기도 했다. 원산부나 상업회의소, 학교비평의회 또는 기타 관변단체의 공식 행사가 주로 부청이나 공회당, 공립보통학교 등에서 열린 반면, 사회단체의 발기식 · 회의를 비롯하여 강연회나 토론회, 연극 · 음악회 등의 집회 · 공연이 열렸던 주요 장소는, 〈부표 3-2〉에 나

61) 「미국인선교사 강연」, 『동아일보』 1921. 7. 14.

62) 「長監兩教會 聯合查經會」, 「남감리선교」, 『매일신보』 1919. 2. 15, 1921. 4. 18; 「남감리선교기념회」, 「원산교회지방회」, 『동아일보』 1921. 4. 14, 12. 18. 하디는 중앙교회와 함께 구세병원을 설립했다. 1921년 남감리교의 선교 백주년을 기념하는 윤치호의 초청강연회가 남촌동 예배당에서 열렸다. 남촌동교회는 1937년 건평 330평의 3층 양옥으로 신축되었다(「원산중앙교회당 不遠에 착공」, 『동아일보』 1936. 7. 8).

63) 사립 보광학교 졸업식은 항상 광석동 장로교 예배당에서 거행되었다(「보광학교졸업식」, 『조선일보』 1921. 4. 5; 「원산음악연주회」, 『매일신보』 1921. 7. 29; 「원산보광교 졸업식」, 『동아일보』 1925. 3. 20)

64) 대표적으로 1923년 장로교 교단에서 운영하는 학교인 보광학교 · 배성학교 · 진성여학교 · 진명여자강습소의 연합운동회가 개최된 예를 들 수 있다(「연합운동회 개최」, 『조선일보』 1923. 6. 6).

와 있듯이, 광석동과 남촌동 예배당이었다. (기독)청년회, 소년회, 구락부 등의 단체는 전용회관이 없거나 협소했기 때문에 기독교와 천도교, 불교 등 각 종교의 예배당(포교당)을 사회문화공간으로 활용했던 것이다.[65] 이는 원산지역의 교육 · 사회문화에서 교회의 영향력을 간과할 수 없음을 의미한다.

교회 부설 사립학교는 기독교청년회 · 엡윗청년회와 밀접한 연계를 맺고 있었다. 기독교청년단체가 주관하는 강연회와 토론회가 학교에서 열리는 경우가 많았으니, 당연히 주요 청중인 학생들은 많은 영향을 받았을 것이다. 대표적인 예로 원산기독교청년회(장로교)는 1920년 3월 창립되었는데, 그 발회식뿐만 아니라 이후 각종 토론회도 보광학교에서 거행되어 학생들의 관심을 끌었다.[66] 1920년 7월 원산여자청년회의 결성과 이후 총회, 토론회 등의 행사는 진명여학교와 상동 혹은 광석동 소재 장로교예배당에서 개최되었다.[67]

교회-사립학교-청년회의 연계는 지역 사회문화활동에서 주요 네트워크로 활용되었다. 이러한 대표적인 예로 1920년 5월 원산기독교청년회와 원산문우회 주최로 광석동운동장에서 시민운동회를 열었는데 참가신청서를 보광학교에 제출하도록 한 것을 들 수 있다.[68] 또한 원산지역

---

65) 예컨대 5월 1일은 메이데이이자 조선소년협회가 전국적으로 기념하는 '소년데이'인데, 원산에서도 이날을 기념하여 수백 명의 소년들이 시위행렬과 함께 개최하는 동화회(童話會)와 독창회 등의 기념행사를 예배당에서 열었다(「소년'데이' 동화회」, 『시대일보』 1924. 5. 7; 「됴선내디의 메이데이와 소년데이」, 『선봉』 1925. 5. 26).

66) 「원산기독교청년회 발회식」, 『매일신보』 1920. 3. 26; 「기독청년회 토론회」, 『동아일보』 1920. 4. 22. 기독교청년회 주최 토론회나 기타 행사는 교회에서 열리기도 했지만 기독교회 경영 사립학교에서 열리는 경우도 많았다. 원산기독교청년회는 향상발전이 부진하다고 해체하고, 1922년 6월 중순 광명학교에서 새로 창립총회를 열었다(「원산기독교청년회」, 『동아일보』 1922. 7. 2).

67) 「원산여자청년회」, 「원산여자청년강연」, 「원산여자 강연성황」, 「여자청년회 총회」, 『동아일보』 1920. 7. 16, 7. 22, 9. 19.

68) 「원산시민운동」, 『매일신보』 1920. 5. 18.

3 · 1운동으로 체포되었다가 출옥한, 일제가 말하는 소위 '정치범'들(주로 기독교 신자)의 위로회가 기독청년회, 보광중학교, 교회(장로교와 감리교) 주최로 열리는 것에서도[69] 이러한 연결망을 확인할 수 있다. 사회 · 문화적 부문에서의 이러한 연대관계는 1919년 3 · 1운동이나 1920년 9월 만세시위와 같은 정치적 영역에서도 부분적으로 작동했던 것으로 보인다.

2) 학교·야학, 대중강연회와 서발턴의 민족의식

원산항에 처음 공립소학교가 설립된 것은 1896년 무렵이었다. 이 해 9월 학부령 제5호에[70] 의해 원산에 공립소학교가 설립되었는데, 실제 개학한 시기는 1898년 3월 무렵이었다.[71] 원산공립소학교의 교과 과정은 고등과와 심상과로 구성되어 있었는데, 관료나 객주 등의 지역 유지들도 우등생 시상품을 제공하는 등 적극적으로 지원했다.[72] 1908년 원산공립보통학교로 개편되었으며 일본인 교감을 새로 임명했다.[73] 1910년경 전교생 수는 약 159명이었으며,[74] 1917년경에 이르러 정원이 약 440명으로 증가했다(〈표 3-3〉 참조). 1914년에는 원산공립보통학교 부설

---

69) 「위로회 경과」, 『매일신보』 1920. 5. 18.

70) 「관보」, 『독립신문』 1896. 9. 22; 『고종시대사』 4집, 건양 원년 9월 17일. 이 때 정해진 지방 공립소학교의 위치는 원산항 이외에 13관찰부 소재지와 개성부 · 강화부, 16개 군과 제주목, 그리고 부산항 · 인천항 · 경흥항이었다. 이러한 학부의 조처는 정부가 갑오개혁의 일환으로 1895년 〈교육조서〉를 발포하고 세부규칙 〈소학교령〉에 의거하여 8~15세 아동에게 국민교육의 기초와 생활상에 필요한 보통지식, 기능을 교수하도록 하며 지방공공단체는 의무적으로 소학교를 설립하도록 한 규정에 의한 것이다(『관보』 개국 504년 7월 22일; 국사편찬위원회, 『고종시대사』 3, 963~967쪽).

71) 1898년 3월 19일자로 부교원 강기하(康基夏)가 임용되었다(「관보」, 『독립신문』 1898. 3. 26).

72) 「德校夏試」, 『황성신문』 1903. 8. 1.

73) 「時報」, 『서우』 2, 1907년 1월, 39~40쪽; 「일인교감」, 『황성신문』 1908. 5. 7. 그러나 교장은 한국인 권익상(權翊相)이었다(「元校試驗」, 『황성신문』 1908. 7. 25).

74) 「원산졸업예식」, 『황성신문』 1910. 5. 7.

로 공립간이상업학교를 부설했다.[75)]

그러나 공립학교만으로 진학 지원자를 수용하기에 턱없이 부족했기 때문에 다수의 사립학교 설립이 요구되었다. 사립학교의 설립 주체는, 앞에서 언급했듯이, 자강단체의 지역 유지들과 선교사들이었다.[76)]

〈표 3-3〉 한말~1920년 원산부의 학교 현황

학교명(소재지)	설립연월 (폐교연도)	학생수/교원수	설립주체, 재단	교육과정/ 교원
공립소학교→ 공립보통학교(남산동, 1910)	1899	440(남 400, 여 40)→ 192(1910)→389(남 321, 여 68, 1917)/ 11 (조 8, 일 3)		교장 소네 (曾彌斧治郎)
사립 루씨건잉금여학교(와우동→상동 →산제동)	1903	여 120여 명(1917)	남감리교	여자 보통교육 및 고등보통교육 과정, 교장 이하 교사 11명
사립 보문학교	1907. 3	70~80(1907)	찬성원: 안용관, 이사홍, 이철옥, 임원: 남구희, 조정환, 남정선, 이여천, 남정하, 김병흡	고등과 · 심상과/ 교사: 윤정하, 조영원, 송주환, 강필성
사범학교(두남리)	1908.11	100여 명	유지 윤병수, 최효준, 최주현, 최중희	
기독매일학교	1909.1 이전		기독교재단, 조선인들의 지원	

---

75) 『朝鮮總督府官報』 1914. 8. 13. 간이상업학교는 원산공립상업학교로 개편되면서 조선인과 일본인 공학이 되었다.

76) 1908년 8월경 원산 인사들이 분발하여 학교를 설립하기로 협의하였으며 또 가을에 개학 시에는 다수 청년을 경성에 유학시키기로 결정하였다(「元港開明」, 『황성신문』 1908. 8. 5). 그러나 덕원부윤이 지역 유지들과 협의하여 학소(學所)를 폐지하고 학교를 설립하기로 하자 향교의 전(前) 교수가 완고배들을 이끌고 향교에 들어가 거칠게 반대하고 백일장을 실행하는 구습을 그대로 행하는 등 신교육에 반대하는 이들도 존재했다(「頑夢未醒」, 『황성신문』 1908. 10. 14). 일본인 곤도(近藤範治)도 원산에 정착하여 활동하는 데에 일본어를 잘 하는 조선인 청년들이 필요하다고 하여 일어학교인 원흥학교(源興學校)를 1897년 설립했다.

학교명(소재지)	설립연월(폐교연도)	학생수/교원수	설립주체, 재단	교육과정/ 교원
사립 광성학교(남촌동)	1909?	130여 명	남감리교	보통교육 과정/ 교장 부라만, 교감 이장춘, 학감 조병철
사립 광덕학교(석우동)	1910.3 이전	50~60명(1910)	석우동 유지/재무서 주사 김양한의 경비 지원	
사립 춘성여학교	1910.3 이전		부인회 회장 정치호와 회원	
사립 춘성고등학교(명석동)	1909년 이전	48/ 7(1910)	김경식이 매달 15원씩 보조	고등과/ 교사 김경식
사립 원산홍도학교	1910년 이전	120/ 6(1910)	명석원과 상동에서 공동 관리, 서양식 교사 건축	
사립 배성학교(상동)	1910년 이전	30(1910) →110여 명/2(1910)	장로교	보통교육 과정/ 주임교원 김응길, 김기헌, 김창협
사립 진성여학교(상동)	1910년 이전	40(1910) →100여 명(1917)/ 1(1910)	장로교	여자 고등보통교육 과정/ 주임 나대화
여학교	1910 상반기		메소티스트 교회	
사립 원산보명학교(중리 상촌)	1910년 이전	161/ 3(1910)	명석동과 상동에서 공동으로 유지	초등과
사립 보광학교(상동)	1910 ~1913?	90여 명(1917)	장로 · 감리 연합 경영	중등교육 과정/ 교감 김이현, 1925년 고보로 승격
사립 숙명여자학교(남촌동)	1914년 이전			
공립간역상업학교	1914	남 37/ 2(조1, 일1, 1917)		보통학교 졸업자 이상 입학
제세여학원(명석동)	1920	200명	캐나다 장로교	보통학교 과정/ 프레이처, 엘리자베쓰, 루이스

자료: 「원산리교육상황」, 『매일신보』 1917. 2. 16; 『한민족독립운동사』 2, 270쪽; 西田常三郎, 『東朝鮮』, 元山每日新聞社, 1910, 205쪽; 石井彦三, 『元山案內』, 원산상업회의소, 1914, 37쪽; 『황성신문』; 『독립신문』; 『대한매일신보』; 『매일신보』; 『동아일보』

1908년 10월경 원산 각 학교 추기연합대운동회에 참가한 학교가 13개, 남녀 학생수 1천여 명이라는 것으로[77] 보아 이 무렵 원산에는 적어도 1천여 명 이상의 학생이 13개 학교에 재학하고 있었음을 알 수 있다. 〈표 3-3〉에 의하면, 자료상으로는 1908년경까지 지역 유지들이 설립한 학교로 보문학교(普文學校)[78]와 사범학교, 선교사 쪽에서 세운 루씨여학교만 나타나지만, 실제 더 많은 학교들이 설립되어 있었음을 말해준다.

의병전쟁으로 불안한 정국에서 사립학교가 보통교육을 통해 근대적 시민의식과 민족의식을 함양하는 자강운동의 기지로 역할하는 데 대해 체제 불안을 느낀 통감부는 1908년 9월 1일자로 사립학교령(칙령 제62호)을 공포했다. 이에 따라 이미 설립되어 있는 사립학교는 종래의 인가 여부와 상관없이 모두 6개월 이내에 학부대신의 재인가를 받아야 했고 엄격한 인가 조건을 충족시키기 어려워 보문학교를 비롯해 원산지역 사립학교의 상당수가 폐교된 것으로 보인다.[79] 특히 1909년 3월 1일 공포된 〈기부금품모집취체규칙〉은 사립학교의 재정난을 가중시켜 폐교가 속출했다.[80]

1910년경 원산지역의 학교 현황을 보면 공립보통학교 1개소에 학생

---

77) 「원산운동의 성황」, 『황성신문』 1908. 11. 26. 당시 다른 지역에서 열린 연합운동회에 공립, 사립학교뿐만 아니라 야학, 의숙(義塾)까지 참여한 것으로 보아(「경축성황」, 『대한매일신보』 1906. 9. 11), 13개 학교에는 강습소나 야학까지 모두 포함되지 않았을까 생각된다.

78) 대표적으로 1907년 3월경 심상과와 고등과를 개설한 보문학교는 학생수가 70~80여 명에 이르렀다. 1908년에 이르러 찬성원과 임원들이 경비를 각기 부담하여 중학교를 신축하고 유능한 교사를 초빙했다. 경비를 지원하는 찬성원 안용관, 이사홍 등은 공립소학교의 경비도 지원하여 학부로부터 포증(褒証)을 부여받았다(「普文有望」, 「普校漸就」, 『대한매일신보』 1907. 10. 18, 1908. 1. 9; 『관보』 제1927호, 1901. 7. 1).

79) 「官報摘要 隆熙2年 9月 1日」, 『서북학회월보』 5, 1908년 10월, 60~61쪽.

80) 『관보』 1908. 3. 1; 「기부금취체규칙」, 『서북학회월보』 15, 1909년 8월; 柳漢喆, 「한말 私立學校令 以後 日帝의 私學 彈壓과 그 特徵」, 『한국독립운동사연구』 2, 1988, 65~103쪽. 그 내용에는 내부대신이 필요하다고 인정할 경우에는 기부금 모집을 정지·제한하거나 금지하며 또한 모집종사자의 변경을 명할 수 있고, 경찰관이 모집 관련 장부서류를 검열할 수 있게 하는 등의 독소조항이 내포되어 있었다.

수 192명, 사립 5개교(고등과 1, 초등과 4) 399명, 총 591명으로,[81] 1908년에 비해 절반 이하로 격감했음을 알 수 있다. 사립 5개교는 춘성·홍도·보명·배성·진성여학교 등인데, 이 중 배성과 진성은 기독교회(장로파)에서 설립한 것이다(〈표 3-3〉 참조).

1914년경에는 지역 유지들이 설립한 춘성·홍도·보명학교는 모두 폐교되어 보이지 않으며, 장로교계열의 숙명·배성·진성·보광학교, 감리교계열의 광성·루씨건잉금여학교[82] 등 교회 부설 6개교만 존재했다.[83] 자강운동에 의해 설립된 사립학교는 모두 폐교되었으나, 교회 부설 학교는 교단이란 보호막으로 그대로 존속되었던 것이다.

1917년경에는 숙명여학교가 이미 폐쇄되어, 보광·광성·배성·루씨건잉금, 진성여학교 등 5개교만 존재하며, 총 직원 수 33명, 학생 수 491명(남 310, 여 181)이었다.[84] 공립보통학교 389명, 공립간이학교 37명을 합하면 총 917명이 학교 교육의 혜택을 받고 있었다. 그 외에 17개소의 서당에서 배우는 학생 수는 210여 명이었는데 점차 감소하는 추세였다.[85]

사립 5개교가 모두 교회 부설이었기 때문에 원산지역의 교육은 교회가 주도했다고 말할 수 있다. 하지만 1898년 선교사 스왈론(W. L. Swallon)이 "원산의 학교는 전적으로 교인 스스로 이룩한 것이다. 교사도 그들 가운데 있으며, 경비도 그들이 부담한다"라고 한 보고에서 알 수 있듯이,

---

81) 『東朝鮮』, 1910, 205쪽.

82) 루씨여자학교는 미국 남감리교회 여선교사들에 의해 1903년 5월 와우동에 설립되었다. 1907년 미국 북캐롤라이나 여선교회 회장 루씨 컨닝금(Lucy Cuninggim)의 출자로 산제동에 석조 4층 양옥 교사를 건축하고 교명을 루씨건잉금학교로 바꾸었다. 1913년 사립학교 인가를 받았고, 1925년 6월 루씨여자고등보통학교로 정식인가받았다(최복실, 「연혁」, 『常綠: 樓氏高女100年誌』, 元山樓氏高等女學校總同窓會, 2003).

83) 石井彦三, 『元山案內』, 원산상업회의소, 1914, 37쪽.

84) 「원산리교육상황」, 『매일신보』 1917. 2. 16; 廣田駒次郎, 『元山案內』, 元山每日新聞社 編輯局, 1917, 34쪽.

85) 廣田駒次郎, 『元山案內』, 1917, 34~35쪽.

실제 교회 부설 사립학교를 설립하고 운영한 것은 조선인 교인들이었다.86) 원산에서 여성 선교를 담당했던 노울스(Knowels) 여사의 1902년

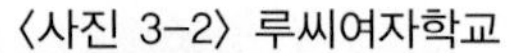
〈사진 3-2〉 루씨여자학교

출처: 『常綠: 樓氏高女100年誌』, 2003.

---

86) 류방란, 「개화기 기독교계 학교의 발달-소학교를 중심으로」, 『한국 근대사회와 문화 Ⅰ』, 서울대학교출판부, 2003, 438쪽. 소학교가 거의 전적으로 조선인 교인들에 의해 운영되었다는 사실은 평양에서도 나타난다(류방란, 앞의 글, 429쪽). 1897년 장로교의 선교방침에 의하면, 교인이 많이 거주하는 지역의 지방교회는 소학교를 조직하여 운영하여야 하는데, 선교사가 감독하기 위해 교장을 맡지만 교세가 약한 지역이 아닌 경우에는 운영비를 절반 이상 지원할 수 없다고 규정하고 있다(G.Lee, 1987

보고에서도 학원 사역, 구체적으로 루시여학교의 출발이 신앙보다 배움의 기회를 얻으려는 조선 여성들의 요청에 의해 시작되었다고 밝히고 있다.[87] 실제 사립학교 운영이 어려울 경우 지역 유지들이 재원을 조달하여 후원하는 경우는 매우 많았다.[88]

한편 교단에서 재원의 절반 이상은 지원하지 않는 소학교와 달리, 중등학교에 대해서는 교회의 재정 지원에 제한이 없었다. 그러나 교단의 지원은 충분하지 못했고, 때문에 열악한 시설과 불충분한 교과과정에 불만을 품은 보광학교 학생들은 빈번하게 동맹휴학을 결행했다.[89] 1923년 맹휴에 대해 원산의 정공섭(丁共燮)은 "우리의 교육은 우리네 아바지에게 받고자 함이다. …남북 아메리카인이 무슨 죄악이리. 아바지의 자질(子侄), 형님의 제매(弟妹)는 다 각기 책임을 남에게 밀지 말고 스스로 부(負)하시오"[90]라고 외국인 선교사가 아닌 학부형들이 학교의 회생을

"Report of Educational Commitee," *Korea Report,* Roll 180.L&C. 류방란, 앞의 글, 428쪽에서 재인용).

87) 『常綠: 樓氏高女100年誌綠』, 2003, 37~39쪽.

88) 대표적인 예로 사립 광성학교는 1910년 6월 말 처음으로 거행한 졸업식에서 28명의 졸업생을 배출했다. 그러나 재정이 궁핍하여 폐교할 상황에 이르자, 학감 박창호(朴昌浩)가 동지 수십 인과 협의하여 경찰서의 허가를 받아 연주회를 열었다. 학부형과 유지의 도움으로 입장권 수입금과 의연금 2백여 원으로 학교를 부흥시켜 학생수가 220여 명으로 증가되었다(「光校盛況」, 『대한매일신보』 1910. 7. 16; 「원산」, 『매일신보』 1914. 3. 11).

89) 대표적인 예로 1906, 7년 무렵 설립된 중등교육기관 보광학교의 교장은 미국인 선교사였는데 무성의한 경영으로 학생들의 불만이 누적되었다. 1920년경 학생들은 교장이 학교에 관심이 없어 출근하지 않는다며 교장배척동맹휴학을 결행했으며, 1922년에는 한문과 음악 교사의 부족으로 제대로 교육을 받지 못한다는 불만을 제기하며 동맹휴학했다. 1923년 2월에는 캐나다 장로교 미숭회에서 함흥의 영생학교는 신교육령에 따라 지정학교로 만들지만 보광학교는 확장하지 않고 그대로 유지하기로 결정한 조처에 반발하여 요구조건이 수용되지 않으면 퇴교하겠다며 백여 명이 동맹휴학을 단행했다(「원산보광학교외국인교장배척문제」, 「맹휴생 칠십명에」, 「保光學生遂登校」, 「連袂退校할 결심」, 『매일신보』 1920. 7. 5, 1922. 2. 11, 3. 3, 1923. 2. 17; 「보광학교의 동맹휴학」, 『조선일보』 1923. 2. 15).

90) 元山 山祭洞 丁共燮, 「보광보고야 아조 죽지마라」, 『조선일보』 1923. 2. 24. 결국 장

위해 나서야 한다고 호소했다. 보통학교만 아니라 중등교의 재원도 교단에 의존하지 말고 지역민들이 나서야 한다는 주장이다.[91]

적어도 초등교육기관의 재원 조달과 경영, 교사진은 조선인 교인들에 의해 주도되었음을 살펴보았다. 그러면 학생들에게 전수된 교과내용은 어떠했는지 살펴보자. 1898년 선교사 보고에 의하면, '전적으로 조선인들에 의해 운영된 원산지역 남자 주간학교'의 교과 과목은 『천자문』·『동몽선습』과 같은 유학 관련 기초과목, 한역교리서(韓譯敎理書), 학부가 발간한 『조선역사』 등이었다. 개화기의 학생들은 전통 교과를 섭렵하면서도 한글로 번역된 성경뿐만 아니라 세계사, 세계지리, 국사를 배우면서 근대적 주체의식에 눈뜨기 시작했다. 기독교계 학교에서 성경을 가르치기 위한 선행학습으로서 행해진 한글 교육은 그 자체에 목적이 있는 것은 아니었지만 결과적으로 한글 문해 교육을 수행한 셈이어서 이는 조선인으로서의 정체감을 심어주는 데에 도움이 되었다.[92]

1908년 무렵에 이르러 열강의 침략에 대응할 주체로 '국권을 가진 공동체' '민족'이란 단어가 본격적으로 사용되기 시작하고 '대한정신' '조선혼' '애국심' '독립정신' '국수'(國粹) 등의 내용으로 담론화되고 있었다.[93] '민족'과 '애국'은 중앙의 지식인이나 운동가들만의 담론이 아니었다. 1910년 4월 춘성학교 졸업식에 내빈으로 참석한 원산부인회장 정모씨(鄭某氏) 부인이 '국가적 애국이라 함'이란 제목으로 "애국의 정신으로

로교단은 재정이 풍족한 남감리교회에 학교를 위임경영하기로 결정했으며, 원산청년회와 원산기독청년회가 지역유지들과 함께 보광학교승격후원회를 조직했다(「보광학교의 서광」, 『조선일보』 1925. 8. 24).

91) 원산시영회와 그 후신인 원산시민협회를 중심으로 중등교 설립이 계속 추진되었으나 성공하지 못했다(본서 2부 5장 참조).

92) 류방란, 앞의 글, 440~441쪽.

93) 백동현, 「대한제국기 한국민족주의의 형성과 그 특성 - 지식인층의 민족담론 분석을 중심으로」, 『한국민족운동사연구』 55, 2008, 39~79쪽.

힘쓴다면 민족은 자연히 독립하게 될 것"이라고 연설했는데, 그녀는 평양 관기로 수년 전 정모의 처가 되어 현재 '미망인'인 인물이었다.[94] 부인회장이라고 하나 약간의 문자를 해득한 수준의 부인이 졸업식장에서 학생들에게 연설할 정도로 '애국'과 '민족'은 이미 지방에서도 대중의 담론으로 확산되어 있었다.

〈사진 3-3〉
농촌계몽운동가 최용신

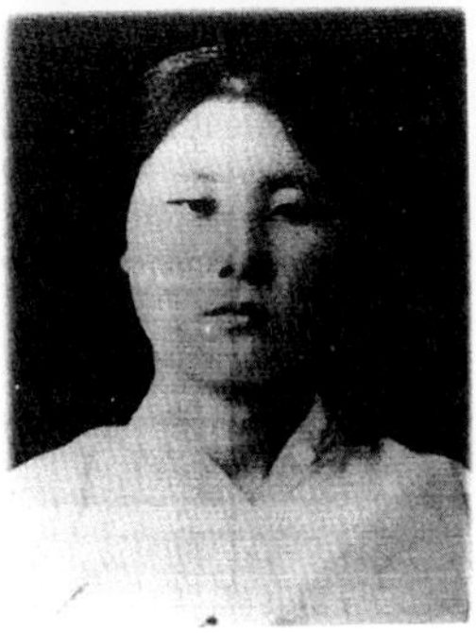

출처: 『常綠: 樓氏高女100年誌』, 2003.

이러한 사회분위기에서, 대개 신학문을 이수했고 '민족' 담론을 수용한 자강운동의 주도층인 조선인 교사들은 학생들에게 근대적 주체의식과 민족의식을 고취하는 교육을 통해 큰 영향을 끼쳤다. 중등교육기관인 루씨여자학교에서 농촌계몽운동가였던 최용신(제2회 졸업생)이 배출되고, 보광학교 학생들이 1920년 9월 시위를 주도한 데에는 시대상황과 민족의 현실을 직시하고 청년의 시대적 사회적 역할을 계몽하는 교육 내용이 주효한 결과라고 생각된다.

한편 부족한 정규 학교의 보완과 일반인을 위한 실용교육 차원에서 노동야학이나 강습소도 다수 설립되었다. 실용적인 용도의 일본어('국어')나 부기 강습을 목적한 야학이나 강습회가 열리기도 했지만[95] 대개 보통학교 정규 교과를 압축하여 가르치는 야학이 많았다. 이러한 야학

---

94) 〈高警發 제290호 융희4년 4월 23일〉, 김승태, 「부록 1 한말 일제통감부자료 중 기독교관련보고서 발췌」, 앞의 책, 2006, 260쪽.

95) 〈표 3-4〉의 4·5·7항 참조. 원산청년회는 창립 후 첫 사업으로 '원산은 상업 중추의 지(地)임으로 일반의 상업에 대한 지식을 보급케 함이 급선무'라 하여 1920년 8월 초 상업전문강습소를 설립하였다. 두 달 과정의 부기강습을 열어, 부기·상업·산술·생리·위생 등의 과목을 가르쳤다(「원산청년회의 사업」, 「원산부기강습수업」, 『동아일보』 1920. 7. 18, 1921. 10. 30).

은 교수 기간이 보통 6개월~2년으로 매우 다양했다.

〈표 3-4〉 한말~1921년 원산의 야학 · 강습소 현황

야학명 (소재지)	설립(개학) 연월	모집학생(수)	설립주체	교과내용
노동야학교	1909.1	일반노동자	신석부, 전규화, 이종호, 윤상필, 박대규, 석우창, 김성	
광덕야학교	1909.9	50~60명	와우동 유지	
청년야학회	1909			
국어야학회	1917.2		원산공립보통학교	일본어 교육
국어야학교	1918.3		조일(朝日) 유력자	상업 목적 일본어 교육
노동야학	(1920.8)	일반인	노동대회 원산지부, 중리 예배당의 유지	조선어, 산술, 한문, 수신
원산부기강습소	1920	일반	원산청년회	부기 강습
여자야학강습회	1920.12	1921년 3월 제1회 수업식	천도교청년회 원산지회	
영어야학	(1921.2.10)	75 (120명 지원)	광성학교(남촌동) 선교사 테일러	영어 교육
학술강습소, 노동야학교 (관교동→석우동)	1921.5 (7월에 확장개설)	100여 명 (1923년 40여명)	관교동 · 석우동 유지, 주성극, 윤수원 박경구 경비전담/강사: 박민룡, 김대욱	보통학교 과정
독어강습회	(1921.5.15)	100명 (15세 이상 보통학교 졸업자 대상)	천주교회/독일인 옥낙안	독일어 교육
야학강습소 (덕원군 현면 두남리)	(1921.9.13)	40여 명	취성학교장 최중희	보통학교 과정
영어야학 (욱정 대동상회 내)	(1921.8.25)		유지제씨/ 교사: 서양인 병원 총무 임문상(한국관립외국어학교 출신)	영어 교육
야학강습소 (덕원군 현면 두남리)	1921.9	40여 명	취성학교장 최중희 등, 기독교회당 내에 설립	
노동야학교 (사기리)			석왕사 포교당 불교청년회	

자료: 『대한매일신보』, 『매일신보』, 『동아일보』, 『시대일보』, 『조선일보』

〈표 3-4〉를 보면 원산지역에서는 한말에도 야학이 설립되었지만,96) 문화계몽운동이 활발했던 3·1운동 직후 크게 증가했다. 야학 설립 주체는 대개 지역 유지, 노동단체, 종교단체였다. 재력이 있는 객주상인 등의 지역 유지들은 교사를 신축하고 보통학교 기초 교과를 가르치는 학술강습소나 야학을 설립했다.97) 기독교, 천도교, 불교 교단에서도 모두 야학을 운영했다. 대표적으로 천도교청년회에서는 1920년 1월부터 여자야학강습회를 개최하여 3개월 과정으로 부인이나 여학생들에게 무료로 기초교육을 강습했다. 교사는 천도교청년회원들이 자원하여 나섰으며 재원문제는 지역 유지(자본가)들의 지원에 의해 해결했다.98)

야학의 교수과목은 한말에는 일반적으로 일어·영어·한문·역사·지리·산술·박물학 등 보통학교와 유사한 교과 과정이었다.99) 원산의 천도교 여자강습소의 경우 한글·한문·산술·부기·습자 등 보통학교 과정을 축약한 것으로100) 사회생활에 필요한 기초과목을 교수했다.

서발턴의 근대 주체로서의 의식 성장과 민족의식 형성 과정에는 대중강연도 크게 작용했다고 생각된다. 대표적인 예로 1910년 2월 원산 장로교단에서 신자를 확대하기 위한 목적으로 당시 자강운동가로 유명

---

96) 한말에는 전국적으로 사립학교 설립과 함께 노동야학이 발흥했으니, 노동야학회는 서울에만 회원이 1만여 명이었고, 각지에 지회가 설치되었다(김형목, 『대한제국기 야학운동』, 경인문화사, 2005, 231쪽).

97) 1921년 5월경 관교동 유지들이 설립한 학술강습소는 운영 중 협소하여 석우동 유지들과 함께 석우동에 새 교사를 건축하여 남녀 40여 명의 학생들을 수용하였다. 1922년 효성친목회에서 설립한 효성야학교는 유지 장익진을 교장으로 추대하고 운영해오다 생도가 점차 증가하여 교사를 건축 확장했다(「원산강습소낙성식」, 「청년회 하기강습」, 『매일신보』 1921. 10. 15, 8. 9; 「석우노동야학교」, 「효성야학신축계획」, 『동아일보』 1923. 6. 26; 1922. 11. 24).

98) 처음 1회 수업을 마칠 때에는 28명이었으나 2회에는 재적생 150여 명에 수업생이 60명으로 증가했으며 갑·을 반으로 나누어 가르쳤다(「천도교강습수업식」, 「천도교여자강습회」, 『동아일보』 1921. 12. 3, 12. 20).

99) 김형목, 앞의 책, 2005, 246~250쪽.

100) 「여자강습회개학」, 『동아일보』 1921. 12. 30.

인사였던 이동휘를 초청했는데, 그는 춘성학교 학생친목회에 참석하고 상리 창전동 예배당에서 포교 관련 연설을 했다. 일제의 사찰로 인해 포교를 주제로 한 비정치적 내용이었지만, 그가 며칠 동안 머물며 '문명의 진화' '교육의 중요성' '의식의 각성'을 강조한 강연은 참석 청중들에게는 의미있는 메시지였을 것이다.[101)]

3·1운동 후 집회 결사의 자유가 어느 정도 허용되면서 원산지역에서도 금주회, (기독)청년회, 여자청년회, 설몸수양단 등 많은 사회단체가 조직되었으며 원산춘성의사회(元山春城醫師會)와 같은 직능단체도 설립되었다. 이들 단체는 회원에 국한하지 않고 일반 대중을 대상으로 하는 강연회나 토론회를 개최했다.

1920년 6~7월 두 달 동안 원산지역에서 개최된 강연회와 토론회를 정리한 〈부표 3-2〉를 보면 지역 단체만 아니라 경성 YMCA나 경성천도교청년회와 같은 외부 단체에 의해서도 개최되었음을 알 수 있다.[102)] 강연회나 토론회의 주제 중 제일 많은 내용은 개조(〈부표 3-2〉의 6·10·13항), 실력배양(17항), 재계 공황 등의 경제 현안(16·17·18항), 여성·가정문제(2·3·4항), 금주와 위생문제(1·12·17·19항) 등이었다. 실력양성론, 여성 인권, 생활 개선에 관한 내용은 대중의 관심을 끌어 참여 열기가 뜨거웠다. 특히 원산의사회가 개최한 위생 관련 강연회에는 '인산인해'로 표현할 만큼 많은 청중이 참가했다. 7월 16일 청년회의 강연회와 7월 24일 원산문우회·청년회·여자청년회·기독청년회·신풍청년구락부·금주회 등 각 사회단체와 동아일보 지국 주최 강연회도, 표현의 과장을 감안하더라도, 방청객이 '천여 명' '수천의 군중'이라는 것

---

101) 「憲機第728號 排日派主唱者首領李東暉ノ行動ニ關スル件-3月3日元山分遣所長報告」, 『耶蘇敎ニ關スル諸報告』(1910.6).

102) 1914년 9월 경원선 개통 이후 경성과 원산의 왕래 시간이 짧아진 때문이기도 했다. 보통 소요시간은 21시간 정도였다(「경원선임시열차」, 『매일신보』 1915. 10. 3).

으로 보아 대중들의 호응이 대단했던 것 같다.

강연회가 주로 열린 곳은 남촌동 감리교예배당과 광석동 장로교예배당, 보광학교 운동장, 그리고 조선인 시가의 유일한 극장인 동락좌였다. 계몽 강연은 교육의 기회를 얻지 못한 무학자나 보통학교 졸업 후 생계에 종사하는 일반 대중으로 하여금 개인적으로는 위생문제부터 사회적으로는 지역사회와 조선의 현실 상황에 눈뜨게 해주었다.

4. 출옥 후 여전히 서발턴으로

1920년 9월 23일 밤 원산지역에서 독립만세 시위가 발생했다. 이는 보광학교 학생들이 교정에서 전쟁놀이를 하다가 이기면 만세를 부른 데에서 발단되어 수천 명의 일반 대중이 가세하면서 확대된 사건이었다. 1919년 3·1운동이 기독교단에 의해 조직적으로 전개되었는데 비해, 이 시위는 일반 대중에 의해 전개되었다는 점이 특징이다. 또한 검속·체포된 이가 5백 명이고, 예심에 회부된 이 59명, 이 중 44명이 2년 6개월~8개월간 옥살이를 했으니, 11명이 유죄판결을 받은 3·1운동보다 시위가 훨씬 격렬했었음을 알 수 있다.

시위로 체포된 이들은 격문 그룹과 대중시위 그룹으로 나눌 수 있다. 격문그룹은 8월 24일 미국 상·하 의원단 방문을 기회로 시위를 준비했던 이들로 격문을 인쇄, 살포했으나 경찰의 엄중한 경계로 대중시위에 성공하지는 못했으며, 한 달 후 시위 조사과정에서 발각되어 체포되었다. 이들은 대개 보통학교 이상의 학교과정을 이수하여 대중 선동을 위한 격문을 자체적으로 작성할 수 있을 정도로 국내외 정세에 대해 인지하고 그것을 문장으로 표현할 수 있는 집단이었다.

대중시위 그룹은 시위 과정에서의 역할을 기준으로 크게 두 부류로 나눌 수 있다. 만세 시위를 계획하고 선도한 일심단원들과 그리고 만세 소리가 들리자 대열에 동참하고 나아가 파출소와 일본인 상점의 공격에 나선 서민 대중 및 학생으로 나눌 수 있다. 9월 23일 시위의 계획과 실행을 적극적으로 주도하고 또한 현장에서 대중을 선도한 일심단은 원산청년회원 중 민족의식이 가장 강한 애국 청년들로 조직된 비밀결사였다. 이들은 지역유력자로 구성된 임원진과는 구분되는 일반 서민 회원들이었다. 일심단의 조직 준비는 7월 초순부터 이루어져, 1920년 8월 중순 무렵 결성되었다. 일심단은 처음 9월 16일 시위를 거사하려고 계획했으나, 블라디보스톡으로부터 비밀결사단이 잠입했다는 첩보로 인해 경계령이 내려져 실패했고 이후 일주일 뒤에 재차 거사하여 시위에 성공했던 것이다.

대중시위 그룹은 직업별로 보면 학생 이외에 잡화상 · 미곡상 · 과일상 · 행상 등의 소상인군, 회사나 상점의 고용인과 대서업 · 이발업 · 재봉업 · 자전거 수선 · 대장장이 · 목공업 등 수공 기술을 이용한 소규모 자영업 내지 서비스업군, 그리고 짐꾼 · 소달구지군 · 노동자 등이었다. 이들은 그야말로 원산의 하층 서민, 서발턴이었다. 이들은 장에 갔다가 돌아오는 길에, 혹은 술 마시고 집으로 돌아가는 길에, 또는 노동조합 사무실이나 집에 있다가 만세소리를 듣고 뛰어나와 시위대열에 합류한 미조직대중이었다. 수천 명의 서발턴 대중을 시위대열로 이끈 것은 이십 명도 안 되는 일심단원이 아니었다. 폭력적인 제국주의 통치에 대한 조선인 대중의 내재된 저항의식이 표출되었기 때문이다.

서발턴을 시위에 나서도록 만든, 일제 통치에 대한 저항 의식이 형성되고 발현되는 기제는 사회문화적 저항공간인 자강단체와 교회였다. 한말 원산지역에서 일제에 대한 저항적 태도와 민족의식을 가진 인사들은 대개 자강단체나 사립학교 관련자들이었다. 한말 자강운동에서 가장 주력했던 사업은 학교 설립이었다. 지역유지들이 설립한 사립학교는 〈사립학교령〉(1908)으로 대부분 폐교되었으나 교회 부설 학교는 교단이란 보호막으로 그대로 존속되었다.

교회 부설 사립학교를 실제 설립하고 운영한 것은 조선인 교인들이었다. 개화기의 학생들은 자강운동의 주도층인 조선인 교사들에 의해 근대적 주체의식과 애국, 민족이란 개념을 깨치기 시작했다. 1908~1909년에 이르면 '조선혼' '애국심' '독립정신' '민족' 등이 이미 지방에서도 대중의 담론으로 확산되고 있었다.

3·1운동 후 원산지역에서도 금주회, 기독청년회, 청년회, 여자청년회, 설몸수양단 등 많은 사회단체가 조직되었다. 이들 단체에 의해 개최된 야학과 대중강연회를 통해 정규 학교를 다니지 못한 대중도 근대적 계몽주의의 세례를 받으면서 좁게는 위생과 합리적 생활개선, 넓게는 사회와 민권, 실력양성과 사회진화론, 세계정세와 조선의 사회경제 문제 등을 깨칠 수 있었다. 학교와 교회(예배당)를 공간으로 한, 다양한 학습과 기획행사는 지역민의 사고 확대와 세계관의 변화를 가져오는 하나의 계기가 되었을 것이다. 서발턴이 '우연히' 만세소리를 듣고 대열에 합류하게 된 데에는 식민지 현실과 지역사회에 대한 문제의식=저항의식이 이렇게 내재화되어 있었기 때문이다.

저항의식의 발현은 사소한 사건에서 발단되기도 하는데, 그것의 확산은 내재된 억압과 이에 대한 서발턴의 공감대를 근원으로 한다. 1920년 9월 만세시위가 발생하기 한 달 전 무렵인 8월 18일 천여 명의 군중이 장촌동 주재소를 습격하여 투석하는 '소요'사건이 발생했다. 일본인 점원이 전날 외상으로 산 모자 값 5전의 지불을 연기해달라는 조선인을 유혈이 낭자하도록 구타했는데, 출동한 순사가 오히려 일본인을 두둔하며 조선인을 인치하고 다시 무수히 난타하자, 이를 지켜본 천여 명의 군중이 돌을 던지고 주재소를 습격한 사건이었다.[103] 동아일보가 보도했듯이 이 사건은 "조선인과 일본인 사이의 사소한 시비가 발단이 되어

경찰이 개입했는데 이것이 민족적 충돌로 확대"된 것이다.[104]

1920년 9월 만세시위도 마찬가지였다. 집에서 쉬다가 혹은 길을 가다가 우연히 만세 소리를 듣고 대열에 합류한 서발턴의 저항행위는 평소 학교나 야학에서 배웠거나, 혹은 강연회나 토론회에서 듣고 공감했던, 그리고 일상생활에서 늘 체험하고 있는, 일제의 민족차별적 통치와 약탈적 경제상황에 대한 내재되어 있던 분노와 저항의식이 표출된 것이다.

만세시위로 징역형을 살고 출옥한 이들은 1922년 8월 '친목 도모와 음악 · 자선 · 교육 장려'를 표방하는 원산애우회를 조직했다. 그러나 이들 중 동아일보 원산지국 기자 · 개벽 지사장으로 원산청년회, 원산시영회, 대원구락부 등 여러 사회단체에서 활동한 김상익을 제외하고는, 사회단체나 대중단체 혹은 문화단체에서 주도적으로 활동한 사람을 찾아보기 어렵다. 김상익은 9월 23일 만세시위 때 체포되었지만 이전의 격문 작성이 드러나서 체포된 것이므로 9월 시위의 주도층인 서발턴 그룹과는 다소 차이가 있다. 9월 23일 만세시위 참가자 중에서 상업회의소나 부협의원, 학교비평의원 등 공직에 출마하거나 당선된 이는 더욱이 찾아보기 어렵다. 이는 이들이 만세 시위 후에도 이전과 마찬가지로 여전히 생업을 감당하며 식민지 일상을 살았던 서발턴이었음을 보여주는 사실이다.

103) 「천여의 군중 순사주재소를 습격」, 『매일신보』 1920. 8. 22.

104) 「원산에서 관민대충돌」, 『동아일보』 1920. 8. 22.

〈부표 3-1〉 1920년 원산지역 독립만세시위 사건 관계자

	인명(나이)	직업	활동, 경력	주소(본적)	일심단원, 형량
1	金章錫(29)	잡화상, 원산청년회 서기	3·1운동 참여로 1년 6개월 징역형(9개월 24일로 감형, 출옥), 1923년 9월 19일 만기출옥, 제면업(1924), 1926년 2월 16일 사망	덕원군 현면 두산리(同)	징역 2.6년
2	金相翊(25)	잡화상 겸 신문통신원	백산무역주식회사 감사(1919), 원산매일신문사 원산리지국장, 동아일보 원산지국 총무 겸 기자(1922), 문화인쇄소, 원산공립보통학교 졸업생교우회 간사(1917), 원산청년회 방역반원(1920)·학예부장(1922), 원산문우회(1920), 원산여자청년회 고문(1920), 원산설몸수양단 연설 내용으로 검속(1920), 1920년 9월 만세사건 주도로 징역 1년 6개월형, 1922년 8월 만기출옥, 동경진재조선인구제회 위원(1923), 원산애우회 회장(1922), 원산교풍회 규칙기초위원·서무부(1923), 민립대학기성회 발기인(1923), 개벽지사장(1924), 원산어항설치기성회 위원(1930), 원산실업학술원 상무이사(1931), 대원구락부 회장(1932), 해성교후원회 실행위원(1936), 원산정구대회 위원장(1936)	원산부 장촌동(同 신촌동)	1.6년
3	李容暄(29)	잡화상	공립보통학교 졸업(1910), 1922년 8월 만기출옥. 애우회 상임간사(1922)	원산부 장촌동(同)	1.6년
4	金秉綸(28)	어업	상친계(相親契) 조직(1918), 원산애우회 총무(1922)	원산부 신촌동(同 중리)	1년
5	李鳳雲(36)	사숙교사		덕원군 현면 두남리(강원도 양양군 현북면 기사문리)	징역 8월, 집행유예 3년
6	全聖球(24)	고용인		원산부 중리(同)	징역 8월,집행유예3년
7	崔鍾鉉(泫)(24)	과일상		원산부 장촌동(同)	일심단, 2.6년
8	崔鍾濱(20)	잡화상	최종현의 동생	원산부	일심단,

	인명(나이)	직업	활동, 경력	주소(본적)	일심단원, 형량
				장촌동(同)	2년
9	金演熙(20)	고용인	1923.2.23 만기출옥	원산부 신촌동 (同 장촌동)	일심단, 2년
10	李容九(20)	고용인	1922.5.13 가출옥	원산부 장촌동 (同)	일심단 (9월 19일 가입), 2년
11	趙基千(20)	미곡상	1922.5.13 가출옥. 덕원군 궁농구제비 50전 기부(1932)	원산부 중리(同)	일심단, 2년
12	元己福(22)	고용인	1923. 2. 23. 만기출옥	원산부 중리(同)	일심단, 2년
13	金鳳洵(19)	고용인		원산부 장촌동 (同)	일심단, 1.6년
14	全聖駿(19)	미곡상	1921.12.18. 가출옥. 미곡상(~1940), 미곡상조합 감사(1933), 원춘권번(元春券番) 감사(1939), 빈아교양원(貧兒教養院)에 1원 기부	원산부 신촌동 (同)	일심단, 1.6년
15	鄭道隣(21)	잡화상	1921.12.18. 가출옥	원산부 장촌동	일심단, 1.6년
16	安在燦(21)	대서업	1921.12.18. 가출옥	원산부 상동 (황해도 금천군 금천면)	1.6년
17	鄭鳳升(30)	행상	길주군 수진학교 졸업(1907), 길주수비대 일본군이 군수를 난타하자 일본 장교에게 항의(1907), 서북학회 회원(1909)	원산부 남산동 (함북 길주군 길성면)	1.6년
18	楊仁成(23)	자전차 수선업		원산부 상리(同)	1.6년
19	崔明福(24)	노동업	1922년 8월 만기출옥, 원산노동회 위원(1929), 우차조합 평의원(1932)	원산부 남촌동 (同)	1.6년
20	宋一鳳(28)	어상	1922년 8월 만기출옥	원산부 상리(同)	1.6년
21	金東俊(19)	노동업	원산노동연합회 회원(1929)	원산부 신흥동 (同)	1.6년
22	安成連(33)	담군업 (擔軍業)	1922년 8월 만기출옥	원산부 상동(충북 단양군 북면)	1.6년
23	趙權喆(20)	담군업	덕원군 궁농구제비 50전 기부(1932)	원산부 신촌동 (同 중리)	1.6년
24	吳昌俊(31)	선원		원산부 상동(同)	1.6년
25	金仁寬(21)	담군업	1922년 8월 만기출옥	원산부 상동(함남 안변군 배화면)	1.6년

	인명(나이)	직업	활동, 경력	주소(본적)	일심단원, 형량
26	姜東根(23)	담군업		원산부 상동(同)	1.6년
27	崔文煥(25)	어상	애우회 자선부장(1922)	원산부 북촌동(同)	1.6년
28	李養根(18)	목공업		원산부 상동(同)	1년
29	鄭學龍(23)	운송업	애우회 서기(1922)	원산부 북촌동(同)	1년
30	趙君弼(18)	고용인, 호객꾼		원산부 중리(在籍不詳)	1년
31	李永福(21)	선원	1921년 10월 만기출옥	원산부 북촌동(同)	징역 8월
32	金源昊(22)	우차부(牛車夫)	1921년 10월 만기출옥	원산부 용동(同)	징역 8월
33	李若壽(元根, 21)	고용인	1921년 10월 만기출옥	원산부 광석동(同)	징역 8월
34	徐元泰(32)	어업	1921년 10월 만기출옥	원산부 남촌동(同)	징역 8월
35	南相斌(34)	고용인	1921년 10월 만기출옥. 애우회 위친부장(1922)	원산부 광석동(同 교하동)	징역 8월
36	金元輔(16)	학생	원산수해 구조에 1원 기부(1930), 관서수해 기금으로 20전 기부(1935)	원산부 용동(함남 정평군 춘류면)	징역 1년, 집행유예 3년
37	金演根(17)	고용인		원산부 용동(同 신촌동)	징역 8월, 집행유예 3년
38	黃材弘(16)	학생		원산부 보광학교 기숙사(함남 안변군 학성면)	징역 8월, 집행유예 3년
39	權明周(18)	학생		원산부 보광학교 기숙사(함남 문천군 도초면)	징역 8월, 집행유예 3년
40	梁長福(19)	고용인		원산부 남촌동(경기도 개성군 송도면)	징역 8월, 집행유예 3년
41	金基石(17)	학생		원산부 상동(함남 덕원군 적전면)	징역 8월,집행 유예3년
42	金長孫(18)	무직		원산부 북촌동(同)	징역 8월, 집행유예 3년
43	韓得吉(24)	회사고용인		원산부 상리(同 남촌동)	무죄
44	張月淵(25)	농업		원산부 장촌동(同)	무죄

	인명(나이)	직업	활동, 경력	주소(본적)	일심단원, 형량
45	崔昌熙(38)	취성학교 교사		함남 덕원군 현면 두남리(同)	
46	朱星極(48)	면상(麵商)		원산부 영정(동)	
47	金德甫(23)	고용인		원산부 장촌동(同)	
48	金光(伍)甫(21)	우상(牛商)		(원산부 장촌동)	
49	李福連(26)	이발사		원산부 장촌동(인천부 송림리)	
50	李根植(17)	보통학교 4년생		원산부 신촌동(同)	
51	金永柱(20)	미상(未詳)	애우회 상임간사(1922)	함남 덕원군 적전면(同)	
52	安述道(24)	대장장이		원산부 상동(同)	
53	李一龍(23)	이발사		원산부 신흥동(同)	
54	崔仲孫(16)	학생		원산부 상동(同)	
55	崔永範(16)	학생		원산부 상동(평남 안주군 동면)	
56	李種(鐘)坤(29)	행상		원산부 양지동(同)	
57	林京完(47)	과실상		원산부 북촌동(同)	
58	趙達元(24)	고용인		원산부 상동(함남 영흥군 덕흥면)	
59	車貴男(26)	재봉업		원산부 남촌동(同)	

자료: 1~44항은 ① 고등법원 검사국 사상부, 「大正9年元山獨立騷擾事件判決文」(함흥지방법원, 1920. 12. 23), 『思想月報』 1권 5호, 1931년 8월 ② 45~59항은 「원산리소요사건 오십구명의 예심결정」, 『매일신보』 1920. 12. 7, 9, 10에 의거. 기타 내용은 한국역사정보통합시스템, 한국언론재단 고신문 검색.

비고: 예심에 넘어간 이는 총 59명이었으나, 15명(45~59항)이 면소되어 석방되었고, 함흥지방법원 1심에서 2명(43, 44항)이 무죄석방되었음.[105)]

---

105) 「원산독립단의 항소공판기」, 「원산독립단의 항소공판 개정」, 『조선일보』 1921. 1. 31, 2. 16.

〈부표 3-2〉 1920년 6~7월 원산지역에서 열린 대중강연회

	일자	주최/후원	장소	주제, 강연제목	강사	참가자수
1	6.4	원산금주회	남촌동예배당	음주와 인격/ 술의 해독과 구제책	곽명리/김창제	남녀 천여 명
2	6.5	진성여학교 교원 여자강연회	광석동장로교 예배당	신여자의 부르짖는 소리/여자의 할 일/ 음악연주회	진성여학교 교원 김태순/이성완/ 기타 유지 여사	여 134명
3	6.13	원산기독교 청년회	광석동 장로교예배당	'사회를 발전함에는 여자교육이 승어(勝於)남자교육' 토론	차용운, 박태희/ 김상익,차형은	
4	6.23	여자교육회	남촌동 감리교예배당	불쌍한 조선여자	여학교 교사 김정순	
5		동경유학생 순회강연단				
6	6.29	원산금주회	남촌동 감리교예배당	개조의 초보/ 금일의 아(我)/동정의 수(手)/전성여학교 코러스대 합창	김정순/이성완/ 배명진	남녀 수천 명
7	7.2	경성천도교 청년회	동락좌	개벽/세계평화는 인내천주의/하여야	조종호/방정환/ 리두경	
8	7.13	노동대회 원산지부	남촌동 감리교예배당	결당식 겸 강연	경성본부회장 김광제/조사부 사사(查事) 윤좌진	
9	7.5~6	경성중앙 기독교청년회 전도대	광석동 장로교예배당	생사의 기로/ 승자가 수야(誰耶)	김일선/이관운	3백 명/ 5백 명
10	7.7	경성중앙 기독교청년회 전도대	남촌동 감리교예배당	개조(세계개조, 국가개조에 앞서 자아를 개조하라)	김재형	
11	7.8	경성중앙 기독교청년회 전도대	중리 서동 예배당	수립세계호 (誰立斯界乎)	김일선	
12	7.12 ~13	원산의사회/ 원산청년회 · 동아일보지국 후원	상리 1동 동악좌	전염병에 대하야/ 체내의 생존경쟁/ 호열자/화류병/ 사회발전과 위생	구세병원 박태형/ 반도병원 차형은/ 반도병원 안남규/ 구세병원 김석현/ 원산의원 김용호	인산인해
13	7.16	원산청년회	남촌동예배당	사회제도 및 차의 발전원리/개조의 역자(役者)는 누구?	이각종/김경식	천여 명

	일자	주최/후원	장소	주제, 강연제목	강사	참가자수
14	7.17	원산여자 청년회(제1회 강연회)	광석동 장로교예배당	풍금독주/ 찬양대합창/강연	일본요코하마 여자신학교 박경희/원산무역 주식회사 지배인 남백우/박인건	입추의 여지가 없음, 의연금 수백 원
15	7.20	원산청년회	남촌동 감리교예배당	'학문이 승어금전' 토론		
16	7.22	원산설몸 수양단	광석동 장로교예배당	우리의 본질/ 우리민족 경제계의 급무/진정한 눈물	김상익/김하은/ 경성성서학원 강사 한석원	남녀 수십명
17	7.24	원산 각단체 주최/ 동아일보지국 후원	상동 보광학교운동장	자구력이 잇서라/ 가정위생에 대하야/ 실력배양/원산의 사활문제/재계공황에 대하야/ 사회개선에는 인적생활요구/인생의 욕망과 새 도덕/어디로 가느냐/ 철학과 인생관	원산문우회 김상익/ 신풍청년구락부 김석현/ 원산금주회 곽명리/ 원산청년회 남충희/노동대회 원산지부 리원석/ 원산노동회 안남규/기독청년회 전처선/ 설몸수양단 차광은	수천 인
18	7.29		남산 구교회당	신구사조의 충돌/ 공업의 발전/현대의 요구는 무엇인가?		천여 명
19	7.30	원산춘성 의사회/ 동아일보지국	남촌동예배당	조혼의 폐해/아(我)/ 폐결핵에 대하야/ 신가정	안남규/김용호/ 김석현/차형은	

출처: 『동아일보』; 『매일신보』; 『조선일보』.

4장 조선인 자본가층의 결집과 지역번영단체의 조직

1. 1920년대 청년회의 재편과 '지역번영' 단체

조선인 자본가층은 3·1운동을 계기로 실시된 문화통치 하에 조성된 합법공간에서 지역 단위로 청년회나 소비조합, 기타 단체 등을 설립하여 실력양성운동을 주도하면서 조선인 사회의 권익을 관철하고자 했다. 초기의 청년회는 청년들이 조직적 주체가 되지 못하고 지역 '유지'인 '장년'들이 집행부를 장악하고 있었으며 청년들은 계몽의 대상으로서 존재하고 있었다.[1)] 그러나 사회주의 사상의 보급과 함께 사회주의 노선을 견지하는 신진 청년들이 청년회의 '혁신'을 주창하기 시작하면서 양자는 운동의 방향과 주도권을 두고 갈등했다. 1920년대 중반 무렵 대부분의 청년단체에서 '혁신'이 진행되면서 가입연령 제한에 관한 회칙 개정과 계급 노선을 표방하는 강령 수정이 이루어지고, 양자는 조직적으로 분화되었다.

여기에서는 지역사회에서 청년회를 중심으로 결집하여 실력양성운동

1) 안건호, 「1920년대 전반기 청년운동의 전개」, 『한국근현대청년운동사』, 풀빛, 1995, 20~21쪽.

을 주도하며 조선인 사회의 대표를 자임했던 자본가층이 청년회 혁신으로 분리된 후 '조선인의 경제 발달과 지역 번영'을 표방하며 자신들의 이해관계를 관철하기 위한 새로운 조직을 결성하는 과정을 살펴보려고 한다. 또한 이 지역번영단체가 '지역이기주의'로 인해 내부적으로 갈등-분리-연합의 경로를 밟으며 이합집산하는 양상에 대해 분석할 것이다.

대상 지역은 개항장도시이면서도 다른 지역에 비해 전통적인 객주 상권이 매우 강하여 자본가층의 조선인 사회에 대한 영향력이 상대적으로 컸던 원산지역을 대상으로 한다. 같은 개항장도시인 부산만 하더라도 토착 객주상인도 있었지만 외지에서 이주한 상인이 많았고 또한 1910년대 중반 이후 인근 지주자본이 유입되어 지역경제권을 장악하였다.[2] 인천의 경우에도 개항 후 가까운 경성과 강화도, 그리고 이미 구개항장이 된 부산, 해로로 접근하기 쉬운 해주 당진 홍주(충남), 그리고 개성 등지로부터 이주한 상인이 많았다.[3] 그러나 원산은 개항 후 북청 신포항(新浦港)이나 함흥 등지에서 이주한 상인이 있었지만 그 이주 범위가 상대적으로 넓지 않았고 또한 숫자도 많지 않았던 것으로 보인다. 이는 개항 이전 조선후기부터 이어지는 토착 객주상권의 발달 그리고 특히 지리적 문제에 의한 것이 아닐까 생각된다. 이러한 점에서 기존 개항장도시와 또 다른 양상을 보이는 원산[4]은 흥미로운 탐구 대상이라고 생각한다.

---

2) 오미일, 『한국근대자본가연구』, 한울, 2002, 166~202쪽 참조.

3) 오미일, 「開港(場)과 移住商人 – 개항장도시 로컬리티의 형성과 기원」, 『한국근현대사연구』 47, 2008 참조.

4) 원산지역에 대한 기존연구로는 개항기 무역, 거류지문제, 경관과 장소성에 대한 연구가 있으며, 그 외에는 1929년 원산총파업 관련 연구가 대부분이다. 대표적 논문을 열거하면 다음과 같다. 小林英夫, 「元山ゼネスト-1929年の朝鮮人民のたたかい」, 『勞動運動史研究』 44, 關西大學文學部有坂研究室, 1966; 강동진, 「元山 總罷業에 대한 考察: 주로 그 民族 獨立運動으로서의 性格을 中心으로」, 『학술지』 12-1, 건국대학교, 1971; 金森襄作, 「元山ゼネストと朝鮮の勞働運動」(1)~(3), 『朝鮮研究』 176~178, 日本朝鮮研究所, 1978; 김경일, 「1929년 원산총파업에 대하여: 60주년에 즈음한 역설운동을 중심으로」, 『역사와 현실』 2, 1989; 전우용, 「원산에서의 식민지 수탈체

"원산은 조선인 거주지와 일본인 거주지가 적일교(赤日橋, 赤川橋의 오기-필자)를 경계로 일인촌은 교(橋) 이북 조선인촌은 교 이남 이러케 논이여 잇게 됨에 원산부 위정자는 일인촌을 원산시가라 하야 차(此)에 시설만을 경주하고 우리 조선인 거주지는 피(彼) 소칭(所稱) 원산리(元山里) 우(又)는 조선인 부락이라 하야 차에 시설은 전연 무관심한 차별적 태도를 취함에 ……"[5)]

예문에서 잘 나타나듯이 대부분의 식민지 도시와 마찬가지로 원산지역도 피지배자 조선인과 지배자 일본인의 공간이 분화되어 있었다. 적전천(赤田川)을 경계로 북쪽은 일본인촌, 남쪽은 조선인촌이었다.[6)] 일본인들은 조선인 거주지를 원산리 또는 조선인 부락이라고 경계짓고 차별적인 시선으로 비하했다. 조선인 사회에서는 산업 개발, 교육·문화 기반 시설 등 도시 개발로부터 조선인 거주지를 소외시키는 부당국의 공간정책과 행정에 대해 불만의 목소리가 높았다.

이에 원산지역 조선인 자본가층은 1920년 조직한 원산청년회를 통해 실력양성운동을 전개하며 '지역의 번영'을 실현하고자 했다. 그러나 사

제의 구축과 노동자계급의 성장」, 『역사와 현실』 2, 1989; 古川昭, 『元山開港史』, ふるかわ海事事務所, 2004; 김광운, 「원산총파업을 통해 본 노동자조직의 건설문제」, 『역사와현실』 2, 1989; 하원호, 「개화기 원산항의 한일간 교역과 그 성격」, 『동양학』 38, 단국대학교 동양학연구소, 2005; 허병식, 「휴양지의 풍경: 근대도시 원산의 장소 정체성」, 『한국문학연구』 44, 동국대학교 한국문학연구소, 2013.

5) 「元榮, 市榮會 合同決議」, 『중외일보』 1928. 10. 16.

6) 高尾新右衛門, 『大陸發展策より見たる元山港』, 원산: 東書店, 1922, 84쪽.
참고로 1920년 12월 말 원산부 인구는 조선인 4,461호/ 19,840명, 일본인 1,785호/ 7,134명, 중국인 124호/ 580명, 기타 외국인 10호/ 31명으로 총 6,380호/ 27,585명 가운데 조선인은 총 인구의 72%, 일본인은 26%를 점했다. 1930년 말에는 조선인 6,912호/32,503명, 일본인 1,973호/9,334명, 중국인 262호/1,186명, 기타 외국인 6호/ 37명, 총 9,153호/ 43,060명 가운데 조선인의 비율은 75%, 일본인은 22%였다(「호구」, 『조선총독부통계연보』, 1920년판, 59~60쪽; 1930년판, 30~31쪽). 일본인 비율이, 1920년경 부산의 경우 총인구 중 48%, 인천의 경우 31%를 점했던 사실과 비교해보면 다른 개항장도시에 비교해 원산이 낮은 편이었다.

制)·경제·부기·산술 등 실용적인 지식을 강의하는 2개월 기간의 하기강습회를 개최했으며, 모루히네 중독자 구제, 방역(防疫), 전국 체육경기 출전, 문예물 현상모집 등의 사업을 전개했다.[10)]

〈표 4-1〉 창립기 원산청년회의 주도층(1920년)

	직책	인명(나이)	직업	경력	출전
1	회장 발기인	안정협(安廷協, 39)	자본가, 원산상업은행 이사(1921), 원산무역(주) 이사·사장(1921~1925), 동창사(주) 이사(1920~1929), 북선창고(주) 감사(1923), 흥업사(주) 감사(1923), 청남(주) 이사(1923~1925)	일본 유학(1910), 1925년 11월 사망	조선은행 회사조합요록
2	부회장 발기인	남백우(南百祐, 34)	자본가, 〈부표 4-1〉 7항 참조	일본 유학(1910), 朝鮮共産黨 및 高麗共産靑年會再組織事件에 관련(1931)	韓國近代史資料集成 2권; 용의조선인명부, 236
3	총무부장 발기인	남충희(南忠熙, 29)	자본가, 〈부표 4-1〉 5항 참조,	1927년 36세로 사망	동아 1927.1.10
4	학예부장	김이현(金利鉉)	사립 보광학교 교감(1917)	축산협동조합 창립(1931), 비밀결사사건으로 체포(1932)	매일 1917.2.16.; 동아 1931.3.4, 1932.5.2
5	체육부장 발기인	최광린(崔光麟)	자본가, 〈부표 4-1〉 29항 참조		
6	경제부장 발기인	조병철(趙炳喆, 30)	자본가, 객주조합 전임이사, 영광상점(합자) 대표(1930)	원산소년단 조직(1919), 강우규의 사이토 총독 암살계획 지원으로 3년형(1921)	독립운동사자료집 11
7	회계부장 발기인	정봉점(鄭鳳漸)	자본가, 북선창고(주) 감사(1921~1923)		조선은행 회사조합요록
8	評議長	이정화(李正華)	자본가, 〈부표 4-2〉 1항 참조		

10) 「원산청년회강연회」, 「元山靑年會防疫班」, 「元山簿記講習修業」, 「원산청년회 강습회」, 「원산청년회 사업」, 「원산연합토론」, 『동아일보』 1920. 7. 21, 1920. 8. 16, 1921. 10. 30, 1922. 7. 16, 1922. 11. 6, 1923. 8. 1; 「청년회하기강습」, 「원산청년회원 遠征」, 「원산조선인청년회의 '莫比' 중독자구제」, 『매일신보』 1921. 8. 9, 1921. 10. 16, 1922. 12. 26.

	직책	인명 (나이)	직업	경력	출전
9	발기인	송주환 (宋柱煥)	원산사립보문학교 강사		대한매일 1907.10.18
10	발기인	박태형 (朴泰亨)	구세병원 의사	미국 유학(1922)	동아 1922.10.28, 1926.1.3
11	발기인	정운준 (鄭雲駿)	북선창고(주) 지배인		
12	발기인	조종구 (趙鍾九)	자본가	〈부표 4-1〉 4항 참조	
13	발기인	안돈의 (安敦義)	자본가	〈부표 4-2〉 3항 참조	
14	발기인, 서무부장 (1921)	안태경 (安泰慶)		동경 유학(1922)	매일 1921.10.16; 동아 1922.4.1
15	발기인	이세모 (李世模)		원산공립보통학교 졸업(1910), 원산공립보통학교 졸업생교우회 부회장(1917), 신간회 지회 재만동포 폭압반대대책강구회 실행위원(1927), 원산고아원에 20원 기부(1936)	황성 1910. 5. 7; 매일 1917.2.2., 1936.8.18; 동아 1927.12.13
16	발기인	김익수 (金翊洙)	자본가	동아일보지국 주최 시민운동회에 50원 기부(1920), 객주조합 주최 점원운동회 준비부장(1921), 재동경원산학생친목회 강연(1921)	동아 1920.6.4.; 매일 1921.4.26, 1921.8.15

자료: 「원산청년회 발기」, 『매일신보』 1920. 6. 10, 17; 「원산청년회 조직」, 『조선일보』 1920. 6. 17.
비고: 창립 임원진에는 이외에도 평의원 19인, 각 부원 20여 명이 있었는데, 자료에는 생략되어 있다.

원산청년회 발기인과 창립 간부진을 정리한 〈표 4-1〉에서 나타나듯이 발기인 16명은 직업과 경력을 기준으로 크게 자본가와 지식인 · 전문엘리트 두 부류로 나눌 수 있다. 자본가가 11명이고 나머지는 교사, 의사 등이었다. 창립 간부진은 총 8명인데 그 가운데 자본가 7명, 의사 1명이었다. 따라서 원산청년회를 창립하고 초기의 운영을 주도한 것은 자본가층이라고 할 수 있다.[11] 이는 사무실 소재지를 통해서도 확인할 수 있다. 원산청년회의 발기인회가 열린 곳은 청남(靑南)주식회사의 원산지점 사무실인데, 이 회사는 1919년에 명태 · 곡물류 · 주단 면포류 · 기타 물품의 무역 및 위탁매매를 업종으로 하여 북청군 신포항에서 창립되었다. 원산청년회의 발기인이자 초대 회장인 안정협이 이 회사의 이사이며 최대주주였다. 또한 창립 초기 원산청년회 사무소는 객주조합 이사인 조종구(〈부표 4-1〉 4항 참조)의 자택에 위치했고, 이후 1921년 6월경 동창사㈜(위탁매매 · 무역) 이사인 남충희(〈부표 4-1〉 5항 참조)의 집으로 이전했다. 또한 발기인이고 1921~1922년 부회장과 회장으로 활동하며 원산청년회의 성장에 큰 공로를 세운 조종구도 객주상인이었다.[12]

원산청년회는 '원산의 조선인 경제계를 대표하는' 자본가들이 주도했으나, 정치 성향별로는 민족주의자 · 사회주의자 · 기회주의자 · 아나키스트 등이 섞여 운영되면서 불협화음과 내부 갈등이 잦아 사회에서 종종 비난을 받기도 했다.[13]

> "원산청년회 제씨(諸氏) 지방열(地方熱), 당파열은 우리가 공(共)히 통분(痛忿)히 여기는 바 원산으로 다시 상하(上下) 원산을 작(作)할 필요야 잇겟습니까. 철로를 계선(界線)으로 하야 상원산, 하원산이라는 말이 들닙니다. 그리하야 상계(上界)는 무산(無產), 하계(下界)는 유산(有產)이라는 말을 들엇습니다. 이 유산 무산에서

---

11) 1920년 8월 "중류 이상 인물이라고 칭할만한 50여 명 유지"들이 간친회를 열고 "친목적인 저금조합"을 결성했는데, 이날 참석한 중요 단체는 원산청년회와 함께 원산부청, 경찰서, 식산은행, 조선은행, 동아일보지국, 북선창고(주), 원산무역(주), 객주조합, 청남(주), 동창사 등이었다. 이를 통해 초기에는 원산청년회가 '유지 단체'로 공인되고 있었음을 알 수 있다(「청년회사무소 이전」, 「元山有志懇親會」, 『동아일보』 1921. 6. 11, 1920. 8. 13).

12) 「함흥과 원산의 人物百態」, 『개벽』 54, 1924년 12월; 中村資良, 『조선은행회사조합요록』, 東亞經濟時報社, 1927년판.

13) 「연령제한, 원산청년회 변경」, 『시대일보』 1925. 7. 29.

임원파 회원파 서로 의견이 불상용(不相容)하야 다소 분쟁이 잇다 함을 들엇습니다. …"[14]

예문에서 보듯이 원산청년회 내부 갈등의 핵심은 임원진 대 일반 회원의 갈등이었다. 그런데 그 갈등의 본질은 유산자와 무산자의 대립이며, 이는 상계(북부)와 하계(남부)의 공간적 갈등으로 나타났다. 그 공간 경계는 〈지도 4-1〉에서 보듯이, 통상 경원선 철도건널목으로 이야기되는데, 구체적으로 상원산은 영정(榮町)·관교동 이하 반도의원(명석동) 이상, 하원산은 반도병원 앞에서 장촌동 이상의 구역으로 구분했다.

〈지도 4-1〉 원산지역 조선인 시가의 북부(상)와 남부(하)

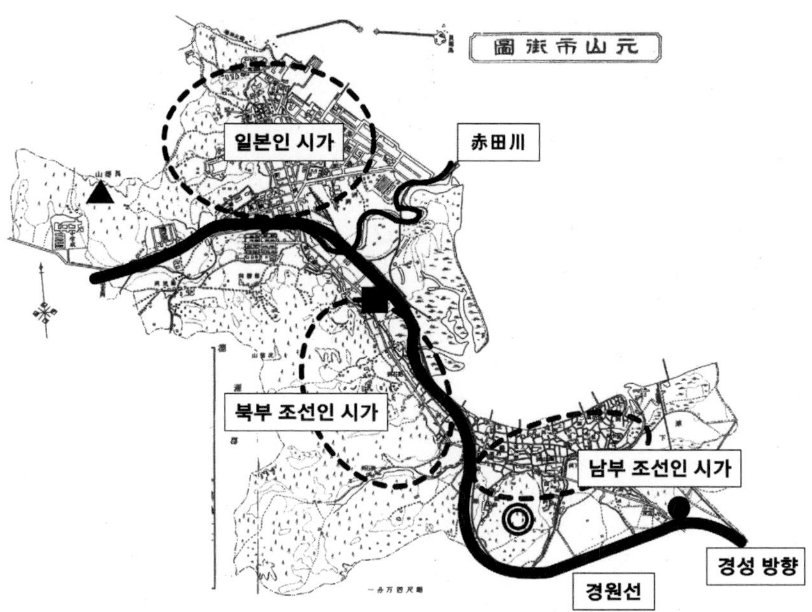

비고: ■ 원산역, ● 갈마역, ▲ 장덕산(長德山), ◎ 남산(南山)
출전: 高尾新右衛門, 『大陸發展策より見たる元山港』, 원산: 東書店, 1922.

14) 朴達成, 「回顧夏路七千里」, 『개벽』 16호, 1921년 10월, 42쪽

개항 이전부터 원산진 포구가 위치했던 하원산은 객주상업이 발달했고 유력자들은 주로 이곳에 거주했던 것이다.

사회주의 사상에 관한 서적이 보급되고 강연회나 웅변대회 등의 대중 계몽을 통해 청년들의 가치관과 세계관이 변화되는 시세에 따라 원산청년회의 내부 분위기와 구성원에도 점차 변화가 나타났다. 혁신적인 변화가 나타난 것은 1925년 4월 하순 열린 춘계 정기총회로, 여기에서 20~45세인 가입 연령을 18~30세로 변경하는 안이 결정되었다. 이에 3명의 구 위원이 자격 상실되면서 신세대 위원으로 대체되었다.[15] 이는 청년회 내부 구성원의 세대 교체를 의미했다.

청년회의 혁신을 주도한 것은 박용대(朴容大)를[16] 중심으로 하는 신진그룹이었다. 박용대는 이 혁신총회 얼마 전인 3월 무렵 원산청년회 내부에 독서인구락부를 조직하여 회원들이 정기적으로 창작한 서정시나 감상문, 기행문 등의 산문을 독회하며 청년회 개혁을 목표로 결속을 다져왔다.[17] 그 결과 총회에서 대다수 찬성으로 가입 연령 제한, 헌장(憲章) 수정이란 혁신과 회장으로 사회주의 성향의 박용대가 선출되는 성과를 이루어낼 수 있었다.[18] 그러나 석 달이 못되어 가입 회원의 연

15) 「원산청년도 혁신」, 『조선일보』 1925. 4. 30. 이날 선출된 임원진을 보면 위원장 박용대, 위원 이계심(李啓心) · 원태윤(元泰允) · 김연재(金演栽) · 김낙진(金洛振) · 배수성(裵壽星) 등이었다.

16) 박용대는 1921년 비밀결사 대한청년단연합회 함경도의용대에 참가하여 활동했다. 1924년 8월 경성에서 결성된 프롤레타리아예술동맹 조직에 참여했으며, 같은 해 11월 북풍회 창립 총회에서 연구부원으로 활동했다. 1926년 3월 함흥에서 조직된 사회운동자동맹의 집행위원으로 활동했다. 차가인조합 이사로 활동했고, 이후 신문기자로 일하며 1935년 5월 부회 의원(민선)으로 선출되었다(「비밀결사의용대」, 『매일신보』 1921. 4. 10; 『고등경찰보』 1, 40쪽; 「京鍾警高秘 第一四五四六號ノ二 北風會創立總會ニ關スル件」(1924. 11. 26), 『檢察行政事務에 關한 記錄』 2; 「사회운동자동맹」, 「借家人組合」, 「조선지방자치의 획기적 진전」, 『매일신보』 1926. 3. 8, 1931. 4. 6, 1935. 5. 22 호외).

17) 「제1회독서회」, 『동아일보』 1925. 4. 9; 「연령제한, 원산청년회 변경」, 『시대일보』 1925. 7. 29.

령을 35세로 다시 연장하였으며, 자본가인 남충희가 위원장으로 다시 영입됨으로써[19] 구간부 측(자본가)과 신진세대가 일시 공존하는 구도로 바뀌었다.[20]

청년회 혁신을 둘러싸고 갈등이 심화되는 가운데, 1925년 10월 21일 김상익(金相翊)·박용대·김연재(金演栽) 등 십수 명이 "혼란하여 가는 우리 사회운동 선상(線上)을 정돈코저 회합"한다는 선언을 하고 사상단체 혁풍회(革風會)를 조직했다.[21] 단체의 강령은 "우리들은 책임으로써 대중운동의 수립을 기함. 우리들은 단결로써 우리 사회운동 상 엄정한 진영을 확립함"으로 청년운동의 혁신을 지향했음을 알 수 있다. 혁풍회의 발회식과 위원회가 원산청년회관에서 개최된 것으로 보아 원산청년회원들이 회를 조직하고 주도했던 것으로 보인다.

또한 한 달 뒤에는 원산청년회의 장기욱(張基郁)·박용대·김상익 등이 사회과학연구회를 조직하고 문고 설치, 강좌, 강연 등의 사업을 추진했다.[22] 12월 22일에는 원산노동청년회, 원산무산청년회, 원양청년회(元陽青年會), 원산여자청년동맹, 원산인공청년동맹(元山印工青年同盟) 등 5개 단체가 모여 원산청년연합회를 결성했다.[23] 이와 같이 사회주의 사상

---

18) 그런데 이러한 결과에 대해 구 간부들 측에서는 신진들이 개혁을 요구하기 전에 자신들이 양보를 한 것이라고 주장했다.

19) 「원산청년회 연령제한 연장」, 『조선일보』 1925. 7. 29.

20) 박용대가 경성에 머물던 중 급히 내려오라는 편지를 받고 급거 원산으로 돌아와 총회를 소집하여 자기들만으로는 청년회를 운영하기 어려우니 연령을 연장하자고 발의했다는 정황으로 보아 박용대의 부재 중 구 간부 측의 반격이 획책되었고 이를 제대로 방어할 수 없었던 저간의 사정이 있었던 것으로 보인다.

21) 「革風會 조직」, 『시대일보』 1925. 10. 24.

22) 「사회과학연구회 원산청년회서 조직」, 『동아일보』 1925. 11. 23.

23) 「연기되엇든 원산청년연합」, 『시대일보』 1925. 12. 22, 12. 25. 연합회 임시대회에서의 토의 사항을 보면 청년운동뿐 아니라 노동, 농민, 여성, 형평운동 등 각 부문운동에 대해 토의하고 이류(異流) 단체 배격을 내거는 것으로 보아 사회주의적 성향이었음을 알 수 있다(「원산청년연합임시대회」, 『시대일보』 1926. 1. 5).

을 노선으로 청년회의 당파성을 견지하고자 하는 분위기가 강화되면서, 일제 경찰의 감시와 탄압도 노골적으로 일상화되었다.[24]

1926년에 들어서 원산청년회 내부의 노선 갈등은 더욱 심화되었다. 1월 1일 원산청년동맹이 혁풍회관 내에서 창립되었는데, '철저히 계급의식을 강구, 청년무산계급의 지적 교양의 관철'이란 강령에서 드러나듯이[25] 사회주의적 기치를 분명하게 내걸었다. 그러자 원산청년회에서는 임시총회를 열어 박용대 등이 조직한 원산청년동맹을 반동단체라고 규정한 후, 그 조직에 참가한 6명이 제출한 탈회원서를 퇴각하고 제명처분했다.[26] 이에 대응하여 원산청년동맹은 임시총회의 결정을 취소할 것과 악분자(惡分子)를 지역 청년운동계에서 적극 배제할 것을 결의했다.

이와 같이 1925년 이후 원산청년회 내부에 조직된 독서인구락부나 혁풍회, 사회과학연구회 등의 써클이 회(會)의 혁신을 주창하면서 내부의 노선 갈등은 더욱 심화되었다. 마침내 원산청년동맹이 조직되자 구세대 간부진과 신세대 간부 측의 분열은 조직적 분리로 진행되었다. 원산청년회를 중심으로 조선인 사회의 대변자를 자임하던 조선인 자본가층은 이제 자신들의 입장을 대변하고 입지를 강화시킬 새로운 단체의 결성을 강구하지 않을 수 없었다. 일본인 자본가나 엘리트들이 일찌감

24) 예를 들어 1925년 10월 31일에 열린 원산청년회 제11회 정기총회에서 원산노동청년회원이기도 한 이경(李卿)이 임석한 일제 경찰을 '적'이라고 했다 하여 원산경찰서에 체포되었다. 이에 원산지역 청년단체, 사상단체들이 연합하여 공동 대응에 나섰다(「'敵'으로 拘留」, 『시대일보』 1925. 11. 22). 1926년 1월 10일에도 원산청년회 위원 13명이 '경성에 근거를 둔 사회운동의 계통자로 원산에 와서 활동하고 있는 박태선·한명찬의 일파가 되어 작년 봄부터 사상단체를 조직하고 좌경적 운동을 암중모색하고 1월 6일 원산청년회 위원회에서 강령을 새로 제정하여 적극적으로 행동을 하려 한다 하여 치안유지법 위반으로 체포되었다(「10일에 원산청년회 위원을 검거」, 「검거된 13명은 治維法違反이다」, 『조선일보』 1926. 1. 13, 17).

25) 「원산청년동맹 1일 창립」, 『시대일보』 1926. 1. 4.

26) 「원산청년회 7명 脫會願」, 『시대일보』 1926. 1. 5; 「원산청년회 臨總」 『동아일보』 1926. 1. 6.

치 원산번영회를 조직하여 지역개발 과정에 자신들의 이익을 관철시키고 있었는데 반해, 조선인 자본가층은 1920년 조직한 원산청년회를 통해 실력양성운동을 선도하면서 조선인을 위한 지역 번영을 실현하고자 했다. 그러나 사회주의사상의 전파와 함께 대중운동이 활발해지면서 원산청년회 내부에서 영향력을 상실하자, 대체 기구로 원산시영회 조직에 나섰다. 그러나 1926년 2월 원산시영회 조직 후 조선인 자본가층이 바로 원산청년회를 떠난 것은 아니었고,[27] 6월 말에 열린 혁신총회에서 회원 가입 연령을 25세 이하로 제한하면서 완전 결별했던 것으로 보인다.[28] 이후 원산청년회와 원산시영회는 부수되는 이권문제 즉 동아일보와 원산매일신문의 지국을 원산청년회에서 계속 직영하는 문제를 두고 분쟁이 있었다.[29]

3. 조선인 자본가층의 원산시영회 조직과 내부 갈등

1926년 2월 6일 '문화의 향상, 경제의 발달, 상공의 개선, 기타 원산 번영의 일체 사업 등을 기도하여 당면의 문제를 해결함으로써 그 효과를 원산 2만 여 조선 민중의 앞 길에 연다'는 취지로 원산시영회 발기인대회가 개최되었다.[30] 원산제일공립보통학교 강당에 발기인 수십 명이

27) 원산시영회가 창립된 이후인 3월 4일 열린 원산청년회 임시총회에서 선출된 위원명단에는 김상익, 임사현(林仕賢), 김연재, 이경(李卿) 등의 신진세대뿐만 아니라 초창기 청년회를 주도했던 남백우, 남충희, 조종구, 김경준 등도 있었다. 원산시영회의 창립 평의원이었던 남백우는 1926년 4월 말에 열린 원산청년회 위원회에서도 임시의장으로 사회를 보았다(「혁신조직, 元靑臨總決議」, 「원산청년위원회」, 『동아일보』 1926. 3. 8, 4. 29).

28) 「이십오세로 제한」, 『동아일보』 1926. 6. 29.

29) 「원산청년회 七名脫會願」, 「원산청년동맹 결의」, 『시대일보』 1926. 1. 5, 6. 24; 「이십오세로 제한」, 『동아일보』 1926. 6. 29.

참가한 가운데 개최된 대회(발기인 총회)에서는 창립위원장 장익진(張翼珍)과 홍종희(洪鍾熙)·남백우(南百祐)·만석준(萬錫俊)·조종구·김경준(金景俊)·노문기(盧文麒)·남충희·김상익 등 9명의 위원을 선출하여 창립에 관한 일체의 사무를 위임했으며 임시사무소는 객주조합 내에 설치하기로 결정했다.[31]

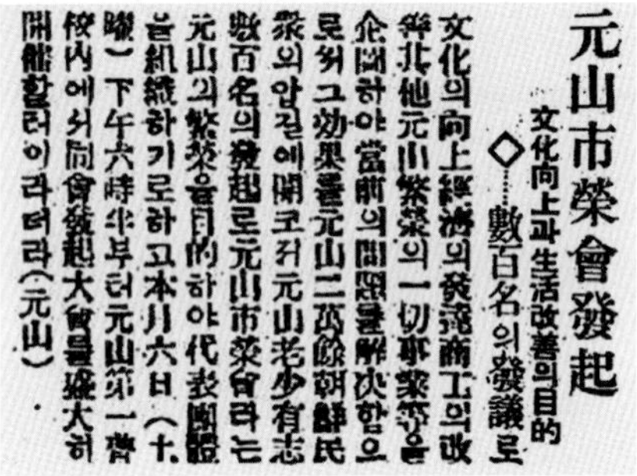
元山市榮會發起
文化向上과生活改善의目的
◇……數百名의發議로
文化의向上經濟의發達商工의改善其他元山繁榮의一切事業等을企圖하야當前의問題를解决함으로써그効果를元山二萬餘朝鮮民衆의압길에開코저元山老少有志數百名의發起로元山市榮會라는元山의繁榮을目的하야代表團體를組織하기로하고本月六日(土曜)下午六時半부터元山第一普校內에서同會發起大會를盛大히開催할터이라더라(元山)

〈사진 4-1〉
원산시영회 발기 보도기사
(『동아일보』 1926. 2. 6)

창립준비위원회에서는 회칙 기초와 예산 편성에 대해 논의했으며 특히 회원 모집을 위해 원산부내를 세 구역으로 나누어 3명의 창립준비위원이 각 구를 담당했다.[32] 신속한 회원 모집으로 150명이 확보되자, 2월 21일 제일공립보통학교 강당에서 창립위원장 장익진의 사회로 원산시영회 창립총회가 열렸다.[33] 이 자리에서 회장: 조기주, 부회장: 장익

---

30) 「원산시영회 발기」, 『동아일보』 1926. 2. 6.

31) 「원산시영회 去6일 발기총회」, 『동아일보』 1926. 2. 10.

32) 「원산시영회 去14일 창립위원회」, 『동아일보』 1926. 2. 18.

33) 「원산시영회 창립」, 『동아일보』 1926. 2 23; 「원산시영회 창립대회」, 『조선일보』 1926. 2. 23. 창립대회 당시 모집 회원수에 대해 동아일보에서는 150여명, 조선일보에서는 출석회원 3, 4백 명으로 보도했다. 평의원 전체 명단은 남백우, 차형은(車亨恩), 손조봉(孫祚鳳), 정기윤(鄭岐潤), 이철형(李喆衡), 박민룡, 최수악, 노문기, 김경준, 고병철(高丙哲), 만석준, 김석오(金錫五), 한군필(韓君弼), 한치항(韓致恒), 김이석(金利錫), 남관희(南觀熙), 노기만, 김영희(金永熙), 김영근, 이병균(李秉均), 서영규(徐永奎) 등 총 21명이었다. 그동안 연기되어온 발회식은 7월 11일 명사십리에서

〈사진 4-2〉 원산공립제일보통학교(용동)

출처: 元山府, 『(日本海の商港) 元山』, 경성: 近澤印刷部, 1926.

진 · 홍종희, 간사: 조종구 · 남충희 · 김상익, 평의원: 남백우 외 20명의 임원진이 선출되었다.[34)]

원산시영회의 사업 논의와 집행은 평의원회를 중심으로 이루어졌으니, 중요 안건은 매월 열리는 평의원회에서 토의되어 결정되었다. 제1회 평의원회에서는 부회장 2명의 위계를 장익진-홍종희 순으로 정하였고, 사무 처리를 위한 집행기구로 서무부 · 사업부 · 조사부 3개 부서를 두었다.[35)]

거행되었다.

34) 창립 간부진 명단에 대해서는 〈부표 4-1〉 참조. 6월 26일 열린 제1회 정기총회에서는 평의원 9인을 추가 선출하고, 고문 추천에 대한 논의가 있었다. 1927년 6월 26일 개최된 제2회 정기총회에서 개편된 임원진은 회장: 조기주, 부회장: 남백우 · 장익진, 서무부 간사: 최광린 · 박민룡, 사업부 간사: 김경준 · 김찬문, 조사부 간사: 김연재 · 김상익, 평의원: 홍종희 · 조종구 · 노기만 · 이대응(李大應) · 손조봉 · 차형은 · 송춘근(宋春根) · 김석오 · 서영규 · 한군필 · 최영래(崔英來) · 탁봉실(卓鳳實) · 최수악 · 김영근 · 박창조(朴昌祚) · 홍달후(洪達厚) · 김양근 · 주성규(朱星奎) · 김태준(金泰俊) · 김종운(金鍾運) · 이춘하 · 이병균 · 김용호(金容浩), 고문: 이명여(李明汝) · 김원복 · 위형순 등이었다(「元山第二普校 改築과 인민의 부담여하」, 『중외일보』 1927. 6. 29).

지역 개발 과정에서 소외된 조선인 자본가들의 목소리를 반영하고 사회경제적 이권을 확보하기 위해 1년 6개월 정도 활동해오던 원산시영회는 제이공립보통학교 이전 문제를 둘러싼 갈등이 비화되면서 내분을 겪게 되었다. 원산지역의 조선인 공립교육기관으로는 1911년 4월 용동(龍洞)에 설립된 공립보통학교와 1914년 창립된 간이상업학교가 존재했다.[36] 그러나 조선인 학생을 수용하기에 턱없이 부족하여 1922년 부당국의 일부 보조금과 부민들의 식산은행 기채(12만 원)에 의해 마련한 경비로 제이공립보통학교를 신흥동(新興洞)에 설립했다.[37] 그러나 부실공사와 부당국의 감독 소홀로 인해 1924년 봄 완공 이후 일 년이 채 안 되어 교사(校舍)가 기울어지는 등 계속 문제가 발생하여 수차례 수리공사를 했으며,[38] 결국 3년 만에 교사가 붕괴되어 1천여 명의 학생이 불시에 방학을 하고 분산 수업을 하는 사태가 발생했다.[39] 이에 부당국에서는 학교 부지를 명석동으로 이전하여 신축한다고 발표했다.[40] 1927년

---

35) 「원산시영회 제1회평의회」, 『조선일보』 1926. 3. 3; 「元市平議會」, 『동아일보』 1926년 3월 5일.

36) 廣田駒次郎, 『元山案內』, 元山每日新聞編輯局, 大阪市: 谷口印刷所, 1917, 33~34쪽; 高尾新右衛門, 『大陸發展策より見たる元山港』, 東書店, 1922, 81~82쪽.

37) 「3년 만에 校舍가 붕괴」, 『조선일보』 1927. 8. 13; 「元山府學校費起債ニ關スル件認可案」(1927.6.15.).

38) 「건축중의 元山第二公普 校舍가 기울어진다고 元山府民의 비난」, 『동아일보』 1923. 3. 17; 「落成前에 傾頹하는 학교」, 「元山公普는 수선」, 「第二公普 修繕工事」, 『조선일보』 1923. 3. 10, 3. 15, 4. 20.

39) 「3년만에 校舍가 붕괴」, 『조선일보』 1927. 8. 13; 「원산제2보교 신축낙성」, 『매일신보』 1929. 1. 3. 원산부 건축과장은 조사 결과 붕괴 원인은 철도 선로 부근에 위치하여 그 진동의 영향과 겨울철 지반의 결빙에 의한 것이며, 당초 기초 설계가 잘못되었음을 지적했다(「元山府學校費起債ニ關スル件認可案」, 1927.6.15).

40) 「3년만에 校舍가 붕괴」, 『조선일보』 1927. 8. 13. 그런데 학교평의회에서 최초에 결정된 이전 부지는 남산 기슭의 학교유(學校有)임야였다(〈지도 4-2〉의 ▲). 하지만 암석이 많아 토지 균평이 쉽지 않은데다 협소하여 이를 폐기하고, 지대가 높아 풍광이 좋고 배후에 방풍산림이 있는 명석동으로 결정했던 것이다(「元秘第203號 元山第二普通學校校舍移築ニ關スル件」, 1927. 8. 22).

〈지도 4-2〉 원산 제이공립보통학교의 현 위치와 신축 위치

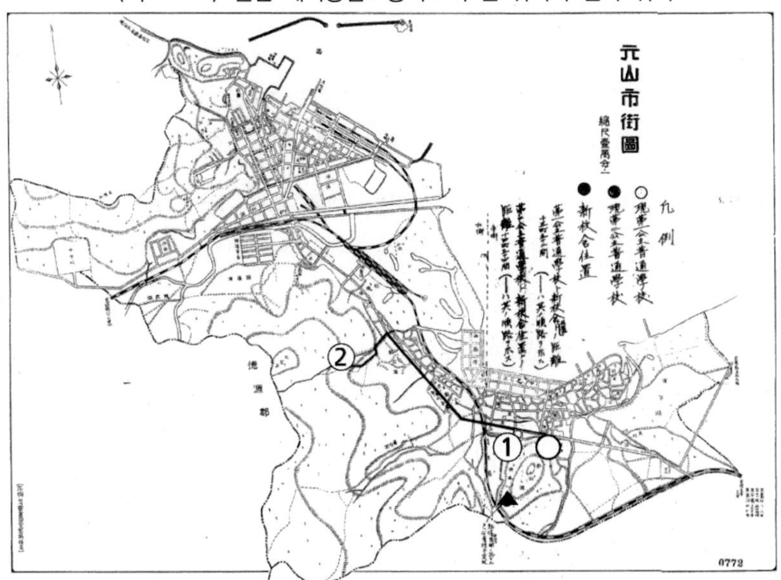

자료: 「咸南地 第98號 元山府學校費起債ニ關スル件」(1927. 8. 25).
비고: ① 現 제이공립보통학교(新興洞), ② 제이공립보통학교 新校舍(銘石洞), ▲ 당초의 제이공립보통학교 이전 부지(학교비소유임야), ○ 제일공립보통학교(용동)
* 제일보통학교와 제이보통학교 신교사의 거리(지도의 ▬ 표시)는 15町 52間(1,693미터), 현재의 제이보통학교와 이전 신교사의 거리는 14정 54간(1,586미터)임.

6월 말 학교비평의원회에서 이전을 결의하고 후보지로 반도의원 안남규(安南奎)와 니시지마(西島留藏)의 소유지인 명석동 대지 2천4백 평을 1평당 2원에 매수하며 이전비는 총독부의 보조를 받고 부족 금액은 부민이 부담한다고 결정했다.[41]

이후 조선인 사회는 현재의 신흥동(〈지도 4-2〉의 ①)에 그대로 재건축할 것인가 명석동(〈지도 4-2〉의 ②)으로 이전 신축할 것인가란 문제를 둘러싸고 갑론을박하며 감정적으로 팽팽하게 대립되었다.[42] 초기

41) 「咸南高工 第428號 元山公立第二普通學校新敷地決定ニ對スル部民ノ反對運動ニスル件」(1927. 7. 5).

42) 「원산시영회 평의원회」, 『조선일보』 1927. 7. 12. 결국 원산시영회는 1927년 7월 22일

건축비(원금과 이자) 19만여 원을 1942년까지 갚아야 하는 상황에서 또 다시 공사비를 기채하면 조선인 대중의 학교비 부담금이 증가할 수밖에 없었다. 이에 부당국의 발표안에 반대하는 19개 동리의 대표들이 모여 '제이보교현지개축촉진기성회(第二普校現址改築促進期成會)'를 조직하고, 부당국의 결정에 동조한 학교비평의원을 불신임하는 한편 학교비 불납동맹을 결성하였다. 또한 김원복 · 이봉록(李鳳錄) · 김종운 · 문기헌(文基憲) 등 진정위원 5인을 선정하여 직접 상경해서 총독부 학무국장을 면담한 후 원래의 자리에 목조로 신축할 것을 청원하는 내용의 진정서를 조선총독에게 제출했다.[43] 진정서의 요점은 "조선인 거주지역의 형세로 보건대 명석동은 '일우지지(一隅之地)'에 불과한데 무슨 이유로 이 가까운 곳을 버리고 저 먼 곳을 택하는가? 명석동 이상 적전교 이하는 4개 동에 불과하고 명석동 이하 중앙 대국(大局)은 19개 동인데 어찌

임시평의원회를 열고 제이보통학교 개축문제에 대한 조사 보고를 한 후 대안으로 6개 항목의 선택항을 작성하여 31일의 시민대회에 상정하기로 결정했다. 6개항은 ① 제이보교를 남산 취토장(取土場)으로 이전하되 연와제(煉瓦製)로 건축할 것 ② 명석동으로 이전하되 역시 연와제로 건축할 것 ③ 종래 12학급이던 제일공립보통학교를 20학급으로 증축하고 제2공립보통학교는 명석동으로 이전하는 동시에 연와가옥으로 15학급을 건축할 것 ④ 제이보교를 현재 기지에 개축하되 목조로 할 것 ⑤ 제2보교를 남산 취토장으로 이전하되 목조로 할 것 ⑥ 현재에 신(新) 기지로 이전하되 역시 목조로 할 것이었다(「元山市榮評議會」, 『조선일보』 1927. 7. 26; 「府民大會와 提議案 6개조」, 『중외일보』 1927. 7. 25).

43) 「현장소에 개축하고 학교비도 불납」, 「尙今解決無望」, 『동아일보』 1927. 8. 10, 9. 8. 이들이 결의한 내용은 ① 20여만 원의 건물이 당국자의 불철저한 관리로 금일과 같이 아무 쓸모없게 되었음에도 불구하고 그 경비 부담을 시민에게 강요하는 것은 부당하니 원상회복만을 요구함 ②민의를 무시하는 평의원들을 파면할 것 ③ 부민의 요구를 관철키 위하야 학교비를 동맹하여 불납할 것이었다(「문제의 원산제이보교」, 『중외일보』 1927. 8. 13).
19개동민이 제출한 진정서 원문과 그 제출자에 대해서는 「元山府學校費起債ニ關スル件照會案」(1827.7.18) 참조. 진정인 대표는 이봉록(前 학무위원), 이택현 · 김병유 · 김원복(前 학교평의원) · 이병균 · 박창조 · 최수악 · 방종환 · 김연호(金然昊) · 서상한 · 위형순(前 학무위원, 前 학교평의원) · 남관희 · 손조봉 · 이대응 · 이도순 · 김종운 · 김영근 · 전낙풍(田樂豊) · 조승봉(趙承鳳) · 이은하(李銀河) · 남상준(南相俊) · 김익상(金翊相) · 서병휘(徐丙輝) · 윤상필 · 노기만이었다.

19개 동을 버리고 4개 동을 취하는가? 학생수로 논하더라도 1,019명 내에 저쪽은 3할에 불과하고 학교비 부담으로 보더라도 연액 17,160원 내에 저쪽의 부담은 2할에 불과하다. 하물며 민력이 조잔하여 구채(舊債)로 신음하는 때에 또 거액을 들여 이축하는 것은 설상가상 경제 파멸의 동기가 되기 때문에 19개 동의 여론이 분개하여 대표를 선정하여 진정한다"는 내용이었다.[44] 이전 장소의 부적합과 함께 이축으로 인한 경제적 부담을 강조한 것이다. 요컨대 이전 신축 반대의 근거는 명석동으로 이전할 경우 학교건축비 12만여 원 외에 추가로 5만 원의 거액을 들여 도로를 새로 건설해야 하며 또 약 7할 정도의 학생들의 통학이 불편해진다는 점이었다.[45]

일본인 니시지마와 학교비평의원 몇 사람의 소유지가 이전 부지인 명석동 뒷산에 있으며 부 당국의 지정가격이 시가보다 훨씬 높게 책정되어 이전으로 인해 일부 유산가들의 배를 불리게 된다는 소문이 돌고 이전의 배후에 이권을 획득하려는 일부 지주, 자본가들의 계략이 존재함을 의심하게 되면서 사태는 악화일로로 치달았다.[46] 그런 가운데 점차 비용문제보다 위치문제가 쟁점으로 부각되었다.

'현지개축기성회'가 비용 부담을 문제 삼고 부당국의 이전신축안을 반대하는 데에 집중한 반면, 이정화 · 김양근 등을 중심으로 조직된 '이축기성회'는 이전 장소에 초점을 두었다. 이전신축자들은 조선인 시가의 남부에 2교를 병설하기보다 남부와 북부에 1교씩 병치하는 것이 공평하다는 주장을 관철시키는 데에 역점을 두었다. 이에 대해 현지개축기성회는 인구상으로 보면 남부 9천여 명, 북부 1만 4천여 명이고, 학령아동수도 1천2백여 명 대 1천6백여 명인데, 남부에는 제일공립보통학교

44) 「陳情書」, 『元山府學校費起債ニ關スル件照會案』(1927. 7. 18).
45) 「洞民代表會서 木造新築要求」, 「총독부에 직접진정」, 『조선일보』 1927. 8. 13.
46) 「移轉을 主張함엔 魔手가 潛在」, 『조선일보』 1927. 8. 15.

1교(12학급)뿐이지만 북부에는 사립 4교가 있으므로 '병치' 주장은 공평하지 않다고 주장했다.[47]

한편 부 당국에서는 명석동으로 정한 이유에 대해 "명석동 부근 즉 (경원선)철도선로 이북은 인구 14,748명에 통학아동수 1,584명(공립 726/ 사립 858)이고 신흥동 부근 즉 철도선로 이남은 인구 9,624명에 통학아동수 1,293명(공립 910/ 사립 383)이므로 북부의 통학아동수가 더욱 많다"는 점을 근거로 내세웠다.[48] 즉 제일보통학교(용동)와 제이보통학교(신흥동)의 거리가 매우 근접하여 편재해 있기 때문에 조선인 시가 북부 지역의 아동은 대부분 할 수 없이 사립학교에 입학하거나 또는 취학 연령에 이르렀으나 통학이 곤란하여 방치하는 경향이 있으므로 이를 완화할 필요가 있기 때문에 명석동이 적당하다고 주장했다.

'현지개축기성회' 대 '이축기성회'의 갈등은 부당국의 부실공사로 인한 조선인들의 피해와 그에 대한 대책을 문제 삼기보다 이전 장소 문제로 왜곡되어 조선인 사회의 분쟁으로 확산되었고 나아가 전국적 이슈로 부각되었다. 급기야 신간회 지회가 나서서 "제이공립보통학교 문제의 선결조건은 위치문제가 아니라 적어도 3만 8천여 원의 새로운 부담을 부민이 감당할 것이냐? 도·부 당국이 감당할 것이냐가 당면에 해결할 문제이다"라는 결정서를 천명하고 비판연설회를 개최하기에 이르렀다.[49] 허헌(許憲), 박희도(朴熙道), 홍명희(洪命熹) 등의 전국적 지도자가 연사로 나서서 〈19만여 원(붕괴된 교사의 당초 건축 시 소요된 비용—필자)에 대한 법률상 책임〉 〈함남도당국의 책임 여하〉 〈제이공보사건과 오인의 태도〉 〈원산 남북 분열의 장본인은 누구?〉 등의 연설을 통해, 주민들의 학교비 부담으로 건설한 교사가 부실한 것은 공사 수주와 감독을 담당

---

47) 「移築問題에 대한 兩便의 성명서 발표」, 『동아일보』 1927. 9. 10.

48) 「咸南地 第98號 元山府學校費起債ニ關スル件」(1927. 8. 25).

49) 「元山第二公普事件 비판연설회」, 『동아일보』 1927. 9. 10.

〈사진 4-3〉 명석동 소재 원산공립제이보통학교

출처: 田上征夫, 『咸南都市大觀』, 咸南都市大觀編纂部, 1938, 450쪽.

한 함남도당국과 원산부당국에 있음을 지적하고 조선인들의 결속을 호소하기에 이르렀다. 그러나 이러한 노력에도 불구하고 제이공립보통학교 이슈를 둘러싼 시영회 내부의 갈등은 마침내 조선인 사회의 공간적 분열로 전개되기에 이르렀다.

> "거금(距今) 3년 전 병인(丙寅) 춘(春)에 분연히 원산시영회를 창립하고 어시호(於是乎) 이 땅 번영에 대한 모든 문제를 의론하여 오든 터이러니 불행히 제이보교 교사 기지(基址) 문제로 발단이 되여 남부(철도건널목 이하를 가리킴)이니 북부(철도건널목 이상을 가리킴)이니 하는 구혈(溝穴)이 생(生)하며 북부의 인사는 남부에 사무소를 둔 시영회와 대립하는 기관으로 원영회를 작년 추(秋)에 창립하게 되여 이와 가티 회(會)에서 분열되기를 이래 일년 유여(有餘)를 보내게 됨에…"50)

> "원산상업회의소 평의원의 개선기(改選期)는 일개월이 절박하야…주민은 예(例)의 제이보통학교 이전문제로 남북 양파에 분(分)

50) 「元榮, 市榮會 合同決議」, 『중외일보』 1928. 10. 16.

하야 반목하는 터임으로 차(此) 방면에도 상당히 격렬한 운동이 행하리라 하며…"[51]

위의 예문에서 보듯이 학교 부지 장소에 대해 경원선 철도선로 윗 쪽에 거주하는 조선인들은 선로 위쪽인 명석동에 이축하기를 주장했고, 선로 아래쪽에 거주하는 시민들은 부민들의 부담을 고려할 때 현 장소인 신흥동에 개축하는 것이 적합하다고 하여 상하 시민이 서로 대립되어 있었다.[52] 결국 조선인 사회는 〈지도 4-1〉에서 보듯이 경원선 철도 건널목 경보기를 경계로 아래쪽 남부에 사무실이 위치한 원산시영회를 지지하는 남부파와 이에 반대하는, 건널목 윗쪽 북부파로 분립되었다.

그런데 조선인 사회를 철도선을 경계로 남북(상하)으로 구획하는 것은 종전에 부협의원 공인후보를 선출할 때에도 관례적으로 적용되고 있었다. 원산의 지형이 길어서 상방(上方)에 있는 사람이 하방(下方)의 모든 일을 자세히 알지 못하고 하방에 있는 사람이 상방의 사정을 자세히 알지 못하므로 상구(上區)와 하구(下區)에서 각기 3인씩 선출했던 것이다.[53] 또한 조선인들은 색전대회(索戰大會)를 할 때에도 철도선을 경계로 이북과 이남으로 구분하여 편을 나누기도 했다.[54]

마침내 1927년 8월 16일 북부파는 북부지역의 번영을 추구하기 위해 독자적으로 원영회발기준비회를 개최했다. 이틀 뒤 만장일치로 조직을 결성하고 준비위원으로 김양근(金楊根), 이정화, 이회경(李會璟), 안돈의 4인이 선정되었다.[55] 9월 5일 본정 함신양복점(咸信洋服店)에서 주성규

51) 「元山商議員 改選運動」, 『매일신보』 1927. 9. 13.

52) 「원산제이보교 移築位置問題」, 『중외일보』 1927. 8. 1. 논란에도 불구하고 학교 부지는 부 당국이 처음 지정한 명석동에서 바뀌지 않았다.

53) 「元山府協議員 公認候補選擧」, 『매일신보』 1926. 11. 8.

54) 「元山索戰大會」, 『동아일보』 1924. 3. 3.

55) 「원영회조직」, 『동아일보』 1927. 8. 21. 위원의 자세한 경력에 대해서는 〈부표 4-2〉

사회로 창립준비위원회가 개최되었는데 이때 4백여 명으로부터 입회원을 접수했다.[56] 보름 만에 수백 명을 모집한 것으로 보아 신규모집된 회원도 있겠지만 대부분 원산시영회에서 탈퇴한 이들이었을 것으로 보인다. 9월 11일 창립대회에서 임원진으로 회장: 박민룡, 부회장: 김경준·이정화가 선출되었다. 그러나 원산시영회와 대립각을 세우기 곤란했던 박민룡과 김경준은 현재 공직자라는 이유로 사면했으며, 결국 회장: 이정화, 부회장: 주성규·안돈의로 결정되었다.[57] 이어서 개최된 평의원회에서는 제이보통학교문제에 대해 불공평한 기사를 게재한 신문사들의 본사와 지국에 경고문을 발송할 것을 결의했다.

원영회가 분립됨으로써 시영회가 받은 타격은 컸다. 원영회 창립 후 한 달 여 지난 후인 10월 31일에 열린 시영회 정기총회는 출석 회원이 5, 6인에 불과하여 할 수 없이 유회(流會)되고 말았다.[58]

시영회와 원영회는 분립하여 약 1년 정도 각기 활동했다. 앞의 두 번째 예문에서 20명의 상업회의소 의원 중 4명의 조선인 의원을 선출하는 선거에서도 남북 양파로 나뉘어 경쟁이 치열했다는 사실에서 알 수 있듯이 지역적 갈등의 파장은 작지 않았다. 하지만 특정 이권에 구애되지 않고 지역 사회단체가 일반적으로 참여하는 구호사업과 같은 경우 보조를 맞추어 함께 활동하기도 했다.[59]

참조.

56) 「원산원영회 창립일 변경」, 『동아일보』 1927. 9. 10.

57) 「원영회 창립」, 『동아일보』 1927. 9. 14; 「원영회창립총회」, 『조선일보』 1927. 9. 16. 창립기 임원진에 대해서는 〈부표 4-2〉 참조.

58) 「元山市榮會 流會」, 『중외일보』 1927. 11. 5.

59) 예를 들어 1928년 9월 초 관북지방에 발생한 수해 이재민을 돕기 위해 원산시영회가 발의하여 유지 백여 명으로 조직한 관북수난구제회(關北水難救濟會)에서 시영회와 원영회 인사들이 함께 참가하여 활동하고 있는 것을 볼 수 있다. 관북수난구제회의 회장은 시영회(남부파)의 조기주였으며, 각 동리에 파견된 인물을 보면 김경준, 이정화 등 원영회(북부파) 인사들도 함께 활동하고 있다(「원산에서 水難救濟會」, 『중

'조선인을 위한 지역 번영'이란 목적이 동일한 양 단체의 분립은 오래 가지 않았다. 지역 유지들 간에 "약한 우리는 단결을 해도 살는지 모르거든 하물며 우리끼리 분열하는 것은 자멸을 재촉하는 것이 아니냐"는[60] 탄식이 나오면서 양 단체의 합동 분위기가 조성되었다. 합동 논의가 제기되고 실현되게 된 배경에는 1927년 7월 11일 신간회 원산지회가 창립되어 민족적 단결과 통일전선이 고조되고 있었던 사회분위기가 크게 작용했을 것으로 보인다. 양 단체의 화해와 합동이 주창되고 양 회 간부와 유지들이 한 자리에 모이게 된 데에는 신간회 준비위원이었던 김상익(원산매일신문사 원산리지국장, 동아일보 지국 기자, 개벽 지사장)의 활동이 컸다.[61]

1928년 10월 중순에 열린 양 단체의 간담회에서 합동을 결의하면서 기왕의 단체를 모두 해산하고 새로운 명칭의 단체를 조직하기로 결정했다. 그리고 전형위원 최수악, 남관희, 이세모, 김경준, 김상익 5명에 의해 합동준비위원 10명이 선정되었다.[62] 전형위원은 양 단체의 간부로 합동 분위기를 조성했던 인물들이었다.

그러나 양 단체의 합동이 순탄하지만은 않았으니, 10월 28일 개최하기로 했던 합동창립총회는 주변 정세와 준비 미흡으로 무기연기되었다. 합동의 당위성에 공감한다 하더라도 감정적인 불화의 해소에는 시간이 필요했던 것이다. 합동문제를 결의하기 위해 열린 원영회 총회는 3백명의 회원 가운데 간부 6, 7명만 참석하여 결국 무산되고 말았다. 시영

외일보』 1928. 9. 11; 「水難救濟會 원산서도 조직」, 『동아일보』 1928. 9. 10).

60) 「元榮, 市榮會 합동결의」, 『중외일보』 1928. 10. 16.

61) 「元榮, 市榮會 합동결의」, 『중외일보』 1928. 10. 16. 김상익의 경력에 대해서는 〈부표 4-1〉 6항 참조.

62) 「元榮, 市榮會 合同決議」, 『중외일보』 1928. 10. 16; 「양단체 해체 시영회를 조직」, 『동아일보』 1928. 10. 16. 이때 선출된 합동준비위원은 최수악, 김경준, 남관희, 박민룡, 강석준(姜錫俊), 이보석, 남백우, 노문기, 이세모, 김상익이었다.

객주조합 사무실로 여기에서 매월 평의원회가 열렸으며, 또한 시민협회의 초기 평의원회 장소도 객주조합 사무실인 점에서 원산상의소-객주조합-시영회(원영회)-시민협회로 이어지는 전통의 맥락을 읽을 수 있다. 이렇게 본다면 객주조합은 객주들이 자신들의 경제적 권익을 보호하기 위한 목적으로 원산상의소의 전통을 계승하면서 그 대체기구로 설립한 동업조합이라고 할 것이다. 그리고 시영회는 객주조합원들이 중심이 되어, 경제적 권익이란 궁극적으로 경제 자체에만 국한되지 않고 도로·교통·전기·수도·학교·문화시설 등 사회적 인프라를 포괄하는 총체적인 지역 개발에 있다는 점을 인지하고 조직한 근대적 형태의 지역단체라고 할 것이다.[79]

객주조합이 지역의 조선인 재계에서 차지하는 위상은 매우 높았다.[80] 객주조합이 정기적으로 조사하는 원산지역 물가 시세는 조선일보 등의 중앙 신문에 정기적으로 게재되었다. 또한 1920년 경제공황 때 재계 악화 방지책으로 신디케이트 조직 건을[81] 논의하는 것으로 보아 단순한 위탁매매에 머물지 않고 시장 동향을 예의주시하며 대책을 모색하는 상업계 대표기관을 자임했음을 알 수 있다.

---

79) 원산시영회나 원영회가 단기간에 수백 명의 단체로 조직될 수 있었던 것은 객주조합이란 기존 조직 기반이 가동되었기 때문에 가능했을 것이다.

80) 이는 기본적으로 원산지역 경제에서 상업, 무역의 비중이 매우 높고 여기에 종사하는 인구 비율이 매우 높은 데에 기인한다. 1934년도 원산부의 직업별 호구 조사에 의하면 조선인 총 43,560명(9,509호) 가운데 '상업 및 교통업'에 종사하는 이는 19,571명(4,147호)으로 44%에 달했다. 그 다음으로는 '기타 유업자' 11,028명(2,508호)로 25%, 그 다음은 공업으로 5,657명(1,204호) 13%였다. 같은 무역항인 부산부의 경우 1931년 12월 말경 조선인 93,674명 가운데 '기타 유업자'가 34,688명으로 37%, 그 다음으로 상업·교통업이 24,865명으로 26.5%, 공업 10,682명 11.4% 순이었다. 따라서 원산의 경우 조선인 경제에서 상업·교통(운수업)에 종사하는 인구 비율이 훨씬 높음을 알 수 있다. 시차를 감안한다면 그 편차는 더 벌어질 것이다(章勳夫, 『統計年報』, 원산상공회의소, 1935, 143~144쪽; 부산부, 『釜山府勢要覽』, 1932, 12~13쪽).

81) 「원산객주조합총회」, 『동아일보』 1920. 6. 30.

객주조합은 업종 특성 상 다수의 운송노동자를 고용해야 했으므로 임금문제로 자주 노동계와 갈등을 빚었는데,[82] 이에 대응하여 노동 통제를 위한 다양한 방안을 모색하기도 했다.[83] 때때로 조합 주최로 점원 운동회를 열기도 했는데 1921년 4월 운동회에는 무려 10여 가지 종목의 경기가 열렸으며 참관자가 8천여 명에 달하여 원산 전체 시민의 운동회라고 할 정도였다.[84] 1922년 7월에 개최될 원산수산품평회를 기회로 전선무역업자대회를 개최하려고 준비하는 사실이나 1926년 도(道)지방비로 파견하는 블라디보스톡 무역조사원이 전부 일본인이고 조선인 실업가는 한 사람도 없는 사실에 대해 조합원 및 일반 조선인 상업가 전체를 대표하여 도지사에게 공문을 보내 항의하는 것에서도[85] 단순한 동업조합 이상의 위상을 엿볼 수 있다.[86] 객주조합의 영향력은 단지 상업계만 아니라 노동계, 사회 정치 방면에도 파급되었다고 할 것이다.

객주조합의 위상이 높았던 것은 객주자본이 지역의 조선인 경제에서 차지하는 비중이 매우 컸기 때문이다. 1920년경 조선인이 설립한 주요회사는 13사였는데,[87] 객주자본에 의해 설립된 회사가 대부분이었다. 대표적으로 1920년 자본금 1백만 원(불입자본금 25만 원)으로 설립된

---

82) 1921년 원산노동대회의 임금 증액 요구로 인한 쟁의, 1925년 원산노동회의 명태 하륙결복(下陸結卜)에 대한 삭전 인상 쟁의, 1927년 6월 원산노동회의 임금 인상요구로 인한 쟁의가 발단이 된 원산노동연합회의 총동맹파업 (「원산객주조합 임금증액거절」, 「원산쟁의 일단락」, 『동아일보』 1925. 2. 2, 2. 18; 「노동회동맹파업」, 「원산노동연합회 총동맹파업」, 『중외일보』 1927. 5. 27, 6. 9).

83) 본서 2부 6장 참조.

84) 「상업단체운동회」, 『동아일보』 1921. 5. 6.

85) 「무역업자대회 준비」, 「원산객주조합에서 조선인 增選을 道에 공문」, 『동아일보』 1922. 4. 26, 1926. 2. 26.

86) 객주조합이 사회경제적 위상에 걸맞는 활동을 할 수 있었던 것은 조합의 든든한 재정적 뒷받침이 있었기에 가능했다. 1924년 4~9월간 6개월 수입 · 지출 상황을 보면 수입은 가입금, 특별부담금, 할인금, 잔교수입금(棧橋收入金) 등 총 2,047원이고 순익금이 409원이었다(客組收支狀況」, 『시대일보』 1924. 11. 7).

87) 「元山 現會社商會數」, 『동아일보』 1920. 8. 20.

원산무역(주)은 원산저금조합과 상신저금조합(相信貯金組合)이 합병하여 일부 소액주주를 끌어들여 설립되었는데 그 발기인과 창립임원진은 모두 유력 객주들이었다.[88] 원산무역(주)은 자본금 규모에서만 아니라 1940년대까지 지속되어 원산 조선인 경제를 대표했던 기업이었다. 또한 1920년 자본금 50만 원(12만 5천 원)으로 설립된 북선창고(주)역시 객주자본에 의해 설립되었다.[89] 이밖에 동창사(주)(안정협 · 남충희 등), 함명상회(김석오), 원흥상회(김경준), 명성태(노기만) 등도 모두 해륙물산 위탁매매, 기타 무역을 하는 객주상회였다.

객주조합은 조합원의 경제적 토대를 견고하게 하기 위해 각기 3백 원을 출자하여 1926년 11월 상업금융부를 설치했다.[90] 이후 1929년 2월경 그동안 적립한 자금으로 자본금 10만 원(초기 불입금 2만 5천 원) 규모로 창고업 · 운수업 · 금융업을 영업종목으로 하는 원산상업주식회사를 설립했다.[91] 이는 조합원들의 숙원이었던 문제, 즉 필요하지만 자금

88) 元山 想痶生, 「원산무역주식회사 주주제씨에게」, 『조선일보』 1923. 11. 25. 창립기 이사인 김병유, 남백우, 위형순, 남관희, 최광린은 모두 객주업자였다. 원산무역(주)은 내외국 물산 무역과 위탁매매뿐만 아니라 양조부를 두고 합성양조소를 경영하기도 했다. 이 합성양조소는 1924년경 독립법인인 주식회사로 분리되었다(章勳夫, 『大正十四年統計年報』, 원산상업회의소, 1926, 83쪽).

89) 북선창고는 원래 창흥창고였는데 증자하면서 북선창고로 개칭했다. 창흥창고의 청산인(淸算人)인 이택현, 이병균, 홍종희와 김병유는 모두 객주이며, 북선창고의 사장 이명여, 오인규, 김영근, 정봉점도 객주로 확인된다(「창흥창고 해산」, 『매일신보』 1920. 3. 18; 〈부표 4-1〉 참조).

90) 상업금융부의 간부로 부장: 조기주, 이사: 조종구 · 김석오 · 조승봉, 그 외에 감사 3인을 선정했다. 상의소 시절에도 회원 40명이 자금을 내고 매달 일정액을 적립하여 저축조합을 만들기로 결의했었다(「상업금융부 설치」, 「금융설치안 滿場可決實現」, 『중외일보』 1926. 11. 28, 12. 29; 「衆議所 決意」, 『매일신보』 1914. 8. 31).

91) 「원산상업주식회사 탄생」, 『매일신보』 1929. 2. 23. 회사 창립위원은 조기주 · 장익진 · 김영근 · 김석오 · 노기만 · 히라오(平尾卯一郎) · 심춘택 · 남경희 · 이인호 · 정대현 · 주여정(朱餘貞) 등 11명이었다(「원산객주조합을 주식회사로 조직」, 『매일신보』 1929. 1. 23). 창립 당시 경영진은 사장: 김영근, 이사: 조기주 · 이병균 · 모리노(森野實壯) · 히라오 · 노기만 · 서상한, 감사: 주여정 · 김석오 · 심춘택이었다(『조선은행회사조합요록』 1929년판). 초기에는 일본인이 이사로 참가했으나 1933년판 조선은행회

〈사진 4-4〉 원산상업주식회사

출처: 田上征夫,『咸南都市大觀』, 咸南都市大觀編纂部, 1938, 489쪽.

때문에 개인적으로는 해결하기가 어려웠던 문제를 조합 차원에서 공동으로 해결한 것이었다. 회사 설립을 결정한 정기총회(1929.1.19)에서 '회사 조직문제는 회원 일반의 숙망이었기 때문에 만장일치로 가결되었다'고[92] 하는 것으로 보아서도 짐작할 수 있다. 초기에는 객주조합이 원산상업(주)에 거의 전력투구하면서 장차 합병까지 구상했던 것 같은데,[93] 경영 과정에서 회사와 조합의 차이점을 인지하면서 양자를 병립하기로 결정했다.[94] 지역에서 공업이 발전되는 시세 변화에 따라 곡물이나 해

사조합『요록』에는 보이지 않는다.

92)「원산객주조합을 주식회사로 조직」,『매일신보』 1929. 1. 23.

93) 공칭자본금 20만 원, 불입자본금 5만 원으로 증액하였으며 영업성적은 배당률이 7~8%로 호조를 보였다(『조선은행회사조합요록』, 1935~1942년판 참조).

94)「원산상업회사 감사역 改選」,「원산객주조합 商業社와 분리」,『매일신보』 1931. 1. 22, 1. 31.
"…사년 전 원산상업회사가 창립되자 객주조합 재산을 동 회사에 편입하여 객주조합이란 유형무형 중에 그 목적을 발휘치 못하든 바 금반 객주조합원들은 본월 24일

산물의 위탁무역과 운송업을 하던 객주조합원들이 정미업 · 주조업 · 고무공업 등으로 분야를 확장하면서[95] 1936년 4월 조합 명칭도 원산상공협회로 개칭되었다.[96]

객주조합원들은 지역 경제를 장악하고 있었으므로 당연히 원산상업회의소 평의원이나 부회두로 활동했다. 그리고 든든한 물적 기반에 근거하여 학교비평의원, 부협의회원 등 공직에 진출했고, 원산청년회를 비롯하여 원산교풍회, 원산체육회 등의 사회단체에서도 활동했다.

한편 시영회 간부 중에는 객주조합원 이외에 지역사회를 선도하는 기업가나 의사도 있었다. 대표적으로 조사부장인 김상익은 원산공립보통학교 출신으로 1920년 9월 원산지역을 떠들썩하게 했던 만세사건을[97] 주도하여 징역 1년 6개월 형을 받았고 출옥 이후 시위사건에 참가한 동지들로 결성한 조선애우회(朝鮮愛友會) 회장, 실력양성단체인 원산교풍회 간부, 동경진재조선인구제회(東京震災朝鮮人救濟會) 위원, 잡지 『개벽』 지사장, 민립대학기성회 발기인, 그리고 원산청년회 학예부장, 원산여자청년회 고문으로 활동하며 지역의 문화운동을 선도했던 인물이다. 그는 부산의 안희제가 설립했던 백산무역주식회사 감사, 동아일보 원산지국 기자 등을 지낸 후 오랫동안 문화인쇄소를 경영했다(〈부표 4-1〉의 6항 참조).

정기총회에서 원산상업회사와 분리하여 객주조합을 부흥하자는 결의가 잇서 일치가결되엿슴으로…"

95) 객주조합의 안정협(청남사 지점장), 김경식(백산무역주식회사 지점장), 임지영(林芝永, 무역상 개원상회 주인), 조병철(趙炳喆)은 상당한 자본을 축적하여 회사 형태로 위탁매매와 무역을 하고 있었다. 또한 대표적으로 김경준은 정미소와 양조장, 이택현은 양조소를 경영하여 객주자본이 점차 제조업 분야로 투자되고 있음을 알 수 있다(「元山客組協議會」, 『동아일보』 1921. 3. 13; 〈부표 4-1〉 참조).

96) 「원산객주조합을 상공협회로 개칭」, 『동아일보』 1936. 4. 30; 「원산객주조합을 상공협회로 개칭」, 『조선중앙일보』 1936. 5. 20. 이때 임원은 개선(改選)되었으나 회장/부회장/평의원 조직편제에는 변화가 없었다.

97) 본서 2부 3장 참조.

평의원 박민룡 역시 원산인쇄소를 경영하며 원산청년회 총무, 원산노동회 이사로 사회활동을 전개했던 이다. 그는 이러한 적극적인 사회활동을 기반으로 시영회의 부협의원공인후보자로 출마하여 1923년과 1926년 두 차례 부협의원을 역임했다.

평의원 차형은(車亨恩)은 반도의원 의사로 역시 원산청년회 학예부장과 평의원, 상무위원으로 활동했고 원산기독교청년회장을 역임했다. 또한 시영회의 추진 사업 중 하나였던 주식회사 원산관(元山館, 공회당 겸 연회장)의 설립위원이자 이사였던 이춘하(李春河)는 함경남도 북청 출신으로 유명한 사회주의운동가 이주하(李舟河)의 실형인데, 어릴 때 원산에 이주하여 곡물상, 운송점으로 성공한 인물이다. 그는 1926년 당시 곡물조합장이자 부협의원이었다. 요컨대 시영회는 원산지역 경제를 장악하고 있는 객주조합원들에 의해 주도되었으며, 그 외에 원산청년회나 교풍회 등을 통해 지역 사회운동에 적극 참여하고 있는 자본가와 의사·교사와 같은 엘리트들이 일부 참가하고 있었다.

다음 원영회의 간부진에 대해 살펴보자. 회장인 이정화 역시 객주조합 평의원이고, 부회장 안돈의도 원산상의소 상의원을 지낸 객주조합원으로 실업계에서 평판이 좋은 인물이었다. 간사 한두천(韓斗天)도 미곡을 취급하는 객주이며, 명단이 파악되는 평의원 중 한치항·김경준·이양봉·김종운 등도 객주였다. 박민룡(원산인쇄소), 이보석(풍산제과점), 전용빈(주조업) 등은 객주 출신인지는 파악하기 어려우나 당시 제조업을 영위하고 있는 상공업자였다. 그 외에 교사(이홍준), 원산부 서기(이근수) 등이 참여하고 있었다. 이렇게 보면 명단이 파악되는 간부진 총 15명 가운데 12명이 자본가로, 상공업자가 압도적 비중을 차지하고 있음을 알 수 있다.

이렇게 볼 때 시영회와 원영회 간부진의 대다수는 자본가 특히 객주들이었다. 이들은 상업회의소 의원, 부협의원, 학교비평의원 등 공직에 진출하여 조선인 사회의 대표로 자임하고 있었다. 원산지역 객주층은 부산이나 목포 인천 등 다른 개항장도시에 비해 지역 경제계나 시민사회에서 그 위상이 매우 높았다. 초기 원산청년회의 발기인이나 간부진이 거의 대부분 객주들이었고 또한 객주조합 차원에서 적극적으로 지역번영단체 조직을 주도했던 것은 원산지역의 특이성이라고 할 것이다. 이는 주요 산업이 위탁매매 · 무역, 어업과 어업가공업이었던 지역 경제구조에도 기인한 것으로 생각된다. 오랜 전통과 역사적 과정을 거쳐 경제적 기반과 사회적 위치를 이룬 객주는 그 존재 자체가 원산의 지역성으로 내재화되었다고 생각된다.

〈부표 4-1〉 원산시영회 창립 임원진(1926년 2월)

	직 책	인명 (거주지)	직업·경영업체	경력·사회활동
1	회장, 원산관설립 위원, 보광학교승격 위원, 수난(水難) 구제회 후원위원	조기주 (趙基周)	북선창고(주) 이사(1923), 객주조합 평의원(1920~1922, 1927), 객주조합장(1924~1926)·객주조합 금융부 부장(1926), 원산상업(주) 창립위원·이사·전무이사, 원덕어업조합지정중개인(1932)	상업회의소 의원(1918~1922)·특별의원(1930~1931), 제2공립보통학교 교육후원회 평의원(1925), 함남노동회 고문(1929), 원산어항설치기성회 위원(1930), 원산어항수축기성회 위원(1933), 학교비평의원(1927,1930), 만주조난동포구제회 준비위원(1931), 원산실업학술원 상무이사(1931), 영남이재민원산구제회 위원(1933)
2	부회장, 원산관설립 위원, 보광학교승격 위원, 수난구제회 후원위원	장익진 (張翼軫)	해륙물산 객주, 객주조합 부조합장(1926)·조합장(1927, 1933), 원산상업저금조합 설립(1920), 원산상업(주) 창립위원(1929)·감사·이사(1931~1933), 명태조합 이사(1932), 원덕어업조합 지정중개인(1932), 원춘권번(1940)	개성 출생, 제2소방조 창설자, 상업회의소 의원(1918~1920)·부회두(1927~1928), 부협의원 공인후보(1926), 부협의원(1926), 함남노동회 이사(1929), 학교비평의원(1927, 1930), 원산공립상업학교 학급 증설을 도평의회에 청원(1929), 부협의원(1930), 원산리어항설치시민대회 연사(1930), 어항설치기성회 부회장(1930), 함남노동회 사교부(1930), 원산관립사범학교 설치기성회 상임위원(1930), 원산어항수축기성회 위원(1933), 원산제2소방조 조장, 영남이재민원산구제회 위원(1933)
3	부회장, 방파제건설 교섭위원	홍종희 (洪鍾熙)	객주조합 평의원(1920~1928), 창흥창고(주) 주주·청산인(1920), 삼산자동차(주) 이사(1923~1929), 합성양조소(주) 감사(1925, 1929), 원산무역(주) 지배인(1925~1927), 북선창고(주) 지배인·이사(1927~1929), 흥업사(주) 감사(1927, 1931), 사리원운수창고(주) 감사(1931~1937), 조선운송(주) 이사(1931~1935)	대한협회 덕원지회 회원(1908), 함경남도 내무부 서기(1910~1913), 함경남도지방토지조사위원회 임시위원(1918), 신흥군 군수(1914~1918), 문천군 군수(1919), 부산예월회 간사(1921), 원산상업회의소 특별의원(1926~1928), 운송합동창립위원(1929), 함남노동회 교양부(1930), 선운협회 중앙집행위원(1930), 원산공립상업학교 학급증설을 도평의회에 청원(1929), 조선운송동맹회 소속으로 운송합동에 반대(1930),
4	간사, 서무부장(1927년 5월 사임), 보광학교승격 위원, 원산제이보통	조종구 (趙鍾九)	원산객주조합 이사, 객주조합 금융부 이사(1926)	대한협회 덕원지회 회원(1908), 원산청년회 발기인(1920)·부회장·회장(1921,1922), 조선청년회연합회 위원(1922), 민립대학기성회 발기인(1923), 원산노동회 교무부장(1923), 도쿄진재조선인구제회 위원(1923), 조선일보

	직 책	인명 (거주지)	직업·경영업체	경력·사회활동
	학교이전 조사위원			지국장(1924), 원산고아원장(1931), 함남노동회 이사(1929), 원산시민협회 부협의원선출조사위원(1929), 원산리어항설치시민대회 준비위원회 선언결의문작성준비위원(1930), 원산어항설치기성회 위원(1930), 부협의원(1930)
5	간사, 사업부장	남충희 (南忠熙)	동창사(주) 이사(1920~1929, 내외국 물산 무역, 위탁매매), 원산무역(주) 감사(1920)	원산청년회 발기인(1920), 광신소비조합 발기인 · 창립위원장(1920), 동아일보 원산지국장(1920~1924), 점원운동회 사령부장(1921), 원산청년회 총무 · 부회장(1921~1922), 원산수산품평회협찬회 평의원(1922), 원산에스페란토회 총무부 위원(1923), 민립대학기성회 발기인(1923), 원산교풍회 선전부(1923), 동경진재조선인구제회 위원(1923), 부협의원(1926), 원산체육회 부회장(1927), 36세로 사망
6	간사, 조사부장	김상익 (金相翊)	백산무역주식회사 감사(1919), 원산매일신문사 원산리지국장, 동아일보 원산지국 총무겸 기자(1922), 문화인쇄소	원산공립보통학교 졸업생교우회 간사(1917), 원산청년회 방역반원(1920) · 학예부장(1922), 원산문우회(1920), 원산여자청년회 고문(1920), 원산설몸수양단 연설회에서 연설한 내용으로 검속(1920), 1920년 9월 만세사건 주도로 징역 1년 6개월형, 1922년 8월 출옥, 동경진재조선인구제회 위원(1923), 원산애우회 회장(1922), 원산교풍회 규칙기초위원 · 서무부(1923), 민립대학기성회 발기인(1923), 개벽지사장(1924), 원산어항설치기성회 위원(1930), 원산리어항설치시민대회 준비위원회의 선언결의문작성준비위원(1930), 원산실업학술원 상무이사(1931), 대원구락부 회장(1932), 영남이재민원산구제회 위원(1933), 해성교후원회 실행위원(1936), 원산정구대회 위원장(1936)
7	평의원, 조사부장→ 서무부장 (1927.5), 수난구제회	남백우 (南百祐)	객주조합 평의원(1920~1922), 원산무역(주) 발기인 · 이사(1920~1925), 북선창고(주) 본점지배인(1922), 홍업사(주) 감사	대한협회 덕원지회 회원(1908), 덕원항공립고등소학교 · 원산일어학교 · 보성전문학교 졸업, 상업회의소 의원 · 부회두(1923~1926), 원산청년회 발기인 · 부회장 · 회장 · 평

	직 책	인명 (거주지)	직업·경영업체	경력·사회활동
	후원위원, 방파제건설 교섭위원, 원산제이 보통학교이전 조사위원		(1925), 원산관(주) 감사(1927), 원산간유(주) 이사(1936~1942), 원산금융조합 감사(1939), 어(魚)중매인조합(1940), 원산노무공급(주) 이사(1941), 동해간유공업(주) 이사(1943)	의원(1920~1922), 원산수산품평회협찬회 평의원(1922), 조선청년회연합회 위원(1922), 저금조합 발기인(1920), 원산교풍회 주창자 겸 규칙기초위원, 조사부(1923), 학교비평의원(1927), 부협의회원(1930), 관선 함남도평의원(1927~1933), 함남도회의원(1937), 원산행정구역연구회 부회장(1929), 원산리어항설치시민대회 준비위원회의 선언결의문작성준비위원(1930), 어항설치기성회 부회장(1930), 원산관립사범학교설치기성회 상임위원(1930), 원산루씨여자고등보통학교학부형회 평의원(1931), 만주조난동포구제회 준비위원(1931), 원산고아원후원회 이사(1931), 원산어항수축기성회 위원(1933), 원산부사편찬위원(1936), 원산어중매인조합 조합장(1936), 부회의원(1935, 1939), 주임대우 중추원 참의(1939~1941), 조선임전보국단 평의원(1941), 정7위로 서훈됨(1942)
8	평의원, 원산제2 보통학교이전 조사위원	차형은 (車亨恩)	의사(반도의원)	원산청년회 학예부장 · 평의원(1921, 1922) · 사교상무위원(1923), 원산기독교청년회 사교부장(1922), 원산춘성의사회(1927), 기독교청년회장(1931), 교육공로자 표창받음(1940)
9	평의원, 원산제이 보통학교이전 조사위원	손조봉 (孫祚鳳)	원산우편국 주재 통신주사(1906), 객주, 비료판매상(1930)	상업회의소 의원(1921~1922), 원산점원운동회 심판부 위원(1921), 원산수산품평회협찬회 평의원(1922), 민립대학기성회 발기인(1923), 부협의원 공인후보(1926), 부회의원(1931, 1935), 관선 함남도회의원(1933), 원산고아원후원회 이사(1931), 원산어항수축기성회 위원(1933), (주임관대우)중추원 참의(1936), 원산부사편찬위원(1936)
10	평의원	정기윤 (鄭岐潤)		원산고아원, 소방조 등에 기부
11	평의원	이철형 (李喆衡)	한일은행 원산지점지배인(1925), 함흥지점 지배인	
12	평의원,	박민룡	원산인쇄소	매일신보 원산분국장(1921), 원산청

	직 책	인명 (거주지)	직업·경영업체	경력·사회활동
	水難救濟會後援, 원산제이보통학교이전조사위원	(朴敏龍)		년회 총무(1922), 원산노동회 이사(1923), 시민협회의 부협의원 공인후보(1926, 1929), 부협의원(1923, 1926), 원산중학기성회 이사(1930), 만주조난동포구제회 준비위원(1931), 원산부사편찬위원(1936)
13	평의원	최수악 (崔秀嶽)	주단포목잡화상(1910), 원산연초원매팔소(주) 감사(1921), 조선고무공업(주) 감사(1923), 포목상조합장(1926)	상업회의소 의원(1917~1924), 객주조합 주최 점원운동회 집행위원(1921), 원산수산품평회협찬회 평의원(1922), 동경진재조선인구제회 위원(1923), 원산고아원후원회 부이사장(1931)
14	평의원	노문기 (盧文麒)	양복상	학교비평의원(1927,1930), 원산중학기성회 이사(1930), 만주조난동포구제회 준비위원(1931), 원산고아원후원회 이사(1931), 부회의원 출마(1931)
15	평의원, 원산관설립위원, 결산안검사위원, 원산제이2보통학교이전조사위원	김경준 (金景俊)	원흥상회(1928, 누룩상, 정미업), 조선주 양조업, 원산관 이사	상업회의소 의원·부회두(1927~1940), 원산청년회 권업상무위원(1923), 학교비평의원(1924), 부협의원 공인후보(1926, 1929), 부협의원(1926), 원산시민협회 부협의원선출조사위원(1929), 원산항만조사회 부회장(1928), 원산어항설치기성회 위원(1930), 원산중학기성회 이사(1930), 만주조난동포구제회 준비위원(1931), 원산루씨여자고등보통학교학부형회 평의원(1931), 원산고아원후원회 이사(1931), 원산어항수축기성회 위원(1933), 영남이재민원산구제회 위원(1933), 해성교후원회 실행위원(1936), 부회의원(1939)
16	평의원	고병철 (高丙哲)	객주	상업회의소 의원(1925~1926), 객주조합 주최 점원운동회 집행위원(1921)
17	평의원, 원산관설립위원	만석준 (萬錫俊)	1907년 식산은행 입사, 식산은행 원산지점장 대리, 1932년 퇴임,원삼우역(주) 감사(1920), 1940년 이후 과수원 경영, 원산토지건물(주) 감사	원산저축금조합 감사(1918), 동경진재조선인구제회 위원(1923), 만주조난동포구제회 준비위원(1931), 원산루씨여자고등보통학교학부형회 평의원(1931), 원산고아원후원회 이사(1931), 정동리연합회 회장(1936), 원산제일공립보통학교후원회 회장
18	평의원, 水難救濟會後援委員	김석오 (金錫五)	함명상회(해륙물산위탁무역), 객주조합 평의원·금융부 이사(1926), 원산상업(주) 창립위원·감사(1929~1931)	

	직 책	인명 (거주지)	직업·경영업체	경력·사회활동
19	평의원, 水難救濟會 後援委員	한군필 (韓君弼)	무역상(미 · 잡곡 · 염류 · 가마니 무역), 한군필제염소,원산관(주) 감사(1927~1933), 원산어상조합(1931), 원덕어업조합지정중개인(1932), 원덕어업조합 1구 총대(1932), 원산어중매인조합장(1936)	상업회의소 의원(1929~1939), 학교비평의원(1927), 원산중학기성회 이사(1930), 원산어항설치기성회 위원(1930), 원산루씨여자고등보통학교학부형회 평의원(1931), 원덕어업조합지정중개인(1932), 원산어항수축기성회 위원(1933), 해성교후원회 실행위원(1936),
20	평의원	한치항 (韓致恒)	곡물무역상, 원산정미소(1920), 미곡상조합 간부, 원산관 전무	원산노동회 토목부장(1923), 시민협회 공인 부협의원입후보자(1929), 함남노동회 고문(1929), 원산어항설치기성회 위원(1930), 원산사범학교설치기성회 상임위원(1930), 만주조난동포구제회 준비위원(1931), 공립원산중학교협찬회 위원(1931), 영남이재민원산구제회 위원(1933), 원산상업(주) 감사(1933), 원산루씨여자고등보통학교학부형회 부회장(1931)
21	평의원	김이석 (金利錫)	김이석상점(곡물무역상), 원산관(주) 이사(1929~1937), 고려양행(합명) 사장(1932~1942), 원산상업(주) 감사(1937), 원곡사(합자) 사원(1935)	상업회의소 의원(1925~1931, 1935~1936), 원산중학기성회 이사(1930), 원산상업(주) 감사(1937)
22	평의원	남관희 (南觀熙)	한약매약업(1910), 원산저축금조합 재무(1918), 원산상업저금조합 설립(1920), 흥업사 이사(1920), 원산무역(주) 이사(1920)	원산청년회 발기인(1920), 원산노동회 이재부장(1923), 부협의원 공인후보(1926), 부협의원(1926), 학교비평의원(1927, 1930), 원산루씨여자고등보통학교학부형회 평의원
23	평의원, 수난구제회 후원	노기만 (盧紀萬)	명성태(1928, 해산물 위탁판매, 무역), 원산관 사장(1927)	상업회의소 의원 · 부회두(1925~1926), 객주조합 부조합장 · 평의원(1924~1926), 부협의원(1926), 원산상업(주) 창립위원 · 감사 · 이사(1929~1933), 함남노동회 고문(1929), 원산중학기성회 이사(1930), 원산어항설치기성회 위원(1930), 만주조난동포구제회 준비위원(1931), 원산어항수축기성회 위원(1933),
24	평의원	김영희 (金永熙)		중추원 참의, 함남도평의원
25	평의원, 수난구제회 후원위원	김영근 (金永根)	해륙물산위탁무역, 마루겐운송점(1919), 북선창고 이사(1923),흥업	객주조합 평의원 · 부조합장(1924~1927), 상업회의소 의원(1932~1934), 원산상업(주) 창립위원(1929), 동아일보

	직 책	인명 (거주지)	직업·경영업체	경력·사회활동
			사(주) 이사(1927), 원산관(주)이사(1927~1937), 원산상업(주) 사장(1929~1942), 원산간유(주) 사장(1936~), 함남염업제조(주) 감사(1939)	지국 주최 시민운동회에 50원 기부(1920)
26	평의원	이병균 (李秉均)	흥업사 이사(1920). 창흥창고(주) 주주 · 청산인(1920), 북선창고(주) 대주주 · 이사(1920~1925), 흥업사(주) 이사(1912~1923), 원산상업(주) 이사(1929~), 원산관 (주) 감사	상업회의소 의원(1916), 원산의 대표적 재산가, 동아일보지국 주최 시민운동회에 40원 기부(1920), 고아원에 3만 원 기부, 공립보통학교확장기성회에 8백 원 기부(1921), 유학생에게 학자금 지원(1922)
27	평의원, 원산제이 보통학교이전 조사위원	서영규 (徐永奎)	합성양조소(주) 감사(1925~1935), 함남어업조합 이사(1932)	원산청년회 하기강습회 강사(1922), 부회의원(1931), 함남온유비제조수산조합 원산지부장(1931)
28	원산관 설립위원, 보광학교 승격위원, 수난구제회 후원위원	이택현 (李澤鉉)	객주. 소주 제조업(1918), 원산무역(주) 발기인 · 이사(1919), 창흥창고(주) 주주 · 청산인(1920), 북선창고 대주주 · 이사(1920, 1927), 합성양조소 사장(1925~1929)	원산의 대표적 재산가, 원산상의소 부회장(1910), 함경남도지방토지조사위원회(1914~1917), 부참사(1919~1920), 동아일보지국 주최 시민운동회에 70원 기부(1920), 제2공립보통학교 교육후원회 회장(1925), 학교비평의원(1927), 관선 도평의원(1924), 중추원 참의(1922~1927), 공립보통학교확장기성회에 1천 원 기부(1921), 원산수산품평회협찬회 평의원(1922), 단천박애회에 2백원 기부(1936)
29	원산관 설립위원, 수난구제회 후원위원	최광린 (崔光麟)	객주조합 발기인(1917)	공립원산보통학교 졸업(1909), 원산청년회 발기인 · 체육부장(1920~1921), 동아일보지국 주최 시민운동회에 50원 기부(1920), 원산수산품평회협찬회 평의원(1922), 동경진재조선인구제회 위원(1923), 시민협회 부협의원 공인후보(1929), 함남노동회 교양부 · 전무(1930), 원산루씨여자고등보통학교학부형회 평의원(1931), 원산어항수축기성회 위원(1933), 부회의원(1935, 1939)
30	원산관 설립위원	이춘하 (李春河)	곡물상(1920), 곡물조합대표(1926), 환송운송점(1920), 원산관 이사(1927), 동양무역(합자) 무한사원(1931~1942)	북청 출신으로 어릴 때 원산에 이주, 부협의원(1926), 사회주의자 이주하의 형

	직 책	인명 (거주지)	직업·경영업체	경력·사회활동
31	결산안 검사위원, 원산제이 보통학교이전 조사위원	전용빈 (全用斌)	주조업	원산청년회 주최 정구대회에 은시계 기증(1922), 상공회의소 의원(1929~1939), 원산시민협회 부협의원선출 조사위원(1929), 원산중학기성회 이사(1930), 영남이재민원산구제회 위원(1933), 해성교후원회 실행위원(1936), 부회 의원(1939)
32	결산안 검사위원, 수난구제회 후원위원, 방파제건설 교섭위원	김찬문 (金燦文)	자동차업, 광업, 원덕어업조합 지정중개인(1932)	원산제2소방조 반장, 원산시민협회 부협의원선출조사위원(1929), 함남노동회 이사, 조선소방협회 함남지부장으로부터 근속장 표창받음(1932), 학교비평의원(1930), 관립사법학교설치기성회 상임위원(1930), 원산루씨녀자고등보통학교학부형회 총무(1931),
33	수난구제회 후원위원	김태준 (金泰俊)	철원제2금융조합 평의원(1936)	
34	수난구제회 후원위원	고호섭 (高鎬燮)	해성상회(면포판매, 1922), 공익운수(합명) 사원 · 대표(1927~1942)	객주조합 평의원(1927)

출전: 「원산시영회 창립」, 『동아일보』 1926. 2. 23; 「원산시영회창립대회」, 『조선일보』 1926. 2. 23.

〈부표 4-2〉 원영회 임원진(1927년 9월)

	직책	인명	직업·경영업체	기타 경력·사회활동
1	회장	이정화	객주조합 평의원 (1920~1922)	원산청년회 평의장 · 유학생순회강연단 환영위원(1920), 원산시민협회의 부협의원선출조사위원(1929), 부협의원, 원산리어항설치시민대회 연사(1933)
2	부회장	주성규 (朱星奎)		
3	同	안돈의 (安敦義)	객주	원산상의소 상의원(1914), 원산청년회 발기인(1920) · 서무부장(1921), 객주조합 주최 점원운동회 접대부 위원(1921), 영남이재민원산구제회 위원(1933)
4	총무	이홍준 (李弘俊)	보광학교 교사(1919), 광성학교 교사(1922), 광명보통학교 교장, 강원도 통천군 고저항 사립 통명보통학교 교장	중국 남경고등사범학교 졸업생, 금주회 강연회 연사(1921), 설몸수양단 강연회 연사(1920), 원산청년회 토론회 연사(1921), 차가인동맹회 임시의장(1929), 원산리어항설치부민대회에서 연설(1930),

	직책	인명	직업·경영업체	기타 경력·사회활동
			(1925), 영흥군에 광업권 설정(1935), 광산업(1940)	루씨여자고등보통학교학부형회 평의원(1931), 부회의원(1931, 1935, 1939)
5	간사	한두천(韓斗天)	미곡상	
6	同	김종운(金鍾運)	원산무역(주) 발기인·감사(1919~1925), 조선생명보험(주) 북선지사장(1937~1939)	전기료인하 교섭위원(1926), 함남노동회 전무이사(1929), 교양부(1930), 원산제이보통학교현지개축기성회의 대표로 상경(1927)
7	同	이근수(李根秀)	원산부 서기(1910~11, 1926)	매일신보 원산지국 주최 북선바둑대회 1등 입상(1927)
8	평의원	한치항	〈부표 4-1〉 20항 참조	
9	평의원	박민룡	〈부표 4-1〉 12항 참조	
10	평의원	노문기	〈부표 4-1〉 14항 참조	
11	평의원	전용빈	〈부표 4-1〉 31항 참조	
12	평의원	이보석(李輔錫)	풍산제과소 경영주(1927), 회양에 광업권 공동설정(1936)	학교비평의원(1930), 원산고아원후원회 이사(1931), 루씨여자고등보통학교학부형회 평의원(1931), 재만동포구제회 준비위원 및 발기인(1931), 진성여자보통학교에 1백 원 기부(1935)
13	평의원	김경준	〈부표 4-1〉 15항 참조	
14	평의원	이양봉(李陽鳳)	인흥운송부(1928)	조운동맹회 역원(1931), 선운협회 상무위원(1931)
15	평의원	김양근(金楊根)	냉면옥(1928), 광업	부회의원(1931, 1936, 1939), 재만동포구제회 준비원 및 발기인(1931), 원산제2공립보통학교 아동도서 구입비로 3원 30전 기부(1925)

출전: 「원영회 창립총회」, 『조선일보』 1927. 9. 16.

비고: ①평의원은 총 21명인데 전체 명단은 나타나지 않는다. ②조선일보 기사에 安敦義는 安敦載로, 金鍾運은 金鍾漢으로 기재되어 있으나 이는 오자여서 바로잡았다.

5장 원산시영회와 원산시민협회의 개발 프로젝트와 그 사회정치적 의미

1. 지역번영단체의 지향과 사업 프로젝트

1920년대 원산지역 조선인의 사회경제적 처지와 생활양식, 사상과 지향은 상당히 분화되어 있어 '원산 주민'이란 범주로 일률적으로 조직하기 어려웠다. 설사 조직한다 하더라도 각 계급·계층의 이해관계를 조정하기 어려워 간판만 걸어놓은 채 제대로 활동하기 어려웠을 것이다.

공간적으로 보면 원산은 적전천을 경계로 일본인 시가와 조선인 시가로 구분되어 민족적 격벽(隔壁)이 분명했다. 공간적 분리는 조선인 사회에서도 존재했으니, 이는 계급, 이념의 차이가 주거공간과도 무관하지 않았음을 말해준다. 즉 1920년대 전반 원산지역을 대표한 사회단체인 원산청년회는 임원파/유산계급 대 회원파/무산계급으로 대립되었는데, 이러한 갈등은 공간적으로는 상원산과 하원산이란 지리적 경계로 구분되었다. 이로 보아 조선인 사회는 동리 혹은 몇 개의 동리가 소사회(小社會)로 영역지워져 각기 지역적 이해관계를 추구하는 중층적(다층적) 공간구조였다고 볼 수 있다.

1926년 2월 '문화의 향상, 경제의 발달, 상공의 개선, 기타 원산 번영의 일체 사업 등을 기도하여 당면의 문제를 해결함으로써 그 효과를 원산 2만여 조선 민중의 앞길에 연다'는 취지로 원산시영회가 창립되었다. 1년 6개월 정도 활동해오던 원산시영회는 제이공립보통학교 이전 위치문제를 둘러싸고 지역적 이해관계가 대립되면서 남부파와 북부파로 나뉘어 내분을 겪게 되었다. 1927년 9월 북부파는 북부지역의 번영을 추구하기 위해 독자적으로 원영회(元榮會)를 조직했다. 하지만 '조선인을 위한 지역 번영'이란 목적이 동일한 양 단체의 분립은 오래가지 않았다. 1927년 7월 설립되어 활동하고 있던 신간회 원산지회의 중재로 양 단체의 합동이 추진되어 1928년 12월 원산시민협회가 출범했다.[1)]

시영회와 원영회의 주도층은 상공업자들로 특히 곡물과 어물의 위탁매매, 무역에 종사하는 객주조합원들이었다. 때문에 시영회 임시사무소가 객주조합 사무실이었고 매월 열리는 평의원회도 여기에서 개최되었다. 초기 시민협회의 평의원회 장소도 여전히 객주조합 사무실이었다.

시영회와 시민협회는 매달 개최하는 평의원회를 중심으로 각종 프로젝트를 기획하고 추진했다. 시영회와 시민협회에서 가장 많이 논의되었고 또한 다년간 관계 당국과 교섭하며 그 실현을 위해 애썼던 현안은 경제 분야에 집중되었고, 그다음이 교육문제와 도시기반시설문제였다. 그 외에 시민운동회 개최, 타 지역 동포 구제에 관한 활동도 전개했다.

경제 관련 민원은 사실 상업회의소 소관이라고 할 수 있으나 상업회의소는 조·일 연합기구이므로 민족 간 이해관계가 착종되어 조선인 자본가들의 이해를 대변하기 어려웠다. 따라서 시민협회는 객주조합이나 어상조합, 곡물조합 등 개별 동업조합 차원에서 해결하기 어려운, 조선인 상공업자들의 공통 사안을 이슈화하여 연대할 수 있는 지점에서 입지를 구축하고 있었다고 할 것이다. 경제 관련 프로젝트를 추진하기 위

1) 자세한 내용은 본서 2부 4장 참조.

해 사용한 방법은 주로 관계 당국과 접촉할 교섭위원을 선정하여 청원하는 방식이었다. 그리고 시민대회를 개최하기도 했는데, 참가자는 주로 이해관계가 있는 동업조합원들이었다.

시영회나 시민협회가 표방한 '지역 번영'을 위한 현안 가운데 계층과 직업을 막론하고 전 조선인 사회의 숙원사업은 중등학교의 설립이었다. 1925년 이후 시영회나 시민협회 임원들로써 중등학교기성회가 수차례 조직되었으나, 모두 성과 없이 유야무야되었다. 중등교육기관 설립의 관건은 결국 재원문제인데, 조선인 주요 자본가들로 조직된 단체임에도 10여 년 동안 해결하지 못했던 것이다. 당시 어느 기자는 그 원인을 이주민이 많은 원산의 도시 성격에서 구하기도 했는데, 개항장도시의 지역적 특성에 관한 전반적 고찰 속에서 검토할만한 견해라고 생각한다.

또한 공공 집회장소로서의 공회당 건축에 대해서도, 시영회는 모금이나 기부가 아닌 주식회사 형태로 공회당 겸용 극장인 원산관을 설립했다. 원산관㈜은 조선인 문화산업의 번성에는 도움이 되었으나, 공회당의 기능은 제대로 수행하지 못했다. 부청과 일본인 자본가들의 주도로 건축된 부립공회당이 부청의 행사장소로 활용되었을 뿐, 조선인들에게는 '공적 공간'으로 제 기능을 하지 못했듯이, 조선인 자본가들 주도로 건설된 원산관 또한 조선인들의 '공적 공간'으로는 미흡했던 것이다. 이는 공적 영역이 민족 혹은 계급 / 계층별로 분할되어 있었던 식민지의 현실을 잘 보여준다.

여기에서는 원산청년회에서 분리된 자본가들이 독자적으로 설립한 원산시영회와 그 후신인 원산시민협회가 '지역 번영'이란 취지로 추진한 프로젝트의 내용과 추진과정, 실현 여부를 검토하려고 한다. 특히 프로젝트의 실현으로 인한 수혜자는 어떤 계층이며 결과적으로 무관하거나 배제되는 이는 어떤 계층인지에 대해 중점을 두고 살펴볼 것이다. 시영회와 시민협회가 단체 차원에서 조직적으로 추진한 프로젝트를 검토한다면, 지역번영단체의 성격과 그 지향에 대해 '공공단체' '주민단체'라고 할 수 있는지, 나아가 '공공영역'의 범주에 대해서도 재고할 수 있을 것으로 기대한다.

2. 시민협회의 주도층과 조직적 추이

'원산 번영'을 기치로 내건[2] 시민협회의 창립 임원진은 회장: 조기주(趙基周), 부회장: 김경준(金景俊)·조종구(趙鍾九), 서무부장: 김상익(金相翊), 사업부장: 최광린(崔光麟), 재무부장: 남호우(南虎祐), 사교부장: 전용빈(全用斌), 교풍부장: 노문기(盧文麒) 등이었다. 평의원은 최수악(崔秀嶽)·남관희(南觀熙)·남백우(南百祐)·이정화(李正華)·박민룡(朴敏龍)·한치항(韓致恒)·홍종희(洪鍾熙)·김석현(金碩鉉)·김양근(金陽根)·만석준(萬錫俊)·이보석(李輔錫) 등 11명이었다.[3] 임원진에 원영회 실세였던 김경준을 부회장으로, 그리고 원영회 회장 이정화와 원영회 평의원인 박민룡·한치항·김양근·이보석을 평의원으로, 원영회 부회장 주성규(朱星奎)를 고문으로 배치함으로써 남부파(시영회)와 북부파(원영회)의 균형을 유지하려고 했음을 엿볼 수 있다.

시민협회 창립 임원진(회장, 부장, 평의원)의 경제적 위치를 살펴보면, 의사인 김석현, 냉면옥을 경영하며 광업에 투자하고 있는 김양근, 제과점을 운영하며 광산을 경영하고 있는 이보석, 원산인쇄소를 경영하며 원덕어업조합 관선 총대인 박민룡(사업위원) 등 4명을 제하고는 모두 객주조합원이었다. 이들은 곡물·어물·잡화·포목 등의 위탁매매

2) 「元山短信」, 『매일신보』 1928. 12. 16.
3) 「양단체 합동으로 원산시민협회 12월 9일 遂創立」, 『조선일보』 1928. 12. 11.

및 무역에 종사했으며, 축적한 자본을 정미업, 고무공업소, 광업 등에 투자하였다.[4)]

고문은 시영회 부회장을 역임했던 장익진(張翼軫), 원산무역(주) 창립위원장인 김원복(金源福), 원산무역(주)과 흥업사(주) 이사인 위형순, 원영회 부회장을 역임한 주성규, 식산은행 설립위원이자 원산무역(주) 사장으로 원산 무역계의 원로인 김병유(金秉洧), 원산의 대표적 재산가로 객주조합의 전신인 원산상의소 부회장(1910)을 역임한 이택현(李澤鉉), 그리고 의사 한경교(韓景敎, 연수당의원) 등 9명이었다. 이 가운데 한경교를 제외하고는 모두 객주조합과 그 전신인 원산상의소를 중심으로 활동하며 성공한 객주상인들이었다.

이로 보아 시민협회의 주도층은 시영회와 마찬가지로 거의 대부분 객주조합 소속의 상인층이며 이들 중 일부는 자본을 축적하여 정미업·양조업·고무제조업·운수업 등으로 투자를 확대해갔음을 알 수 있다. 그 외에 인쇄소·제과점·식당 등을 경영하는 자영업자들이었다.

시민협회 임원진은 매년 한번 개최되는 정기총회에서 선출되었다. 1930년에는 회장 위형순, 부회장 남백우, 사업부장 최광린으로 교체되었으며 다른 부장이나 평의원은 자료상으로 파악되지 않는다.[5)] 1931년 4월 말 정기총회(3기)에서 다시 조기주가 회장으로 선출되었다. 이때 개선된 평의원 중 남관희·노기만·한치항·손조봉·남호우·김찬문(金燦文, 사업위원)·이보석·만석준·김양근·김석현은 모두 창립 임원진에서 그대로 유임된 인사들이었고, 신임 임원은 위정학(魏禎鶴), 한광수(韓光洙, 1930년 학교비평의원)·윤경찬(尹景燦, 루씨여자고등보통학교 학부형회 간사)·이도순(李道淳, 원산어업조합 창립위원)·안석인(安錫

4) 창립 임원진의 상세한 직업, 경력에 대해서는 〈부표 5-1〉 참고.

5) 「원산리 어항설치」, 『매일신보』 1930. 9. 20.

寅) 등 4명이었다.[6)]

1932년 4월 정기총회에서 개편된 임원진은 회장 조기주, 부회장 남백우 · 김경준, 사업부장 위정학, 사교부장 이지명(李芝明), 회계부장 전용빈, 서무부장 김상익, 교풍부장 남호우 등으로 신임은 이지명 1명뿐, 기존 임원진에서 큰 변화는 보이지 않는다. 그런데 종전과 달리 간사 3인(윤치혁 · 이재춘 · 문무술)을 두었는데, 이들은 임원진을 보좌하고 협회의 각종 사업 실무를 담당했던 것으로 보인다.[7)]

1933년 7월 초 정기총회에서 사업을 원활하게 추진하기 위해 부서를 폐지하고 이사제로 변경하기로 결의했으며, 같은 달 중순에 열린 임시총회에서 정관 일부를 개정하여 종전의 평의원제를 이사제로 변경한 후 이사 15인과 감사 2인을 선출했다.[8)] 이사는 조기주 · 장익진 · 이인수(李仁洙) · 남관희 · 남백우 · 김경준 · 손조봉 · 한광수 · 김석현 · 남호우 · 위정학 · 최광린 · 김찬문 외 2인이고 감사는 만석준 · 전용빈이었다.[9)] 이사제로 바뀌었지만, 인물로 보면 이인수를 제외하고는 모두 기존 운

---

6) 「원산시민협회 정기총회 개최」, 『매일신보』 1931. 4. 29; 원산시민협회장 조기주, 「期待二字를 명심하라」, 『조선중앙일보』 1933. 7. 14. 위정학은 해안통 6정목에서 해산물상 삼산상회(三山商會)를 경영했으며, 한광수는 1930년 학교비평의원, 윤경찬은 루씨여고보학부형회 간사, 이도순은 원산어업조합 창립위원이었다. 안석인은 1919년 이래 양지동 · 와우리에서 곡물 · 연초 판매상을 경영하고 있었고, 원산고아원후원회 이사였다(章勳夫, 『昭和九年統計年報』, 원산상공회의소, 1935, 179쪽; 町田義介, 『원산상공안내』, 1940, 4쪽; 원산부, 『元山商工名錄』, 1928, 9쪽).

7) 「원산시민협회 정기총회 개최」, 『동아일보』 1932. 4. 29. 기사에 평의원 명단은 생략되어 있다. 윤치혁은 1921년 무렵 동아일보 원산지국에서 일했으며 이재춘과 함께 원산청년회에서 활동했다. 이재춘은 원산리어항설치시민대회 준비위원회의 서무로 김상익과 함께 활동했으며 1933년 제1보통학교학부형회 임원, 루씨여고보학부형회 임원이었다. 문무술은 신간회 원산지회에서 활동했다(「원산청년연합임시대회」, 『시대일보』 1926. 1. 5; 「각 단체의 결의」, 『매일신보』 1930. 10. 8; 「제1보교학부형회」, 「루씨여고학부형회」, 『조선중앙일보』 1933. 3. 30, 4. 19).

8) 「원산시민협회 제8회총회」, 「원산어항 축조와 하수구정리문제」, 『매일신보』 1933. 7. 4, 7. 7, 7. 29.

9) 「원산시민협회임시총회 개최」, 『조선중앙일보』 1933. 7. 20.

영진으로 변화가 없었다.

시민협회는 1937년 봄 회장 조기주의 사망 후 후임을 선출하지 못하다가 7월 24일 제10회 정기총회에서 임원진을 개편했다. 임원진 가운데 회장 만석준, 이사: 한치항 · 남관희 · 전용빈 · 김상익 · 위정학 · 최광린 · 남백우 · 손조봉은 기존 인물이고 신임 임원은 윤훈갑(尹訓甲) · 송인태(宋寅台) · 임호영(林虎英) 등 세 명이었다.[10] 그런데 이 신임 이사들은 총독부 소속 법원이나 경찰에서 오랫동안 일하다 퇴직 후 사업계에 투신하여 성공한 이들이라는 공통점이 있다. 그들은 1920년대 초부터 청년운동이나 문화운동 등에 관심을 가지고 참여한 경력이 있는 자본가들과는 다른 경로를 걸은 이들로, 상대적으로 더욱 관변 유착적인 성향의 인물들이라고 할 것이다.

---

10) 「원산시민협회장 후임문제」, 「원산시민협회 제10회정기총회」, 『동아일보』 1937. 7. 25, 7. 28. 신임 임원인 윤훈갑은 함흥지방법원 원산지청에서 통역생, 서기 등을 역임 후 1931년 퇴직하여 사법서사로 일하면서 이후 토지 개간, 광산사업으로 수만원의 재산을 축적했으며, 국태관(주)(요리점) 감사, 함남공업(주)(메리야스 제조, 1937년 창립) 이사, 원산관광협회 이사(1937)로 경제활동을 전개했다. 1935년 5월 원산부회의원으로 당선되었다(金元錄, 『元山要覽』, 元山要覽編輯會, 1937, 249쪽; 土屋幹夫 編, 『咸南名鑑』, 元山每日新聞社, 1940, 9쪽; 梁村奇智城, 『新興之北鮮史』, 朝鮮研究社, 16쪽). 송인태는 함흥지방법원 통역생 · 서기, 공주지방법원 등에서 판사로 일하다가 1925년 퇴직 후 변호사로 개업했다. 1935년 5월, 1939년 5월 원산부회의원으로 당선되었다(『朝鮮總督府及所屬官署直員錄』, 1920~1924년판; 『元山要覽』, 249쪽; 「원산부」, 「지방총선거의 개표결과」, 『매일신보』 1935. 5. 22, 1939. 5. 22). 임호영은 1916년 이후 함흥, 북청, 원산 등지 경찰서에서 근무하면서 신민단을 검거하는 등 독립군 체포에 공을 세우기도 했다. 1929년 도 경부(4관등)로 퇴직 후 사업계에 투신하여 해안통 6정목에서 도량형기 판매상을 경영했으며, 원산상업(주) 이사 · 사장, 원(元)택시(주) 감사로 활동하기도 했다. 이후 원산관광협회 이사(1937), 부회의원(1931~1942), 원산상공회의소 상임의원(1941), 원산건당신자판매업조합장(元山乾唐辛子販賣業組合長) · 원산염건해산물도매상업조합장(1943)을 역임했다(『朝鮮總督府及所屬官署直員錄』, 각연도판; 「광고」, 『元山要覽』, 1937, 159쪽; 『咸南名鑑』, 112쪽; 『朝鮮銀行會社組合要錄』 1937, 1939, 1942년판; 町田義介 編, 『元山商工案內』, 원산상공회의소, 1943, 30쪽; 「함흥에 신민단 검거」, 「결의권 획득에 滿悅한 원산부의 初會議」, 「원산부」, 「당선사례」, 「원산상공회의소」, 『매일신보』 1920. 11. 27, 1931. 6. 8, 1935. 5. 22, 1939. 5. 22, 1941. 10. 3).

시민협회가 원래의 창립 목적에 부응하여 가장 활발하게 활동했던 것은 창립 후 1931년까지였던 것으로 보인다. 이는 후술하는 〈표 5-1〉에서 나타나듯이 대부분의 추진 사업이 1931년 이전에 집중된 것으로 보아 알 수 있다.

1932년 이후 시민협회는 활동 방향에서 일정한 변화를 보였다. 이 해 11월 11일 원산시민협회는 원산부청과 공동 주최로 원산관에서 함남도지사(關水武)의 자력갱생강연회를 열었다.[11] 종래 시민협회가 고위 당국자의 행사를 주최한 일이 없었기 때문에 이 강연회는 특별한 정치적 의미를 가지고 있었다. 이틀 뒤에는 시민협회 발의로 부내 주요 인사를 모두 소집하여 생활개선좌담회를 개최했다.[12] 그리고 며칠 후에는 조선인 유지들로 자력갱생회가 조직되었는데, 임원진의 상당수가 시민협회 간부들이었다.[13] 시민협회는 12월부터 자력갱생회, 동정연합회(洞町聯合會), 부청과 연합하여 주간에는 1천여 보통학교 생도의 자력갱생 선전 기(旗)행렬을 실시하고 야간에는 원산관에서 강연회 개최와 영화 상영을 했으며, 또한 일반 지역민 대상의 염색강습회를 개최하는 등 생활개선 선전 활동을 적극적으로 전개했다.[14] 또한 시민협회는 동정연합회, 자력갱생회 인사들과 함께 양력환세(陽曆換歲)를 일반인들에게 주지시키기 위한 목적의 망년회를 개최하기도 했다.[15]

---

11) 「원산에서 자력갱생강연」, 『중앙일보』 1932. 11. 12.

12) 「시민협회 주최로 생활개선 좌담」, 『중앙일보』 1932. 11. 14.

13) 「자력갱생회 창총」, 『중앙일보』 1932. 11. 24. 자력갱생회 임원진은 회장: 노기만, 부회장: 손조봉 · 임호영, 위원: 남백우 · 김진국(金鎭國) · 신갑균(申甲均) · 방종환(方宗煥, 합성양조소(주) 감사, 원곡사 노무사원) · 김연창(金演彰, 1931년 대원구락부 사업부장) · 조시원(趙時元, 대원구락부 조사부장) · 박재영(朴在榮) · 김용상(金鏞相) · 이창원(李昌元, 수산물 판매상) · 서영규(徐永奎, 합성양조소(주) 감사, 咸南鰮油肥製造水産組合 원산지부장, 1936년 六台漁業組合) 이사, 1931년 부의) · 안석인(安錫寅) 외 1인이었다.

14) 「생활개선 선전」, 「염색강습회」, 『중앙일보』 1932. 12. 12, 1933. 1. 5; 「원산의 자력갱생운동」, 『매일신보』 1932. 12. 18.

시민협회의 주요 인사들이 반(半)관변단체인 자력갱생회 조직에 참여하고, 또한 시민협회가 자력갱생회, 그리고 일제 당국의 말단 행정기구라 할 동정연합회와 연합하여 단체 차원에서 조직적으로 일제의 생활개선정책에 적극 동조하여 대중 동원에 나서는 사실은 협회의 창립 취지였던 '지역 번영'이란 슬로건이 만주사변 이후 시세 변화에 따라 일제 당국과 유착하여 어떻게 분장(扮裝)되는지를 잘 보여준다. 일제의 생활개선운동에 앞장 선 시민협회의 행보는 관변단체와 별반 다를 바 없었다. 1938년 이후 시민협회의 활동은 나타나지 않는데,[16] 전시체제가 강화되면서 다른 민간단체들과 마찬가지로 해산된 것으로 보인다.

3. 시영회 · 시민협회의 경제 분야 프로젝트 추진과 실현 과정

시영회와 시민협회의 추진 사업은 일반적으로 평의원회에서 결정되었으며, 특별한 경우 총회나 임시총회에서 논의되어 집행되기도 했다. 시영회 평의원회에는 회장, 부회장과 실무 집행기구인 서무부 · 사업부 · 조사부 3개 부서의 부장이 참석했다. 각 부장 아래에는 위원 1~2명이 부서 업무를 관장했다(〈부표 5-1〉 참조). 시민협회의 조직 기구는 시영회의 그것을 그대로 계승했지만, 부서는 서무부 · 사업부 · 재무부 · 사교부 · 교풍부 등 5개로 늘어났다. 양 단체는 특정 사업을 추진하기로 결정하면 사안에 따라 해당 관서와 접촉할 교섭위원을 선정하는 것이 일반적이었다. 그리고 부서 조직만으로 어려울 경우 수시로 추진위원회나 기성회를 만들어 가동했다.

---

15) 「원산연합망년회」, 『중앙일보』 1932. 12. 29.

16) 1937년 8월 간행된 『원산요람』에는 「諸團體」 가운데 원산시민협회가 열거되어 있다.

〈표 5-1〉 시영회와 시민협회의 추진 사업

분야	내용	논의·추진 시기
경제	해안 매축	1924~1927
	기업전습소(機業傳習所) 설치	1926.2
	화물역을 부(府)중앙으로 이전	1926.4~1927.1
	계선료(繫船料) 철폐	1930.1
	어항 시설(방파제 축조)	1927.1~1933.7
	시장관리권 인수	1928.12~1929.4
	갈마역 화물취급소는 포하천(浦下川)으로 이전	1929.4
	물가감하운동	1930.10
	대기업 동해수산회사 설립에 대한 대책	1935.11
교육	보광학교 중학교 승격(중등학교기성회 발기)	1926.8~1927.8
	제2보통학교 이전 개축문제	1927.6~
	제1보통학교 교사 증축 지연 항의	1928.12
	보통학교 고등과 설치	1928.12
	원산상고 학급 증설	1928.12
도시기반 시설	원산리우편소 개선	1926.2
	공회당 원산관 건립	1926.4~1927
	전등요금 인하	1926.2
	하수도 정리	1926.4, 1933.7
	시내 주요지 전등 가설	1928.12
기타	시민운동회 개최	1931.4
	경북기근동포 구제	1929.6
	모루히네 중독자 구제	1929.9
	광주학생사건 선후책 강구	1930.1
	만보산 사건 관련 자중을 촉구하는 삐라 살포	1931.7
	근로소년 표창	1932.1

출전: 『동아일보』, 『조선일보』, 『중외일보』, 『매일신보』.

〈표 5-1〉은 양 단체의 평의원회, 그리고 필요에 따라 소집되는 임시 간부회와 보통 일 년에 한 번 열리는 총회에서 논의된 사업과 실행 사항을 경제, 교육, 도시 기반시설, 기타로 분류하여 작성한 것이다. 이를 보면 추진사업이 경제 분야에 집중되어 있고, 그 다음이 교육문제와 도시기반 시설문제였음을 알 수 있다. 기타 시민운동회 개최, 경북기근동포 구제문제, 광주학생사건 대책 등 일회성 현안이 있었다. 경제 분야에서 가장 지속적으로 추진한 사안은 첫째 조선인 시가의 해안 매축, 둘째 조선인 상공업자의 편의를 위한 화물역 이전과 그 대안으로 제시한

철도지선 부설문제, 셋째 어항 시설로서의 방파제 축조, 넷째 시장관리권의 시민협회 양도 문제, 다섯째 조선인 시가의 해안 계선료(繫船料) 철폐였다. 교육 부문에서는 조선인 중등교육기관(고등보통학교) 설립이 가장 주요 이슈였고 원산상업학교 학급 증설, 제1보통학교 재건축이 추진되었다. 도시기반 시설에서는 공회당 겸용 극장(元山舘) 설립이 주요 이슈였다. 그 외에 조선인 시가의 주민들에게 공통적으로 해당되는 원산리우편소 개선, 하수도 정리, 전등 가설 문제 등이 논의되었으나 평의원회에서 일회적으로 거론되었을 뿐 지속적인 추진 과정은 없었다.

경북기근동포구제문제를 언급하고 또한 광주학생사건, 만보산 사건 등 정치적 문제 발생 시 입장을 표명한 것은 시영회(시민협회)의 주도층이 대개 학교비평의원이나 부협의원, 상업회의소 의원 등 공직에 관여함으로써 조선인 사회에서 자타가 지역유지로 인정되고 있었기 때문이다.

양 단체의 사업은 조선인 사회의 번영을 표방했고, 특히 경제문제의 경우 조선인 자본가들의 이익을 추구했으므로, 일본인 자본가 단체인 원산번영회나 원산상업회의소의 추진 사업과는 차이를 보였다. 예를 들어 원산번영회는 상권(商圈)을 확대하고 일본인 자본가의 연결망을 만들기 위해 북선상공연합회와 동해안실업가간담회 개최, 동해안상공시찰단 모집, 그리고 러일전쟁기념비 공사 등을 추진했는데, 거의 대부분 원산상업회의소와 보조를 같이 했다.[17] 원산상업회의소가 1920~1930년대에 추진했던 주력 사업은 평원선 부설, 일본해 횡단항로문제, 제사공장 유치문제, 항만확장문제, 관립사범학교설치문제로 시민협회의 사업들과 규모나 방향이 다름을 확인할 수 있다.[18]

그러면 시영회와 시민협회가 지역번영을 기치로 내걸고 기획했던 프

---

17) 본서 2부 7장 참조.

18) 町田義介, 『元山商業會議所六十年史』, 원산상공회의소, 1942, 67~308쪽 참조.

로젝트의 제안 배경과 전개과정, 그리고 그 실현 여부에 대해 구체적으로 살펴보자.

1) 해안매축사업

조선인 자본가층의 숙원 사업은 조선인 시가의 상동(上洞)~중리 2동 해안을 매립하는 토목사업이었다. 이 해안매립문제는 이미 부당국과 총독부에서 도시계획의 일환으로 추진하여 오던 사업으로 1924년 2월 부협의회에서 설계안이 논의되었고, 이후 조선총독부 전문 기사가 파견되어 매립 후의 항만 영향 평가에 관한 측량 조사를 진행했다.[19] 우여곡절 끝에 매립면적확장안이 제기되어 다시 설계를 수정하고 마침내 1925년 6월에 착공되었다.[20]

지역 유지들과 단체 대표들은 기공식을 축하하기 위해 원산청년회 회관에 모여 기공식협찬회를 조직하고 임원을 선정했다.[21] 제일공립보통학교에서 거행된 기공식이 끝난 후 야간에는 뱃놀이가 행해졌고 원산 조선인 자본가의 대표기관인 객주조합에서는 가장행렬까지 거행하며 축제분위기를 돋우었다.

---

19) 「원산 매립지 측량」, 「해면매립측량」, 『시대일보』 1924. 4. 2, 4. 23. 경성일일신문 원산지국장 히로다 고마지로(廣田駒次郎)가 편찬한 『元山と人』(東朝鮮通信社, 1927)의 「원산의 중요 제문제」에는 평원도로, 경원철도 개통과 함경선의 연장 등 지역의 많은 현안이 나열되어 있는데, '원산리 매축공사'도 여기에 들어 있다. 해안매립문제는 조선인 사회의 초미의 관심사였으나 원산부청에서는 설계서대로 추진할 때 드는 비용문제를 들어 공사를 지연시켰다. 조선인에 대한 차별이라고 비난이 높아지자, 11월 말 부협의회에서 매립지 내 공용철도 및 화물양장(貨物揚場) 공사를 2기 공사로 이월함으로써 공사비를 확보하여 착수하기로 결정했다(「지방논단: 원산리 매축에 대하야」, 『시대일보』 1924. 4. 7).

20) 「원산리해면매축공사」, 『매일신보』 1925. 3. 18; 「원산해면 매립」, 『동아일보』 1925. 3. 27.

21) 「기공식협찬회」, 『동아일보』 1925. 6. 12. 협찬회의 임원진은 회장: 이택현, 부회장: 안정협, 총무: 조종구, 위원: 장익진 외 19명이었다.

〈사진 5-1〉 원산 조선인 시가의 매축공사 현장
출처: 元山府, 『(日本海の商港) 元山』, 경성: 近澤印刷部, 1926.

그러나 이러한 고양된 분위기는 조선인 자본가층에게 국한된 것이었다. 원산노동회가 매축공사는 지역 노동자 구제의 의미도 있으므로 원산 거주자에게 청부를 해달라고 요구했으나, 부청은 이를 받아들이지 않았다. 기공식협찬회를 주도한 객주조합에서 "공사가 시작되면 노동자들에게도 막대한 이익이 돌아갈 것이니 원산노동회에서도 가장행렬을 해달라"고 요청했으나, 원산노동회 간부들은 "자본가의 사업을 원조하는 것이 본의가 아니라"고 하며 거절했다.[22] 어차피 매립공사로 인한 수혜자는 매축지를 불하받아 여기에서 상공업을 영위할 자본가들이며, 더구나 공사가 경성의 간조(間組)에 청부된 마당에 노동자들은 기공식에서 가장행렬을 할 만큼 기꺼운 태도를 보이기 어려웠다. 실제로 부당국에서는 외국인 노동자를 쓰지 않겠다는 전제 하에 공사를 청부했으나 5개월이 못 가 시공업자들이 중국인 노동자를 사용함으로써, 원산노동회에서 이를 성토하며 분쟁이 발생했던 것이다.[23] 여기에서 주목

22) 「원산노동회 간부는 매립공사 행렬 불응」, 『시대일보』 1925. 6. 22. 원산노동회는 1921년 3월 객주조합이 조직한 어용노조인데, 1925년 이후 점차 사회주의 영향을 받은 노동자와 활동가에 의해 성격이 변화되어 11월경 원산노동연합회로 조직개편되었다(본서 2부 6장 참조).

23) 「청부업자의 배신, 중국인 노동자만 사용」, 「埋築工夫문제로 元山勞聯 緊急會」, 『동

할 점은 노동자들이 '매축사업(그리고 이를 축하하는 기공식축하회)은 자본가들의 사업'이란 입장을 명확하게 언명했다는 사실이다.

매축공사는 시영회 창립 이전에 시작되었지만, 시영회가 공사의 완공을 실질적으로 견인했다는 사실은 1927년 6월 원산부윤을 비롯한 함남도지사와 부당국자, 그리고 부협의원을 비롯한 조선인 공직자와 자본가 다수가 참여한 준공식축하회를 주도한 것에서도 드러난다. 또한 1927년 8월 매축지완공기념시민운동회 역시 시영회가 주최했으니, 준비위원회의 부서 담당자는 모두 시영회의 임원들이었다.

완공된 해면매축지의 분양에 대해 시영회의 주도세력인 원산객주조합은 매우 적극적으로 개입했다. 객주조합에서는 매립지 도면과 매수조건을 상세히 적은 안내장을 조합원에게 배부하여 매립지를 매수하도록 조합 차원에서 적극적으로 장려했다. 이는 그토록 오래 동안 조선인 자본가층이 소망하여 완공된 해면매축지가 일본인 자본가들에게 점령되는 것을 원하지 않았기 때문이다.

부청에서 여러 가지 혜택조건을 제시했음에도 1년 여 동안 분양은 순조롭지 않았는데, 북촌동 소재 공설시장인 상시(上市)가[24] 이전하고 2층 점포가 들어서면서 1929년 봄에 이르러 토지 원매자가 늘어나고 가옥 신축이 증가했다.[25] 해안매립지는 명태 · 동어(鰊漁) · 청어 등 대량어류의 건조와 염침(鹽浸) 혹은 기름찌끼 제조와 재제염소(再製鹽所) 개설에 따라 화물의 출입이 해가 갈수록 증대하면서 점차 상공업지구로 발전되어 갔다.

아일보』 1925. 11. 4, 11. 14.

24) 원산부에서 경영하는 공설시장은 일본인 시가의 공설시장(壽町), 조선인 시가의 상시(上市, 북촌동) · 하시(下市, 장촌동) · 가축시장(장촌동) 등 4곳이었다(章勳夫 編, 『大正十二年統計年報』, 元山商業會議所, 1924, 100쪽).

25) 「원산 매립지 逐日 발전」, 『매일신보』 1929. 5. 24; 「원산매립지에 공설시장 이전」, 『조선일보』 1927. 12. 6.

2) 화물역 이전과 매축지 철도지선 설치

시영회는 설립 직후부터 북쪽 일본인 시가에 치우쳐 소재한 화물역을 부 중심지로 이전하는 사업을 주요 현안으로 설정했다. 화물역이 일본인 시가의 한 쪽 모서리인 해안통 2정목에 위치하여 남쪽 조선인 시가의 무역상과 어물상들은 운반비 부담으로 인해 화물 수·이출이 감소되는 타격을 받았기 때문이다. 1926년 4월 열린 제3회 월례 평의회에서 원산역장 및 철도당국과 교섭할 추진위원을 선정했으며, 해를 넘긴 1927년 1월 평의원회에서도 2대 건의안의 하나로 재결의하고 다시 지역 유력자를 교섭위원으로 선정했다.[26] 이와 같이 시영회는 창립 직후부터 지속적으로 화물역 이전을 추진했지만 성사되지 못했다.

시민협회는 무역업자들의 경제적 손실에 대한 원성이 높자 실현하기 어려운 화물역 이전을 포기하고, 매축지에 철도지선(引込線)을 부설하는 방향으로 선회했다. 철도지선이 부설된다면 운반비를 절약할 수 있었기 때문이다. 바야흐로 화물의 집산지가 된 조선인 시가의 해안매립지에는 일본인들도 상당수 영업하고 있었으므로 이들과 합세하여 상공회의소를 움직인다면 지선 부설이 가능하리라 판단했다.

시민협회의 주도세력인 객주조합원과 어물상조합원들은 이 문제를 원산상공회의소에 진정하여 이슈화했다. 매축지에서 사업하며 경제적 이해관계를 같이하는 일본인 자본가들도 적극 동조함으로써 마침내 모리노(杉野多市) 상공회의소 회두가 오무라(大村卓一) 철도국장에게 진정서를 보내어 철도 지선 부설을 청원하는 일에 앞장서게 되었다. 청원서

---

26) 「원산시영평의회」, 『동아일보』 1926. 4. 28; 「防波堤建設及貨物役移轉」, 『중외일보』 1927. 1. 29; 「원산시영월례회」, 『조선일보』 1927. 1. 30. 1927년 1월 월례회에서 선정된 교섭위원은 남백우·홍종희·김찬문이었다. 남백우는 당시 현직 원산상업회의소 부회두, 학교비평의원, 관선 함남 도평의회원을 겸직하고 있는 공직자였다. 홍종희는 원산상업회의소 특별의원이었다.

〈사진 5-2〉 원산역

출처: 부산대학교 한국민족문화연구소, 『(잡지로 보는) 한국근대의 풍경과 지역의 발견 11』, 국학자료원, 180쪽.

의 내용은 화물역에서 발송되는 물품이 2만 2천 톤인데 그중 7할이 이 매립지에서 반출되는 것으로 화물역까지의 거리 20정(2.18㎞)을 손수레, 우마, 화물자동차로 운반하는데 드는 비용이 대략 3만 원에 이르므로, 지선을 부설하게 되면 7, 8할 정도의 비용을 절감하여 상거래의 증진을 도모할 수 있고 근해의 어획물을 이곳으로 유치하여 집중시킬 수 있으니 지선을 부설해달라는 것이었다.[27] 1933년 8월 조직된 '어항수축 및 화물인입선기성회'는 철도 지선 부설을 위해 민간에서 공사비의 1/3인 6천 원을 철도국에 기부하고, 또 객주조합과 어상조합이 각기 3천 원씩 기채하여 나중에 연장선 사용료를 징수하여 상환하기로 협상했다.[28] 시민협회의 남백우 · 한기수 · 임호영이 1934년 4월 중순 상경하여 철도국에 교섭한 결과 철도당국에서도 그 필요를 인정하고 연장선과 동일한 효과를 내는 다른 방법으로 추진할 것을 약속했다.[29] 철도국이 제안한 다른 방법이란 해안통 2정목의 화물역을 원산부의 중앙인 석우동 소

---

27) 「원산 해안매축지에 철도 연장을 진정」, 『동아일보』 1931. 4. 26; 「원산부 매축지에 지선 부설을 懇望」, 『매일신보』 1931. 4. 28.

28) 「기성회창립대회」, 『동아일보』 1933. 8. 15.

29) 「多年懸案의 해안철도는 연장」, 『동아일보』 1934. 4. 22.

재 원산역으로 이전하는 것을 말한다.

마침내 1935년 1월 15일 화물역이 완공되어 원산역에서 화물을 취급하기 시작했다. 결국 처음 시민협회가 주장했던 화물역 이전이 이루어진 셈이었다. 그러나 이는 화물역이 북쪽에 치우쳐 있어 문제가 되고 있었기 때문에, 철도국에서 이미 이전부터 이전을 계획하고 있던 일이었다.

3) 어항 시설과 방파제 축조

시민협회는 매축공사로 조성된 해안통에 어항을 시설하는 사업을 추진했다. 4백여 년의 역사를 가진 원산항에서는 천 여 척이 넘는 어선이 종래의 정박지인 해안매립지에서 해산물을 매매했기 때문에, 이곳에 어항을 설치해달라는 청원이 지속적으로 제기되어 왔다.[30] 1930년 6월 정무총감이 북부지방 시찰 차 원산에 들렀을 때 각 방면 공직자들이 원산 시설에 대한 사정을 서면제출 했는데, 이때 4개 건의사항 가운데 하나였을 만큼 원산부의 현안 사업이었다.[31] 어항 시설이란 어선 출입이 가능하도록 일정한 수심을 유지하는 것과 방파제를 축조하여 어선의 안전한 정박을 보장하는 것인데, 여기에서 말하는 어항 시설이란 방파제 축조를 말한다.

시민협회는 1930년 6월 정무총감 순시 때 어항 시설의 청원을 주도했으며, 이후 각 단체와 연합하여 도 당국과 총독부에 진정위원을 파견하기로 결의했다. 그러나 본격적인 청원운동은 9월경에 시작되었다. 시민협회를 비롯한 객주조합, 어상조합, 어업조합 대표인 남백우 · 위형순 · 장익진 · 이인호 등 8명은 4백여 명이 서명한 진정서를 가지고 부청을

---

30) 「원산항내 어항을 설치」, 『동아일보』 1930. 9. 18.

31) 나머지 3개항은 관립사범학교 건설, 평원선 속성(速成), 행정구역 변경이었다(「總監巡視時 원산측 진정」, 『매일신보』 1930. 6. 10).

방문하고, 나아가 상경하여 총독부 수산과와 내무과에 직접 청원했다.[32] 돌아온 대표들은 시민협회 평의원회에 상세한 보고를 하였고, 시민협회는 더욱 적극적인 활동을 전개하기로 결의한 후 시민대회를 열어 어항설치기성회를 조직하기로 결정했다.[33] 이 자리에서 원산시민대회준비위원회가 결성되었다. 선언결의문 작성위원과 각 단체 교섭위원, 대회준비위원 등은 모두 조선인이었으나, 시민대회 연사 가운데에는 조선인 자본가 8명 이외에 상업회의소 회두 모리노(杉野多市)를 비롯해 부협의원 오오모리(大森勘吉)와 야노(矢野榮作), 상업회의소 부회두 오노(小野文吉) 등 일본인도 포함되어 있었다.[34]

10월 7일 시민협회는 상업회의소 · 객주조합 · 미곡상조합 · 어업조합 · 수조망선조합(手繰網船組合) · 음식점조합 그리고 일본인 측 원산번영회 등 9개 단체 연합으로 시민대회를 개최했다.[35] 시민대회 참가자는 방파제 시설에 이해관계가 있는 이들 동업조합의 조합원들이었다. 이 자리에서 "① 부민은 단결을 공고히 하야 원산리 해안에 어항 설치의 목적을 달하기까지 적극적 운동을 기함 ② 부민의 사활을 좌우하는 어항 설치를 획득키 위하야 어항설치기성회를 조직함"이란 결의문을 가결하고 연설회를 가졌다.[36] 시민대회에서 조직된 '원산어항설치기성회'의 회장이 현 상업회의소 회두이자 도회 의원인 모리노이고 20명의 위원 중 7명이

32) 「원산리매축지에 어항설치 再燃」, 『매일신보』 1930. 9. 15; 「원산항 내 어항을 설치」, 『동아일보』 1930. 9. 18; 「원산어항 설치진정」, 『중외일보』 1930. 9. 26. 총독부에서는 원산부민이 비용의 1/3 혹은 1/4을 부담하면 가능성이 있을 것이라고 답변했다(「대표가 入京 어항설치 진정」, 『동아일보』 1930. 9. 23). 남백우 · 위형순 · 장익진은 〈부표 5-1〉 참조, 이인호는 해안통 6정목에서 영업하는 해산물 객주로 영업세가 42.9원인 것으로 보아 상대적으로 소규모였다(「원산상공인명록」, 『원산상공안내』, 1940, 86쪽).

33) 「어항설치기성의 원산시민대회」, 『중외일보』 1930. 9. 29.

34) 「촉진기성회 조직」, 『매일신보』 1930. 10. 8.

35) 「促進期成會 조직」, 『매일신보』 1930. 10. 8.

36) 「全元山府民 궐기」, 『동아일보』 1930. 10. 9.

〈사진 5-3〉 원산항

출처: 元山樓氏高等女學校總同窓會, 『常綠: 樓氏高女100年誌』, 2003.

일본인인 것으로 보아,[37] 조선인 기업체에 투자하거나 또는 조선인 시가에서 영업하고 있는 일본인 유력 자본가들을 끌어들였던 것으로 보인다.

그런데 어항 설치 장소에 대해 일본인 자본가들이 일본인 시가의 구 세관 부지를 주장하면서 일본인들과 의견이 대립하게 되었다. 일전 어항설치기성회 석상에서 매축지가 어항 설치 장소로 가장 적합하며 일본인측에서 구 세관 부지 운운하는 것은 와전이라고 대중들 앞에서 언명했던 모리노도 기성회장을 사퇴했다.[38] 또한 인근 덕원군과 안변군에서도 어항 설치를 주장하였기 때문에, 당국에서는 경비문제 상 같은

37) 「어항설치기성회」, 『동아일보』 1930. 10. 9; 「원산어항기성회」, 『매일신보』 1930. 10. 17. 일본인 위원은 니시다(西田常三郎, 원산매일신문사 사장, 원산수산(주) 이사, 길전창고(주) 이사, 함남도평의원), 미스미(三隅義一, 元山煙草元賣捌所(주) 이사, 원산창고(주) 이사, 합자회사 丸三商會 사원), 오노(원산주조(주) 이사, 상업회의소 부회두), 오모리(大森勘吉, 원산사범학교설치기성회 상임위원, 부협의원), 히라오(平尾卯一郎, 원산상업(주) 이사, 공성상회 경영), 이와오(岩男百造, 합성양주소(주) 이사, 원산신탁(주) 이사) 등이었다.

38) 「원산어항 설치에 일선인 간 갈등」, 『동아일보』 1930. 10. 20.

지역 두 곳에 어항 설치는 불가하다는 입장이었다. 어항 설치가 지지부진했던 중요한 이유 중 하나는 바로 어항 시설을 둘러싼 지역적 경쟁과 소요 경비 때문이었다.[39] 도평의원 남백우가 지적하듯이 "위정자와 내외공직자도 원산에 어항 설치로는 원산리(조선인 시가)가 최적지라고 하면서 경비문제 운운하며 방해하고" 있었다.[40]

"원산은 조선의 유수한 무역항으로 지칭되지만 조선인 주민에게는 대개 무역으로보다는 어항으로서의 이용이 크기 때문에"[41] 어항 시설은 매우 중요한 문제였다. 그런데 어항 시설로 인한 수혜자는 어민, 그리고 매축지를 불하받은 조선인 지주와 이곳에서 어물 거래를 하고 있는 상인과 위탁업자들이었다. 때문에 객주조합과 어상조합, 어업조합이 청원운동을 주도했던 것이다.

한동안 소강 상태였던 어항시설사업은 1933년 7월 말 원산항만조사회가 상공회의소에서 회의한 결과 다시 총독에게 진정서를 제출하기로 결의하면서 재가동되었다.[42] 시민협회는 같은 해 8월 중순 어상조합, 객주조합, 기타 유지들과 함께 '어항수축급화물인입선기성회'를 조직하고 15명의 위원을 선정했다.[43] 조선인 위원은 조기주, 한군필, 장익진, 노기만, 홍종묵(洪淳默), 남백우, 손조봉, 최광린, 위정학, 이창지(李昌

---

39) 함남도당국에서는 1920년대 후반부터 원산보다 북청군 신창(新昌)에 어항을 설치하려고 했는데 신창 어항은 1929년에 이미 완공되었다(「지방여론에 訴함: 제27 元山篇」, 『동아일보』 1931. 2. 17). 1930년 11월 함남도당국의 중재 하에 덕원군은 원산리에 어항을 설치하는 것에 양해했다. 그 외에 여해진(汝海津), 신포(新浦), 전진(前津), 삼호(三湖) 등지에서도 어항 설치 운동이 1933년경 전개되고 있었다.

40) 남백우는 1931년 2월 도평의회에서도 원산부 어항 설치를 요망하는 건의안을 제출하였다(「道評議 건의」, 『동아일보』 1931. 3. 2).

41) 특파원 홍종인, 「관북경제탐사」(1), 『조선일보』 1933. 7. 27.

42) 「원산유지 긴급대회」, 『동아일보』 1933. 8. 2. 진정서 전문은 「원산리 어항수축문제」, 『원산매일신문』 1933. 8. 1 참조.

43) 「기성회창립대회」, 『동아일보』 1933. 8. 15; 「원산어항수축-기성회를 조직」, 『매일신보』 1933. 8. 18.

之), 한기수(韓璣洙), 김경준, 임호영이었다. 일본인 측에서는 수산업에 종사하고 있는 다카하시(高橋寅一)와 나카무라(中村建一)가 참가했다.[44] 위원 중에는 일본인 2명도 있어, 조선인 자본가들이 주도했지만 매축지에서 영업하는 일본인 자본가들도 동참했음을 알 수 있다. 마침내 사업 추진을 시작한지 약 4년 만인 1934년 7월경 공사에 착수하게 되자, 원산시민협회와 '어항수축급화물인입선기성회'는 성대한 기공식축하회를 개최했다. 방파제는 2년여의 공사 끝에 1936년 가을 완공되었다.[45]

4) 시장관리권 인수와 계선료 철폐

원산시민협회가 설립 직후 개최한 제1회 간부회에서 가장 먼저 부당국을 상대로 요구한 3개 사항 가운데 하나는 매축지에 신설된 시장의 관리권을 본 협회로 인계해달라는 문제였다.[46] 시장관리권이란 구체적으로 시장세 징수를 말한다. 부청에서는 장날이면 시장세를 징수했는데, 시민협회의 요청을 수용하여 시장세 징수를 협회에 청부했다. 시민협회는 징수한 시장세의 2할을 보수로 받아 그중 1할 5푼을 징수원의 급료로 지급하고 나머지 5푼을 협회의 경비에 보충했다.[47] 부청에서 시민협회에 시장세 징수권을 부여한 것은 시민협회 회원의 거의 상당수가 주요 상공업자였기 때문에 징수 대행에 가장 적합하다고 판단했기 때문일 것이다.

---

44) 『咸南銘鑑』, 83쪽; 『新興之北鮮史』, 34쪽.

45) 「어항원산에 새로 될 방파제」, 『동아일보』 1936. 7. 12; 「방파제 준공」, 『매일신보』 1936. 10. 27.

46) 『원산부윤에 4개항 질문」, 『동아일보』 1928. 12. 16; 「원산시민협회 제1차간부회」, 『조선일보』 1928. 12. 15. 다른 요구사항은 상업학교 학급 증설, 시내 주요지에 전등 가설이었다.

47) 「시장세 징수를 府民協會에」, 『매일신보』 1929. 4. 24.

한편 1929년 가을 시민협회에서는 매축지 해안 선박에 대해 징수하는 계선료징수철폐운동을 전개했다. 즉 빈약한 어업자와 조선인 시가의 번영을 위해 조선인 시가의 해안에서만 징수하는 50전~3원의 계선료는 반드시 폐지해야 한다고 주장했다. 유독 조선인 시가의 해안 매축지에서만 안벽사용료와 계선료를 징수함으로써 일반 화물선이 이를 징수하지 않는 일본인 시가의 해안에 계선하여 조선인 경제에 악영향을 미치기 때문이었다. 그런데 부당국은 이미 해면매축공사 때부터 공사가 끝나면 유료 부두로 이용하게 한다는 복안을 가지고 있었다. 이에 대해 조선인 측에서는 이곳에서 집산되는 화물을 일본인 시가의 무료 부두로 집중시키려는 속셈이라고 비판했다.

그런데 시민협회는 부청과 교섭하는 과정에서 계선료 철폐의 가능성이 희박하자, 오히려 계선료 징수를 시민협회에 청부해달라는 운동으로 전환했다. 그러자 조선인 시가의 제2소방조에서 계선료 철폐를 요구하다가 도리어 청부운동을 하는 것은 무슨 속내인지 알 수 없다고 비판하며, 징수권 청부를 둘러싸고 경쟁하였다. 결국 1930년 4월 초부터 제2소방조가 징수권을 관할하게 되었다.[48]

계선료 철폐를 주장하다가 오히려 그것을 인정하고 징수권을 청부받으려 운동한 시민협회의 행태, 그리고 부민의 이해관계를 대표해야 할 부회 의원들이 징수의 법적 근거를 명문화한 조례를[49] 만든 행위는 조선인 사회로부터 따가운 비판을 받았다. 1932년 조례 시행 이후에도 한

48) 「水泡에 歸한 계선료철폐운동」, 『중외일보』 1930. 4. 5.

49) 원산부에서는 계선료와 잔교사용료를 내규로 징수해왔으나 조선인 사회에서 반발하자, 법적 근거가 필요하다고 생각하고 총독부의 허가를 얻어 1932년 1월 15일 〈元山府繫船壁及棧橋使用條例〉를 원산부령으로 공포했다(「繫船料棧橋使用料 원산부령으로 공포」, 『중앙일보』 1932. 1. 20). 기선 및 발동기선 1척은 1일에 1원, 단 120톤 미만은 정액의 3할을 감하며, 범선 및 기타 선박의 경우 길이 20척 이상은 70전, 길이 10~20척 미만은 50전을 징수했다.

치항(원산상공(주) 감사, 원산미곡상조합 이사장), 노기만(원산상업(주) 이사, 원산관(주) 사장) 등 시민협회 일부 인사들은 부당국에 대해 안벽 사용료 철폐를 계속 진정했다.

4. 시영회 · 시민협회의 교육 · 문화 프로젝트 기획과 좌절

1) 중등교육기관 설립문제

원산 지역 조선인 사회에서 계층과 직업을 막론하고 중요한 사안은 교육문제였다. 이는 제이공립보통학교 문제로 조선인 사회가 남북(상하)으로 나뉘어 대립한 사건을 통해서도 잘 알 수 있다. 원산지역에는 중등교육기관으로 여학교는 루씨여자고등보통학교가 있었으나,[50] 남자 학교로는 일본인 학생들과 공학인 실업계 원산상업고등보통학교뿐이었다. 중등교육기관으로 사립 보광학교가 있었으나 입학 정원이 60명에 불과했고 재정도 빈약한 상황이었다. 공 · 사립 보통학교 6개소에서 매년 배출되는 480명의 졸업생(여자 150명) 중 여학생은 루씨여고보와 진성여학교(進誠女學校)에 대부분 수용되고 외지 유학까지 계산하면 별 문제가 없었다. 그러나 남학생은 공립상업학교에 30명, 공립중학교에 20명 정도 수용되고 그 외에 외지 유학 30명을 제한 250여 명은 중등교 진학이 적체되어 있는 상황이었다. 원산뿐 아니라 인근 함경남도 덕원 · 안변 · 고원 · 문천과 강원도 통천 · 고성 · 양양의 진학희망자까지 포함하면 그 숫자는 1천5백 명 이상에 달했다.

중등교 설치는 3 · 1운동 이후부터 계속 제기되었으나 구체적인 성안

50) 루씨여자보통학교는 1925년 6월 26일 여자고등보통학교로 승격되었다.

(成案)은 없었는데, 1925년경에 이르러 보광교를 정식 중등학교로 승격시키자는 복안이 제시되었다. 1926년 8월 시영회 제7회 평의회에서 이 문제가 본격적으로 논의되었다. 보광학교는 원래 캐나다 기독교 장로파에서 경영해왔는데 1925년 8월 미국 남감리교 선교사회에서 보광학교를 인수한 후 신교육령에 의해 보광학교의 고등보통학교 승격을 논의했다. 이 소식을 접한 원산청년회의 지역유지 30여 명은 이런 좋은 기회를 놓칠 수 없다 하여 협의한 결과 '보광학교승격후원회'를 조직하고 남감리교단 측과 교섭할 위원 9인을 선출했으며, 인근 안변 · 신고산 · 덕원 · 문천 · 고원 · 영흥 · 통천 등지 청년회에서도 후원대를 조직하기에 이르렀다.[51] 교섭위원은 거의 대부분, 몇 달 후 설립되는 시영회의 임원인 조기주(회장), 장익진(부회장), 조종구(서무부장), 남충희(사업부장), 최수악 · 차형은(평의원)과 김이현,[52] 강병덕(康秉德), 홍순국(洪淳國) 등이었다. 이들이 학교부지 1만 평과 설비비 2만 원을 교단에 기부했지만, 보광학교는 경영난으로 1927년 봄에 폐교되고 말았다.[53]

보광학교승격후원회가 좌초된 후 중등교 설립운동이 재개된 것은 1927년 8월경이었다. 이는 시영회가 선도한 것이 아니었으며, 원산 출신 유학생들의 추동에 의해 시작되었다. 원산유학생회는 하계방학으로 귀성 중 〈원산시민에게 고함〉이란 삐라를 살포한 후, 8월 9일 지역 유지 1백여 명을 초대하여 간담회를 개최하고 중등교 설치를 호소했다.

---

51) 「保光校의 서광」, 『동아일보』 1925. 8. 16; 「보광교 고보로 승격후원회 조직」, 『시대일보』 1925. 8. 24.

52) 김이현은 1910년대 보광학교 교감 · 교장으로 일한 교육계 인사로 원산청년회에서 활동했다. 이후 신풍리에서 덴마크식 농촌 건설을 목적으로 축산협동조합을 창립했다(「원산리 교육상황」, 「원산청년회 발기」, 『매일신보』 1917. 2. 16, 1920. 6. 17; 『동아일보』 1931. 3. 4).

53) 「지방각중등교입학안내」, 『동아일보』 1926. 2. 18; 「원산부의 중등교기성회」, 『조선일보』 1927. 9. 7.

이에 동조한 유지들은 '중등학교기성회발기준비위원회'를 조직하고 준비위원 15명을 선출했다. 또한 원산 주변 고원·문천·덕원·안변·통천·고성·양양 등지를 기성회 구역으로 정하고 연대하여 운동하기로 결정했다.54)

중등학교기성회발기준비위원회는 모두 시영회 간부들로 구성되었으며 모임은 주로 시영회 사무실에서 개최되었다.55) 9월 초에는 원산과 인근 지역을 네 구역으로 나누어 발기인 모집에 착수했다.56) 그러나 제이공립보통학교 이전 위치문제로 조선인 사회가 북부(상구)와 남부(하구)로 나뉘어 대립하고 마침내 북부파가 9월 11일 독자적으로 원영회를 창립하면서 기성회는 제대로 활동하지 못하고 유야무야되었다.57)

원산중등학교기성회는 1930년 5월경에 재차 조직되었다. 기성회 재조직의 계기는 고아원 설립에 쓰려 했던 부호 이병균(李秉均)의 기부금 3만 원의 용도가 중등교 설립으로 변경된 데에 있었다.58) 기성회의 복안은 원산기독교청년회에서 설립한 청년학관을 인수하여 이를 토대로

---

54) 「지방논단: 원산중학기성운동을 보고」, 『동아일보』 1927. 8. 15; 원산 일기자, 「원산의 중등교육문제」, 『중외일보』 1927. 11. 17.

55) 「원산의 중학기성위회」, 『조선일보』 1927. 8. 17. 발기인 모집에 나선 기성회 발기준비위원회 위원은 김이현·박민룡·김경식·최수악·남백우·조종구·남관희·김상익 등 시영회 관계자가 대부분이었다(「원산중등학교기성준비회」, 『조선일보』 1927. 9. 6).

56) 「원산중등학교기성준비회」, 『조선일보』 1927. 9. 6.

57) "이래(爾來) 팔구개월간은 제이보교 위치문제로 원산은 남북파로 분열되어 가지고 옥석불배(玉石不排)의 투쟁을 계속하야 왓다. …위치쟁탈전으로 말미아마 개인과 개인의 의(誼)를 상(傷)하고 단체와 단체와의 의를 손(損)케 하얏스며 따라서 중학기성의 준비도 이 까닭에 실행되지 못한 듯 하며 기타 신사업에 착수치 못한 것도 이 위치전 때문이니…"(원산 일기자, 「지방시론: 원산의 중등교육문제」(下), 『중외일보』 1927. 11. 17).

58) 「원산중등학교기성회 조직」, 『매일신보』 1930. 5. 14. 준비위 임원진은 회장: 이가순, 부회장: 조기주, 상무이사: 김하선(金河善), 재무: 金영근, 서기: 서병휘이며 이사는 남백우·김경준·위형순·장익진 등 시민협회 평의원인 자본가들이 대부분이었다(「원산에 조선인기관으로 중학기성회 조직」, 『동아일보』 1930. 9. 5).

완전한 중등학교를 설립하는 것이었다.[59] 중등학교기성회는 원산청년학관을 경영하는 한편 농촌지도자를 양성하기 위해 청년학관 내에 농촌부를 신설하고 16세 이상 보통학교 졸업생으로 50명을 선발했다.[60] 기성회는 중등학교 문제를 해결하기 위해 고등보통학교 신설과 함께 원산상업학교의 학급 증설, 사범학교 설치도 실천 목표로 잡고 활동했다.[61] 그런데 기성회에서 인수하여 경영하는 청년학관 조차 재정난에 허덕이면서 고등보통학교 설립은 요원해졌다. 더구나 경영난 대책을 협의하기 위해 소집된 이사회가 출석정원 미달로 열리지 못할 정도로 임원들의 태도는 무성의했다. 이에 기성회는 회장 이하 전 임원진의 사표를 수리하고 쇄신위원회 출범에 따라 새 이사 23인을 선출했으며 새로이 도청 학무과의 인가를 받아 중등교육과정의 사설 학술강습소 설치를 추진했다.[62] 그러나 중등학교(고등보통학교) 설립운동 역시 유야무야되었다.

1939년 5월에 이르러 원산 부호 이병균과 청주부호 김원근이 중학교 설립에 15만 원을 기부하겠다고 언명하면서 다시 대원구락부가 중심이 되어 '원산조선인중학설치기성회발기인회'를 조직했다.[63] 처음 발기 당시에는 발기인 33명, 준비위원 26명 모두 조선인이었다.[64] 그러나 기성회

---

59) 「원산중학기성회 임시총회를 소집」, 『매일신보』 1930. 6. 10; 「원산중학기성회서 청년학관 인수」, 『조선일보』 1930. 7. 3.

60) 「농촌부를 신설 농민교양에 치중」, 『동아일보』 1930. 9. 20.

61) 「지방여론에 訴함: 제27 원산편(4)」, 『동아일보』 1931. 2. 19.

62) 「원산중학기성회」·「학술강습소 설립」·「원산중학기성회의 학술강습회 경영」, 『매일신보』 1931. 4. 1, 4. 18, 5. 9.

63) 「원산조선인중학 내일 발기인회 개최」·「원산조선인중학 設立期成코 활동」, 『동아일보』 1939. 5. 29·5. 31. 이병균과 청주부호 김원근(金元根)의 기부설은 1937년 7월경에도 있었으나 측근의 소문으로 끝났다. 이때에도 두 사람의 기부설을 계기로 '중학기성회' 조직 움직임이 있었다(「고보기성회 조직?」, 『동아일보』 1937. 7. 16).

64) 「교육계의 희소식, 원산에 제이중학교」, 『조선일보』 1939. 5. 31.

창립대회에서 명칭이 '중등학교설립기성회'에서 '중학교설립기성회'로 바뀌었고, 또한 설립 주체도 종전에는 조선인 유력자와 그 사회단체가 주도했으나 일본인 유력자들이 대거 참여하는 양상으로 변화되었다. 기성회 창립대회에서 조직의 정식 명칭은 '원산제이중학설립기성회'로 명명되었으며 이 자리에서 선출된 이사 45명 가운데 일본인 유력자 14명이 포함되었다. 기성회 회장도 부회 부회장이자 회령제재주식회사 사장, 오무라 상점 사장인 오무라(大村鎌次郎)가 맡았다.[65] 이는 전시 상황에서 조선인의 전쟁 동원을 목적으로 내선일체 교육을 강화하기 위해 1938년 4월부터 개정조선교육령이 실시됨으로써 기존의 보통학교-고등보통학교/여자고등보통학교 제도가 폐지되고 소학교-중학교/고등여학교 제도로 바뀐 현실 상황에 기인했다. 요컨대 비록 대원구락부와 조선인 유력자가 주도하는 형태이기는 했지만, 종래 조선인들이 성금을 모아 (사립)중등교육기관을 설립 경영하려는 운동과는 달리 총독부의 '중학교 증설계획'에 의해 (공립)학교를 설치하는 방식으로 성격이 변화된 것이다.[66]

"20년의 장구한 운동 역사를 가진 남부 원산의 중학교 설치문제"는 재원 기부자가 나타나면 기성회가 조직되었다가 다시 유야무야되는 상황이 오랜 세월동안 반복되어 왔다. 중등교육기관 설립 프로젝트의 관건은 재원 조달인데, 원산지역 주요 부르주아층을 중심으로 조직된 시영회나 시민협회에서는 이를 해결하지 못했던 것이다. 경제부문의 추진 사업이 대개 성과를 낸 것과 대조적으로, 중등교 설립사업은 쳇바퀴 돌 듯 관성적인 기성회 설립만 반복하다가 끝나고 말았다. 중등학교 진학 희망자가 원산뿐만 아니라 인근 함남 각군이나 강원도에도 상당수

65) 「원산제이중학설립기성회 창립대회」, 「원산제이중학기성회장 등 선정」, 『조선일보』 1939. 6. 18, 8. 14.

66) 「원산 조선인측서 발기의 第一聲」, 『동아일보』 1939. 5. 31.

있었으므로 이 지역의 자산가들과 함께 적극 추진했다면 사립 중등교 설립이 불가능하지는 않았을 것이라 생각된다.

2) 공회당 겸 극장(원산관)[67] 설립

조선인 사회에서는 일찍부터 집회 장소로 공회당의 건축이 제기되었다. 경성 · 대구 · 평양 · 의주 등의 주요 도시지역에서는 이미 1910년대~1920년대 초에 부청과 지역 유력자들에 의해 공회당이 건축되었다.[68] 원산에서는 1925년 5월경 부협의회에서 공회당 사용요금에 관한 「원산공회당사용조령」을 가결한 것으로 보아 이 무렵 공회당(중정 소재)이 설립되었음을 알 수 있다.[69]

---

67) 원산관에 대한 기존 연구로는 이승희, 「공공미디어로서의 극장과 조선민간자본의 문화정치」, 『대동문화연구』 69, 2010; 김남석, 「일제강점기 원산의 극장 元山館 연구: 지역의 문화적 거점 공간 생성과 활용을 중심으로」, 『국토연구』 85, 2015가 있다. 국문학 전공자인 김남석은 일본인촌을 가리키는 북촌과 원산관 소재지인 조선인 시가의 북촌동을 동일한 것으로 간주하는 오류를 범했는데, 이로 인해 논문 곳곳에서 심각한 억측을 하고 있다.

68) 일본인 중심의 지역 공회당은 1910년대부터 각 지역에서 건조되었다. 의주에서는 1914년에 이미 공회당이 존재했다. 대구 공회당은 1915년 관민 협의에 의해 건설되었으며, 평양에서는 1915년부터 부청과 유력자 중심으로 공회당 건설이 논의되어 기부금 모집으로 지지부진하다가 1920년에 완공되었다. 경성부 공회당은 1917~1918년 경성상업회의소가 중심이 된 모금활동에 의해 1919년 상량식을 하고, 1920년 완공되었다.

69) 「公會堂使用料」, 「畜産加工講習 八月下旬元山公會堂で」, 『朝鮮新聞』 1925. 5. 7, 7. 26. 공회당 사용 요금은 주간 오전 10시~오후 5시에는 5원, 야간 6시~12시에는 7원이었으며 겨울에는 여기에 난방요금 2원이 추가되었다. 자선 · 공익 목적의 회합은 부윤이 적당히 알아서 정한다고 되어 있다. 1927년 7월 개항50주년기업사업의 하나로 원산부에서 공회당 신축을 추진하자, 시영회는 편벽되게 일본인 시가에 설립하지 말고 부의 중앙에 건축할 것을 요구했다. 공회당 신축을 추진하던 중 부윤이 교체되어 1929년 부협의회에서 다시 논의되었으나 실행되지는 못했던 것 같다. 1936년 이후 경정(京町) 공설시장 자리에 재건축이 논의되어 1941년 예산까지 확보했으나, 1942년도에 기공되었는지 여부는 확인하기 어렵다.

사용 요금의 부담, 그리고 무엇보다 공회당의 용도가 부윤이 정하는 자선·공익 목적에 부합해야 한다는 점에서 조선인 사회단체가 필요로 하는 회합 장소나 강연회·웅변대회, 그리고 교양 함양을 위한 각종 예술 공연의 개최공간으로 자유롭게 사용하는 데에는 제약이 있었던 것으로 보인다. 부청에서 설립한 공회당은 주로 함남도청이나 원산부청, 기타 관변단체가 주최하는 양조품리미회(釀造品唎味會), 축산품가공강습회, 목탄품평회, 양계품평회, 공진회와 같은 행사 장소로 이용되었다. 이에 조선인 사회에서는 독자적인 공회당 설립이 계속 제기되었다.

원산시영회는 창립 직후부터 이 문제에 대해 관심을 가지고 구체적으로 추진했다. 그런데 시영회의 안은 '공회당 겸용 극장'이었다. 공회당 기능을 가지기는 하지만 주요 시설 용도는 극장이었으니[70] 이러한 성격은 이후 추진 상황과 준공 후 경영에서도 분명하게 드러난다.

시영회 제3회 평의원회(1926.4.22)에서 공회당 겸용 극장의 건축에 대한 설계위원의 보고와 토의가 있었다. 이후 7회 평의원회(1926.8.14)에서 수정된 기성안이 만장일치로 통과되었으며,[71] 이때 발기인 모집 및 설립위원으로 이택현·조기주·장익진·김경준·만석준·최광린·이춘하·남관희 등이 선출되었다. 공회당 겸용 극장은 결국 주식회사 형태로 설립하기로 결정되었다. 공회당이란 건축 용도를 생각하면 시간이 걸리더라도 지역민을 대상으로 한 모금이나 부호들의 기부에 의해 건축비를 마련해야 하지만, 대부분 객주조합의 조합원이자 유력 자본가인 설립위원들은 손쉽게 주식회사 형태의 자금 조달을 선택했던 것이다.

1926년 겨울 주식 모집에 착수하여 1927년 5월 22일 '주식회사원산관'

---

70) 『조선은행회사조합요록』에도 영업목적이 '극장 연극 및 활동사진 기타 공중집회를 위한 극장 및 도구의 대부'로 되어 있다.

71) 「원산시영 평의회」, 『동아일보』 1926. 4. 28; 「諸宿案 가결 원산시영회」, 『조선일보』 1926. 8. 18.

창립총회가 객주조합 내 시영회 사무실에서 개최되었다.[72] 90명의 주주가 투자한 1만 6천 원의 자본금(1주에 50원)으로, 1927년 12월 말 건평 137평의 최신식 2층 연와 건물이 북촌동에 완공되었다.[73] 원산관(주)의 영업 개시는 상리(上里) 시장이 해안매축지로 이전함에 따라 적막하던 북촌동에 활기를 가져왔으며, 지역 문화계에도 새로운 전기(轉機)가 되었다.

창립 시의 임원진은 사장: 노기만, 전무: 한치항, 이사: 김영근 · 이춘하 · 김경준 · 김리석 · 박창조, 감사: 남백우 · 유재준(劉栽俊) · 한군필이었다.[74] 원산관은 주식회사 체제로 경영되었지만 임원진(대주주)이 직영하기보다 신구(新舊) 극계(劇界)에서 오랫동안 종사하여 명성이 높은 전문가에게 운영을 의뢰했다.[75]

원산관 낙성 기념으로 조선극우회(朝鮮劇友會)의 초청 공연을 시작으로 단성사 조선영화부의 〈낙회유수〉(落花流水)와 다양한 장르의 영화를 상영했다. 또한 원산지역 예기의 연주회가 열렸으며, 원산에 새로 창립한 'TM영화공장'의 공연도 이어졌다.[76] 원산관은 초기에는 사업의 중점을

---

72) 「원산관 창립총회」, 『조선일보』 1927. 5. 24.

73) 「원산부: 경제단체」, 『동아일보』 1929. 1. 13; 「극장원산관 설치인가」, 「원산관 준공」, 『중외일보』 1927. 8. 28, 1928. 1. 8; 「원산관 건축입찰」, 『조선일보』 1927. 8. 30; 『조선은행회사조합요록』, 1929년판.

74) 한치항 · 김경준 · 남백우에 대해서는 〈부표 5-1〉 참조. 노기만은 북촌동에서 1920년 이래 염간어(塩干魚)와 해초를 판매하는 명성태상점(明城泰商店)을, 김영근은 북촌동에서 염간어 · 해초 · 미 · 잡곡 판매상점을, 이춘하는 본정에서 미곡 · 잡곡 판매상점과 공성운수조(共成運輸組)를 경영하고 있었다. 김이석은 해안통 3정목에서 미 · 대두 · 잡곡 판매상점을, 박창조는 상리 1동에서 염간어 · 해초 · 미 · 대두 · 잡곡을 판매하고 금융업을 겸하는 홍업사를 경영했으며, 한군필은 상동에서 미곡 · 잡곡 판매상점을 경영하고 있었다(원산부, 『元山商工名錄』, 1928 참조).

75) 「주식회사원산관 임시주주총회」, 『중외일보』 1928. 1. 16. 원산관의 전문경영인인 '흥행주'는 연극 영화 분야에서 오랜 연륜을 가진 이로 일정 기간 계약을 맺고 원산관을 운영했다(「원산관 쇄신」, 『중외일보』 1930. 3. 30).

76) 「관북 罹災同胞 위하야 원산예기 연주회」, 「원산영화극장 實演部 공연」, 『조선일보』

주로 상설영화관의 기능에 두었으나, 1930년 8월 이후 50여 명의 단원으로 구성된 연예부의 공연이 흥행에 성공하자 자체 공연에 주력했다.[77]

원산관은 시민협회가 부협의원 선거 전에 개최하는 유권자대회의 장소나 또는 여러 동업조합과 함께 어항 시설을 촉구하는 시민대회 장소로 혹은 수해구제기금 마련을 위한 음악회 공연장소로 제공되기도 하여, 매우 제한적이기는 하지만 공회당의 기능도 수행했다. 하지만 원산관은 주식회사였으므로 설립 당초에 의도했던, 조선인 대중이 대관료 걱정 없이 집회를 개최할 수 있는 공회당의 기능은 거의 없었다. 원산관은 '공공영역'의 공회당이 아니라, 주주들의 이익 분배를 위해 수익 창출에 신경써야 하는 영화상설관, 공연장으로서의 기업일 뿐이었다.[78]

원산관을 "순전히 영리회합장소로만 사용치 말고 지금이라도 공회당 같은 것으로 공개하여 최초 건축 당시의 공회당 겸용한다는 사실에 부합하도록 하여 우리 일반의 각성운동에 좀 더 이용케" 하자는[79] 여론이 비등했다. "집회가 있을 때마다 종교단체의 건물 등을 교섭에 교섭을 가하여야 하고 또한 임대인과 조금이라도 배치되는 조건이 있다면 못 얻어 쓰는 상황"에서 공회당문제는 절실했다.

> 농촌의 조고마한 마을을 보드래도 그곳 사랑방 넓은 집에 막벌이 꾼이 모이어 하다 못해 고담(古談)으로나마 친교가 생기고 구실이 생기는 거와 같이 도시인들에게는 공회당이 잇음으로써 집회가 손

1928. 9. 24, 10. 12.

77) 「원산관 연예부 제5회 공연 준비」, 「원산관에서 창립된 WS연예부」·「원산관 연예부에 初次 舘外出演」, 『중외일보』 1930. 8. 16, 8. 25, 10. 4; 「元山藝苑 독점한 원산관」, 『조선일보』 1930. 11. 2. 이 'WS연예부'는 함흥, 경성 등의 외지 원정공연에서도 성황을 이룰 정도로 관객들로부터 호평을 받았다.

78) 1937년경 원산관의 입장 연인원은 129,347명이었고 수입총액은 29,450원이었다(金元錄, 『元山要覽』, 元山要覽編輯會, 1937, 252쪽).

79) 「지방여론에 訴함: 제27 원산편(6)」, 『동아일보』 1931. 2. 21.

쉽게 되도록 하는 것이니 이것이 즉 도시인들의 사랑방이 될 것이다. 전기와 같은 불편한 조건이 가로노히고야 집회생활의 성장을 보지 못할 것이다. … 우에 말한 극장(원산관을 말함－필자)이 공회당 겸용이라는 구실은 잇으나 사실상으로 공회당의 임무를 시민에게 주지 못하는 것이니 유감의 나머지에는 공회당 설치문제가 유일한 당면문제라 하겟다.[80]

삼남지방 수해 구제를 위한 기금 마련 음악회를 열 때에 원산관의 비싼 대관료를 지불하고 나니 모금액이 얼마 되지 않아 구제금을 보낼 수가 없었다는 예에서 보듯이, 원산관은 "공회당 겸용이라는 구실은 있으나 사실상 공회당의 임무를 제대로 수행하지 못하"고 있다며 원성의 대상이 되었다. 대중들의 원산관에 대한 유감은 이제 "시골의 사랑방과 같이 지역민이 집회장소로 손쉽게 이용할 수 있는 진정한 공회당을 건축"하자는 목소리로 이어졌다.

시영회와 시민협회 두 단체가 추진한 프로젝트는 조선인 자본가들의 사업 기반이 조선인 경제, 공간적으로는 조선인 시가에 있었으므로 조선인 시가의 인프라 구축과 개선에 집중되어 있었다. 이 점에서 일본인 자본가들과 유지들이 결성한 원산번영회나 원산상업회의소가 추진한 프로젝트와는 차이가 있었다. 즉 시영회와 시민협회가 추진한 프로젝트는 기본적으로 조선인 본위의 지역 개발을 표방하는 점에서 민족성을 띠고 있었다고 할 수 있다. 그러나 노동자들이 매축공사에 대해 실상 조선인 사회가 아닌 조선인 자본가의 사업이라고 지적한 점에서 나타나듯이, 프로젝트 추진에는 계급적 이해관계 또한 착종되어 있음을 알 수 있다. 또한 프로젝트의 성공을 위해 조선인 시가에서 영업하고 있는 일본인 자본가들과 협조관계를 맺기도 한 점은 프로젝트 추진 배

80) 「내 지방 당면문제 원산편」, 『동아일보』 1936. 2. 22.

경과 과정에 민족적 계급적 변수뿐만 아니라 지역적 이해관계도 작동되고 있었음을 말해준다. 요컨대 프로젝트별로 민족적, 계급적, 지역적 이해관계가 얽혀 복잡하고 특수한 측면을 내포하고 있었던 것이다.

시영회와 시민협회는 일본인 유력자들이 주도한 원산번영회에 대응하여 '조선인의 지역 번영'을 강조하며 민족적 입지를 표방하는 지점에서 출발했다. 원산 조선인 사회의 지형에서 볼 때, 양 단체는 상공업자의 이익단체란 입지에 기반하고 있었다. 이는 그들이 기획하고 추진한 '지역 번영' 사업의 내용에서 그대로 드러난다.

양 단체가 지역 번영의 기치를 내걸고 추진했던 프로젝트 가운데 일반 조선인 대중을 위한 중등교육기관이나 공회당 설립과 같은 교육·문화 인프라 조성 사업이 대개 실패로 끝난 반면, 매축을 통한 상업공간의 조성이나 화물철도역 이전, 방파제 축조 등 경제 관련 프로젝트는 거의 대부분 성공적으로 소기의 목적을 달성했다. 시영회와 시민협회가 추구한 '지역 번영'이란 결국 실비진료소나 주택문제와 같은 조선인들의 보편적인 후생이나 사회적 복리보다 자본가들의 직접적인 이윤 추구와 관련된 경제 관련 인프라 구축에 역점을 두었음을 확인할 수 있다.

〈부표 5-1〉 원산시민협회 창립 임원진(1928년 12월)

	직책	인명	직업, 경영업체	사회활동, 경력
1	회장	조기주(趙基周)	북선창고(주) 이사(1923), 객주조합 평의원(1920~1922, 1927), 객주조합장(1924~1927) · 객주조합 금융부 부장(1926), 원산상업(주) 창립위원 · 이사 · 전무이사(1929~1933), 원산어업조합 창립위원(1930), 원덕어업조합 지정중개인 · 총대(1932~1933)	상업회의소 의원(1918~1922) · 특별의원(1930~1931), 제2공립보통학교 교육후원회 평의원(1925), 함남노동회 고문(1929), 원산어항설치기성회 위원(1930~1933), 학교비평의원(1927,1930), 만주조난동포구제회 준비위원(1931), 원산실업학술원 상무이사(1931), 영남이재민원산구제회 위원(1933)
2	부회장	김경준(金景俊)	원흥상회(1921, 국자상 · 정미업 · 곡물무역), 조선주 양조업, 원산관 이사	상업회의소 의원 · 부회두(1927~1940), 원산청년회 상무위원(1923), 학교비평의원(1924), 부협의원 공인후보(1926, 1929), 부협의원(1926), 원산시민협회 부협의원선출조사위원(1929), 원산항만조사회 부회장(1928), 원산어항설치기성회 위원(1930), 원산중학기성회 이사(1930), 만주조난동포구제회 준비위원(1931), 루씨여고보학부형회 평의원(1931), 원산고아원후원회 이사(1931), 원산어항수축 및 철도화물인입선기성회 위원(1933), 영남이재민원산구제회 위원(1933), 해성교후원회 실행위원(1936), 부회의원(1939), 원영회 평의원
3	同	조종구(趙鍾九)	원산객주조합 이사, 객주조합 금융부 이사(1926~1927), 원산제유조합장(1943)	대한협회 덕원지회 회원(1908), 원산청년회 발기인(1920) · 부회장 · 회장(1921,1922), 조선청년회연합회 위원(1922), 민립대학기성회 발기인(1923), 원산노동회 교무부장(1923), 동경진재조선인구제회 위원(1923), 조선일보 지국장(1924), 원산고아원장(1931), 함남노동회 이사(1929), 원산시민협회 부협의원선출조사위원(1929), 원산리어항설치시민대회 선언결의문작성준비위원(1930), 원산어항설치기성회 위원(1930), 부협의원(1930)
4	서무부장	김상익(金相翊)	백산무역주식회사 감사(1919), 원산매일신문사 원산리지국장, 동아일보 원산지국 총무겸 기자(1922), 문화인쇄소	원산공립보통학교 졸업생교우회 간사(1917), 원산청년회 방역반원(1920) · 학예부장(1922), 원산문우회(1920), 원산여자청년회 고문(1920), 원산설몸수양단에서 연설한 내용

	직책	인명	직업, 경영업체	사회활동, 경력
				으로 검속(1920), 1920년 9월 만세사건 주도로 징역 1년 6개월형, 1922년 8월 출옥, 동경진재조선인구제회 위원(1923), 元山愛友會(원산애우회) 회장(1922), 원산교풍회 규칙기초위원 · 서무부(1923), 민립대학기성회 발기인(1923), 개벽지사장(1924), 원산어항설치기성회 위원(1930), 원산리어항설치시민대회준비위원회의 선언결의문작성준비위원(1930), 원산실업학술원 상무이사(1931), 루씨여고보학부형회 평의원(1931), 대원구락부 회장(1932), 영남이재민원산구제회 위원(1933), 해성교후원회 실행위원(1936), 원산정구대회 위원장(1936)
5	서무위원	임사현(林仕賢)		원산청년연합회 창립 집행위원(1925), 원산청년회 상무집행위원(1926), 원산고아원후원회 감사(1931)
6	사업부장	최광린(崔光麟)	객주조합 발기인(1917), 원산어업조합 창립위원(1930)	공립원산보통학교 졸업(1909), 원산청년회 발기인 · 체육부장(1920~1921), 동아일보지국 주최 시민운동회에 50원 기부(1920), 원산수산품평회 협찬회 평의원(1922), 동경진재조선인구제회 위원(1923), 학교비평의원(1924), 시민협회 부협의원공인후보(1929), 함남노동회 교양부 · 전무(1930), 루씨여고보학부형회 평의원(1931), 어항수축기성회 위원(1933), 부회의원(1935, 1939)
7	사업위원	김찬문(金燦文)	자동차업, 광업, 원덕어업조합 지정중개인(1932)	원산제2소방조 小頭, 원산시민협회 부협의원선출조사위원(1929), 함남노동회 이사, 조선소방협회 함남지부장의 근속장 표창받음(1932), 학교비평의원(1930), 관립사법학교설치기성회 상임위원(1930), 루씨여고보학부형회 총무(1931)
8	同	박근원(朴根遠)		상친계 조직(1918), 함남노동회 조사부(1930) · 감사(1934), 원산고아원에 기부(1931), 영남이재민원산구제회(1933)
9	재무부장	남호우(南虎祐)		공립원산보통학교 졸업(1909), 원산청년회 상무간사(1921), 원산시민협회 평의원(1931)

	직책	인명	직업, 경영업체	사회활동, 경력
10	재무위원	배수성(裵壽星)	원산무역(주) 지배인(1926~1927)	원산청년회 검사위원(1925)
11	사교부장	전용빈(全用斌)	전흥양조소(1925)	원산청년회 주최 정구대회에 은시계 기증(1922), 상공회의소 의원(1929~1939), 시민협회 부협의원선출조사위원(1929), 원산중학기성회 이사(1930), 영남이재민원산구제회 위원(1933), 해성교후원회 실행위원(1936), 부회 의원(1939), 원영회 평의원
12	사교위원	김연재(金演栽)		원산청년회 상무위원(1926)
13	교풍부장	노문기(盧文麒)	함신양복점(1914, 양복 제조판매)	학교비평의원(1924,1927,1930), 원산중학기성회 이사(1930), 원산고아원후원회 감사(1931), 만주조난동포구제회 준비위원(1931), 부회의원 출마(1931), 원영회 평의원
14	교풍위원	최영래(崔英來)	원산제2공립보통학교 훈도(1923~1924)	안변공립보통학교 부훈도·훈도(1911~1917), 매일신보 원산지국 주최 북선위기대회(北鮮圍碁大會)1등 입상(1927), 원산고아원후원회 이사(1931)
15	평의원	최수악(崔秀嶽)	주단포목잡화상(1910), 원산연초원매팔소(주) 감사(1921), 조선고무공업(주) 감사(1923), 포목상조합장(1926)	상업회의소 의원(1917~1924), 객주조합 주최 점원운동회 집행위원(1921), 원산수산품평회협찬회 평의원(1922), 동경진재조선인구제회 위원(1923), 원산고아원후원회 부이사장(1931)
16	同	남관희(南觀熙)	한약매약업(1910), 원산저축금조합 재무(1918), 원산상업저금조합 설립(1920), 흥업사 이사(1920), 원산무역(주) 이사(1920)	원산청년회 발기인(1920), 원산노동회 이재(理財)부장(1923), 부협의원(1926), 학교비평의원(1924, 1927, 1930), 루씨여고보학부형회 회장(1931)
17	同	남백우(南百祐)	객주조합 평의원(1920~1922), 원산무역(주) 발기인·이사(1920~1925), 북선창고(주) 본점지배인(1922), 흥업사(주) 감사(1925), 해동헌(1925, 조선요리점), 원산관(주) 감사(1927), 원산간유(주) 이사(1936~1942), 원산금융조합 감사(1939), 어중매인조합 이사(1936~1940), 원산노무공급(주) 이사(1941), 동해간유공업(주) 이사(1943)	대한협회 덕원지회 회원(1908), 덕원항공립고등소학교·원산일어학교·보성전문학교 졸업, 상업회의소 의원·부회두(1923~1926), 원산청년회 발기인·부회장·회장·평의원(1920~1922), 원산수산품평회협찬회 평의원(1922), 조선청년회연합회 위원(1922), 저금조합 발기인(1920), 원산교풍회 주창자 겸 규칙기초위원(1923), 학교비평의원(1927), 부협의회원(1930), 관선 함

	직책	인명	직업, 경영업체	사회활동, 경력
				남도평의원(1927~1933), 함남도회의원(1937), 원산행정구역연구회 부회장(1929), 원산리어항설치시민대회 선언결의문작성준비위원(1930), 어항설치기성회 부회장(1930), 원산사범학교설치기성회 상임위원(1930), 루씨여고보학부형회 평의원(1931), 만주조난동포구제회 준비위원(1931), 원산고아원후원회 이사(1931), 원산어항수축급화물인입선기성회 위원(1933), 원산부사편찬위원(1936), 부회의원(1935, 1939), 원산관광협회 이사(1937), 주임대우 중추원 참의(1939~1941), 조선임전보국단 평의원(1941), 정7위로 서훈됨(1942)
18	同	이정화(李正華)	미곡잡곡판매상(1912), 객주조합 평의원(1920~1922)	원산청년회 평의장 · 유학생순회강연단 환영위원(1920), 원산시민협회 부협의원선출조사위원(1929), 부협의원, 원산리어항설치시민대회 연사(1933), 원영회 회장
19	同	박민룡(朴敏龍)	원산인쇄소(1914), 원덕어업조합 총대(1933)	매일신보 원산분국장(1921), 학술강습소 강사(1921), 원산청년회 총무(1922), 원산노동회 이사(1923), 시민협회 부협의원 공인후보(1926, 1929), 부협의원(1923, 1926), 원산중학기성회 이사(1930), 만주조난동포구제회 준비위원(1931), 원산부사편찬위원(1936), 원영회 평의원
20	同	한치항(韓致恒)	곡물무역상, 원산정미소(1920), 미곡상조합 이사장(1933), 원산상공(주) 감사(1933), 합자회사 원곡사 사원(1933), 원산관(주) 전무, 원산상업(주) 감사(1933)	원산노동회 토목부장(1923), 시민협회 부협의원공인후보(1929), 함남노동회 고문(1929), 원산어항설치기성회 위원(1930), 원산사범학교설치기성회 상임위원(1930), 만주조난동포구제회 준비위원(1931), 공립원산중학교 익찬회위원(1931), 루씨여고보학부형회 부회장(1931), 영남이재민원산구제회 위원(1933), 원산관광협회 이사(1937), 원영회 평의원
21	同	홍종희(洪鍾熙)	객주조합 평의원(1920~1928), 창흥창고(주) 주주 · 청산인(1920), 삼산자동차(주) 이사(1923~1929), 합성양조소(주) 감사(1925, 1929),	대한협회 덕원지회 회원(1908), 함경남도 내무부 서기(1910~1913), 함경남도지방토지조사위원회 임시위원(1918), 신흥군 군수(1914~1918),

	직책	인명	직업, 경영업체	사회활동, 경력
			원산무역(주) 지배인(1925~1927), 북선창고(주) 지배인 · 이사(1927~1929), 흥업사(주) 감사(1927, 1931), 사리원운수창고(주) 감사(1931~1937), 조선운송(주) 이사(1931~1935)	문천군 군수(1919), 부산예월회 간사(1921), 원산상업회의소 특별의원(1926~1928), 운송합동창립위원(1929), 함남노동회 교양부(1930), 선운협회 중앙집행위원(1930), 원산공립상업학교 학급증설을 도평의회에 청원(1929), 조선운송동맹회 소속으로 운송합동에 반대(1930)
22	同	김석현(金碩鉉)	의사(덕원의원)	원산춘성의사회(1927), 학교비평의원(1927), 시민협회 부협의원 공인후보(1929), 원산사범학교설치기성회 상임위원(1930), 만주조난동포구제회 준비위원(1931), 영남이재민원산구제회 위원(1933), 사립진성여자실업학교 설립준비위원(1939), 원산의사회 평의원(1932)
23	同	김양근(金楊根)	냉면옥 경영(1928), 광업	부회의원(1931, 1936, 1939), 재만동포구제회 준비원 및 발기인(1931), 원산제2공립보통학교 도서구입비로 3원 30전 기부(1925), 원영회 평의원
24	同	만석준(萬錫俊)	1907년 식산은행 입사, 식산은행 원산지점장 대리, 1932년 의원퇴임, 원산무역(주) 감사(1920), 1940년 이후 과수원 경영, 원산토지건물(주) 감사	원산저축조합 감사(1918), 동경진재조선인구제회 위원(1923), 만주조난동포구제회 준비위원(1931), 루씨여고보학부형회 평의원(1931), 원산고아원후원회 이사(1931), 정동리(町洞里)연합회 회장(1936), 제일공립보통학교후원회 회장
25	同	이보석(李輔錫)	풍산제과소 경영주(1927), 보성금산(寶城金山) 광업소(1932), 회양(淮陽)에 광업권 공동설정(1936)	학교비평의원(1930), 원산고아원후원회 이사(1931), 루씨여고보학부형회 평의원(1931), 재만동포구제회 준비위원 및 발기인(1931), 원영회 평의원
26	고문	장익진(張翼軫)	활우이출업(1919), 해륙물산 객주, 객주조합 부조합장(1926) · 조합장(1927,1933), 원산상업저금조합 설립(1920), 원산상업(주) 창립위원(1929) · 감사 · 이사(1931~1933), 원산어업조합 창립위원(1930), 원덕어업조합 이사 · 지정중개인(1931~1932), 명태조합 이사(1932), 원덕어업조합, 원춘권번(元春券番, 1940)	개성 출생, 제2소방조 창설자, 상업회의소 의원(1918~1920) · 부회두(1927~1928), 부협의원(1926), 함남노동회 이사(1929), 학무위원, 학교비평의원(1924, 1927, 1930), 원산공립상업학교 학급증설을 도평의회에 청원(1929), 부협의원(1930), 원산리어항설치시민대회 연사(1930), 어항설치기성회 부회장(1930), 함남노동회 사교부(1930), 원산사범학교설치기성회 상임위원(1930), 원산어항수축 및 화물인입선기성회 위

	직책	인명	직업, 경영업체	사회활동, 경력
				원(1933), 원산제2소방조 조장, 영남이재민원산구제회 위원(1933)
27	同	김원복(金源福)	객주 영업, 원산무역(주) 발기인 · 창립위원장 · 이사(1920)	학교비평의원(1924), 조운동맹회 역원(1931), 선운협회 상무위원(1931)
28	同	위형순(魏衡淳)	흥업사(주) 감사 · 이사(1920~1929), 원산무역(주) 이사(1921~1923), 합성양주소(주) 이사 · 사장 · 감사(1924~1942), 원산관(주) 감사(1939), 친목저금조합 감사(1917)	학교비평의원(1924), 부회의원(1931, 1936, 1939), 재만동포구제회 준비원 및 발기인(1931), 원산제2공립보통학교 아동도서 구입비로 3원 기부(1925)
29	同	주성규(朱星奎)	함남택시(1925)	원영회 부회장(1927)
30	同	장병엽(張丙曄)		
31	同	김병유(金秉洧)	식산은행 설립위원(1918), 원산무역(주) 사장(1920), 조선무역(주) 대주주	명치신궁봉찬회에 헌금(1916), 동아일보지국 주최 시민운동회에 100원 기부(1920)
32	同	이택현(李澤鉉)	객주, 소주 제조업(1918), 원산저축조합 감사(1918), 원산무역(주) 발기인 · 이사(1919), 창흥창고(주) 주주 · 청산인(1920), 북선창고 대주주 · 이사(1920, 1927), 합성양조소 사장(1925~1929)	원산의 대표적 재산가, 원산상의소 부회장(1910), 함경남도지방토지조사위원회 위원(1914~1917), 부참사(1919~1920), 제2공립보통학교 교육후원회 회장(1925), 학교비평의원(1927), 관선 도평의원(1924), 중추원 참의(1922~1927), 공립보통학교확장기성회에 1천 원 기부(1921), 원산수산품평회협찬회 평의원(1922)
33	同	김태준(金泰俊)	철원제2금융조합 평의원(1936)	시영회 수난구제회 후원위원, 본정 구장(1928~1932)
34	同	한경교(韓景敎)	연수당 병원 의사	조산부양성소 교사(1910), 사립신흥학교 교육회장(1912), 방역공로자로 경무총장 상장 받음(1917), 원산춘성의사회(1927)

출전: 「府內醫師一覽」, 「元山府內主要工場」, 「安邊德源兩郡に於ける主なる稼行鑛山表」, 『元山要覽』 59 · 134~138 · 151쪽; 『통계연보』, 1921, 1923, 1925, 1934, 1936, 1937년판, 원산상업회의소; 원산부, 『元山商工名錄』, 1928; 町田義介, 「원산상공인명록」, 『원산상공안내』, 원산상공회의소, 1940; 『동아일보』; 『매일신보』; 『조선일보』.

6장 1920~1930년대 초반 조선인 자본가층의 지역정치

– 원산시영회와 원산시민협회의 선거 및 노동 개입을 중심으로

1. 지역정치의 자장(磁場): 식민권력과 조선인 대중

근래 한국근대사 분야에서 지역정치를 주도하는 주체 즉 지역의 경제와 교육 · 문화 방면에서 리더십을 발휘해 지역 여론을 주도하며 식민행정당국을 상대로 교섭하는 개인과 세력(계층)에 대한 연구가 활발하다. 이들은 연구자에 따라 유지, 명망가, 엘리트, 유력자 등 다양한 용어로 지칭되고 있다.[1] 지역의 사회경제적 배경과 그 출신, 활동범주와 역할

---

1) 지수걸은 충남 공주, 조치원, 부여 · 논산, 전남 순천지역을 대상으로 연구를 진행하면서 '유지'는 정치 사회적 자원(有志基盤)에 기초하여 다양한 정치활동(有志政治)을 전개한 공인된 사회적 지위집단이라고 규정했다. 그는 유지의 지위나 서열을 결정지은 주요 지표는 재산, 사회활동 능력(학력), 당국 신용, 사회 인망 등이라 보고 이를 '유지기반'이라고 개념화했다(지수걸, 「일제하 공주지역 유지집단의 도청이전반대운동(1930. 11~1932. 10)」, 『역사와 현실』 20, 1996; 「일제하 공주지역 유지집단 연구－사례 2: 金甲淳(1872~1960)의 '유지기반'과 '유지정치'」, 于松趙東杰教授停年紀念論叢刊行委員會 편 『韓國民族運動史硏究』, 나남출판, 1997; 「日帝下 公州地域 有志集團 硏究－사례 3: 池憲正 (1890~1950)의 '有志基盤'과 '有志政治'－」, 『역사와 역사교육』 2, 1997; 「일제시기 충남 부여 · 논산군의 유지집단과 혁신청년집단」, 『한국문화』 36, 서울대학교 규장각 한국학연구원, 2005). 기유정도 1920년대 경성부협의회를 대상으로 당시 '정치'는 대중에 대한 '직접지배'와 거리가 먼 '有志政治'라고 주

에 따라 선택된 용어이겠지만, 뉘앙스로 보아 유지나 명망가, 엘리트는 지도자, 리더의 의미가 강하다. 이와 달리 유력자는 정치경제적 세력관계에 주목하는 용어란 느낌이 강하다.[2)] 여기에서는 자본가층을 다루므로 맥락상 특별한 경우가 아니면, 유력자란 용어로 통일하여 사용하려고 한다.

종래 지역정치에 관한 연구는 유력자 개인을 대상으로 하거나, 혹은 부 · 군 · 읍 단위 지역 범주로 진행되어 왔다. 또는 지역의 현안 즉 학교 설립과 같은 교육문제나 전기 · 철도 · 도로 등 지역 개발문제를 중심으로 지역 내 식민당국/ 일본인/ 조선인의 역학관계에 초점을 두어 연구하기도 했다. 지역적으로는 대개 농촌지역(군 · 면)을 대상으로 한 경우

장했다(「1920년대 京城의 '有志政治'와 京城府協議會」, 『서울학연구』 28, 2007).

김익한은 농촌지역에서 조선 후기 · 한말 이래 읍치보다 동리에 거주하며 자치적 운영을 도모하여 지역사회로부터 상당한 신망을 얻었던, 경제적으로는 중소지주에 해당하는 계층을 '지역명망가'로 개념화했다(「일제하 한국 농촌사회운동과 지역 명망가」, 『한국문화』 17, 서울대학교 규장각 한국학연구원, 1996). 참고로 '명망가' 란 개념은 패전 후 일본 학계에서 천황제 국가기구와 저변의 공동체적 관계를 매개하는 담당자가 국가 지배를 유지하는 중요 요소로 주목받으면서 그 사회적 매개를 이룬 것이 공동체를 기초로 하는 지주=명망가 지배였다는 설에서 비롯되었다(남상호, 「近代日本の村落'名望家'論の檢討」, 『일본문화학보』 19, 2003).

박찬승은 Joshep Esherick, *Chinese Local Elite and Pattern of Dominance* (University of California Press, 1990)을 인용하여 '지역엘리트'란 개념을 사용했다(「근현대 당진지방의 정치사회적 동향과 지역엘리트」, 『지방사와 지방문화』 7-2, 역사문화학회, 2004).

이용기는 전남 長興郡 蓉山面 사례연구에서 지역유력자란 용어를 사용했는데, 전통적 권위를 기반으로 영향력을 행사하는 전통적 유력자, 면 행정체제를 매개로 영향력을 행사한 '관변적 유력자', 식민권력에 대항하며 지역사회에서 발언권을 가지는 '저항적 유력자' 세 범주로 나누어 분석했다(「일제시기 면 단위 유력자의 구성과 지역정치」, 『대동문화연구』 67, 성균관대 대동문화연구원, 2009). 그 외에도 다수의 연구가 있으나 지면상 생략한다.

2) 김민철은 '지역유력자'란 지역의 지배층과 지도층을 포괄하는 개념이며 정치적으로는 파워엘리트, 경제적으로는 지배계급, 사회적으로는 지배신분, 문화적으로는 이데올로그 등으로 범주화하고 있다(「일제의 농민조직화 정책과 농가지도(1932~1945)」, 『역사문제연구』 18, 2007).

가 많으며, 도시지역(府) 특히 개항장도시에 관한 연구는[3] 상대적으로 적은 편이다.

기존의 부 단위 지역정치 연구는 대개 부협의회(부회)의 제도적 구성과 안건, 부협의원 선거에 집중되어 있다. 그런데 유권자수는 지역별로 차이가 있기는 하나, 1931년에도 일본인의 경우 최대 15%, 조선인의 경우 3%를 넘지 못했다.[4] 따라서 지역사회의 '정치'를 제대로 살펴보기 위해서는 부협의회 선거에 집중된 '유지정치(有志政治)'의 장(場)을 확장해야 한다고 생각한다. 즉 이른바 공직 선거에서 배제된 이들 역시 지역정치의 범주로 재인식해야 할 필요가 있다고 본다. 그동안 공직선거와 같은 '제도정치권'에서 배제된 이들은 주로 사회운동 영역에서 '운동가' 혹은 '주의자'로 제한적으로 다루어져 왔다. 이런 문제의식에서 여기에서는 지역정치의 주체를 식민당국/ 조선인 유력자/ 일본인 유력자로 대분류하는 기존 연구방법에서 나아가, 조선인 사회에서 길항관계를 이루고 있는 정치 진영까지 포함하여 지역정치에 접근해보려고 한다.

지역사회는 지리 · 자연 환경과 역사문화적 특성에 의해 구분되는, 사회관계의 자율성을 갖는 유기적 구성체이다. 따라서 지역정치에는 공간의 환경적 요인 즉 역사지리 그리고 전통적 신분 · 계층 구성에 의한 인적 네트워크 등이 변수로 작용한다. 때문에 지역정치의 주도세력이나 전개 양상에 대한 연구에서 공간적(지역적) 환경이 갖는 의미와 그 개별성은 주지해야할 점이라고 생각한다.

---

3) 홍순권, 「1910-20년대 '부산부협의회'의 구성과 지방정치」, 『역사와 경계』 60, 2006; 홍순권, 「1930년대 부산부회의 의원 선거와 지방 정치세력의 동태」, 『지방사와 지방문화』 10, 2007.

4) 유권자가 가장 많은 경성의 경우 일본인 측은 부내(府內) 일본인 전체 인구의 15%, 조선인은 3%였으며, 부산은 일본인 12%, 조선인 1%에 불과했다(朝鮮總督府 內務局 편, 『改正朝鮮地方制度實施概要』, 1932, 166쪽).

여기에서 다루는 개항장도시 원산은 상업 포구였기 때문에 전통적 권위가 상대적으로 약한 곳인데다, 개항과 함께 타 지방으로부터의 이주민뿐만 아니라 일본 상인, 화상, 러시아 상인, 미국과 캐나다 선교사들이 유입되어 근대 문명과의 조우, 접합이 가장 광범위했던 공간 중 하나이다. 개항장도시에서는 자본주의 상품경제에 대한 선망과 욕구가 상대적으로 강했으며, 이를 성취하기 위한 새로운 수단과 방법을 익히고 추구하는 것이 당연시되는 사회분위기였다.

이러한 역사적 공간 환경으로 인해 원산의 지역정치 또한 농촌지역에서 전개된 그것과는 상당히 달랐다. 일단 조선인 사회에서 지역정치를 주도하는 한 축은 객주상인이었다. 또한 정치 지형 면에서 보더라도 다른 지역의 경우 대개 사회주의 대 민족주의의 대립 구도였으나, 원산에서는 사회주의 대 아나키즘의 갈등으로 진영 간 습격과 암살이 수차례 있었던 사실에서 나타나듯 사상적(정치적) 대립 구도가 복잡하고 그 정도도 심했다.[5)] 이러한 사상적 문화적 환경은 러시아와 교류가 활발했던 원산의 지리적 입지와 무관하지 않을 것이다.

원산 조선인 자본가층의 지역정치의 자장(磁場)은 식민 권력과 일본인 자본가, 그리고 조선인 대중이란 두 개의 극을 범주로 조성되었다. 조선인 대중의 일상생활이 전개되는 작은 커뮤니티(小社會)의 정치는 식민 행정이나 민족적 정치운동과는 다른 차원 즉 사회경제적인 생활 이슈들, 그리고 그것을 관철하기 위한 지역대표의 선출과 같은 영역에서 작동한다. 하지만 동리 차원의 소사회의 정치에 대해서는 문헌자료가 남아 있지 않아 접근하기가 쉽지 않다.

여기에서는 객주상인들이 중심이 되어 조직한 원산시영회와 그 후신인 원산시민협회가 주도했던 지역정치에 대해 살펴보려고 한다. 이러

5) 조선무정부주의운동사편찬위원회 편, 『한국아나키즘운동사』, 형설출판사, 1978, 244~250쪽.

한 작업을 통해 소사회의 정치에 대해서도 일부 접근할 수 있지 않을까 생각된다. 먼저 식민행정 영역으로 진입하기 위해 부협의회, 학교비평의회, 상업회의소 의원 등 공직 선거에 개입하여 유권자대회를 조직화하고 공인후보를 선출하는 선거전략을 중심으로 살펴볼 것이다.[6] 다음에 시민협회가 원산총파업에서[7] 노사 중재에 나서는 배경과 과정, 그리고 객주조합으로 대표되는 유력자들이 노동자 통제를 위한 일종의 노무기구로 원산노동회를 설립했던 전사(前史)에 대해 살펴볼 것이다. 이러한 작업을 통해 시영회와 시민협회가 기반하고 있는 지역 내에서의 정치적 입지에 대해 해명할 수 있을 것으로 기대한다.

2. 시영회 · 시민협회의 선거 개입과 공인후보 선출

1) 시영회의 선거 참여와 공인후보 선출

1926년 2월 창립된 원산시영회와 1928년 12월 그 후신으로 조직된 원

6) 원산의 지역정치에 대해서는 부협의원 선거를 다룬 최근 연구가 있다(김윤정, 「1920년대 부협의원 선거 유권자대회와 지역 정치의 형성-마산과 원산의 사례를 중심으로」, 『사림』 55, 2016). 김윤정은 1929년 4기 선거는 원산시민협회에서 주도했지만, "1920년대 마산과 원산의 공인후보 선출과 유권자대회는 지역의 사회주의자, 노동·청년운동가, 신간회 관련자들이 지역 경제를 주도하는 유지·중소자본가들과 연대하여 준비하고 조직하였다"(233쪽)고 서술했다. 그러나 원산 부협의회 선거에 노동운동가나 사회주의자들이 참여했다는 데 대해서는 동의하기 어렵다. 또한 객주조합원으로 초기 원산청년회에서 활동한 남충희·안정협·조종구를 아나키스트로 분류했는데, 이 역시 의문이다.

7) 원산총파업에 대한 주요 연구성과는 다음과 같다. 金重烈, 『항일노동투쟁사』, 집현사, 1978; 김광운, 「원산총파업을 통해서 본 노동자 조직의 건설문제」, 『역사와 현실』 2, 1989; 전우용, 「원산에서의 식민지 수탈체제의 구축과 노동자계급의 성장」, 『역사와 현실』 2, 1989; 유현, 「1920년대 노동운동의 발전과 원산 총파업」, 『사회와 역사』 19, 1990; 김경일, 『노동운동』, 한국독립운동사연구소, 2007.

산시민협회의 창립 취지는 '문화 향상, 경제 발달, 상공 개선, 기타 원산 번영의 일체 사업'이었다. 양 단체는 지역의 행정, 교육·문화, 경제 문제에 조직적으로 의견을 반영하고 관철하기 위해 부 행정의 자문 기능을 수행하는 부협의회,[8] 교육기관의 시설과 재정을 관장하는 학교비평의회, 〈조선상업회의소령〉을 근거로 설치되어 지역 경제를 주도하는 상업회의소와 같은 공직기구에 참여하고자 했다. 이를 위해 양 단체는 유권자대회를 소집하여 공인후보를[9] 선출함으로써 조선인 유권자들의 선거 참여를 독려하며 또한 사표(死票)를 방지하고 표를 결집시키는 등 적극적으로 선거에 개입했다.

유권자대회와 공인후보 선출은 원산시영회가 조직되기 이전부터 이미 조선인 사회에서 행해지고 있었다. 대표적으로 제2회 부협의원 선거(1923. 11. 20)의 공인후보를 추천하는 유권자대회가 1923년 10월 개최되었던 예를 들 수 있다. 이 유권자대회를 주도한 것은 원산청년회, 원산노동회 등 사회단체와 객주조합, 포목상조합 등 경제단체, 그리고 상

---

8) 부협의회는 1914년 1월 지방제도 개정에 의해 부제가 실시되면서 부의 자문기구로 설치되었다. 이때에는 조선총독이 임명하여 구성되었는데 정원은 경성부 16인, 부산부 12인이었고 원산부는 10인이었다. 1920년 7월 부제시행규칙이 개정되어 부에 1년 이상 거주하며 부세 연 5원 이상 납부한 25세 이상 남자에게 (피)선거권이 주어짐으로써 선거가 실시되었다. 부협의원 임기는 3년으로, 정원은 조선총독부 관보에 공시된 최근 인구수에 의해 결정되었으며, 민족별 정원수는 정해져 있지 않았다(1931년 부제 개정으로 민족별 의원수를 전체 정원의 최저 1/4 이상 보장하는 것으로 바뀌었다). 부협의원 정원은 1920년 부제에서는 인구 2만 미만일 경우 12인, 2만~3만 미만 14인, 3만~5만 미만 16인이었다. 그러나 1930년 개정 부제에서는 인구 3만 미만 24인, 3만~5만 미만 27명, 5만~10만 미만 30명, 10만 이상 33인으로 바뀌었다(「朝鮮總督府令 第3號 府制施行規則」, 『조선총독부월보』 4-3, 1914년 3월; 「朝鮮總督府令 第102號」, 『朝鮮總督府官報』 제 2393호, 1920년 8월 2일; 安藤静, 「府制」 『朝鮮地方制度改正令』, 朝鮮寫眞通信社, 1931, 67쪽; 古庄逸夫, 『朝鮮地方制度講義』, 帝國地方行政學會朝鮮本部, 1925, 124~125쪽).

9) 일제시기 지방 선거에서 나타나는 유권자대회를 통한 공인후보 선출 방식은 1915년 일본 政友會의 공인후보 선출 사례에서 유래된 것이라고 한다(김윤정, 앞의 글, 2016, 219~220쪽 참조).

〈사진 6-1〉 원산의 제2회 부협의회 선거 기사

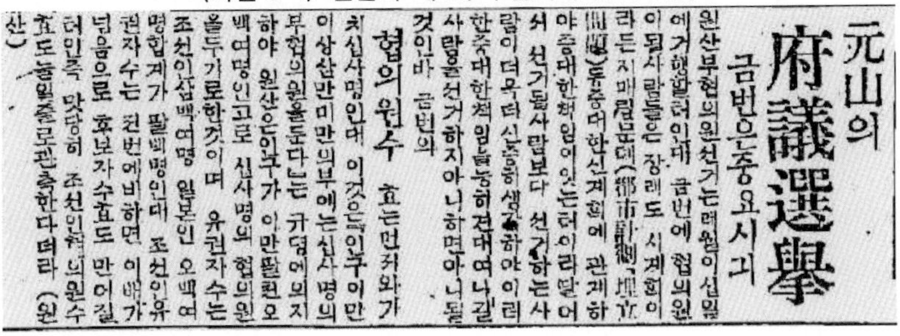

元山의 府議選擧

금번은중요시기

협의원수

출처: 『동아일보』 1923. 10. 20.

공업자, 기타 전문직업군(의사, 교사 등)이었다.[10] 이들은 원산청년회관에 모여 종래 입후보자의 태도가 공명하지 않고 선거운동도 비밀스러웠던 점을 비판한 후, 입후보자의 입장을 명확하게 밝히고 운동 방법을 통일하기 위해 수차 회합을 가지고 유권자대회를 개최했던 것이다. 이는 원산지역 조선인 사회에서 처음으로 개최된 유권자대회였다.

이러한 움직임은 3·1운동 이후 민족주의계열의 실력양성운동이 활발해지는 분위기 속에 제1회 부협의원 선거(1920. 11. 20)의 전철을 밟지 않으려는 '반성'에서 비롯되었다고 할 수 있다. 14명의 부협의원을 뽑은 제1회 선거에는 일본인과 조선인 각기 13명씩 총 26명이 출마하여 조선인 2명(崔周學, 李同順), 일본인 12명이 당선되었다.[11] 조직적인 선거전을 펼쳤다면 조선인 5명의 당선이 가능했는데, 너무 많은 후보가 출마하여 표가 분산되면서 결과적으로 일본인 후보에게 유리한 결과가 되고 말았던 것이다. 이에 2회 부협의원 선거에서는 각 단체에서 추천

10) 「원산의 부의선거, 금번은 중요시기」, 「원산부의 선거 청년측 궐기」, 『동아일보』 1923. 10. 22, 11. 2. 각 단체의 후보는 객주조합 남충희, 원산청년회 김용호, 원산노동회 박민룡, 포목상조합 김종운, '일반 유지측' 손조봉이었다.

11) 「원산부협의원」, 『매일신보』 1920. 11. 23. 부협의원 수는 1923년에는 일본인 9명 조선인 5명, 1926년에는 일본인 10명 조선인 6명으로 증가했다.

한 후보를 유권자대회를 통해 조선인 사회의 공인후보라고 공식화함으로써 후보 난립을 막고 표를 집중시키는 선거 전략이 주효하여 공인후보 5명이 모두 당선되었다.

이와 같이 제2회 부협의원 선거에서 보듯이, 원산시영회가 설립되기 이전에 유권자대회를 주도하며 선거에 조직적으로 개입한 것은 사회단체 중 가장 영향력이 컸던 원산청년회와 지역 재계를 주도하고 있던 객주조합이었다. 그러나 원산상업회의소 평의원 선거의 경우에는 객주조합, 미곡상조합, 포목상조합 등 주요 동업조합이 함께 유권자회를 개최하여 선거 전략을 논의하고 결속을 다졌다. 반면 학교비평의원 선거의 경우 금란구락부(金蘭俱樂部), 원산공립보통학교교우회와 같은 단체에서 후보를 각기 4명씩 내어 모두 당선시킨 것에서 알 수 있듯이 선거에 따라 활동 단체가 달랐음을 알 수 있다.12)

그러나 1926년 2월 지역 자본가층을 회원으로 망라한 원산시영회가 조직되면서 각 단체의 이해를 조정, 중재하며 선거 전략을 지휘하는 기관이 되었다. 시영회는 유권자대회 개최와 공인후보 선출을 조직적으로 지휘했으며 공인후보 당선을 위한 선거운동도 지원했다. 즉 통상적으로 투표일의 보름 전에 열리는 유권자대회를 준비하고 주도한 것은 시영회였다. 즉 유권자대회의 사회가 홍종희였는데 그는 시영회의 현임 부회장이었다. 또한 공인후보로 선출되어 최고득점을 한 장익진 역시 현임 시영회 부회장이었고, 그 외의 공인후보(김용호 · 손조봉 · 박민룡 · 남백우 · 김경

〈사진 6-2〉 부협의원 공인후보 남백우

출처: 町田義介, 『元山商工會議所六十年史』, 원산상공회의소, 1942.

12) 「三組合 結束討議」, 『동아일보』 1925. 9. 24; 「학의선거총평」, 『시대일보』 1924. 4. 3.

준·남관희·노기만·최수악)도 모두 시영회의 평의원이었다. 투표 당일 선거입회인이었던 이택현은 원산관설립위원·보광학교승격위원·수난구제회후원위원 등 시영회에서 특별사업 위원으로 활동한 이였다.

그렇다면 시영회는 지역사회의 각종 선거에 어떻게 개입했으며 그 영향력은 어느 정도였을까? 시영회 설립 이후 처음으로 실시된 선거인 제3회 부협의원 선거(1926.11.20)를 통해 살펴보자.[13] 선거를 보름 앞두고 공인후보를 선출하기 위한 유권자대회가 제일공립보통학교에서 열렸는데, 이 자리에서 6명의 공인후보가 선출되었다. 공인후보 선출방법은 조선인 시가를 상·하구로 나누어 각 구에서 먼저 6인씩 선정한 후 무기명투표를 통해 각 구 3인씩 추선(推選)하는 방식이었다.

여기에서 주목할 점은 상구(북부)와 하구(남부) 각 지역별로 균등하게 배분하여 조선인 부협의원 정수의 2배수로 예비 공인후보자를 전형한 점이다. 원산지역은 지형 상 해안선을 따라 좁고 길게 시가지가 형성되었기 때문에 상구에서 하구의 사정을 자세히 알지 못하고 하구에서 상구의 사정을 알지 못하므로[14] 공인후보를 선출할 때 이와 같이 지역별 안배를 원칙으로 했다. 상·하구 배분 원칙은 학교비평의원 선출에서도 준수되었다.[15] 이러한 불문율은 지역사회의 행정은 작은 커뮤니티에

---

13) 유권자는 조선인의 경우 3년 전의 110명에서 294명으로, 일본인은 350명에서 455명으로 증가되었다(「기치가 불분명한 원산부의 선거계」, 『매일신보』 1926. 10. 18; 「원산부협의원 11월에 改選」, 『동아일보』 1923. 9. 15).

14) 「원산부협의원 공인후보선거」, 『매일신보』 1926. 11. 8.

15) 제이공립보통학교 문제로 4명의 남부(하구) 측 학교비평의원이 사퇴하자 학교비평의원 보궐선거(12월 11일)가 치러졌다. 시영회는 공인후보를 선출하기 위해 이틀 전에 급박하게 유권자대회를 개최하고 남부측 인사 조기주 등 4명을 추천했다. 시영회에서 탈퇴한 북부(상구) 인사들이 독자적으로 조직한 원영회 역시 평의원회에서 남부 거주자 4명을 공인후보로 추천하고 선거 운동을 전개했다. 반목 대립 상황에서도 대의기구 구성에서 남부와 북부의 정원은 불가침의 '원칙'으로 지켜졌던 것이다. 그러나 상업회의소 의원의 경우에는 지역 안배보다는 조합별 업종별 안배를 우

기반해야 한다는 사회적 합의일 것이다.

유권자대회 결과 상구: 김용호 · 김경준 · 박민룡, 하구: 장익진 · 남백우 · 손조봉이 선출되었다.[16] 그런데 현직 부협의원인 김용호(상구)와 손조봉(하구)이 신진세력을 배려하여 출마를 단념하면서 대체 후보 두 명을 선정하는 과정에서 문제가 발생했다. 원칙대로 한다면 상구에서는 김용호 대신에 차점자인 안남규(安南奎)가, 그리고 하구에서는 손조봉 대신 차점자 이춘하(李春河)가 공인후보가 되는 것이 당연했다. 그러나 상구의 경우 포목상조합장 최수악(하구)이 나섰고, 이에 반대한 시영회는 예비공인후보 중 한사람이었던 노기만(盧紀萬)(하구)을 공인후보로 내세우면서 양 후보자 간의 갈등이 깊어졌다. 최수악은 포목상조합 대표이므로 득표가 어렵지 않을 것으로 예상했으나, 선거 결과 노기만이 당선되었다. 시영회 후보가 포목상조합 측 후보를 누르고 승리한 것은

〈사진 6-3〉 원산부협의원 · 원산상업회의소 부회두 김경준(좌), 함남도회의원 손조봉(중), 고려의원장 안남규

출처: 元山府, 『(日本海の商港) 元山』, 경성: 近澤印刷部, 1926.

선했다(「학교평의 개선」, 『동아일보』 1927. 12. 12; 「원영회에서 학교평의원 補選候補 선정」, 『중외일보』 1927. 12. 9).

16) 「부의원 보선」 『동아일보』 1926. 11. 9. 득표수를 보면 상구: 박민룡 48표, 김용호 34, 김경준 32, 안남규(고려병원 의사) 30, 김이석 23, 노문기 12, 하구: 장익진 48, 남백우 47, 손조봉 44, 남관희 29, 이춘하 28, 노기만 15표이었다. 하지만 남백우가 개인 사정으로 사퇴하여 차점자인 남관희로 대체되었다.

시영회의 조직적 영향력을 보여주는 대목이다.

이로 보아 시영회의 후보 조정에 각 단체나 조합이 합의하지 못하는 경우도 있었음을 알 수 있다. 이는 시영회가 이미 조직되어 활동하고 있던 여러 동업조합이나 사회단체의 회원으로 결성되었기 때문에, 내부적으로 각 조합과 단체의 이해관계가 작동하고 있었고, 시영회는 이를 조정하며 운영되었음을 말해준다.

〈사진 6-4〉 학교비평의원 노기만

출처: 町田義介, 『元山商工會議所六十年史』, 원산상공회의소, 1942.

다양한 단체나 세력의 사회경제적 이해관계가 충돌하고 타협하는 선거에서 지역사회 내 시영회의 중재 역할은 매우 중요했다. 그런 점에서 시영회가 유권자대회에 추천한 후보는 객주조합·포목상조합·미곡상조합 등 각 동업조합이나 혹은 사회단체의 정치경제적 이해관계에 의해 조율된 인물들이었다고 할 것이다.

반면 시영회의 주도로 유권자대회에서 선출한 공인후보가 투표 결과 당선되지 않는 경우도 있었다. 예를 들어 시영회는 1927년 4월 1일 실시 예정인 학교비평의원 선거를 논의하기 위해 선거 실시 한 달 전에 열린 월례 평의원회(3월 7일)에서 공인후보 선출을 위한 유권자대회 개최를 결정했다.[17] 이에 따라 3월 20일 제일공립보통학교에서 개최된 유권자대회에서 12명의 공인후보를 선출했다. 그런데 투표 결과 총 516표 중 기권표가 무려 286표에 달했다. 또한 공인후보 두 명이 낙선하고, 비공인후보 두 명(이보석, 김용호)이 당선되는 이변이 발생했다.[18] 투표자보다 기권자가 많았던 점, 공인후보가 낙선하고 비공인후보가 당선된

17) 「원산시영회 월례평의원회」, 『중외일보』 1927. 3. 11.

18) 「元山學議選擧」, 『중외일보』 1927. 3. 25; 「원산」, 『동아일보』 1927. 4. 5; 「원산학의 당선」, 『매일신보』 1927. 4. 3.

것은 공인후보에 대한 불만 즉 공인후보 선출 과정에서 합의가 잘 이루어지지 못했기 때문이다. 즉 시영회의 이해관계 조정과 선거 개입이 제대로 이루어지지 못했던 것이다. 앞에서 언급했듯이 시영회는 제2공립보통학교 이전 위치문제로 북부파(상구)와 남부파(하구)로 나뉘어 갈등을 빚다가 결국 1927년 8월 중순 이후 원영회로 분립되었다. 그런데 이미 4개월 전의 학교비평의원 선거에서 분립의 전조가 나타나고 있었던 것이다.

비공인후보가 당선되는 이변은 같은 해 12월 11일의 학교비평의원 보궐선거에서도 발생했다. 이는 조선인 사회가 남부 시영회와 북부 원영회로 분할되어 정원 4명에 공인후보 6명이 출마한 데다 선거 지휘가 제대로 이루어지지 못한 탓에 공인후보가 아닌 이들까지 출마하고 표가 갈리면서 비공인후보 2명이 당선되었던 것이다.

요컨대 시영회의 선거 개입과 조정력은 '조선인 사회'란 민족적 명분에서는 유효적절하게 발휘되고 있었다고 보아도 좋을 것이다. 그러나 조선인들 간에 경쟁하는 학교비평의원 선거의 경우 유권자의 기권율이 매우 높았으니, 이는 시영회의 선거 개입과 조정력이 제대로 관철되지 못했음을 의미한다. 동리 혹은 몇 개의 동리로 연계된 생활권의 소사회에서 학교문제를 중재하는 국면에서는 그 영향력을 제대로 발휘하지 못했던 것이다.

2) 시민협회의 선거 전략과 선거운동

1928년 12월 9일 출범한 시민협회가 선거에 처음 개입한 것은 1929년 10월 10일에 치루어진 상업회의소 평의원 선거였다. 상업회의소 회원은 조선인 148명, 일본인 254명으로 종전에 비해 조선인수가 증가됨에 따라 조선인 평의원 정원도 2명이 증가되어 6명이 되었고, 일본인 의원은

2명이 감소하여 14명이 되었다.[19]

시민협회에서는 이 선거에 조직적으로 대응하기 위해 9월 19일 임시 평의원회를 소집하여 예상되는 공인후보를 내정했다.[20] 선거를 보름 앞두고 열린 유권자대회에서 전형위원들은 각 동업조합의 대표 1명씩 선출하기로 결정하고, 객주조합(陳允根) · 미곡상조합(김이석) · 누룩상조합(김경준) · 어물상조합(한군필) · 양조조합(전용빈) · 식료품상조합(李芝明) 등 각 업종별 대표 6명을 공표했다.[21] 유권자대회에서 선정된 이들 공인후보는 원래 평의원회에서 미곡상 대표로 한치항이 내정되었으나 본인이 거절하여 김이석으로 교체되는 변화가 있었을 뿐, 시민협회 평의원회에서 각 동업조합과 조율하여 내정한 후보 그대로 추인되었다.

공인후보는 각 동업조합과 시민협회 사이에 조율 과정을 거쳤고 또한 유권자대회에서 추인받았기 때문에 당선이 거의 확실시되었다. 그렇지만 투표 결과의 변수는 존재했다. 주요 변수는 공인후보 결정에 불복하고 개별적으로 출마하는 정원 외 후보였다. 정원 초과 출마자가 있으면 당연히 선거전이 과열되고, 민족별 경계를 넘어 표를 확보하기 위한 경쟁과 야합이 치열해지기 마련이었다.

이 선거에서도 공인후보가 아닌 일본인 1명이 출마를 선언하고 공인후보의 표를 뺏기 위해 일본인과 조선인 유권자를 상대로 맹렬하게 선거운동을 전개했다. "(일본인－필자) 유권자 사저에 방문객이 잡다(雜多)

---

19) 「원산상의 改選期 절박」, 『조선일보』 1929. 9. 15; 「원산상의회원」, 「원산상의소 평의원 十月十日에 改選」, 『매일신보』 1929년 5월 23일, 9월 16일

20) 「원산상의 유권자대회」, 『조선일보』 1929. 9. 21; 「원산상의 개선 유권자대회」, 『중외일보』 1929. 9. 23.

21) 「유권자대회에서 입후보자 선출」, 『매일신보』 1929. 9. 25; 「元山商議員 후보」, 『동아일보』 1929. 9. 27; 「원산상의 改選 유권자대회」, 「원산상의원 유권자대회」, 『중외일보』 1929. 9. 23, 9. 27.

하더니 2, 3일간에는 그 여파가 조선인 유권자에게까지 파급되어 벌써 조선인 표 17점이 일본인 후보에게 낙착된 형적이 유(有)"하고 또한 조선인 측에서도 남부 모 인사가 출마를 암중모색한다는 소문이 돌면서 조선인 공인후보들도 초조해지고 선거는 대혼선을 노정했다.[22] 비(非)공인후보 일본인 1명이 출마함으로써 일본 측에서는 격전을 거쳐 대기업 국제통운이 낙선하는 이변이 발생했으며, 비공인후보 출마자가 없었던 조선인 측에서는 공인후보 모두 그대로 당선되었다.[23] 비록 출마하지는 않았지만 조선인 측에서도 비공인후보의 출마설이 공공연했는데, 이는 한 달 여 뒤에 실시된 부협의원 선거에 대응한 시민협회의 선거 전략에도 영향을 미쳤다.

1929년 11월 20일에 실시된 제4회 부협의원 선거는 상업회의소 평의원 선거 때 부터 일찍 개시되었다. 그러나 매번 선거 때마다 유권자수가 변화되므로[24] 부청의 유권자명부가 작성되어 정확한 유권자수가 정해져야만 선거 전략을 수립할 수 있었다. 선거인명부 작성은 통상 투표일 50일 전부터 조사, 작성되며 30일 전부터 일주일간 부청에서 열람할 수 있었다. 1929년 선거에서도 선거인명부는 선거일 한 달 前인 10월 21일부터 관계자에게 열람 공개되었다. 따라서 공인후보 물색은 이전부터 이루어질 수 있다 하더라도, 유권자명부가 확정되어야 각 단체·세력 간 조율 과정을 거쳐 유권자대회를 열 수 있었다.

제4회 부협의원 선거에 임하는 시민협회의 선거운동 전략에는 종전과 다른 변화가 나타났다. 이는 한 달 전에 실시된 상업회의소 평의원

---

22) 「원산상의선거 대혼전 예상」, 「원산상의 개선결과」, 『중외일보』 1929. 10. 4, 10. 12. 처음에는 일본 측 비공인후보 출마자가 2명으로 알려졌으나 1명만 입후보했으며, 조선인 측에서는 공인후보 이외의 출마자는 없었다.

23) 「원산상업회의소평의원 선거」, 『매일신보』 1929. 10. 12.

24) 제4회 부협의원 선거의 유권자수는 총 825명(일본인 572명, 조선인 253명)이었다(『改正朝鮮地方制度實施概要』, 1932, 386쪽).

선거에서 드러난 모종의 내막설과 공인후보 선정 과정에 대한 불만 등 선거 잡음을 반복하지 않기 위한 대응 조치였다. 먼저 공인후보 선출의 공정성을 담보하기 위해 부협의원입후보자격조사위원 6인(조종구, 김경준, 전용빈, 이정화, 김찬문, 김진규)을 선출하여 후보들을 세밀하게 조사한 결과를 총회에 보고한 후 후보 선정을 결정하기로 했다.[25] 또한 어떤 공직이든지 한번 출마한 인사는 다른 공직에 중복 출마시키지 않는다는 원칙을 세웠다.[26] 이러한 중복 출마 금지는, 당선 가능자가 6명인데 출마 의향을 가진 이는 18명이나 되는 상황에서,[27] 여러 사람에게 공인후보 자격을 주는 것이 불만을 원천적으로 잠재울 수 있는 근본적인 해결 방법이었기 때문이다.

시민협회는 10월 20일 열린 정기총회에서 '부협의원입후보자격조사위원'의 보고를 듣고 남백우, 김석현, 신명균, 한치항, 박민룡, 최광린 등 6명을 유권자대회에 추천하기로 결정했다. 그리고 일본인 유권자 수가 578명으로 조선인 유권자 252명의 두 배에 달하여 조선인들이 결속하지 않으면 공인후보 6명이 모두 선출되지 못할 가능성도 있다며 결속을 호소했다.[28]

정기총회 일주일 후 열린 유권자대회에서, 시민협회가 추천한 6명은 아무런 이의 없이 모두 공인후보로 선출되었다.[29] 이후 시민협회는 일

---

25) 「상당격전을 예상」, 『매일신보』 1929. 10. 16.

26) 「府議 입후보자격심사위원 6인을 선거」, 『중외일보』 1929. 10. 21; 「원산부협의원 선거와 시민협회의 활동」, 『매일신보』 1929. 10. 19.

27) 「부의 선거 절박과 원산부민 여론」, 『중외일보』 1929. 10. 17. 출마자로 거론된 인사는 손조봉, 노문기, 박민룡, 김경준, 남관희, 이원명, 김진국, 남백우, 노기만, 김영근, 한치항, 김석현, 이보석, 배□□(판독불가-필자), 김덕수, 이춘하, 신갑균, 한광수 등 18명이었다.

28) 「元山市協에서 부의 선거책 결의」, 『조선일보』 1929. 10. 22; 「시민협회에서 입후보자를 공인」 『매일신보』 1929. 10. 22.

29) 「유권자대회서도 이의 업시 승인」, 『매일신보』 1929. 10. 29; 「조선인측 유권자대회」,

부 공인후보에게 표가 편중되어 다른 공인후보가 낙선되는 것을 막기 위해 각 후보자와 참모들의 모임을 주선하여 표수를 배정했다.[30] 만약 1~2명의 후보자에게 표가 집중되면 다른 후보자의 득표수가 적어 일본인 후보가 당선될 수 있었기 때문이다. 이로 보아 시민협회는 사표를 방지하고 조선인 유권자가 일본인 후보에게 투표하는 이탈표를 저지하는 데에서 나아가, 조선인들의 투표수를 적절하게 분배하는 당선 전략까지 구사했음을 알 수 있다.[31]

그런데 입후보자격조사위원의 후보 검증이란 방식을 도입하여 공인후보 선출의 객관성을 높였다고 하지만, 시민협회에서 예비공인후보를 지정하고 이들이 유권자대회에서 그대로 공인후보로 선출되는 것은 종전과 다름없었다. 때문에 이러한 시민협회의 공인후보 선출 방식에 대해 異見이 제기되기도 했다. 원산지역 각 신문사 기자들의 모임인 원호기자단(元湖記者團)은 10월 22일 전기요금 문제, 원산고아원 문제 등 부내(府內) 현안 8개 조항 가운데 하나로 "시민협회의 공직자 추천의 건"을 언급하고 다음 달의 부협의원 선거 경과를 보아서 결의문을 발표할 것이라고 결의했다. 조선인 유권자가 적어서 원천적으로 불리한 선거에 분란을 일으킬까봐 결의문 발표를 선거 후로 미룬 것 같은데, 결의문의 구체적 내용은 알 수 없지만 시민협회의 공인후보 추천 과정에 대한 비판적 견해를 담고 있는 것만은 분명하다.

또한 중리(中里) 일대에서는 시민협회 주도 유권자대회에 앞서 별도로 유권자대회를 소집하여, 입후보자에 대한 자격을 재조사하고 시민협회에서 선출한 후보 중 1인을 선정하여 중리 일대의 표를 몰아주기로

『동아일보』 1929. 10. 29.

30) 「원산부의 유권자회」, 『조선일보』 1929. 10. 29.

31) 그럼에도 기권자 비율이 일본인에 비해 높았으니, 유권자 가운데 기권자 비율이 일본인은 12%, 조선인은 14%였다(『改正朝鮮地方制度實施槪要』, 1932, 386쪽).

결정했다.[32] 중리는 〈지도 6-1〉에서 나타나듯이 조선인 시가의 남부인 하구의 해안가 중리 1~4동을 가리킨다.

〈지도 6-1〉 원산 조선인 시가의 中里

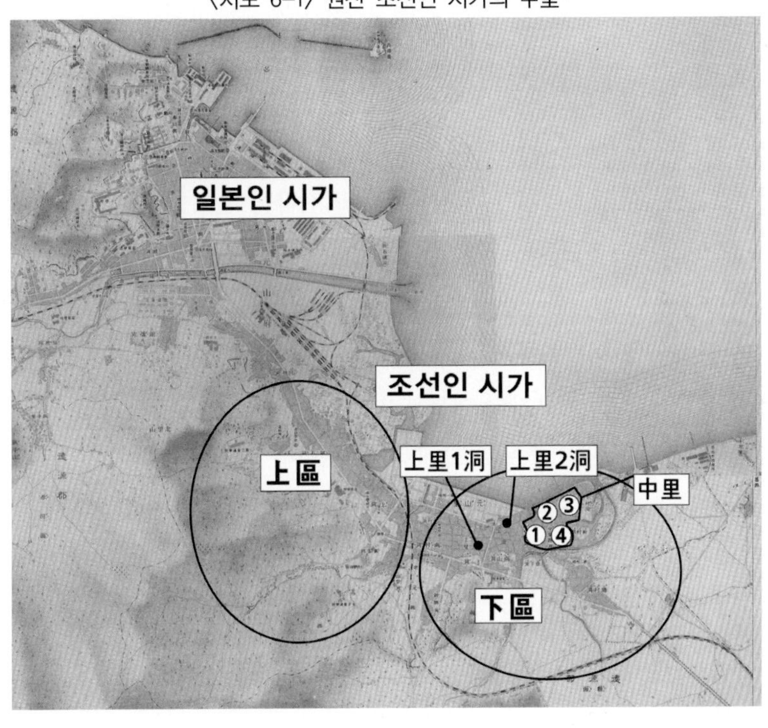

자료: 朝鮮總督府, 1933, 「元山」(1917년 測圖, 1928년 제2회 修正測圖及補測), 陸地測量部(일본국회도서관 소장).
비고: ①중리1동 ②중리2동 ③중리3동 ④중리4동

중리에서 유권자대회를 소집하여 후보를 검토하는 사실은 동리 단위 소사회에서도 정치 운영원리가 작동하고 있었음을 말해준다. 즉 상구·하구와 마찬가지로 중리는 이전부터 하나의 '정치적 공동체'[33]였고, 이

32) 「공인후보 昨今 운동개시」, 『매일신보』 1929. 10. 25.

33) 부협의원 선거에 참여할 수 있는 유권자의 자격조건이 제한되어 있었기 때문에

는 행정적으로 1~4동으로 분화된 이후에도 계속 유지되었음을 뜻한다. 중리의 유권자대회는 시민협회의 예비공인후보 가운데에서도 마을의 이해관계를 가장 잘 대변할 수 있는 1명의 후보에게 표를 몰아주려는 소사회의 선거 전략이었다. 시민협회의 예비공인후보 선출과 선거운동 방침이 '원산부 조선인 사회'란 단위로 구상되었던 데 반해, 소사회에서는 생활권의 세밀한 이해관계 차원에서 대응하고 있었던 것이다. 종전에는 부·군 단위의 유권자대회만 주목했는데, 이와 같이 동리 단위의 소사회에서 유권자대회가 개최되고 선거전략을 논의했다는 점은 흥미로운 사실이다. 자료에 남아 있지 않을 뿐, 아마도 동리 단위 소사회의 정치는 다른 곳에서도 마찬가지로 전개되었을 것으로 보인다.

시민협회 평의원회에서 내정되고 유권자대회에서 추인과정을 거쳐 공표된 공인후보들은 거의 대부분 시민협회의 전·현임(前現任) 임원진이었다. 이들이 공인후보로 그대로 추인될 수 있었던 것은 유권자대회가 시민협회의 외연을 조금 더 확대한 구성체였기 때문이다. 즉 시민협회 회원이 아닌 유권자는 소수인데다 정치적 의견이 조직화되지 못하고 개별적으로 분산되었기 때문에, 시민협회의 선거 전략대로 유권자대회를 주도할 수 있었던 것이다.

원산의 부의원 선거는 1931년 4월 조선지방제도가 개정되어 종래의 자문기구가 의결기구로 바뀌면서 새로운 국면을 맞이했다. 종래의 부·면 협의원과 학교비평의원, 학교조합평의원이 자격을 상실하게 됨에 따

이 '정치적 공동체'는 오늘날의 시민적 정치단체와는 다르다. 유권자대회에 참가할 수 있는 조선인이 원산 조선인 총인구의 1%도 안되었기 때문에 비유권자인 대다수 조선인들의 여론이 유권자대회나 이후 부협의회에 반영되기는 어려웠을 것으로 보인다. 지역 여론을 형성하는 전통적 사회연결망이나 이후 변용된 식민지 근대의 사회연결망이 어떻게 작동되고 있었는지에 대한 구명이 필요하다고 생각한다. 참고로 1929년 10월경 조선인 유권자수는 253명으로 1928년 말 원산부 전체 조선인수(29,077명)의 약 0.86%에 해당했다.

라, 5월 21일 전국적으로 지방선거가 실시되었다.[34] 부의원 선거전은 자문기관일 때도 치열했는데, 의결기관인 부회로 되면서 더욱 과열 현상을 보였다.[35]

원산부에서는 1931년 4월 1일자로 선거인명부를 작성하여 17~21일 관계자의 열람을 실시했다.[36] 총유권자수는 2,297명(조선인 899명, 일본인 1,398명)으로 1929년의 825명에 비해 크게 증가했다. 당시 인구 대비 유권자 비율을 보면, 조선인의 2.75%, 일본인의 14.9%가 유권자였다. 인구수로는 조선인이 3.5배 이상 많았지만,[37] 유권자수는 오히려 일본인이 1.5배 이상 많았다. 부회의원 정원은 27명이었는데, 선거일 전까지 등록한 후보는 조선인 12명, 일본인 16명이었다. 입후보자가 정원을 초과했으므로 선거전은 치열했다. 등록한 선거운동원은 총 293명이었는데 이 중 조선인 162명, 일본인 131명이었다.[38] 조선인 측의 후보자 당 선거운동원 수가 더욱 많은 것은 그만큼 조선인 후보들의 선거전이 치열했음을 뜻한다.[39] 투표 결과 일본인 후보 1명이 낙선된 반면 조선인은 12명 모두 그대로 당선된 것으로 보아[40] 유권자대회에서 공인후보 추인에 별 이의가 없었고 후보 간 득표 배분문제에서 시민협회의 통제와 기타 선거 지원이 주효했던 것으로 보인다.

---

34) 「지방자치제 실시 후 최초의 선거전」, 『매일신보』 1930. 9. 24.

35) 「시평: 부협의원 선거」 『조선일보』 1931년 4월 12일. 선거 과열은 전국적 현상으로, 府會 의원의 총 정원이 414명인데 입후보자는 122명이 초과된 536명이었다(「부읍의원 선거로 동원인수 9천명」, 『조선일보』 1931. 5. 19).

36) 「원산유권자 比例」, 『동아일보』 1931. 4. 22.

37) 『改正朝鮮地方制度實施概要』, 1932, 134 · 166쪽. 1930년 12월경 원산 인구는 조선인 32,503명, 일본인 9,334명이었다.

38) 「白熱化하는 選擧逐鹿戰과 선거위반 후보 속출」, 『매일신보』 1931. 5. 19.

39) 선거 종료 이후 조선인 모 의원은 선거 과정에서 운동원들이 유권자를 방문하여 투표 날인을 요청하고 선거 당일에 교통 패스권을 배부한 혐의로 검사국의 내사 대상이 되는 등 선거 부정행위가 꽤 있었다(「선거 위반 발각」, 『매일신보』 1931. 6. 18).

40) 「각도부읍회의원 선거당선자씨명」, 『조선일보』 1931. 5. 23.

1935년 이후 시민협회는 더 이상 유권자대회를 개최할 수 없었다. 이는 2월에 발표된 개정선거취체규칙에 의해 정동회(町洞會), 현인회(縣人會), 기타 단체의 자발적 운동도 후보자의 선거 운동으로 간주되어 정해진 선거운동원 이외의 선거운동은 모두 불법으로 단속되었기 때문이다.[41]

3. 시민협회의 원산총파업 중재와 조선인 자본가층의 입지

1) 총파업의 전사: 객주조합의 원산노동회 조직과 노동 통제

원산지역에 첫 노동단체로 조선노동대회[42] 원산지부가 설립된 것은 1920년 4, 5월 무렵으로 추정된다.[43] 노동대회 원산지부는 강연회 개최와 야학 운영을 통해 노동대중의 조직화가 순탄하게 진행되자 11월 14일 1천여 명이 참석한 가운데 중청동(中淸洞) 광장에서 성대한 발회식을 거행했다.[44] 이 자리에 상업회의소 부회두, 수석 경부(警部), 부협의원

---

41) 「府邑面議 선거취체규정」, 『조선일보』 1935. 4. 6. 후보자당 선거운동원도 일률적으로 부읍면 단위로 정해졌는데 예를 들어 경성부는 20명 이내, 개성부는 10명 이내였다. 또한 시행규칙을 개정하여 선거일을 1개월 전에 고시하고 입후보 등록도 그 후에 하게 함으로써 선거운동 기간도 매우 짧아졌다(「府邑面議 선거규칙 일부개정」, 『조선일보』 1935. 2. 5).

42) 조선노동대회는 김광제(金光濟)에 의해 조직되었는데, 발기식은 1920년 2월 경성에서 거행되었고 5월 초에 창립되었다. 이후 서울청년회계열이 회를 장악했다(朝鮮總督府 警務局, 『高等警察關係年表』, 1930, 19쪽; 『한국민족문화대백과사전』).

43) 조선노동대회의 회원수는 1920년 6월 초 3만 명에 달했다. 이때 지부는 원산을 비롯해 개성 · 평양 · 청주 · 논산 · 진남포 · 공주 · 강경 · 진주 · 영암포 등지에 설치되어 있었다고 한다(「노동대회 근황」, 『매일신보』 1920. 6. 1). 원산노동대회의 제1회 임원회가 7월 7일 개최되어 결당식 논의가 있었고 7월 13일에 비로소 결당식이 거행되었다고 하는 것으로 보아 지부는 미리 조직되어 있었지만 대중적인 활동은 7월부터 본격화된 것으로 보인다(「노동지부 강연회」, 『동아일보』 1920. 7. 10).

44) 「노동야학 개학」, 『동아일보』 1920. 8. 2; 「노동회발회식」, 「원산노동회발회식」, 『매일신보』 1920. 11. 16, 11. 19.

안돈의 등 관변 측 인사들이 참가하여 연설을 하기도 했다. 지부장 이원석(李元錫)은 원산의 조선불교대회에 자주 참석하는 것으로 보아 불교계 인사였고,[45] 사회주의 지식인이거나 노동자 출신은 아니었던 것으로 보인다.

노동대회에 가입한 노동자는 대부분 부두나 화물철도역에서 하물 운반을 맡고 있는 이들이었으므로 객주조합과 불가분 관계를 맺고 있었다.[46] 그런데 1921년 객주조합에서 상품 가격은 하락했는데 비해 노동자들의 임금은 높다고 주장하면서 운반구역을 종래의 3구에서 2구으로 줄임으로써 노임의 2할 정도를 삭감하고, 다시 운송 삭전을 2할 감하하여 총 4할을 인하했다. 이에 생활이 곤란해진 노동자들은 2월 16일 동맹파업에 돌입했다.[47]

객주조합은 공동조(共同組)란 일종의 어용 노동자단체를 만들어 파업에 대응했다. 공동조는 "운반의 편리를 도모하기 위해 조직한 노동조(勞動組)로 이는 원산객주조합에서 관리한다, 객주 동업자들의 하물은 이 노동조에 주어 운반케 하고 한 개의 하물도 다른 노동조에 위탁하여 운송하지 않는다"란[48] 규약에 나와 있듯이, 객주들이 자신들의 전속 화물 운반업체로 생각하고 설립한 노무기구였다.

---

45) 창립 초기 조선노동대회 원산지부의 사무실이 천정(泉町) 원광사(圓光寺) 내에 있었던 것은 회장 이원석과 무관하지 않을 것이다. 노동대회가 해체되고 원산노동회로 발족되어 회장이 김경식으로 교체되면서 사무실도 석우동으로 옮겼다(「원산노동회관 이전」, 『동아일보』 1921. 6. 10).

46) 1921년 3월 원산객주조합은 임시총회에서 구역별 임금 개정과 "하물 운반의 건은 노동대회와 같이 할 사"를 결의했다. 이는 객주조합의 하물 운반 시 노동대회 원산지부 소속 노동자들을 사용했음을 말해준다.

47) 「원산운반인부 동맹파업」, 『매일신보』 1921. 2. 22; 「원산노동회원의 동맹파업」, 『조선일보』 1921. 2. 20.

48) 「원산에 신설된 신노동조합」, 『매일신보』 1921. 3. 13; 「元山里에 共同組 조직」, 『조선일보』 1921. 3. 13. 규약에 의하면 다른 노동조도 객주조합의 허가를 얻으면 공동조에 가입할 수 있었다.

객주조합은 3월 13일 열린 임시총회에서 첫째 노동대회 원산지부는 해산시키고 종래의 노동대회 조합원과 공동조원을 합하여 원산노동회를 새로 설립할 것, 둘째 신설된 노동회는 객주조합의 감독을 받을 것, 셋째 하물 운반은 상호 반분(半分)하되 일정한 임금에 따라 운반할 것 등을 결의했다.[49] 객주조합의 이러한 결의는 이미 노동대회와 조율한 내용이었다. 파업 발생 한 달 만에 파업을 주도한 노동대회원산지부를 해체하고 어용노조를 설립한 객주조합의 입장은 파업이나 쟁의 자체를 원천적으로 인정하지 않겠다는 것이다. 노동단체를 자본가층의 노무관리조직 정도로 인식하고 있음을 잘 보여주는 대목이다.

객주조합의 임시총회가 열린 이틀 후 노동대회원산지부도 임시총회를 개최하여 "객주조합과 협의한 결과 객주조합에서 설립한 소위 공동조란 것을 해산시킨 후 공동조원 전부를 노동대회에 가입시키고 회명을 원산노동회로 바꾸며, 인부 임금과 구역 문제 역시 해결하기로 결정되었다"고 발표했다.[50] 이 자리에서 노동대회원산지부가 해체되는 동시에 원산노동회가 창립되었다.[51] 때문에 객주조합장 안정협, 부조합장 조기주 · 김경식(金璟植) 등 객주조합 관계자가 다수 참석했다.

창립 임원진은 회장 김경식, 부회장 이영로(李永櫓), 총무 이원석 기타 평의원 약간 명이었다.[52] 김경식은 백산무역주식회사 지점장으로 객주조합원인데 객주조합에서 원산노동회를 감독 · 관리하기 위해 선출

---

49) 「원산노동회 신설」, 『동아일보』 1921. 3. 18; 「노동대회 해산」, 『매일신보』 1921. 3. 19.

50) 「원산노동대회」, 『조선일보』 1921. 3. 26.

51) 원산노동회의 정식 발회식은 두 달 뒤 5월 15일에 열렸다(「원산노동발회식」, 『매일신보』 1921. 5. 20).

52) 「원산노동회 창립회」, 『동아일보』 1921. 3. 20; 「원산노동대회」, 『조선일보』 1921. 3. 26. 이후 1921년 10월 25일의 이사회에서 회장: 한기수, 부회장: 김용호로 교체되었다.

된 인물이었다. 그러나 아이러니하게도 그는 어용노조인 원산노동회가 노동자적 노조인 원산노동연합회로 조직을 전환하여 1927년, 1929년 두 차례 총파업을 전개하는 투쟁과정에서 회장으로 일했던 인물이다.[53) 김경식과 이영로는 1927년 조선사회단체중앙협의회 창립대회에도 참가하는 것으로 보아 일부 사회주의 영향을 받지 않았나 생각된다.[54) 노동대회원산지부장이었던 이원석은 출범 초창기이므로 종전의 노동대회 조합원을 무마하는 역할로 선출되었을 것으로 보인다. 그는 노동운동에 뜻이 없었고 이후 친일불교계에서 활동했다.

원산노동회의 집행부는 노조를 통제·관리하는 객주조합 인사들과 노조 업무를 실제적으로 담당하는 활동가들로 구성된 이사회와 부서로 구성되었다.[55) 1925년 4월 말경 이사진의 면면을 살펴보면, 한치항·조종구·김경식·김경준·남관희·홍종희·한기수·박창조 등은 객주조합원으로 확인되며, 박민룡, 김용호, 김대욱은 활동가 부류에 속하는 이들이었다.[56) 이들은 자산가였을 뿐만 아니라 학교비평의원, 상업회의소의원, 부협의원을 역임하며 또한 원산청년회를 비롯한 각종 사회단체에

53) 이사 한기수 역시 객주조합원이고 자본가였으나 이후 원산노련 간부로 총파업을 주도한 점에서 비슷한 유형의 인물이다.

54) 「警高秘第2502號ノ1 朝鮮社會團體中央協議會創立大會開催狀況並集會禁止ニ關スル件」(1927. 5. 30.), 『思想問題에 關한 調査書類 3』.

55) 이사회의 호선에 의해 회장: 한기수, 부회장 김용호·이영로, 상무 김대욱, 서무부장 김대욱, 이재부장(理財部長) 남관희, 교무부장 조종구, 위생부장 김용호, 토목부장 한치항, 사교부장 김경식이 선출되었다(「원산노동회 정기총회」, 「원산노동 이사회」, 『동아일보』 1923. 5. 5, 5. 7).

56) 한치항·김경준·홍충희·남관희·박민룡의 직업·경력에 대해서는 2부 4장의 〈부표 4-1〉 참조. 김경식은 앞에서 언급했듯이 백산무역주식회사의 원산지점장으로 객주조합원이었다. 박창조는 무역업, 위탁중개로 영업하는 흥업사 사장으로 1927년도 학교비 등급이 1등이고 각종 의연금 기부에 빠지지 않는 것으로 보아 상당한 자산가였음을 알 수 있다. 한기수는 합성양조소 이사(1924)·흥업사(주) 감사(1923)로 민선 함남도평의원(1924)을 역임했다. 김용호는 천도교청년회장, 원산청년회 사교부장 등으로 일했던 활동가였다.

도 관여했다. 이사 중 무산계급은 김경모(金京模), 이영로 두 사람 정도인 것 같다.[57)]

객주조합의 '감독'을 받는 어용노조인 원산노동회는 노동자들의 교양을 위한 강연회 개최, 음주절약운동 등 생활운동을 전개했다.[58)] 특히 1922년 5월경 창설된 소비조합은 조합원들에게 생활적으로 큰 도움이 되었다.[59)] 이 원산노동회 직영 소비조합은 점차 번창하여 1년 만에 거래고가 26만여 원에 달할 정도로 영업이 성황을 이루었다.[60)] 1929년 총파업 때 두 달 이상 전면파업이 가능했던 것도 소비조합을 통해 양곡을 대량구매하여 노동자들에게 공급했기 때문이었다.[61)] 또한 원산부에서 사회사업의 일환으로 설립한 간이식당도 원산노동회에서 경영했으며, 이발소도 설치했다.[62)]

어용단체 원산노동회는 1925년 11월 초 제5회 정기총회를 계기로 크게 변화되었다. 이때 원산노동연합회(이하 '노련'으로 표기)로 개칭되었으며, 이사제를 집행위원제로 개정했고, 규칙과 세칙을 전부

---

57) 「폭발물 압수로 사건은 의외확대」, 『매일신보』 1926. 11. 28; 「警高秘第2502號ノ1 朝鮮社會團體中央協議會創立大會開催狀況並集會禁止ニ關スル件」(1927. 5. 30), 『思想問題에 關한 調査書類 3』

58) 「원산노동회 강연회」, 「원산 음주절약」, 「원산노동회의 절주운동」, 「원산노동 강연」, 『동아일보』 1922. 7. 28, 1922. 12. 10, 1922. 12. 13, 1923. 12. 22.

59) 「원산노동회 총회」, 『매일신보』 1921. 9. 16; 「원산소비조합 창설」, 『동아일보』 1922. 5. 21. 소비조합 설립은 처음 1921년 8월 임시총회에서 제기되었으며, 창립 시 조합원 1백 명이 5원씩 출자했다. 이에 힘입어 1927년 11월 점원소비조합도 별도로 창립되었다(「점원소비조합」, 『중외일보』 1927. 11. 15).

60) 「원산노동 사업확장」, 「원산노동회 정기총회」, 『동아일보』 1923. 2. 15, 5. 5.

61) 「대규모의 소비조합에서 만여 명의 糧米를 공급」, 『조선일보』 1929. 1. 28; 「糧米四十袋又着」, 『중외일보』 1929. 2. 13. 때문에 일제 경찰은 소비조합 간부를 구금하고 장부를 압수하는 등 탄압을 가했으며, 총파업이 원산노련의 패배로 끝나면서 소비조합도 폐점되고 말았다. 그러나 1930년 9월 목공조합의 발의로 다시 노동자 본위 소비조합의 창립이 제기되어 개점되었다(「勞動者本位消組를 창립」, 『동아일보』 1930. 12. 22; 「원산노동자 소비조합 대확장」, 『조선일보』 1931 8. 7).

62) 「원산간이식당」, 「원산노동강연」, 『동아일보』 1923. 7. 10, 12. 22.

수정했다.[63] 연합회로 명칭을 고친 것은 40여 개 조(組)가 조직되어 있어 사업 진행상 불편하고 또한 동일 노동에 종사하는 조원 간에 단결력이 떨어지는 문제가 야기되자 동업에 종사하는 조를 합하여 결복노동조합, 운반노동조합, 부두노동조합, 운송노동조합, 두량노동조합, 선박노동조합, 해륙노동조합 등 7개의 노조로 정비했기 때문이다.[64]

원산노동회에서 노련으로 전환한 내용의 핵심은 단체 명칭의 개정이 아니라, 조직 정비와 운영방침의 변화에 있었다. 이사제를 집행위원제로 바꾼 것은 종래 원산노동회를 관리, 통제해오던 객주조합원 이사들을 배제하고 노동자들의 권익 신장을 당면 목표로 활동하는 노동운동가들을 중심으로 운영하려는 방침을 표명한 것이다. 실제 선출된 보선위원 중에는 박태선(朴泰善)과 같은 신진 노동운동가로 보이는 이들이 등장하고 있다.[65] 이런 점에서 원산노동회에서 노련으로의 전환은 객주조합의 통제를 받던 어용노조를 탈피하여 진정한 노동단체로 변신하려는 시도였다고 할 것이다.

이 시기에 이러한 변화가 일어난 배경으로는 1920년대 전반기에 팽

---

63) 「원산노련총회」, 『시대일보』 1925. 11. 11; 「원산노련정총」 『동아일보』 1925. 11. 13.

64) 「혼합체이던 元山勞會 직업별로 分體 조직」, 『동아일보』 1925. 10. 26.

65) 제5회 추계총회(1925. 11. 8)에서 보선위원으로 김병흡(金秉洽), 배승도(裵承都), 박태선(朴泰善), 안남규(반도의원 원장, 1928년 독일 유학)이 선출되었다. 이들 중 박태선은 원산의 사회주의단체인 사회과학연구회에서 활동했다. 서울청년회계열 전진회원, 조선노농총동맹 중앙집행위원, 조선사회단체중앙협의회 준비위원, 조선공산당원, 신간회지회장으로 활동했다. 1929년 총파업을 지도하여 수차 검거되었고 1930년 조선공산당 재건사업에 참여하여 체포되었다. 그는 원산노동회에서 노련으로의 전환 시 규칙수정위원 가운데 한 사람이었다. 김병흡은 한말 춘성학교(春城學校) 교감으로 많은 재산을 학교 경비로 부담했는데 이후 북간도로 10년간 이주했다가 1921년 9월 귀국했다. 1926년 조선민흥회 준비위원이었고, 1927년 4월 사회주의 대 아나키즘의 사상투쟁으로 인한 무력충돌 과정에서 사망한 서수학(徐守鶴)의 장의위원장을 지내는 것으로 보아 민족주의좌파 성향(혹은 사회주의계열)의 지식인이 아닌가 생각된다.

배하던 실력양성운동이 퇴조하고 청년운동의 혁신 주창과 함께 노동자·농민의 대중운동이 거세게 진출하고 있던 사회운동의 전반적인 흐름을 들 수 있다. 직접적으로는 1925년 8월 "종래의 지식청년들의 집합체인 청년단체와는 동화 제휴하기 어려우므로 직업적으로 노동청년회의 조직이 필요하다"는 취지로 원산노동회 사무실에서 원산노동청년회가 조직된 사실이 주목된다.[66] 이 원산노동청년회의 강령은 '첫째 사회진화의 법칙에 순응하여 용감한 전위의 역군이 될 것을 기함, 노동청년의 단결을 도모하며 당면의 이익을 위하여 투쟁할 것, 우리 운동에 무기인 지식을 흡수하기 위해 노력함'이었다.[67] 원산노동청년회는 종래 노동단체를 주도해온 객주상인이나 지식계급이 아닌 무산청년들에 의해 조직되었고,[68] '사회진화 법칙, 전위'를 거론한 점으로 보아 사회주의 영향을 받은 것으로 보인다. 또한 종래의 생활개선에 역점을 둔 활동보다 당면 이익을 위한 투쟁을 제시한 점에서 노동자들의 계급적 요구를 반영하고 있음을 알 수 있다. 원산노동청년회 결성으로 표면화되고 있는 노동계 내부의 이러한 변화가 노련으로의 전환을 추동했던 것이다.

노동조합으로서의 정체성을 확립한 노련은 마침내 행동에 나섰다. 1927년 5월 노련은 동일한 종류의 노동인데도 하주별로 각기 다른 노임을 균일하게 지급할 것을 요구하며, 각 회사, 운송점, 객주 등에게 기준노임표를 배포했다.[69] 고주 별로 다른 노임 때문에 노동자들 사이에서

---

66) 「원산에서 노동청년 직업적으로 조직을 발기」, 『시대일보』 1925. 8. 10.

67) 「원산에 노동청년회」, 『조선일보』 1925. 8. 16.

68) 실제 원산노동청년회의 창립 집행위원들(박태선, 朴元昊, 金均相, 金元吉, 金英淳, 盧東奭, 林谷泉, 朴仁, 李啓心, 宋秉天, 趙剛, 朱殷鍾, 劉載淑, 尹明夏, 韓明燦)을 보면 객주조합원이나 유력자는 전혀 보이지 않는다. 앞에서 언급한 노련으로의 전환 시 선출된 집행위원 박태선이 이 원산노동청년회 집행위원 가운데 한 사람이었다(「원산에 노동청년회」, 『조선일보』 1925. 8. 18).

도 분쟁의 원인이 되자, 노련이 임금기준안을 마련하여 관철하고자 한 것이다. 원산상업회의소는 상업부와 교통부의 회의를 열고 협의했으나 결론을 내지 못했고, 객주조합은 만일 노련이 동맹파업을 하더라도 자유노동자를 사용하겠다며 절대 불응한다는 태도를 견지했다.[70]

결국 노련은 6월 7일 동맹파업에 돌입했다.[71] 노련 소속 노동자 1천여 명과 철도운송 노동자 4백여 명이 파업에 참가함으로써 원산의 물류 수송은 마비되었다. 노련에 가입하지 않은 식전조(植田組) 등 4곳의 노동자 1백 명과 양화직공조합, 철공조합, 정미조합 등도 동정파업을 단행할 정도로 여러 방면에서 지원이 잇달았다. 내국통운이 인천지역으로부터 180여 명의 중국인 노동자를 모집하여 작업을 진행하자, 파업노동자들은 경찰 및 헌병대의 진압·검속에도 굴하지 않고 시위로 대항했다.[72] 가장 큰 하주인 내국통운이 부윤에게 중재를 의뢰하여 결국 노련의 제시 조건을 모두 수용함으로써 240여 명의 노동자들이 6월 10일 복귀했다.[73]

협상을 거부하고 가장 강경하게 대응한 것은 객주조합이었다. 객주조합은 노련의 임금균일문제에 적극 반대하며 그 대항책으로 30여 명의 조합원이 각기 인부 5명씩 책임지고 모집하되 만일 모집하지 못하면 가족이나 사무원으로 숫자를 채워 하물운송에 동원하기로 결의했다.[74] 이에 조선노농총동맹까지 나서서 원산객주조합에 경고문

---

69) 「임금균일운동」, 『동아일보』 1927. 5. 22.

70) 「원산의 二千勞動者 임금증액을 요구」, 『매일신보』 1927. 5. 30; 「노동회 동맹파업?」, 『중외일보』 1927. 5. 27.

71) 「部會를 열고 임금문제 협의」, 『중외일보』 1927. 6. 1; 「임금균일문제」, 「원산노련회 총파업단행」, 『동아일보』 1927. 6. 2, 6. 8. 그러나 노련은 정기선의 화물과 군용품의 하륙 및 적재는 종전대로 작업했다.

72) 「원산총파업해결 詳報」, 『중외일보』 1927. 6. 17.

73) 「內國側은 양보」, 『동아일보』 1927. 6. 11; 「임금증액으로 취업」, 『매일신보』 1927. 6. 11; 「원산노동쟁의 일부분 해결」, 『중외일보』 1927. 6. 12.

을 발송했으며 상무집행위원 인동철(印東喆)을 원산에 특파했다. 운송조합, 곡물상조합, 범선조합, 국제회사 등도 임금 조정에 응하여 노동자들이 속속 작업장으로 복귀하자,[75] 가장 완강하던 객주조합도 결국 조정에 응하지 않을 수 없었다. 끝까지 양보하지 않던 객주조합의 경우 노련 위원장 김경식, 집행위원 한기수가 객주조합 사무실에서 계속 설득하여 쌍방 양보로 타결되었다. 김경식과 한기수가 객주조합 관계자로 참여한 인물이란 점에서 객주조합을 설득하는 데에 주효하지 않았을까 생각된다. 파업은 6일 만에 노동자측의 대승리로 끝났고, 동일 노동에 대한 최고의 임금으로 균일화함으로써 평균 7푼의 임금 인상 효과가 수반되었다.[76]

객주조합이 가장 강경한 태도를 보였던 이유는 그동안 어용노조를 직접 조직하여 노동 통제를 해왔는데, 타협할 경우 더 이상 노동자 관리를 할 수 없다는 점, 곧 조선인 대중에 대한 자신들의 입지가 사라질 것이란 우려 때문이었다. 1929년 총파업에는 시민협회가 중재 역할을 했으나 협회의 전신으로 객주조합원들이 주도적으로 설립한 시영회(1926년 2월 설립)는 이 파업에 전혀 개입하지 않았다. 시영회 자체가 이 무렵 내분상태였기 때문이기도 하지만, 노동통제 관행에 익숙한 객주조합이 타협하지 않으면 노동자들이 어쩔 수 없이 먼저 백기를 들 것이란 자신감으로 타협이나 조정을 전혀 생각하지 않았기 때문이다.

---

74) 「원산에 대쟁의」, 『조선일보』 1927. 6. 9; 「원산객주조합 노련 주장을 반대」, 『동아일보』 1927. 6. 9.

75) 「원산쟁의 해결」, 『조선일보』 1927. 6. 15.

76) 「임금증액으로 취업」, 『매일신보』 1927년 6월 11일. 내국통운의 경우 평균 5리(厘)씩 인상되었다.

2) 원산총파업의 트라이앵글: 일본 운수기업–객주조합–시민협회

1929년 1월부터 4월 초까지 장기간에 걸쳐 원산총파업이 전개되었다. 이 파업의 발단은 1928년 9월 초 원산에서 12㎞쯤 떨어진 함남 덕원군 북성면(北城面) 문평리(文坪里)에 위치한 라이징 선(Rising Sun) 석유회사 제유공장 노동자 120여 명이 일본인 감독의 구타에 항의하면서 비롯되었다. 노련은 이 쟁의에 개입하여 5개항을 내걸고 파업에 돌입했다. 9월 28일 협약 체결로 마무리되는 듯 했으나, 회사 측이 3개월이 지나도록 약속을 이행하지 않자 노련은 1929년 1월 14일 문평제유노조와 문

持久戰中의 元山大罷業

警官隊出動
勞聯帳簿押收

원산서의 고압뎍태도에
◇一般會員은 激昂

이십구일오후다섯시경에 돌연 장부권부를 압수하야갓다는데
히 원산경찰서의경관이 다수출 일반회원들은 경찰이 점점고압
동하야 련합회와 구소비조합의뎌 수단을쓴다고 격앙한다더라

慰問委員과
激勵電遝至

원산파업단을위문키위하야각디
방우의단톄에서격려문(激
激文)과위문위원이매일 답지하
는바이십팔일까지들어온위문위
원은
北青勞働聯盟 李義鋼◆同青
年同盟 朱昌魯◆新昌勞働組
合 宋榮鎭

〈사진 6-5〉 원산총파업 보도 기사
출처: 『동아일보』 1929. 1. 31.

평운수노동조합에 2차 파업을 지시했다.[77]

노련은 이미 1월 초에 대성상회(大成商會) 외 9개 상회와 국제운수, 국제통운에 임금인상안을 제기했는데, 일제와 자본가들은 이 기회에 노련을 파괴하고 새로운 어용노조를 설립하려고 했다. 1월 18일 국제통운과 국제운수가 노동자 450명을 해고하면서 파업이 확대되어, 1월 23일부터 전체 운수·선박 노동자와 두량노조, 해륙노조, 결복노조, 운반노조도 동맹파업에 들어갔다. 총파업에는 노동자 2천여 명이 참가했는데 그 가족뿐만 아니라 노동자를 대상으로 하는 식당과 상점까지 포함하면 원산 총 인구의 1/4이 파업에 연루되었다.[78]

시민협회는 음력 설을 앞둔 시점에 지역 경제에 큰 타격을 주는 파업이 노동자 대 자본가의 문제일 뿐만 아니라 원산지역 전체의 문제라고 보고, 신속한 해결을 위해 중재를 자임하고 나섰다.[79]

시민협회는 1월 24일 간부회의를 소집하여 쟁의진상조사위원을 선정하고 조사에 착수했다.[80] 조사위원들은 노련과 상업회의소, 경찰당국을

77) 파업의 발단과 전개과정에 대해서는 金重烈, 앞의 책, 1978, 105~168쪽; 김광운, 앞의 글, 1989, 59~97; 유현, 1990, 앞의 글, 171~191쪽; 김경일, 앞의 책, 2008, 191~199쪽 참조.

78) 1929년도 원산 인구는 총 42,988명(일본인 11,250/ 조선인 30,857)이었다(章勳夫, 『昭和八年 統計年報』, 원산상공회의소, 1934, 122쪽). 노련 소속 노동자는 운수부 1,800명, 직공부 200명이었다. 직공부는 처음 파업에 가담하지 않았으나 1월 26일부터 양복직공이 솔선하여 동맹파업에 참가했다(「직공부도 파업」, 『동아일보』 1929. 1. 28).

79) 「시민협회 조정알선」, 『매일신보』 1929. 2. 2. 김광운은 "(원산헌병대가) 일제의 구관리, 예속자본가, 민족개량주의자들로 구성된 '원산시민협회'를 끌어들여 '노자협조주의'를 설파하면서 파업노동자들의 투항을 권고하였다"고 서술했으나(김광운, 앞의글, 1989, 92~93쪽), 원산시민협회의 자본가들을 모두 예속자본가로 규정하는 것은 문제라고 본다. 유현은 원산시민협회를 "조선인 중소자본가로 구성"되었다고 서술한다(유현, 앞의 글, 1990, 182쪽). 시민협회가 중재에 나선 것은 헌병대에 의해서가 아니라, 자본가들과 노동계의 권유에 의한 것이었다.

80) 「원산시민협회 쟁의조정협의, 「시민협회 조정알선」, 『매일신보』 1929. 1. 24, 2. 2; 「원산시민협회 쟁의조정 결의」, 『동아일보』 1929. 1. 28.

〈사진 6-6〉 파업 확대를 야기한 문제의 국제통운주식회사 원산지점

출처: 『동아일보』 1929. 1. 31.

〈사진 6-7〉 소비조합에서 파업 중인 원산노동연합회원들에게 식량을 분배하는 장면

출처: 『동아일보』 1929. 1. 31.

방문하여 쟁의의 전말을 조사했다. 평의원회는 적극적으로 중재에 나서겠지만, 현재 양 편이 흥분되어 극도로 강경한 태도이므로 충분히 조사 후 사태를 관망하면서 조정하기로 결정했다.[81]

시민협회가 노자 중재에 적극적이었던 데에는 파업으로 인해 파산 위기를 겪고 있는 객주조합과 조선인 자본가층의 당면 문제를 해결하려는 의도가 크게 작용했다. 객주조합 역시 파업 확대의 장본인인 국제통운을 원망하고 있었다. 시민협회가 객주조합 차원의 '부분 해결'을 제시한 것은 파업으로 인한 물적 피해 면에서 조선인 자본가와 노동자의 고통이 일본인측보다 훨씬 가중되었기 때문이다.

2차 파업이 시작된 지 1개월이 지난 2월 14일 시민협회 중재로 협회 부회장 김경준의 집에서 객주조합 이사 조종구와 노련 위원장 대리 김태영·소비조합장 한기수(1936년경 원산어업조합장, 원산관광협회 이사) 등이 회견했다. 객주조합 간부들은 하루라도 빨리 정상화되기를 원했으니, 객주조합에 고용되어 있는 약 5백 명의 노동자만이라도 복업할 수 있는 해결책을 찾기 위해서였다. 그런데 자본가 측(하주 측)이 모든 교섭권을 원산상업회의소에 일임했기 때문에,[82] 상업회의소 서기장(章勳夫)으로부터 "회견은 하되 확답은 하지 말라"는 교섭의 가이드 라인을 지시받은 조종구가 "하주 측은 연쇄관계이므로 부분적 해결은 불가능하고 전체적 해결밖에 없다"는 태도로 돌변함으로써 회견 결과는 무효로 끝났다.

지역사회에서는 객주조합이 상업회의소의 눈치를 보는 애매한 태도

81) 「원산시민협회 쟁의조정 결의」, 『동아일보』 1929. 1. 28; 「'조정은 시기상조'」, 『조선일보』 1929. 1. 28.

82) "일반하주 측에서는 파업 발발 직후 일체의 대책을 상업회의소에 의뢰하야 同所에서는 마치 노동 카-텔과 가튼 태도를 가지고…"(「논설: 원산파업사건」, 『매일신보』 1929. 2. 7).

때문에 회담이 결렬되었다며 비난 여론이 비등했다.[83] 객주조합이 노련과의 타협 불가 방침을 고수하는 일본 대기업과 그 대리인인 상업회의소의 지시를 준용하기로 하면서 객주조합의 부분 해결은 요원해졌다.[84]

시민협회는 노자 양측 중재자를 자임했지만, 객주조합원들이 협회를 주도했으므로 애당초 객관적이고 중립적인 입장을 견지하기 어려웠다. 시민협회 평의원회에서 선정된 조정위원 5명 가운데[85] 남백우 · 김경준 · 최광린은 객주조합의 조합장 · 금융부 부장 · 이사 · 평의원 등을 지낸 인사들이었다.[86] 이와 같이 조정위원 중 절반 이상이 객주조합원인 사실은 파업 중재 시 지역의 기층민인 노동자의 입장을 고려할 중립적인 위치가 아님을 의미한다.

당시 시민협회 부회장이며 상업회의소 부회두였던 조정위원 김경준(객주조합원)은 인터뷰에서 "나 개인의 의견을 말하라면 노동회의 의견은 별로 무리가 업는 줄로 압니다. 그러니 결국 상업회의소 측에서 고집을 버리어야 하겟지요. 노동자의 단결권을 부인한대서야…될 말입니까? 또 상의(商議) 측에서 노자협조의 새로운 노동단체를 조직한다 하나 노동자란 즉시 자기 처지를 자각하여 권리를 주장하는 것이니 어용노동단체란 결국 업슬 줄로 압니다"라고 피력했다.[87] 노련을 대체할 새

83) 「원산노동쟁의 續聞」, 『중외일보』 1929. 2. 16; 「노자쌍방 及 시민협회측 주장」, 『동아일보』 1929. 2. 20.

84) 「원산노동쟁의 續聞」, 『중외일보』 1929. 2. 19; 「용두사미된 初會合과 노자쌍방급협회측주장」, 『동아일보』 1929. 2. 20.

85) 「시민협회 조정알선」, 「실행위원도 선정」, 『매일신보』 1929. 2. 2, 2. 17. 시민협회 조정위원 5명은 남백우 · 김경준 · 박민룡 · 최광린 · 전용빈이었다.

86) 본서 2부 4장 〈부표 4-1〉 참조. 박민룡은 인쇄소를 경영하여 파업과 직접적인 연관은 없으나 시민협회의 부협의원 공인후보로 출마하여 부협의원을 오랫동안 지낸 인물이고, 전용빈은 전흥양조소를 경영하여 파업의 하주 측 당사자는 아니었다.

87) 「金景俊氏談: 노동회보다 상의에서 양보」, 『조선일보』 1929. 2. 4.

어용노조를 조직하더라도 어용노조의 노동자 역시 곧 자각하여 자기 권리를 주장하게 되므로 어용노조 조직은 소용없을 것이란 김경준의 이 발언은 단순히 대외적인 유화용 발언이 아니었다. 과거 노동대회를 해산시키고 어용단체 원산노동회를 조직, 관리하며 노동 통제를 실행한 당사자의 경험담 고백인 것이다. 노조를 노무기구 정도로 생각하던 조선인 자본가들의 인식 변화를 엿볼 수 있는 의미심장한 대목이다.

그러나 객주조합은 1929년 3월에 국제통운, 운송업조합과 함께 파업 노동자를 해고하고 신규 채용한 노동자 2백여 명으로 어용노조 함남노동회를 조직하는 데에 참여했다.[88] 그 이유는 화물운송체계에서 조선인 자본가들과 일본인 자본가들 사이의 위계적인 관계 때문이었을 것이다. 즉 원산 하주들은 운송 최종단계에서는 화물을 직접 취급하지 않고 대개 대기업인 국제통운과 국제운수를 통하여 처리했기 때문에, 객주조합원인 조선인 자본가나 소규모 업자는 일제 독점자본가의 눈치를 보지 않을 수 없었던 것이다.

일제 독점자본을 대변하는 상업회의소가 객주조합의 '부분 해결'을 저지하자, 시민협회는 결국 '부분 해결'을 포기하고 다시 '전체 해결'로 방침을 바꾸어 중재에 나설 수밖에 없었다.[89] 이런 과정을 거쳐 작성된 시민협회의 조정안은 "①원산노련은 노자협조주의를 실행할 것 ②원산노련은 최고 간부를 개선(改選)할 것 ③노임문제에 대하여는 간담(懇談)으로 해결하되 간담으로 해결치 못할 사(事)는 원산상업회의소 또는 원산시민협회의 중재에 의할 것 ④원산노련 규약 중 비합법적 문구가 유할 시는 차를 개정할 것"이었다.[90] 이는 일제 기업을 대변하고 전체 해

---

88) 「파업분규를 度外로 신노동단체 출생」, 『매일신보』 1929. 2. 25. 1937년 함남노동회는 31개의 세포단체(운송점)에 1,695명의 노동자가 가입되어 있었다(金元錄, 『元山要覽』, 元山要覽編輯會, 1937, 234~235쪽).

89) 「원산노동쟁의 續聞: 小商群은 해결갈망」, 『중외일보』 1929. 2. 23.

결을 일임 받은 원산상업회의소의 요구조건을 모두 반영한 것이며 노동자 측의 요구는 전혀 반영하지 않은 것이다.

이러한 조정안에 대해 노련은 "시민협회의 조정안은 문제에 상정치도 아니함, 상업회의소는 중재할 처지에 있음에도 불구하고 도리어 노동자에게 도전을 하여 간단히 해결될 문제를 금일의 사태로 진전시켰으니 따라서 상업회의소는 사과하여야 할 것과 해고로 인한 손해를 배상하여야 할 것을 이후 교섭의 조건부로 할 것"이라고 결의사항을 발표했다.[91] 시민협회의 편파적인 조정안을 거부하는 동시에 자본가 측만 대변하며 노동자 탄압에 앞장서고 있는 상업회의소를 정면으로 공격했다.

그런데 시민협회의 중재안이 일본인 자본가측의 입장을 모두 수용했음에도 불구하고, 원산상업회의소 의원과 운송업자들은 노련의 주의·강령이 불온함으로 타협이나 조정이 불필요하다는 입장을 고수했다. 일본인 자본가들은 1927년 5월 파업 때 노동자 대승리로 끝난 전사(前史)를 되풀이하지 않을 것이며 이를 위해서는 노련을 격파, 해체해야 한다고 생각했던 것이다. 일제 자본가 측은 어용노동단체 함남노동회를 출범시켰으며,[92] 객주조합원이자 시민협회 임원이기도 한 조종구·

---

90) 「원산시민협회측 조정경과 발표」, 『동아일보』 1929. 2. 27; 「勞動爭議續聞」, 『중외일보』 1929. 2. 27. 매일신보에는 ①노동연합회의 주의강령을 전연 개선시킬 일 ②간부와 역원을 전부 경질시킬 일 ③금후로는 노자협조의 정신을 준봉(遵奉)한다는 각서를 연합회로부터 제출케 할 일이라고 기재되어 있다(「해결은 永久無望」, 『매일신보』 1929. 2. 25).

91) 「비장한 연합회」, 『중외일보』 1929. 2. 23. 동아일보 기사에는 "①우리들 일로 인하여 수감되어 있는 간부들을 인정 상 관계만으로도 개선(改選)할 수 없다 ②종전에 노자협조적으로 나가지 않은 것이 아니므로 지금 와서 새삼스럽게 특별히 중재기관을 두거나 노자협조주의를 실행하라 함은 문제삼을 수 없다"고 되어 있다.

92) 「파업분규를 度外로 신노동단체 출생」, 『매일신보』 1929. 2. 25. 자본가측은 어용노동단체에 대해 쌀·소두·소금 등 생활품을 원가로 배급하고 의료시설과 이발소 등을 시설하며 사무실과 합숙소, 오락실도 신축하여 노동자들의 편의와 위안을 도모함으로써 노자협조의 정신을 구현한다고 선전했다.

위정학 · 장익진 · 노기만 · 한치항(미곡상조합) 등은 함남노동회의 이사 혹은 고문으로 활동했다.[93)]

일제 자본가 측의 일방적인 대화 거부와 어용 노조 설립이 가능했던 것은 장기간의 파업에 견딜 수 있는 자금력, 그리고 무엇보다 노동단체를 반(反)사회단체 내지 반체제 조직으로 몰아 탄압하여 붕괴시키는 식민권력의 경찰력 덕분이었다.[94)] 이에 맞서 노동자들은 금주단연에 이어 1일 2식(食)주의를 단행하며 장기적인 투쟁으로 비참한 생활고를 겪고 있었다.[95)] 이런 상황에서 시민협회가 지역 기층 노동자 대중의 처지와 권익을 염두에 두기보다 조선인 자본가층의 입장을 대변한 것은 그 계급적인 입지, 그리고 일제 자본의 우월적 지위에 굴복하며 동조하는 정치적 속성을 잘 보여준다.[96)]

시민협회는 총파업 이후에도 노자협조주의를 기치로 내걸고 조직한 어용노조 함남노동회와 객주조합 사이에서 노임 문제를 조정 중재하기도 했다.[97)]

93) 「함남노동회이사 변동」, 『매일신보』 1929. 6. 27.

94) 원산헌병대는 노련 간부들을 헌병대 영창에 구금하고, 일본군 제19사단 함흥보병대 소속 군인 수백 명과 재향군인 및 소방대원이 무장하여 시가를 행진하며 공포분위기를 조성했다(김경일, 앞의 책, 2008, 194쪽). 경찰과 국수회(國粹會)는 새로 모집한 노동자를 호위하며 취업케 하는 등 식민 권력은, 총파업을 저지하기 위해 전방위적인 탄압을 가했다.

95) 「一日二食主義 단행」, 『동아일보』 1929. 2. 27.

96) 원산총파업은 3월 말에 이르러 조선인 하주측에서 일부 양보하면서 복업을 요구하고 노련에서 이를 허용하여 3월 21일 인흥조(仁興組) 노동자들이 복귀하였다. 이어서 원동(元東), 경남, 보흥(普興), 임태린(林泰麟) 상회에서 복업을 요구하여 결복조 1, 2구 노동자와 운반조 노동자 280여 명은 3월 25일부터 복업하였다. 노련은 4월 6일 전체 회의를 통해 복직희망자의 무조건 취업과 파업 종식을 결정했다(「원산대파업 일부분은 해결」, 「結卜과 運搬 兩組는 復業」, 『동아일보』 1929. 3. 24, 3. 28).

97) 「노임문제 조정을 시민협회에 일임」, 『조선일보』 1935. 3. 11.

4. 조선인 자본가층의 정치적 입지와 지역번영단체의 위상

원산지역 자본가들이 주도한 시영회와 시민협회는 '조선인을 위한 지역 번영'을 위해 부협의회, 학교비평의회, 상업회의소와 같은 공직기구에 참여함으로써 지역의 행정, 교육 문화, 경제 분야에 조직적으로 의견을 반영하고자 했다. 종래 지역 선거에 조직적으로 개입하고 유권자대회를 주도한 것은 사회단체 중 가장 영향력이 컸던 원산청년회와 지역 재계를 주도하고 있던 객주조합이었다. 그러나 1926년 2월 시영회가 설립되면서 각 동업조합과 사회단체의 이해관계를 조정, 중재하며 지역 선거를 지휘하는 단체가 되었다.

시영회와 시민협회는 유권자대회 개최와 공인후보 선출을 조직적으로 지휘했으며, 공인후보들의 당선을 위해 조선인 유권자의 표를 분배하고 선거운동을 지원했다. 그러나 시민협회의 유권자대회를 매개로 한 선거 개입은 1935년 2월「개정선거취체규칙」공포로 중단되었다.

양 단체의 주도세력인 객주조합원과 상공업자, 기타 지역유력자들이 공인후보로 선출되었고, 이들은 큰 변수가 없는 한 대개 당선되었다. 양 단체의 평의원회에서 내정되고 이후 유권자대회에서 추인과정을 거쳐 공표된 공인후보들은 거의 대부분 전·현임 임원진이었다. 이들이 공인후보로 그대로 추인될 수 있었던 것은 유권자대회가 시영회와 시민협회의 외연을 조금 더 확대한 구성체였기 때문이다.

일반적으로 유권자대회의 공인후보 선출방법은 조선인 시가를 상·하구로 나누어 각 구에서 먼저 배수의 후보자를 선정한 후 무기명투표를 통해 각 구 몇 명을 추선하는 방식이었다. 원산지역은 지형 상 해안선을 따라 좁고 길게 시가지가 형성되었기 때문에 공인후보를 선출할 때 지역별 안배를 원칙으로 했던 것이다. 상·하구 배분 원칙은 부협의원과 학교비평의원 선거에서 준수되었다(상업회의소 의원 후보는 상·

하구 배분이 아니라 동업조합들의 논의를 통해 절충해서 후보를 냈다). 또한 동리 단위에서도 유권자대회를 열어 마을의 이해관계를 대변할 공인후보를 자체적으로 검증하고 표를 몰아주는 선거 전략을 논의하는 소사회 정치가 전개되었다. 하지만 지역정치에서 중요한 것은 조선인 유권자 비율이 전체 지역민의 1%도 안 되었기 때문에, 비유권자 조선인들의 여론이나 민심이 공인후보, 당선 이후에는 부협의원과 학교비평의원에게 과연 어느 정도 반영될 수 있었는가란 점인데, 이는 앞으로 구명되어야 할 부분이다.

일본에서는 1911년 이후 임기 4년의 정·촌회(町村會), 부·현회 의원 (피)선거권 자격은 그 지역에 2년 동안 계속 거주한 25세 이상 남자(공민)로 규정되어 있었다.[98] 3·1운동 후 지방제도 개정과 함께 조선에도 지방자문기구 선거가 실시되었다. 그러나 지방의회를 하부 행정구역인 洞·里에는 아예 설치하지 않았고 일본인들이 많이 거주하는 지정면(指定面)과 부·도에만 두었다. 특히 선기권 자격도 부세 연 5원 이상 납부 남자로 제한했다. 이는 결국 지역사회에서 일제 당국의 정책에 대한 의견을 제기할 수 있는 권리의 주체를 거류일본인과 소수의 조선인 유력자(부유층)로 제한했음을 의미한다. 동·정 단위 기초의회의 설치는 아예 정책적으로 배제된 채, 부협의회 선거권자를 중심으로 한 유권자대회와 치열한 선거전은 지역사회의 여론체계를 양분하고 왜곡시켰다.

시민협회가 객주조합을 중심으로 한 조선인 자본가의 이익 결집체란 사실과 그 계급(계층)적 기반에서 규정되는 단체의 성격은 원산총파업 때 잘 드러난다. 시민협회는 파업의 장기화로 인해 타격을 받고 있는 조선인 자본가들을 고려하여 조기 해결을 위해 조정

98) 久崎艦次郎, 『町村會議員選擧必携』, 株式會社久崎活版工場, 1929, 4~7쪽; 富岡重雄, 『普通選擧講座』, 普選社, 1927, 86쪽.

에 나섰다. 객주조합의 입장을 반영하여 초기에는 '부분 타결'을 주장했으나, 결국 일본인 대자본가와 그들을 대변한 원산상업회의소의 압력에 의해 '전체 타결' 방침으로 바꾸었다. 시민협회 임원인 조선인 자본가들은 노련을 격파하기 위해 조직한 어용노조 함남노동회의 조직에 참가했고 일본인 자본가들과 함께 이사진으로 활동했다. 조선인 자본가들이 일본인 자본가들의 정치적 입장에 동조할 수밖에 없었던 이유는 화물운송체계의 위계적 관계 때문이었다.

총파업 과정에서 명백하게 드러나는 시민협회와 조선인 자본가들의 이러한 정치적 입지는 시민협회와 시영회를 조직하고 주도해온 객주조합이 오래 동안 행해온 노동 통제의 연장선에 서 있다고 할 수 있다. 즉 객주조합의 자본가들은 1921년 객주조합의 임금 인하에 저항하여 일으킨 파업을 주도한 노동대회원산지부를 해체시키고 어용노조 원산노동회를 조직하여 이사진으로 이를 직접 관리 감독해왔던 것이다. 객주조합원들은 노동단체를 노동자 관리를 위한 노무기구 정도로 생각했던 것이다.

시영회와 시민협회는 일본인 유력자들이 주도한 원산번영회에 대응하여 '조선인의 지역 번영'을 표방하며 민족적 이해관계를 추구하는 바로 그 지점에서 출발했다. 하지만 양 단체가 전개한 지역정치는, 원산지역 전체 조선인 사회의 지형에서 볼 때, 기본적으로 상공업자의 사회경제적 이익을 추구하고 획득하는 이익단체를 지향했음을 확인할 수 있다.

7장 이주 일본인들의 지역단체 조직과 사회관계망

1. 일본인 민간단체와 지역사회

일제시기 원산에 이주한 일본인들은 조선에서 '실질적인 최초의 개항지'는 1880년 5월에 개항한 원산이라고 생각했다.[1] 그들은 1876년에 개항한 부산은 '쓰시마번(對馬藩)의 자취를 이어받은 곳'으로 이미 수백 년 전부터 왜관이 존재했고 일본인들에게 익숙한 곳이기 때문에 한국에서도 교화가 미치지 못하는 곳인 황무지를 개척하여 순연한 일본 시가를 건설한 원산의 역사야말로 일본의 해외개척 분투사(奮鬪史)라고 보았다.[2]

원산지역 일본인 사회가 형성되고 그 시스템이 지속적으로 유지되는 토대에는 행정기관인 영사관 · 이사청 · 부청(府廳), 치안 경비를 맡은 영흥만요새사령부 · 원산경찰서 · 지방법원 원산지청 · 원산형무지소, 경제기관인 조선은행 · 동양척식주식회사 · 세관의 지점 등 일본제국주의 국가기구(관공서)가 존재했다. 그러나 그러한 국가적 시스템에 앞서 더욱

1) 「鄕土所見－元山港の沿革史」, 『元山每日新聞』 1935. 1. 19.
2) 高尾新右衛門 편, 「序」, 『元山發展史』, 大阪: 啓文社, 1916.

〈사진 7-1〉 1910년경의 원산항 일본인 시가

출처: 통감부 편, 『大日本帝國朝鮮寫眞帖: 日韓併合紀念』, 小川寫眞製版所, 1910.

중요한 토대는 '풀뿌리 식민지배'를 가능하게 했던 일반 민간인들의 경제단체 혹은 사회단체의 조직과 활동에 있었다.

대개 재조일본인의 약 4/5는 도시생활자로 이들은 자신들만의 일본인 마을(町)을 만들고 거의 조선인과 접촉하지 않는 형태로 일상생활을 하는 경향이 있었다.[3] 이러한 양상은 일본인 시가와 조선인 시가가 적전천(赤田川)을 경계로 분리되었던 원산지역의 경우 전형적으로 나타났다. 원산은 "동북과 서남으로 대립하여 있는 일본인 거류지와 조선인촌의 정경"이 '세불양립(勢不兩立)'으로, "일본인 거류지는 즐비한 가옥이며 찬란한 점포가 일견 호사를 극한 항구에 조금도 손색이 없는 반면 조선인촌은 보기에도 기분이 답답한 오막살이 초가집이 옹기종기 붙어있는"[4] 경관에서 드러나듯이 전형적인 식민지 '이중도시'(dual city)였다.

여기에서는 '실질적인 최초의 개항지'이므로 '해외 개척의 선도'라고 자부하는 원산지역 일본인들이 이주 정착하는 과정에서 현지에 적응하고 나아가 '작은 일본'을 실현하기 위해 그들이 사회적 관계망의 일환으

---

3) 윤건차, 「식민지 일본인의 정신구조」, 『제국과 식민지의 주변인—재조일본인의 역사적 전개』, 보고사, 2013, 50쪽.

4) 「日縮月退하는 朝鮮人元山府」, 『조선일보』 1926. 7. 9.

로 조직한 민간단체에 초점을 두어 분석하려고 한다. 최근 일제시기 재조일본인 연구에서도[5] 연구대상이나 연구방법론상에 큰 변화가 나타났다. 식민지시기 지배자였던 재조일본인에 대해 '침략의 첨병' '풀뿌리 침략'[6]이라고 보던 시각에서 벗어나 '제국사'의 전개 혹은 동아시아의 이주와 교류라는 관점에서 접근하는 연구가 많아진 것이다. 일국 단위의 역사 서술의 한계를 극복할 수 있고 세계사 차원에서 자본주의 시스템에 접근한다는 점에서 제국사 연구가 가지는 일정한 유효성은 인정된다. 그러나 식민지 연구에서 '제국사'의 연구방식은 '종주국사(宗主國史)'의 외연에 식민지 역사를 포섭하여 결과적으로 식민지주의적인 사고틀을 재생산한다는 비판을 받고 있다.[7] 식민지사 서술이 제국의 재생산의 외연이란 기조로 서술된다면, 이는 제국주의 지배가 식민지 민중에게 가한 폭력적 억압이란 역사적 사실의 또 다른 왜곡이라고 생각한다.

한편 식민지 도시사나 지역사회란 관점에서 개항장도시나 경성 같은 내륙 중심도시에서 일본인 유력자집단의 형성, 자본축적과정, 지역정치 등에 대해 집중적으로 조명한 연구도 생산되고 있다.[8] 또한 유녀(遊女),

---

5) 이에 대한 자세한 연구사 정리는 木村健二, 「在朝日本人史研究の現狀と課題－在朝日本人實業家の傳記から讀み取り得るもの」, 『일본학』 35, 동국대 일본학연구소, 2012; 이형식, 「재조일본인 연구의 현황과 과제」, 『일본학』 37, 동국대 일본학연구소, 2013 참조.

6) 대표적으로 가지무라 히데키와 다카사키 소지의 시각을 들 수 있다(梶村秀樹, 「植民地と日本人」, 『日本生活文化社』 8, 河出書房新社, 1984(『梶村秀樹著作集 第1卷－朝鮮史と日本人』, 明石書店, 1992 재수록); 高崎宗司, 『植民地朝鮮の日本人』, 岩波書店, 2002(이규수 역, 『식민지 조선의 일본인들』, 역사비평사, 2006) 참조.

7) 松田利彦, 「序」, 『地域社會から見る帝國日本と植民地－朝鮮・臺灣・滿洲』, 思文閣出版, 2013 참조.

8) 홍순권 외, 『부산의 도시 형성과 일본인들』, 선인, 2008; 이규수, 『식민지 조선과 일본, 일본인－호남지역 일본인의 사회사』, 다할미디어, 2007; 홍순권, 『일제강점하 부산의 지역개발과 도시문화』, 선인, 2009; 박진한 외, 『제국 일본과 식민지 조선의 근대도시 형성』, 심산, 2013; 김승, 『근대 부산의 일본인 사회와 문화변용』, 선인, 2014; 이규수, 『개항장 인천과 재조일본인』, 2015; 전성현, 「식민자와 조선－일제시기 大

교사, 작가, 자본가 등 특정 계층의 재조일본인에 관한 연구와 함께 학교조합, 재조일본인의 학교 문화, 지역 의식과 정치 활동, 정체성 등 제도사적 연구에서부터 사회사, 문화사에 이르기까지 다양한 방면에서 연구가 급증하고 있다.[9)]

재조 일본인의 사회적 관계망은 첫째 거류민단 · 학교조합 · 상업회의소 · 소방조(消防組)와 같은 자치기구나 (준)공설기관(公設機關),[10)] 둘째 적십자사 · 제국재향군인회 · 애국부인회[11)]와 같은 (반)관변단체, 셋째 민간단체 등에 의해 형성되었다고 볼 수 있다. 기존 연구는 대부분 첫

池忠助의 지역성과 '식민자'로서의 위상」, 『한국민족문화』 49, 2013.

9) 최근 성과를 중심으로 대표적인 것만 소개한다. 이가혜, 「초기 재조일본인 사회에서의 재조일본인 유녀의 표상」, 『인문학연구』 49, 2015; 이수열, 「재조일본인 2세의 식민지경험－식민 2세 출신 작가를 중심으로」, 『한국민족문화』 50, 2014; 太田千惠美, 「在朝日本人 교사 죠코 요네타로(上甲米太郎)의 생애와 활동」, 고려대 석사학위논문, 2015; 권숙인, 「식민지배기 조선 내 일본인학교」, 『사회와 역사』 77, 2008; 기유정, 「일본인 식민사회의 정치활동과 조선주의에 관한 연구」, 서울대 박사학위논문, 2011; 김명수, 「한말 일제하 賀田家의 자본축적과 사업 경영」, 『지역과 역사』 25, 2009, 김명수, 「재조일본인 토목청부업자 아리이 하츠타로의 한국진출과 기업활동」, 『경영사학』 26－3, 2011; 배석만, 「부산항 매축업자 이케다 스케타다의 기업활동」, 『한국민족문화』 42, 2012; 오미일 · 조정민, 「제국의 주변 · 조선의 중심, 경성 일본인의 心像－교육시스템과 진로 문제를 중심으로」, 『일본학연구』 38, 2013; 木村健二, 『在朝日本人の社會史』, 未來社, 1989; 古川昭, 『元山開港史－元山開港と日本人』, 岡山: ふるかわ海事事務所, 2004.

10) 김대래 · 김호범, 「부산 일본거류민단 재정연구」, 『지방정부연구』 10, 2006; 김승, 「개항 이후 부산의 일본거류지 사회와 일본인 자치기구의 활동」, 『지방사와 지방문화』 15, 2012; 추교찬, 「인천 일본인 거류민단의 형성과 갈등」, 『인천학연구』 20, 2014; 천지명, 『재한일본인 거류민단(1906~1914) 연구』, 숙명여대 박사학위논문, 2014; 조미은, 「일제시기 재조선 일본인 학교조합제도의 변천과 성격」, 『사림』, 41, 2012; 木村健二, 「釜山への日本人の進出と經濟團體」, 『近代植民地都市 釜山』, 2007; 김상욱, 「한말 · 일제강점기(1899~1929) 목포소방조의 결성과 활동」, 『역사학연구』 34, 2008; 염복규, 「일제하 경성지역 소방기구의 변화 과정과 활동 양상」, 『서울학연구』 49, 2012; 松田利彦, 「植民地期朝鮮における消防組について」, 『地域社會から見る帝國日本と植民地－朝鮮 · 臺灣 · 滿洲』, 思文閣出版, 2013.

11) 박윤진, 「대일본부인회 조선본부의 결성과 활동」, 『한국문화연구』 13, 이화여대 한국문화연구원, 2007.

째와 둘째 유형에 편중되어 있고 일반적인 차원에서 개별 기구·단체별로 조직 과정과 활동 내용, 성격을 중심으로 고찰되었다. 또한 지역사회의 틀에서 일본인 청년단체를 분석한 연구도 생산되었다.[12] 그러나 지역사회 단위에서 민간단체 전체를 관찰하는 연구방법으로 접근한 성과는 없다.

여기에서는 지역 단위에서 일본인 단체 전체를 통시적으로 관찰함으로써 그 유형과 추이를 살펴본 후, 주요 민간단체의 결성과정과 활동 그리고 그 성격에 대해 접근해보려고 한다. 이를 통해 식민지 권력이나 지역 행정기구와의 강한 결속 혹은 제국주의적 대민(對民) 통제에서 유래되는 재조일본인 단체의 특성에 접근할 수 있을 것이다. 1930년대 이후 파시즘체제의 강화에 따라 민간단체의 성격도 점차 변질되므로, 분석 시기는 만주사변 이전까지로 국한한다. 그리고 정(町) 단위 단체도 소수 있었을 것이지만, 자료의 한계상 접근하기 어려운데다 그 사회적 의미도 미약하므로 부(府) 차원에서 조직된 단체를 연구대상으로 했음을 밝혀둔다.

2. 원산지역 일본인 단체의 지형과 추이

원산에서 가장 먼저 설립된 최초의 단체(기구)는 1880년 7월 설치된 항회의(港會議)였다. '자치기관의 맹아'라 할 이 기구는 하급 행정이나 상행위에 관한 일체 사무를 협상 결정하는 회의 조직으로서 공공사업의 수행과 거류민의 통일 행동을 목적으로 했다. 위원 10명으로 구성되

12) 김승, 「일제강점기 부산지역 일본인 청년단체의 조직과 활동」, 『한국민족문화』 28, 2006.

어 매월 교대로 '월번(月番)'이라 하여 거류민 총대의 책무를 담당했는데,[13] 1881년 1월 '보통회의'로 개칭되었다. 같은 해 12월 영사관 인가를 얻어 다시 상법회의소로 개칭하고 규칙을 발포하면서 총대역소(總代役所)와 분리되었으니, 이것이 상업회의소의 시작이라 할 것이다.[14] 1888년 상업회의소로 개칭하고 세칙 및 맹약서 등을 의정했다.[15]

초기 식민지 이주민 사회를 개척해나가는 과정에서 행정 혹은 상업·무역 관련 문제를 해결하기 위한 단체를 설립한 후 그 다음으로 긴요한 것은 주거 안정과 치안에 관계된 소방조(消防組)였다. 1889년 4월경 처음으로 소방조가 총대역소 직속으로 조직되었는데 초기 명칭은 수화방어조(水火防禦組)였다. 그 편제는 조장(組頭) 1명, 반장(小頭) 2, 소방호스부(筒先) 4, 사다리부(梯子掛) 2, 소방부(消防夫) 21, 총 30명으로 이루어졌다.[16] 이와 같이 처음에는 자치기관의 부설 단체로 출발했

---

13) 『元山發展史』, 1916, 21·35쪽. 항회의는 제일은행 지점장 우쓰(宇都宮綱條), 대창조(大倉組) 지점장 다카하시(高橋平格) 두 사람이 거류상고(居留商估) 총대로서 가(假)규칙을 제정하고 마에다(前田) 영사의 인가를 얻어 성립되었다. 그 회원은 두 사람 이외에 니시다(西田東輔, 共同社), 사카키(榊茂夫, 三菱支店), 쥬비시(十菱常七, 池田組), 다니다(谷田富吉郎, 住友支店), 가메이(龜井一郎, 吉見屋), 게이다(慶田常治, 慶田組), 다카기(高木榮藏, 立新商會), 오쓰카(大塚榮四郎, 三好社)이었다. 전임(專任) 거류민 총대는 1881년 8월 이후에 두었다.

14) 町田義介, 『元山商工會議所六十年史』, 원산상공회의소, 1942, 17쪽; 『元山發展史』, 33쪽. 구성 의원이 동일했던 상업회의소와 거류민 총대역소의 분립이 이루어진 것은 1887년 9월이었다(『元山發展史』, 91쪽).

15) 『元山商工會議所六十年史』, 1942, 20쪽. 이후 1890년 9월 원산진일본인상업회의소로 개칭되었으며, 1892년 2월 농상무성령 상업회의소법에 준거하여 정관을 제정하고 재원산일본상업회의소로 바뀌었다. 1902년 정관 일부를 개정하고 원산상업회의소로 개칭했다. 1915년 10월 조선상업회의소령에 따라 조선인 측 원산상의소와 연합하여 원산상업회의소로 재조직되었다(같은 책, 1942, 20~26쪽; 宮崎勇態, 『北韓の實業』, 輝文舘, 1905, 196쪽).

16) 『元山發展史』, 118쪽. 최초의 민간 소방조는 1884년 인천에서 만들어졌으며 이후 1889년 한성, 1891년 부산, 1899년 목포 군산 등지에 설립된 것으로 알려져 있다(松田利彥, 「植民地期朝鮮における消防組について」, 『地域社會から見る帝國日本と植民地－朝鮮·臺灣·滿洲』, 2014, 102쪽).

으나, 통감부시기에 이르러 '매우 통일을 결여'했다는 이유로 이사청령 〈소방조설치규칙〉에 의해 원산민단이 새로 설립하여 경찰서의 감독하에 두었다. 이때 조장과 반장은 이사관이, 기타 구성원은 경찰서장이 임명했으며, 운영 경비는 모두 민단에서 부담했다.[17] 이사청령으로 제정된 〈소방청규칙〉으로 통제함으로써 자치적 소방조가 공설소방조로 성격이 변화된 셈이었다.

일제 강점 이후에는 조선소방조규칙에 의해 도지사가 소방조의 설치 주체가 되어 조장·부조장·반장을 임명하고, 소방수는 경찰서장이 임명하는 관제단체가 되었다.[18] 그리고 소방 관련 실질적인 업무는 원산경찰서에서 지휘 감독했다.[19] 개항 초기 항회의나 소방조는 공공기관적 성격의 민간단체로 출발했으나 점차 관제단체로 성격이 변화되었던 것이다.

원산지역 일본인들의 민간 사회단체 조직 시도가 처음 나타나는 것은 1890년 5월경 유지들이 주도했넌 원산항구락부였다. 그러나 이 단체는 토지의 차용 허가를 얻어 설립을 준비하던 중 한 달 만에 중지되고, 그동안 모은 회비는 소학교 자금으로 기부하는 것으로 끝났다.[20]

1914년에 원산상업회의소가 간행한 『원산안내』 「공공기관급제단체(公共機關及諸團體)」 항목에는 원산상업회의소(일본인)·원산상의소(조선인)·원산학교조합·원산소방조·원산리소방조·원산금융조합 등 공공기관 내지 반관(半官) 기구와 원산무역상조합·원산여관조합·조선인 상대 잡화상조합 등의 동업조합과 각 신문사, 병원 등 총 26개 기관 및

17) 西田常三郎 編, 『東朝鮮』, 元山每日新聞社, 1910, 90쪽.

18) 松田利彦, 앞의 글, 106쪽.

19) 「元山消防組 開鑿」, 『매일신보』 1913. 7. 4. 소방용수 충당 문제에 대해 원산경찰서에서 (원산리 소방조의 조장이나 반장으로 보이는) 조선인 유력자와 협의 후 우물 29개를 굴착한 예를 들 수 있다.

20) 『元山發展史』, 1916, 139쪽.

단체가 기재되어 있다. 이 가운데 민간단체로는 재향군인회 원산분회·적십자사 원산위원회·애국부인회 원산위원부·함남번영회·원산청년단과 사교단체인 정유구락부(丁酉俱樂部) 등이 서술되어 있다. 1917년 원산매일신문사가 간행한 『원산안내』의 「제단체」에는 일본적십자사위원부, 애국부인회위원부, 재향군인분회, 면수보호회(免囚保護會), 원산번영회, 원산청년단 등 6개 단체가 열거되어 있다.

한편 1927년 간행된 『元山と人』(廣田駒次郎 編)에는 경제모임인 토요회와 수요회, 번영회, 청년회, 갑자회(甲子會), 체육협회, 현인회, 공우구락부에 대해 간략하기는 하나 비교적 구체적으로 서술되어 있다. 1930년대 후반의 현황에 대해서는 김원록(金元錄)이 편찬한 『원산요람』(1937)에 총 45개의 일본인과 조선인 단체의 명칭이 망라되어 있다.[21) 이 가운데 일본인 단체를 보면 1909~1920년대에 설립된 원산번영회, 원산체육협회, 공우구락부 등의 단체가 지속되고 있고, 청년단이 연합청년회로 재조직되는 변화가 보인다. 그리고 이전 시기에는 볼 수 없던 대일본국방회 원산지부·자력갱생회·조선해사회 원산지부·국수회 북선본회(國粹會北鮮本會), 명치회 원산지부와 같은 (반)관변단체가 다수 설립되어 있다.

위에서 시기별로 열거한 일본인 단체 가운데 가장 역사가 오래되고 회원 수가 많아 규모가 큰 것은 적십자사 원산위원부, 애국부인회 원산위원부, 재향군인회 원산분회였다. "박애사업"을 목적으로 하는 적십자사가 언제 원산에 설치되었는지는 분명하지 않다. 그러나 개항장 부산과 원산에는 일찍부터 적지 않은 일본적십자 사원이 거류하고 있었으며, 이들은 편의상 나가사키 지부에 소속되어 있었다고 하는 것으로 보

21) 金元錄, 『元山要覽』, 元山要覽編輯會, 1937, 247쪽. 「諸團體」에는 조선인과 일본인의 단체 45개의 명칭만 열거되어 있는데 와우리청년단, 장촌동진흥회 등 동리 단위 단체까지 망라되어 있다.

〈사진 7-2〉 원산부청

출처: 『원산상공안내』, 원산상공회의소, 1940.

아 역사가 오래되었음을 알 수 있다. 이후 1899년 4월 경성에 특별위원을 두고 경성 영사에게 위원장을 촉탁함으로써 원산 지방의 적십자사원도 여기에 소속되게 되었다.[22] 원산위원부의 회원은 특별사원, 종신사원, 정사원으로 구성되었다.

회원 수는 1913년 말 총 1,021명(일본인 985 / 조선인 36), 1917년경 920명(일본인 811 / 조선인 99 / 외국인 10)으로 지역단체 중에서는 가장 많은 회원을 보유했다.[23] 일부 조선인 관료나 친일 유력자들도 가입했으나, 일본인 회원이 88~96%에 달해 일본인 단체나 다름없었다. 그러나 시간이 갈수록 조선인 회원을 포섭하여 일본인 회원 비율이 감소했으니, 1939년경에는 총 1,013명의 회원 가운데 일본인 비율이 77%로 감소

22) 川俣馨一, 『日本赤十字社發達史』, 日本赤十字社發達史發行所, 1912, 641쪽.
23) 『元山府勢要覽』, 元山府廳, 1914; 『元山案內』, 1917, 108~109쪽.

했다.[24] 원산부청 내에 사무소를 두었고 부윤이 당연직 위원장으로 사무를 관장했던 만큼 준관변단체적 성격이 강했다.

역시 "박애사업"을 표방하지만 실제로는 군사원호사업과 '일선융화'를 사업 내용으로 하는 애국부인회 원산위원부도 조직되었다. 관제 부인단체인 애국부인회는 대륙진출론자인 오쿠무라 이오코(奧村五百子)가 1901년 북청사변(北淸事變)을 계기로 군부의 지원하에 설립한 여성 군사원호단체였다. 1904년 4월 대만 지부, 1906년 2월 한국지부가 설립되었다. 그런데 한국지부 설립에 앞서, 1893년 무렵 조직되어 활동하던 부산일본부인회가 1905년 봄 애국부인회 부산지부로 재편되었고, 경성에서는 1897년 설립된 경성부인회가 모태가 되어 1905년 애국부인회 경성위원부로 발족되었다. 일본 애국부인회가 결성된 것은 1901년이지만, 이미 부산과 경성에서 부인회가 조직되어 군사원호, 한일융화 선전활동 등을 전개하고 있었다는 점에서 애국부인회의 연원은 조선에서 유래했다고 볼 수 있을 것이다.[25]

회원 수가 1913년 말 319명(일본인 319명), 1917년 520명(일본인 504/조선인 21)이었다. 사무소를 역시 부청 내에 두었으며, 위원장은 관례적으로 원산부윤의 부인으로 추대되었다.[26]

"군인 정신의 보지(保持)"를 목적으로 하는 재향군인회 원산분회는 제국재향군인회 본부가 1910년 결성된 후 1911년 8월에 조직되었다.[27]

---

24) 元山府, 『元山府勢要覽』, 1939, 59쪽.

25) 히로세 레이코, 「대한제국기 일본 애국부인회의 탄생」, 『여성과 역사』 13, 2010, 93~124쪽; 애국부인회, 『愛國婦人會四十年史』, 東京: 大日本印刷株式會社, 1941, 23~25 · 161쪽.

26) 石井彦三, 『元山案內』, 元山商業會議所, 1914, 11쪽; 『元山案內』, 1917, 109쪽.

27) 中井武三, 『在鄕軍人會三十年史』, 帝國在鄕軍人會三十年史編纂委員會, 1944, 33쪽; 원산부, 『元山府史年表』, 1936, 239쪽. 『원산부사연표』 216쪽에도 '1909년 11월 14일 원산재향군인회 발회식 거행'이라고 표기되어 있는데 본부보다 빨리 설립되기는 어려웠을 것이므로 1911년설을 따르기로 한다.

〈사진 7-3〉 청일전쟁과 러일전쟁 때 파견된 일제 군인을 기리는 충혼비

출처: 田上征夫, 『咸南都市大觀』, 咸南都市大觀編纂部, 1938, 427쪽.

1916년 말 회원 수는 총 347명으로 정회원, 명예회원, 특별회원으로 구분되었다. 사무소는 원산헌병분대 내에 두었고 회장은 예비일등 군의(軍醫) 나카지마(中島恒多)였다. 회장 이하 부장(副長) 1명, 이사 6명, 감사 2명, 평의원 45명으로 운영되었다.[28] 활동내용을 보면 러일전쟁 승리를 기념해 제정된 육군기념일(3월 10일)이 되면, 항상 원산 주둔 육군부대와 연합으로 축하회를 개최했으며, 군사강화회(軍事講話會) 등의 행사를 주관했다.[29] 1932년 육군기념일에는 방공대연습을 거행했는데, 이때 국방사상보급회, 제1소방조(일본인 시가), 제2소방조(조선인 시가), 연합청년단 등과 함께 훈련을 주최했다. 또한 러일전쟁 전적(戰跡)을 기념하는 비석의 건립을 원산부, 원산번영회, 국방사상보급회와 함께 추진하기도 했다.[30] 재향군인회 분회는 단체의 유지를 위한 기본 재원을 마련하기 위해 국유림을 대하 받아 식림사업을 경영하기도 했다.[31]

재향군인회와 애국부인회 지부는 원산의 일본인 사회를 모국과 동일화시킴으로써 식민지 일본인 사회의 정체성을 유지하게 하는 기능을

28) 『원산안내』, 1914, 11쪽; 『원산안내』, 1917, 109~110쪽.
29) 「육군기념일과 원산」, 「육군기념일 講話」, 『매일신보』 1917. 3. 1, 1920. 3. 15.
30) 「원산방공대연습」, 「日露戰紀念碑」, 『매일신보』 1932. 2. 14, 1933. 5. 29.
31) 「원산재향군인분회 식림경영」, 『매일신보』 1917. 6. 1.

체의 일신과 회장제도에서 간사장 제도로의 조직 개편이 있었던 때는 맥락상으로 보아 1910년대 말이나 1920년대 초였던 것 같다. 이 무렵 원산번영회는 간사장과 약간 명의 간사 체제로 회를 운영하는 한편, 회원 가입을 독려하여 세력 확대를 꾀했다. 여러 방면에서 활동하는 회원이 증가함에 따라 회합 때마다 다양한 논의가 제기되었고 활동도 활발했으나, 1920년대 말에 이르러서는 점차 약화되는 경향이 나타나기도 했다.

원산번영회의 초대 간사장은 오다무라(小田村廣助)였으며, 이어서 다케이(竹井三郎)가 1927년까지 회를 대표했다. 오다무라는 1895년 4월 조선으로 건너와 주조업을 경영하는 이였으며,[45] 다케이는 조선망조합명회사(朝鮮罔漕合名會社) 지배인(1918), 내국통운주식회사 원산지점 지배인이었다(〈부표 7-1〉 참조). 함남번영회 시기에는 관료들과 민간유력자가 모임을 이끌었으나 병합 이후 단체의 주도권이 상공업자 등 재계 인물들로 완전히 이동했음을 알 수 있다. 이는 지역사회의 리더가 일정한 임기 동안 거주하다가 타지로 떠나가는 관공서의 간부로부터 지역에서 생업에 종사하며 2세를 키우고 원산을 '제2의 고향'으로 설계하는 민간 유력자로 교체되는 변화를 보여주는 것이다.

회원 수는 창립 초기에는 백수십 명이었는데, 시기별로 증감이 있었다. 1917년 무렵에는 53명, 1927년경에는 85명이었다. 1927년경 회원 현황을 정리한 〈부표 7-1〉을 보면, 면사포·쌀·대두를 취급하는 무역상, 잡화상, 토목·건축 청부업, 운송업, 장유 제조, 양조업·철공조선업·제재업·대가업(貸家業) 등을 영위하는 상공업자가 42명으로 전체 회원의 약 50%에 달했다. 관공서 관계자로는 부윤·경찰서장부터 세관 지서장·우편국장·우편소장·전매국 출장소장·해사출장소장·미두검사소장·원산역장 등 각급 행정기관의 간부와 기수(技手) 등 13명과 영흥만

45) 朝鮮公論社 編, 『在朝鮮內地人紳士名鑑』, 1917, 106쪽.

〈사진 7-4〉 원산번영회 기사

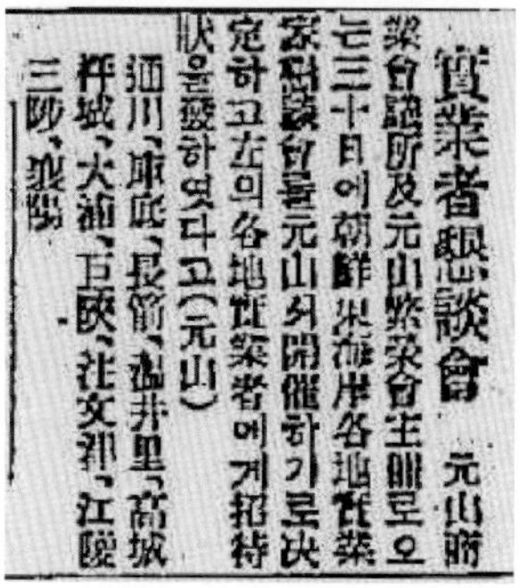

實業者懇談會 元山商業會議所及元山繁榮會主催로오는三十日에朝鮮東海岸各地實業家懇談會를元山에서開催하기로決定하고左의各地實業者에게招待狀을發하엿다고(元山)

通川、庫底、長箭、高井里、高城

杆城、大浦、巨陂、注文津、江陵

三陟、蔚珍

출처: 『동아일보』 1925. 7. 12.

요새사령관 · 원산헌병분대장 · 육군운수부 원산출장소장 등 군인 3명이 회원이었다. 금융계에서는 조선은행 · 식산은행 · 동양척식 · 조선상업은행 · 십팔은행의 지점장과 차석, 금융조합 이사 등 8명이었다. 또한 원산심상고등소학교 · 원산중학교 · 원산공립상업학교 · 원산공립고등여학교의 교장 등 교육계 인사(4명)도 회원으로 가입되어 있었다. 원산매일신문사 사장과 편집국장, 함남신보 지국장 · 경성일일신문지국장 · 조선신문 특파원 등의 언론계 인사(5명)와 부립병원 의사 · 철도국 촉탁의사 · 개업 의사(총 7명)와 변호사(2명)와 같은 전문가 집단도 있었다. 이렇게 보면 원산번영회는 지역유지 급의 상공업자와 관료(행정 · 경찰 · 군인), 금융인, 교장, 언론인, 의사, 변호사 등 지역사회를 주도하는 엘리트 집단으로 조식되었음을 알 수 있다.

원산번영회의 회원 가입 자격은 일본인으로 제한되었으나, 1919년경에 이르러 안정협(安廷協) · 염흥식(廉興植)과 같은 조선인 유력자 10여 명을 회원으로 받아들이는 변화가 나타났다.[46] 이는 아마도 3 · 1운동이 치열하게 전개되는 정국에서 '일선융화'를 표방하는 제스처로 조선인 자본가들을 포용하려 했던 것으로 보인다. 그러나 1927년도 회원 명단

---

46) 「繁榮會와 鮮人有志」, 『매일신보』 1919. 5. 17. 안정협은 1916~1917년, 1923~1924년 원산상업회의소 평의원이었고 원산상업은행 이사(1919), 원산무역(주) 이사(1920), 동창사 이사(1920), 청남㈜ 이사(1919), 객주조합 부조합장, 조합장(1920~1922)이었다. 염흥식은 1916~1917년 원산상업회의소 평의원인 것으로 보아 역시 객주 내지 무역업자이었던 것으로 보인다. 따라서 조선인 유지급 대자본가들에게 문호를 개방하여 회원으로 수용했음을 알 수 있다(「객주조합 총회」, 「객주조합 총회」, 『매일신보』 1920. 6. 17, 1921. 3. 19; 「元山客組協議會」, 「元山客組協議會」, 『동아일보』 1921. 3. 13, 3. 20).

〈사진 7-5〉
원산상공회의소
출처: 町田義介, 『元山商工會議所六十年史』, 원산상공회의소, 1942.

에 조선인이 없는 것으로 보아 결국 조선인들은 이 단체의 구성원으로 수용되지 못했음을 알 수 있다. 조선인 유력자들은 원산번영회와 별개로 조선인 사회의 번영과 개발 이익을 추구하는 단체인 원산시영회(元山市榮會)나 원영회(元榮會) 등에 참가하여 활동했다.[47] 원산번영회는 매월 1회 예회를 개최하여 주요 현안에 대해 토의하고 결정했다.[48] 그리고 총회는 정기적으로 야유회를 겸한 춘계·추계 총회를 열었다.[49]

지역사회에서 원산번영회의 위상은 매우 높았다. 그 단적인 예로 1920년 5월경 원산상업회의소는 북선상공연합회 개최를 추진했는데, 이때 참여하도록 요청한 인물군을 보면 함경남북도 제1부장들, 청진부윤, 원산부윤, 원산세관장, 조선총독부 상공과장 등의 관료, 조선우선주식회사

47) 본서 2부 4장 참조.

48) 『元山案內』, 1917, 111쪽; 「번영회와 송별식」, 「元山繁榮會例會」, 『매일신보』 1919. 3. 19·8. 19.

49) 「번영회총회」, 「경제회와 번영회」, 「繁榮總會」, 『매일신보』 1919. 5. 17, 1920. 4. 25·9. 19. 1919년 5월 춘계총회는 송정리에서, 1920년 5월 춘계총회는 갈마반도(葛麻半島)에서(기사에는 야유회라고만 기재되어 있으나 야유회 겸 춘계총회였을 것이다), 1920년 9월 추계총회는 석왕사에서 열렸다.

대표 · 수산조합 대표 · 조선은행 지점장 · 식산은행 지점장 · 철도 대표 · 객주조합장 등의 재계 인사, 원산매일신문사 사장, 그리고 단체로는 원산경제회 회장과 함께 원산번영회 간사장 오다무라가 선정되었다.[50] 이로 보아 원산번영회는 원산경제회와 함께 지역의 대표적인 경제단체로 인정되고 있었음을 알 수 있다. 또한 첫날 북선상공연합회 회의가 끝난 후 원산번영회가 지역 재계 인사 모임인 원산토요회 · 원산수요회와 함께 출석 의원 및 관계자를 초대하여 연회를 베풀었다는[51] 사실에서도 원산번영회가 지역의 대표 단체로 활동하고 있었음을 알 수 있다.

원산번영회는 부청이나 官界에 지역 현안을 제기하고 해결하기 위해 주로 원산상업회의소와 보조를 같이했다. 1924년경 원산상업회의소에서 〈현재 가장 주요한 사업〉 6개 가운데 하나로 '원산번영회 사무'를 든 것은 원산상업회의소도 번영회를 사업 파트너로 중요하게 생각했음을 의미한다.[52] 예를 들어 1925년 7월 말 고저(庫底) · 통천 · 장전(長箭) 온정리(溫井里) · 고성 · 간성 · 대포 · 거진(巨津) · 주문진 · 양양 · 강릉 · 삼척 등지의 실업가가 결집한 '동해안실업가간담회'가 원산에서 개최되었는데, 그 주최자는 바로 원산상업회의소와 원산번영회였다.[53] 1929년 평원선의 노선 불변을 청원하기 위해 조선총독부 경무총감을 면담하러 상경할 때에도 번영회 회장과 상업회의소 회두, 학교조합 의원 등 세

---

50) 「元山商議協議會」, 『동아일보』 1920. 5. 19.

51) 「북선상공연합회 개최」, 『매일신보』 1920. 5. 25.

52) 商業會議所聯合會 編, 『日本商業會議所之過去及現在』, 東京: 日清印刷株式會社, 1924, 588~589쪽. 참고로 나머지 5개의 사업은 러시아 백군 피난민 구호사무, 낭비금지회(むだせぬ會) 사무, 평원철도촉진기성회 사무, 원산해수욕주식회사창립 사무, 원산운동협회 사무이었다.

53) 「東海岸實業家懇親會」, 『시대일보』 1925. 7. 12; 「실업자간담회」, 『동아일보』 1925. 7. 12. 그 외에 1914년 봄 경원선개통식을 거행할 때를 이용하여 동조선물산공진회를 개최하려고 계획한 것을 들 수 있다(「원산공진회 계획」, 『매일신보』 1914. 1. 8). 그러나 1915년의 시정오년기념 조선물산공진회의 개최와 중복된 때문인지 이 안은 실행되지 못하고 계획으로 끝났다.

명이 일본인 사회의 대표로 나섰다.[54] 1934년 4월경에는 원산의 상권(商圈) 확장을 위해 원산상업회의소와 함께 양양·주문진·강릉·삼척 일대를 시찰하는 상공시찰단 모집을 주관했다.[55] 원산번영회가 지역 현안의 해결을 위해 주로 상업회의소와 연대했던 것은 회원의 절반 정도가 유력 상공업자이고, 그들 중 80%(34명) 정도가 상업회의소의 활동 방침을 결정하는 권한을 가진 평의원·부회두·회두 등의 간부여서(〈부표1〉 참조) 공동 행동을 취하기가 쉽기 때문이었다. 이와 같이 원산번영회는 지역사회의 중요한 경제적 현안에 대해 대개 원산상업회의소와 연대해서 여론을 조성하고 결집했으며, 나아가 이를 부 당국이나 조선총독부에 청원하면서 지역의 대표적 단체로 자리매김했다.

원산번영회는 지역의 경제 발전문제만 아니라 사회문제에 대해서도 적극적으로 대응했다. 예를 들어 1920년 8월 상업회의소와 함께 호열자의 방역을 부 당국에 요청하였고, 이에 부청은 경무국에 전신으로 긴급 통지하여 해결했다.[56] 또한 1933년 5월 27일 해군기념일에 원산 송도원(松濤園) 뒤 골프장 산상(山上)에 세운 러일전쟁기념비 공사와 제막식을 주최한 것도 원산부, 재향군인회, 국방사상보급회와 원산번영회였다.

원산번영회는 지역 개발과 번영을 표방했으나 거의 사교기관에 지나지 않아 비난을 받은 때도 있었다. 그러나 상업회의소가 무능한 시기에는 여러 가지 협의·연구의 중심기관으로 기능하기도 하고 혹은 실행의 선봉이 되어 지방의 번영 진전에 비익(裨益)한 바가 적지 않았다고 한다.[57] 원산번영회에 대한 평가는 대개 "관민의 화합 일치가 이것에 의

54) 「평원선의 방침 불변을 원산번영회 대표가 총감에게 진정」, 『중외일보』 1929. 7. 15; 「평원선공사 계속을 兒玉總監에 진정」, 『매일신보』 1929. 7. 15.

55) 「원산의 商圈擴張」, 『매일신보』 1934. 4. 29.

56) 「기차 검역 실시」, 『매일신보』 1920. 8. 21.

57) 『元山と人』, 48쪽; 『元山案內』, 1917, 111쪽.

해 이루어져 마침내 원산 유일의 유력하고 유익한 단체"라는 것이 일본인 사회의 중론이었다.[58)]

원산경제회의 정확한 조직 시기는 자료상으로 나타나지 않는다. 하지만 1919년 3월 8일 제1회 원산경제회를 개최했다고 하는 것으로 보아 1919년 초에 결성된 것으로 보인다.[59)] 원산경제회의 회원에 대해서는 자료상으로 거의 나타나지 않는다. 동아일보 1925년 3월 16일 자 기사에서는 "원산에 거주하는 일본인 자본가 20여 명으로 조직된 원산경제회"가 사무실을 세관 청사 내에 두고 경제 관련 사항을 조사할 것이라고 보도했다. 이로 보아 소수 일본인 자본가들이 경기 변동과 경제상황을 전문적으로 조사하고 그 대책을 논의하는 경제단체였음을 알 수 있다. 경제상황에 대한 조사 연구를 하고 정책적 대안을 강구할 정도의 단체라면 그 구성원은 대자본가였을 것으로 생각된다.

원산경제회는 대개 매달 12일에 정기적으로 예회를 개최했으며, 봄 가을에는 야유회를 열어 친목을 도모하기도 했다.[60)] 원산경제회의 목적이나 활동에 대해서는 예회에서 논의된 안건이나 토의사항을 통해 간접적으로 파악할 수 있다.

제1회 예회에서 논의된 연구 항목은 첫째 '조선인 불온사건' 즉 3 · 1 운동이 원산경제계에 미친 영향에 대해 각자 소회 · 감상 등을 술회하고, 둘째 무역업 · 수산업 · 선박업 · 철도운수업 등에 관한 사항을 검토

58) 『元山發展史』, 535쪽.

59) 「제1회 경제회」, 『매일신보』 1919. 3. 15. 『조선일보』 1920년 12월 16일 자에서는 「원산경제회 組織」이란 제목 하에 관민 유지 각 방면을 망라하여 경제상황에 관한 조사기관으로 원산경제회를 조직했다고 한다. 그리고 그 활동사업으로 월보를 발간하여 각 회원에게 배부하고 명사(名士)의 강연회를 열어 회원에게 경제적 상식을 함양케 할 계획이라고 서술하고 있다. 하지만 정확한 조직 날짜가 명시되어 있지 않고 또한 원산경제회 예회가 1920년 8월 초에 개최되었다는 『조선일보』 기사를 감안하여 창립 시기는 『매일신보』 기사에 의거하기로 한다.

60) 「경제회와 번영회」, 『매일신보』 1920. 4. 25.

하는 것이었다.[61] 전국적으로 확대되고 있는 3 · 1운동으로 인해 원산에 군대까지 상륙한 상황에서 하루 연기하여 열린 4월 중순의 제2회 예회에서는 '경제상 시사문제'를 집중 논의했다.[62] 이 시사문제란 3 · 1운동으로 조선인 상점이 전부 철시하고 경제가 침체되는 상황을 말한다.

원산지역에서는 3월 1일과 18일에 수천 명이 참가한 대규모 시위가 전개되었으며, 4월 초에도 조선인 상점의 철시 사건이 발생했다.[63] 이러한 저항 운동으로 인한 경제적 타격은 작지 않았다. 1919년 3월 하순 원산상업회의소 조사에 의하면, 3 · 1운동이 일어나기 전 2월 25일 조선인 개시 거래액은 6,451원이었으나 3월 16일에는 겨우 1,599원에 그쳤다. "조선 상인들은 자신의 사상과 감정이 오해받을까 두려워하여 일본인과 접촉을 피하려는 경향이고, 일본인들은 거래의 위험을 염려하여 매입이나 투자를 하지 않는 상황"이었다. 또한 다수의 조선인을 사역하는 광산업이나 수산업의 경우 사업계획을 수행치 못하는 것은 물론이고 대자본을 요하거나 특정 어업을 제외한 조선 연안의 각종 어업은 조선인의 손에 귀속될 것이라며, 당국이 이러한 상태로 방임한다면 장차 경제계 전도에 큰 변조(變調)가 야기될 것이라고 진단했다.[64]

1919년 8월과 9월에 열린 5, 6회 예회에서는 원산에 곡물거래현물시

---

61) 「제1회 경제회」, 『매일신보』 1919. 3. 15.

62) 「2회 경제회 개최」, 『매일신보』 1919. 4. 18.

63) 마침 장날인 3월 1일 오후 상리(上里) 시장에서 13인의 종교계 인사들 대표로 장로교 신자인 사립 배성학교 교장 이가순(李可順)이 독립선언서를 낭독한 후 만세를 부르며 5백여 명의 민중들과 함께 악대를 앞세우고 일본인 시가를 행진하였으며, 조선인 시가에서는 수천 명이 운집하여 만세를 불렀다. 이 시위로 50명이 체포되었고 14명이 보안법으로 기소되었다. 3월 18일에도 1천여 명이 참가한 대규모 시위행진이 있었다(원산시사편찬위원회, 『元山市史』, 三信文化史, 1968, 112~115쪽; 김정인, 『국내 3 · 1운동－중부 · 북부』, 독립기념관 한국독립운동사연구소, 2009, 81~283쪽; 「各地騷擾事件－원산 오십 명을 검거」, 「원산 주모자 열 네 명」, 「원산의 수모자 십사명 기소」, 「元山의 撤市」, 『매일신보』 1919. 3. 7, 12. 21, 4. 8; 본서 3장 참조).

64) 「소요와 경제계 원산지방 形響」, 『매일신보』 1919. 3. 26.

장 설치건, 원산으로부터 조선과 만주 각 역에 이르는 왕복 차표의 발매 개시를 철도국에 출원하는 건에 대해 협의했다.[65] 또한 1920년에는 6월에 개최될 북선상공연합회에 제출할 의안을 토의하기도 하고 1차대전 이후 경제 불황으로 인한 경제 변동 등에 대해 논의했다.[66] 특히 경제 공황에 대처하기 위해 연구위원을 선정하여 경제 상황에 관한 조사를 하고 그 보고에 의거하여 실행방법과 수단에 대해 논의했다.[67] 요컨대 원산경제회는 경제 상황뿐만 아니라 시장에 영향을 미치는 국내외 정세에 대해 조사하고 일본인 자본가들의 경제활동에 문제가 되는 장애 요소를 제거하기 위해 정책을 당국에 개진하는 단체였다.

원산번영회가 경제문제 뿐만 아니라 도시 개발, 사회 위생, 교육 등 지역의 다양한 문제를 논의하고 나아가 부 당국에 개선과 시정을 요구하는 적극적 활동을 전개한 반면, 원산경제회의 주요 관심사는 경제 분야였다. 경제상황과 경기 변동에 대해 조사하고 그 대책을 강구하여 요로 당국에 청원하고 실행하는 목적의 단체였던 것이다. 예회 장소가 항상 상업회의소인 점도 이 단체가 상업회의소와 연관되어 있거나 혹은 활동 목적이 그에 부합하는 것임을 말해준다.[68]

1937년 발행된 『원산요람』에 원산번영회가 여러 단체 중 첫 번째로 기록되고 있는데 반해, 원산경제회는 나타나지 않는 것으로 보아 해체되었던 것 같다. 원산번영회에 비해 회원 수가 적은 데다 차별화된 독자적인 활동영역을 확보하지 못했기 때문일 것이다.

65) 「元山經濟會 議題」, 「元山經濟會 議題」, 『매일신보』 1919. 8. 19, 9. 21.
66) 「경제회예회 개최」, 「원산경제예회」, 『매일신보』 1920. 5. 18, 7. 15.
67) 「경제회 개회」, 『매일신보』 1920. 8. 23; 「원산경제회 개회」, 『조선일보』 1920. 8. 23.
68) 상업회의소에서 회합을 가지다가 1925년경 세관 청사 내로 사무실을 옮겼다.

2) 토요회와 수요회

토요회는 본점을 경성 또는 일본에 둔 은행 및 이와 동일한 업무의 회사 지점 5행(行) 1사(社)의 경영자들로 이루어진 모임이었다. 1927년경 토요회의 구성원은 조선은행 원산지점 스즈키(鈴木忠之函), 조선식산은행 원산지점 하야시(林豊), 조선상업은행 원산지점 후지와라(藤原吉久), 한일은행 원산지점 이철형(李喆衡), 십팔은행 원산지점 네모토(根本勇太郎), 동양척식회사 원산지점 니이야(新谷俊藏) 등 6명이었다. 이 당시 원산금융조합(1919년 창립), 덕원금융조합(1908), 원산무진주식회사(1922) 등의 금융기관이 있었으나 이들 기관은 배제되었으니, 토요회는 소위 제1금융권의 모임이었던 것이다.

금융기관 간부들은 매주 토요일 금융 관련 경제동향에 대해 협의했다.[69] 언제 조직되었는지는 알 수 없으나, 1940년경에도 계속 존재하고 있었으며 '원산토요회'란 단체 명칭 광고를 지속적으로 게재할 정도로

元山土曜會

東一銀行元山支店
支店長 李正鎭
同代理 沈鏞芳

朝鮮商業銀行元山支店
支店長 島田昇
同代理 原一之

朝鮮殖産銀行元山支店
支店長 山本爲善
同代理 岩崎澄江
同代理 徐救華

東洋拓殖會社元山支店
支店長 渡邊浩哉
次長 栗本武雄

朝鮮銀行元山支店
支店長 瀨戶誠
同代理 山田鴻一郎
同代理 笹川章

〈사진 7-6〉
원산토요회 회원
출처: 田上征夫, 『咸南都市大觀』, 咸南都市大觀編纂部, 1938, 454쪽.

---

69) 『元山と人』, 1927, 49쪽. 다른 지역에도 '토요회'란 주간 모임은 있었다. 예를 들어 충남 당진군과 강원도 인제군에는 각 관공서장과 유지 수삼인이 '지식 교환을 목적하여' 토요회를 조직했다고 한다(「토요회를 조직」, 『조선일보』 1923. 6. 1, 1938. 12. 28). 그러나 원산과 같이 지역 금융인들의 주간 모임은 찾아보기 어렵다.

〈사진 7-7〉 원산토요회와 원산수요회의 '흥아신춘' 광고

출처: 『매일신보』 1940. 1. 5.

정체성과 존재감이 분명한 단체였다.

토요회는 원산지역 금융인이 매 주 금융 정보를 주고받으며 경제 동향을 파악하는 일종의 오찬 모임이었다. 회원 수가 적어 '단체'의 구성 요건을 충족하기에는 미흡하다고 하겠지만, 이 토요회가 지역 경제계에서 차지하는 비중은 대단한 것이었다. 공개적이고 대중적인 활동을 하지 않아 언론매체에 잘 포착되지 않으나, 지역 재계를 좌지우지하는 막후 금융인 집단 혹은 일종의 금융 동업조합이라고 할 것이다.

수요회는 원산에 본점 또는 지점을 둔 주요 10개 회사 간부의 모임이었다. 이 10개 회사는 〈표 7-1〉에서 나타나듯이 자본금 10만 원 이상 1천만 원 이하의 대규모 회사였다. 동조선의 무역항인 원산의 대표적인 기업은 본점을 경성 또는 도쿄에 둔 조선우선, 내국통운, 국제운송 등 해륙운송회사의 지점이었다. 그리고 제조업 부문에서 조선고무공업, 원산주조, 원산연초판매소, 원산수력전기 등의 주식회사는 자본금이 10~75만 원 규모이고 연 배당률이 6~12%에 달하는 우량기업이었다. 수요회의 회원 회사는 『통계연보』(1925년판)의 「부내은행급회사(府內銀行及會社)」에서 대개 첫 머리에 소개되는 대표적 기업들이었다.[70]

70) 章勳夫, 『大正十四年統計年報』, 원산상업회의소, 1926, 80~82쪽.

〈표 7-1〉 원산수요회 회원 현황(1927년)

회사명	창립 연월	자본금 (천원)	영업내용	생산액	배당	기타
원산수력전기(주)	1912. 3	750	전등전력공급, 전등기구 판매 및 대부, 그에 부대하는 사업	192,620	12% (1927)	
원산수산(주)	1922. 9	380	어시장 경영, 해산물위탁판매업, 수산물 제조, 천연빙(天然氷) 채취 판매, 어업용품 판매, 수산물의 운반창고업, 기타		5%	
원산주조(주)	1919. 9	300	양조	141,182	9%	1921년 함경도양조품평회에서 수상
원산연초원매팔소(元山煙草元賣捌所)(주)	1921. 7	100	연초 판매		12%	매상고 연 80만 원, 판매구역은 원산부, 문천, 고원, 영흥, 덕원, 안변
조선고무공업(주)	1923. 11	130	고무제품	507,600	6%	
원산창고(주)	1920. 4	1,000	창고 금융업		5%	
길전(吉田)창고(주)	1919. 11	55	창고업		0%	
내국통운(주) 원산지점	1872	5,000	해륙운송업, 철도승인운송점통관업, 급수예선(給水曳船), 전매국제품운송청부, 철도국용품 운송 청부, 육해군량탑운반청부(陸海軍糧搭運搬請負), 세관 제용지(諸用紙)판매업, 15개 대보험회사의 대리점 영업			지점 및 출장소 2,300여 개소, 1925년 길전운수(주)와 합병 후 자본금 3백만 원 증자. 원산지점은 원산·함흥·서호진·차호(遮湖)·장전출장소를 관할
조선우선(주) 원산지점	1912. 1	3,000	해륙운송업		8%	
국제운송(주) 원산지점	1923. 6	10,000	운송, 금융창고업			

자료: 『咸鏡南道の事業と人物名鑑』, 1927; 원산상업회의소, 『大正十四年統計年報』, 1926, 80~84쪽.

〈사진 7-8〉
함남합동전기주식회사(1935년 원산수력전기(주)에서 개칭됨)
출처: 田上征夫, 『咸南都市大觀』, 咸南都市大觀編纂部, 1938, 480쪽.

〈사진 7-9〉
원산수산주식회사
출처: 田上征夫, 『咸南都市大觀』, 咸南都市大觀編纂部, 1938, 480쪽.

〈사진 7-10〉
원산주조주식회사(元山酒造株式會社)
출처: 田上征夫, 『咸南都市大觀』, 咸南都市大觀編纂部, 1938, 460쪽.

1927년경의 회원은 원산수력전기(주) 사장 요시하마 주타로(葭濱忠太郎)와 전무 노토미(納富善五郎), 원산수산(주) 전무이사 도리이(鳥居千三郎)와 지배인 요시하마 노부오(葭濱信夫),[71] 원산주조(주) 전무이사 우에다(植田伊之助), 원산창고(주) 전무이사 스기모토(衫本信之), 길전(吉田)창고주식회사 지배인 하라(原房義), 조선우선(주) 원산지점장 다카이(高井春五郎), 내국통운(주) 원산지점장 다케이(竹井三郎), 원산연초원매팔소(元山煙草元賣捌所) 후루야(古屋保貞), 국제운송(주) 원산지점장 미야하라(宮原芳茂)와 호리(堀重一), 조선고무공업(주) 사장 오다무라(小田村廣助)와 이사지배인 야사마츠(笠松英夫) 등이었다.

수요회의 목적은 "업무상 원활함과 상호의 협화를 도모하고 일면 합의하여 용비(冗費)의 절약을 꾀"하는 데에 있었다. 매월 1회 간친회를 겸한 예회를 열고 중요한 안건에 대해 협의했다.

원산토요회와 원산수요회는 동업조합과 같이 동종의 직업군으로 조직된 폐쇄적인 클럽(구락부)이었다. 일간지에 광고를 낼 정도로 공개된 조직이기도 했지만 그 회원은 원산지역 재계의 소수 일본인 거물들로 제한되었다.

3) 공우구락부(公友俱樂部)

1923년 3월 혈기왕성한 일본인 청년 수십 명이 "산업, 교통, 행정, 기타 문제에 대한 조사와 합리적 운동"을 목적으로 공우구락부를 설립했다.[72] 이들은 "원산은 개항된 지 오랜 역사를 갖고 있지만 다른 도시에 비해 모든 방면에서 진보가 더딘데 이는 소위 실질이 빈약하며 모두가

71) 원산수산주식회사의 사장은 부산 거주 오이케 츄스케(大池忠助)였으므로 도리이와 요시하마 노부오가 수요회 회원이 되었을 것이다.

72) 「公友俱樂部 설립」, 『조선일보』 1923. 3. 18.

소극적이고 정실(情實)의 제주(制肘)를 받고 있는 것이 원인"이라고 보고, 청년들이 이러한 추세에 대해 개탄하고 궐기하여 공우구락부란 '공적 맹우(孟友)'의 단체를 조직한다고 선언했다.[73] '공적 맹우'의 줄임말인 공우구락부란 명칭은 다이쇼 데모크라시 시기 일본 내각의 여당 내 정치결사 명칭에 착안하여 따온 것으로 생각된다.[74]

공우구락부의 조직 목적은 규약 제2조 "본 구락부는 대원산 건설을 위해 구락부원 상호의 화충(和衷) 협조를 꾀하며 나아가 일체의 사업에 대해 공정한 태도로 조사 공구하고, 그 달성을 기하는 것을 목적으로 한다"에서 잘 나타난다. 따라서 회원은 이러한 목적을 관철하는 데에 열성적인 동지 청년으로 구성되었다. 새로 입회하는 자는 구락부원 2명 이상의 소개를 필요로 하며 전원의 승인이 있어야 가입이 가능했다.

〈부표 7-2〉를 보면 1927년경 공우구락부 간사와 회원은 총 17명으로 이 가운데 히로타(廣田駒次郎)를 제외하고는 모두 상공업자였다. 이들은 앞에서 열거한 수요회 구성원 회사인 원산의 대표적 기업과 상점의 지점장이거나 경영자였다. 동시에 상업회의소의 평의원·부회두이거나 각종 동업조합의 조합장, 그리고 원산부의 자문기구인 부협의회 의원으로 활동하는 재계의 일류 인사들이었다. 회원은 대개 30대의 패기 있는 젊은이들로 그 가운데에는 이주 2세대들도 있었다.

구락부의 간부진은 선거로 임기 1년의 간사 5명을 두어 회의제로 운영하고, 클럽을 대표하는 자를 요하는 경우에는 간사 가운데 적당히 선정했다. 그리고 필요한 경우에는 상담역(相談役)과 객원을 둘 수 있었

---

73) 『元山と人』, 50쪽.

74) 1914년 오쿠마 시게노부(大隈重信)가 2차 내각을 조각하자 와세다대학 관계자들이 오쿠마백작후원회를 조직했다. 이들은 무소속 의원들과 합동하여 무소속단을 창립하였으며 이것이 1915년 12월 공우구락부로 개칭되었다(「公友俱樂部幹事會」, 『매일신보』 1915. 12. 22).

다. 활동 비용은 필요에 따라 수시로 징수하여 조달했다.

공우구락부는 매월 첫째 일요일에 예회를 열어 각종 현안을 논의했다. 구락부는 정치, 사회, 경제 등 여러 방면에 걸쳐 활동하는 가운데 정책적 대안의 실현을 위해 가장 이상적인 방법은 회원을 부협의회, 학교조합, 상업회의소 등의 부 행정 자문기구나 공공기관에 배치하여 구락부의 논의를 관철하는 것이라고 보았다. 이에 원산의 각 공직 선거에서 구락부원이 당선되도록 운동하기도 했다.

공우구락부의 성격과 활동은 1925년 함경남도 당국에 제출한 건의서에 잘 나타난다. 구락부는 함남 도당국이 도정의 주안점을 도청 소재지인 함흥에만 두고 원산은 도외시하는 것을 지적하고 관리가 교체, 경질되는 시기에 당면하여 원산 현안에 관해 상세한 설명을 추가하여 총 8개항의 건의서를 도지사에게 제출했다.[75] 그 건의안은 ① 함경남도 물산진열장을 원산으로 옮기거나 혹은 원산에도 설치할 것 ② 수산시험장을 원산으로 옮길 것 ③ 원산공립상업학교 승격의 건 ④ 사범학교를 원산으로 이전하는 건 ⑤ 원산 일본인 해수욕장에 대한 원조 건 ⑥ 원산, 석왕사간 도로 개수의 건 ⑦ 도청의 하기(夏期) 회합을 원산에서 개최할 것 ⑧ 도 수산회 사무소를 적당한 시기에 원산에 이전할 것 등이었다. 즉 함흥에 집중되어 있는 각종 공공 기관과 학교를 원산으로 이전하거나 새로 설치하고, 도로 개수와 해수욕장을 지원하라는 내용이었다. 이와 같이 공우구락부의 활동은 대개 경제적 사회문화적 측면에서 지역개발 이익을 획득하기 위해 도청과 부청에 대한 청원에 집중되었다. 공우구락부는 1937년경에도 활동하고 있었던 것으로 확인된다.[76]

---

75) 「함남 행정의 主眼은 원산에 置하라」, 『조선일보』 1925. 1. 20.

76) 『元山要覽』, 247쪽.

4. 사회적 문화적 교류와 지역 단체

1) 현인회(縣人會)

일본 각 부현으로부터 조선에 이주한 일본인들이 정착하기 시작하면서 가장 먼저 그들의 사회관계망으로 조직한 것은 출신지역별 현인회였다. 잡지 『조선공론(朝鮮公論)』에서는 조선 거류 일본인의 '현벌(縣閥)' 시리즈로 후쿠오카현벌, 오이타현벌, 구마모토현벌, 이바라키(茨城)현벌, 기후(岐阜)현벌, 후쿠시마(福島)현벌 등에 대해 다루었다.[77] 이 글에서는 관벌(官閥), 군벌(軍閥)이 후쿠오카현의 지역적 연고로 얽혀 있다면, 실업의 중견은 오이타현벌이라고 주장했다.[78]

현인회의 조직에는 대개 모국과 고향을 그리워하는 이주 일본인들의 감성이 동기로 작용했다. 그러나 현인회의 기능은 단순히 고향민들의 정서적인 동질성 확인과 친목 도모에 국한되지 않았다. 많은 현인회가 조직되었던 데에는 식민지에 이주하여 생활기반을 구축해나가는 과정에서 경제적 사회적 이익을 목적으로 모국에서의 기존 지역 연고를 활용하려는 동기가 크게 작용했다. 예를 들어 경성의 나가사키 현인회는 조선과 나가사키를 중심으로 한 서큐슈와의 상거래를 발전시키기 위해 나가사키현 지사, 시장, 상업회의소 회두와 논의하여 물산협회를 설립했다.[79]

이러한 일반적인 현인회 상황은 원산지역에서도 비슷했다. 대표적인 예로 니가타(新潟) 현인회장 초고(長鄕衛二)가 니가타선만무역협회(新潟鮮滿貿易協會) 고문을 겸하는 사실에서 현인회가 원산의 일본인과 모국 고향 사이에 무역 루트로 활용되고 있었음을 확인할 수 있다.[80] 또한

---

77) 渡邊豪, 「在鮮邦人縣閥觀」, 『朝鮮公論』 1-5~2-7, 1913년 8월~1914년 7월.

78) 「在鮮邦人縣閥觀 3－大分縣閥」, 『朝鮮公論』 1-5, 1913년 8월.

79) 「長崎縣人會 物産會社計劃」, 『동아일보』 1928. 1. 13.

원산 이주 일본인들은 동업해야 할 경우 가능한 한 고향 출신 인사들과 함께 했으며, 되도록 같은 공간에 정착하고자 했다. 예를 들어 원산지역 양조업 부문에서 역사가 오래고 대표적 회사인 금광주조(합자)는 히로시마현 출신인 곤코 일가(金光喜一郎, 金光由松, 金光房太郎)와 오카모토 일가(岡本兼太郎, 岡本淸兵衛)가 함께 출자하여 설립한 회사였다.[81] 또한 원산 인근 덕원군 와우동(臥牛洞)에 소재한 아이치농원(愛知農園)은 1904년 아이치현 출신 모리시타(森下仙吉), 후쿠미야(福宮某), 무라카미(村上某) 3명이 함께 창설한 것이었다.[82] 같은 장소인 와우동에 1906년 설립된 미야자키(宮崎) 연와공장도 같은 아이치현 출신 미야자키(宮崎勇態)가 만든 공장이었다.

같은 공간에 이주한 고향사람들끼리 현인회를 설립했던 것은 일제의 척식 프로젝트가 주로 현 단위로 실행된 점도[83] 배경으로 작용했다. 예를 들어 한 때 원산에 체류했던 히로시마현 대의사 가나오(金尾稜嚴)와 그 지역 유지들이 1910년 무렵 원산의 토지 구입과 농업 경영을 위해 농사협회를 조직한 것을 들 수 있다.[84] 이는 민법의 조합 규정에 따라 협회원들의 공동 출자로 원산으로 척식을 실행하여 농림, 목축, 개간 사업을 영위함으로써 이익을 분배하기 위한 것이었다.

---

80) 『朝鮮人事興信錄』, 295쪽; 『新興之北鮮史』, 73쪽.

81) 『韓國實業要報』 2, 山口縣 內務部, 1910, 152~153쪽.

82) 『韓國實業要報』 2, 1910, 152~153쪽. 이 농원은 14만 평의 밭과 1만 평의 산림을 보유했다.

83) 內藤正中, 『山陰の日朝關係史』, 報光社, 1993, 191 · 196~200쪽 참조.

84) 『한국실업요보』 2, 163~173쪽. 농사협회 발기 시 원산의 논은 1정보에 2백 원 이하, 화전(火田)은 80원 정도에 구입할 수 있는데 비용을 공제하더라도 평균 1할 4, 5푼의 이익을 얻을 수 있다고 계산했다. 또한 토지 구입은 직접 현금을 주고 구입하기 보다 조선인에게 貸金의 저당으로 잡았다가 빚을 갚지 못하게 되면 염가로 토지 구입이 가능하다고 하여 매우 정확한 정보에 근거하고 있음을 알 수 있다.

〈표 7-2〉 원산 거주 일본인의 출신지역별 추이

출신지	① 1893	② 1906	③ 1909	④ 1911	⑤ 1914	⑥ 1916	⑦ 1921	⑧ 1927	⑨ 1933
나가사키	267(1위)	769(2위)	707(1위)	787(1위)	988(1위)	1,191(1위)	1,222(1위)	917(2위)	912(2위)
야마구치	212(2)	914(1)	688(2)	738(2)	927(2)	752(2)	693(2)	926(1)	1140(1)
후쿠오카	47(3)	305(5)	312(3)	386(3)	449(4)	495(3)	451(3)	582(4)	706(3)
오이타	41(4)	446(3)	203(6)	259(6)	350(6)	289(6)	375(6)	403(5)	511(5)
오사카	39(5)	301(6)	206(5)	230(8)	257(7)	277(7)	291(7)	127	219
사가	26(6)	172(8)	145(8)	241(7)	231(8)	245(8)	194(11)	206(13)	298(9)
에히메	21(7)	110(10)	131(9)	143(11)	196(9)	215(9)	235(9)	300(7)	257(12)
가고시마	20(8)	94	81(12)		168(11)		193(12)	207(12)	351(8)
히로시마	20(9)	229(7)	202(7)	313(5)	477(3)	405(4)	442(4)	395(6)	482(6)
구마모토	16(10)	371(4)	300(4)	348(4)	416(5)	394(5)	379(5)	658(3)	548(4)
도쿄	13(11)	96(12)		146(10)			239(8)		161
교토	11(12)								164
효고	11(12)	95	101(10)			198(11)		273(8)	258(11)
가가와			97(11)				142		
시마네		126(9)		150(9)		212(10)	217(10)	239(10)	274(10)
오카야마				115(12)	166(12)		173	271(9)	385(7)
아이치					174(10)	194(12)	183	215(11)	176
합계		5,023	4,177	5,172	6,844	7,265	7,620	8,489	9,645

자료: ①③『元山發展史』, 1916, 182~183 · 551~553쪽 ②『明治三十九年度 元山港貿易一斑』, 원산일본인상업회의소, 1907, 241~243쪽 ④「元山通信」,『滿韓之實業』 68호, 1911년 8월 ⑤『元山府勢要覽』, 元山府廳, 1914 ⑥『원산안내』, 1917, 14쪽 ⑦『大正十年統計年報』, 원산상업회의소, 152~153쪽 ⑧『元山と人』, 4쪽 ⑨ 章勳夫,『昭和八年統計年報』, 원산상공회의소, 1934, 125~126쪽.

원산 거주 일본인의 출신지역을 정리한 〈표 7-2〉를 보면 나가사키, 야마구치현은 계속 1, 2위였는데 1915년 이전까지는 그 인구수의 격차가 크지 않았다. 그러나 러일전쟁 직후 야마구치현 출신 일본인의 원산 이주가 크게 증가하여 나가사키를 추월했으며, 이후 계속 감소했다가 1914년이 되어서 1906년의 인구수를 회복한 후 다시 감소했다.

초기 이주자가 많지 않았던 후쿠오카, 구마모토, 오이타 지역민은 러일전쟁 직후부터 크게 증가했다. 이는 원산－일본 항로의 개통이 점차 확대되면서 나타난 변화일 것이다. 전체적으로 보면 원산의 부 · 현별 출신 이주민의 증감 추이는 전국적 차원의 추이와 크게 다르지 않았다. 즉 1921년 원산 거류 일본인의 부현별 출신 인구수를 보면 나가사키－

야마구치－후쿠오카－히로시마－구마모토 순이었는데, 1922년 조선 내 전체 일본인을 보면 야마구치－후쿠오카－나가사키－히로시마－구마모토 순이었다.[85]

1927년경 원산에는 야마구치현인회(1위, 926명), 나가사키현인회(2,917), 구마모토현인회(3,658), 후쿠오카현인회(4,582), 오이타현인회(5,403), 히로시마현인회(6,395), 효고현인회(8,273), 오카야마현인회(9,271), 미에(三重)현인회(14,178), 와카야마(和歌山)현인회(23,111), 기후(岐阜)현인회(2,599), 가에츠노(加越能)현인회, 관동북인회(關東北人會) 등이 조직되어 있었다. 그 외에 현 단위가 아니라 시·군 단위나 혹은 몇 개의 시·군을 묶어서 조직하는 경우도 있었으니, 시모노세키인회(下關人會)·라쿠쇼회(樂笑會)·산쥬인회(三州人會: 가고시마현과 미야자키현) 등을 들 수 있다.[86] 그러나 에히메(愛媛)현(인구수 7위), 시마네(島根)현(10위)과 같이 인구수가 비교적 많은 데도 현인회가 조직되어 있지 않은 경우도 있었고 기후현(25위)과 같이 인구수가 적은 데도 현인회가 존립하는 경우도 있었으니 출신 인사들의 결속력과 정서적 유대감에 따라 달랐던 것 같다.

야마구치현인회의 회장은 요시하마(葭濱忠太郎)인데 자료상 확인되는 1917년부터 10년 이상 회장을 맡고 있었다.[87] 그는 원산번영회의 회장이기도 했다. 가에츠노현인회의 회장은 돗토리(鳥取)현 출신의 스기야마(杉山春次)였다.[88] 그는 1909년 이래 토목건축 청부업에 종사했으며 1922~1923년 원산상업회의소 의원으로 활동했다.[89] 기후현인회의

85) 조선총독부 서무부 조사과, 『朝鮮に於ける內地人』, 1923, 44~46쪽.

86) 『元山と人』, 53쪽. 『朝鮮と三州人』에는 원산 산쥬인회(三州人會)에 대한 설명은 없으며 주요 활동 인사로 궁내(宮內)병원장인 미야우치(宮內司)에 대해 소개하고 있을 뿐이다(淵上福之助, 『朝鮮と三州人』, 1933, 303~305쪽).

87) 『在朝鮮內地人紳士名鑑』, 197쪽; 『元山と人』, 53쪽.

88) 『元山と人』, 43쪽. 그러나 元山府 編, 『日本海の商港 元山』, 1926, 276쪽에는 원적이 도쿄시로 기재되어 있다.

회장은 조선총독부 검사, 지방법원 판사를 두루 역임하고 1923년 이래 함흥지방법원 원산지청 판사로 재직하고 있던 호리베(堀部廣)였다. 따라서 현인회의 회장이나 간부는 자본가나 관료 등 지역 유력자들이 맡았음을 알 수 있다.

이주 일본인 2세는 원산에서 출생했으나 원적은 부친의 고향에 따랐다. 예를 들어 1880년 부산에 건너와 청일전쟁 무렵 원산으로 이주한 야마구치현인회 회장 요시하마 주타로의 아들인 요시하마 시노부(葭濱信夫)는 1893년 원산에서 출생했으나 본적은 야마구치현으로 기재되어 있다.[90] 이들 2세대는 경제사정이 허락하는 한 상급학교 진학을 위해 모국으로 유학 갔다 오기도 했지만, 원적지에 대한 고향의식은 1세대에 비해 매우 희박했다. 따라서 이들 2세대의 현인회에 대한 소속감은 크게 낮았을 것이다. 때문에 시간이 지날수록 "존재한다고 하더라도 명목만 있는" 현인회도 많아졌다.

2) 원산청년단(회)

메이지유신 이후 청년은 자유민권운동을 비롯한 정치운동의 중심으로 부각되면서 국가와 사회로부터 주목받았다. 청년의 활동은 주로 개인이 아닌 단체를 중심으로 이루어졌다.[91] 1908년 10월 일본사회를 재편성하기 위한 무신조서(戊申詔書)가 발표되면서 청년단은 지방개량운동의 주체로 시정촌(市町村), 소학교의 학구(學區), 부락 등을 범위로 하여 조직되었다.[92] 도시에서는 동업자나 일개 공장을 구역으로 하여 설

---

89) 『日本海の商港 元山』, 1926, 276쪽; 『元山商工會議所六十年史』, 1942, 249쪽.

90) 『元山と人』, 42쪽; 『함남명감』, 1쪽.

91) 김종식, 『근대 일본 청년상의 구축』, 선인, 2007, 14~16쪽.

92) 김승, 「일제강점기 부산지역 일본인 청년단체의 조직과 활동」, 『한국민족문화』 28,

립되는 청년단도 있었으니 지역 사정에 따라 달랐다고 할 것이다. 청년단의 간부나 지도자 중에는 주로 지역 사정에 정통하며 또 청년들과 학연상 밀접한 관계에 있는 소학교 교장이나 시정촌장(市町村長), 그 외에 신관(神官), 승려, 지방공무원 등 체제 순응적인 인물들이 많았다. 일본청년단체연구회는 청년단에 대해 "의무교육 종료 후 만 25세에 이르는 청년의 자치단"이라고 규정했다.[93] 1914년 무렵 내무성 조사에 의하면 지방청년단체수는 약 3만, 회원 수는 3백만 명에 달했으니, 정부에서는 이들 청년단체를 선도하여 강건질실(剛健質實)의 미풍을 작흥하고 공공협동의 정신을 고무함으로써 지방 자치의 융흥을 도모하려고 했다.[94] 1차 세계대전 발발이란 정세 변화 속에서 청년단체의 개조를 목적으로 문부성과 내무성이 '청년단체의 지도발달에 관한 건'(1915. 9)이란 훈령을 발포하면서 기존 청년단이 개조되는 한편 신설 조직이 증가했다.

식민지 조선의 일본인 청년단도 이러한 본토 청년단의 추이에 대체로 보조를 같이 했다. 예를 들어 부산지역과 인근 동래·김해의 일본인 청년단체는 1913~1916년에 설립되었으며 도로 개수, 위생방역, 야간 순찰, 친목 도모, 체력 증진 등의 활동을 전개했다.[95]

'청년의 지덕 체육의 연마'를 목적으로 하는[96] 원산청년단은 1912년 초부터 설립 준비작업이 진행되어 같은 해 5월 18일 발회식을 거행하고[97] 창립되었다. 1913년 11월에 이르러 청년회관 건물을 신축했으며,

---

2006, 213~215쪽; 文部省編, 『全國青年團の實際』, 1921, 1쪽.

93) 日本青年団研究会, 『青年団とは何ぞや』, 日本魂社, 1924, 24~25쪽.

94) 天野藤男, 『地方青年團の現在及將來』, 洛陽堂, 1915, 1~2쪽. 그러나 문부성 조사에 의하면 1919년 11월경 청년단 총수는 1,8157개, 단원수는 2,746,435명이었다(『全國青年團の實際』, 1921, 1쪽).

95) 김승, 앞의 글, 2006, 216~225쪽.

96) 『원산안내』, 1914, 11쪽; 『원산안내』, 1917, 111쪽.

97) 원산부, 『元山府史年表』, 1936, 251쪽.

청년단이란 명칭은 1916년 전후에 청년회로 개칭되었다.

초대 단장 다니우치(溪內弌惠)는 1920년 무렵 진종대곡파(眞宗大谷派) 포교감독, 1922년 경성 남산 본원사(本願寺) 윤번으로 불교구제회 부속 실비진료부(實費診療部) 대표자로 활동했던 인물이다.[98] "사회 교화를 목적으로 하는 조선불교대회"가 1920년 9월 원산에서 열렸는데, 이 대회가 경성이 아닌 원산에서 개최된 배경에는 몇 년간 원산청년단의 단장으로 활동했던 다니우치의 역할이 작용하지 않았나 생각된다.[99] 이는 1921년 6월경 조선불교대회의 지부인 원산불교대회가 주최한 특별대강연회를 원산청년회가 후원하는 것을 통해서도 알 수 있다. 즉 원산청년회와 불교대회 사이에는 밀접한 연계가 있었는데, 그 매개고리가 원산청년단장이었던 다니우치였던 것이다. 승려인 다니우치가 청년단 단장이 된 것은 1910년 원산교육회가 동본원사의 관리로 이관되고 1911년 9월 해산되면서[100] 동본원사에서 청년들을 지도하게 되었기 때문일 것이다.

원산청년단의 단원은 1914년 6월 말에는 총 56명, 1917년에는 총 54명이었다.[101] 회원 수가 적은 것으로 보아 전 원산지역의 청년을 망라하지는 않았고 일부 뜻을 같이하는 이들로써 조직된 것으로 보인다.

청년단의 간부진은 단장(1명), 간사장(1명), 간사(9명)로 구성되었는데, 임원회 즉 예회에서 주요 활동 내용과 방법을 결정했다.[102] 초기에는 천정(泉町) 1정목에 위치했으나 1914년 이후 '체육 연마'란 취지를 실

---

98) 「道に生きよ」, 『경무휘보』 176, 1920년 1월; 「無門關」, 『매일신보』 1922. 7. 25. 그는 대학을 졸업한 엘리트 승려로 1920년대 초 조선인 교화를 목적으로 하는 전용기관인 향상회관(向上會館)의 설립을 주도하기도 했다.

99) 「조선불교대회」, 『매일신보』 1921년 11월 5일. 이 조선불교대회를 계기로 1921년 조선불교대회 본부를 경성에 설립하고 각지에 지부를 두었다. 다니우치는 본부 역원 중 한 명이었다.

100) 『원산부사연표』, 1936, 231 · 242쪽.

101) 『원산부세요람』, 원산부청, 1914; 『원산안내』, 1917, 111~112쪽.

102) 『원산부세요람』, 원산부청, 1914; 「青年會例會」, 『매일신보』 1916. 12. 16.

행하기 위해 중정(仲町) 1정목에 무도(武道) 도장을 보유했다.

원산청년회의 주요 활동으로는 먼저 1916년 7월경 해외나 타지에 유학한 원산지역의 청년들을 위해 하기휴가 때 환영회를 개최한 것을 들 수 있다. 또한 이 무렵 매일신보 원산분국(元山分賣所)의 찬조를 받아 원산시민유영대회(元山市民遊泳大會)를 개최했으며, 1917년 5월에는 자전거 경주와 마라톤 등 10여 종목의 경기를 하는 원산시민대운동회를 주최하였다.[103]

그러나 원산청년단(회)의 활동내용은 조선인 청년회와 비교해보면 매우 저조했다. 1920년 6월 초 조선인 유지, 자본가들이 중심이 되어 조직한 원산청년회는 각종 강연회와 음악회, 웅변대회, 시민운동회를 개최하여 문화운동을 주도했다. 또한 지역사회의 현안이나 대중운동에 적극적으로 관여함으로써 한동안 지역 사회운동의 구심점으로 역할했다.

반면 일본인들의 원산청년회는 다니우치가 경성으로 떠난 이후인 1921년 무렵 자연해산되었으며 이후 중정, 영정(榮町), 본정 4정목, 성동(城洞) 등지에 정별(町別) 청년단만 존재했다.[104] 1920년대 말 혹은 1930년대 전반 무렵에 이르러 정별 조직을 묶어 원산부연합청년회가 설립되었다.[105]

청년단(회)은 제국재향군인회 원산분회나 애국부인회 원산지회와 같이 관변단체적 성향이 어느 정도 내포된 단체였다. 이는 1914년 제1차

---

103) 「원산에셔－청년회임원회」, 『매일신보』 1916. 7. 27; 「원산에셔－靑年會遊泳會」, 「元山遊泳大晦」, 「원산시민대운동회」, 『매일신보』 1916. 6. 27, 7. 2; 1917. 5. 11.

104) 『元山と人』, 52쪽.

105) 청년단연합회는 부, 군, 도 혹은 면 단위로도 결성되었다. 참고로 부산부청년단연합회가 결성된 것은 1928년 7월이었고, 함북도 지방과에서 청년단연합회 조직에 나선 것은 1933년 8월경이며, 평안북도에서 209개 청년단을 망라하여 정신적 교도(敎導)와 통제를 할 수 있는 연합청년단 조직에 나선 시기는 1935년 11월 경이었다(김승, 앞의 글, 221쪽; 「혼돈한 사상계 지도로 청년단연합회 조직」, 「二百餘團體를 網羅 聯合靑年團 組織」, 『매일신보』 1932. 8. 6; 1935. 11. 23).

세계대전이 발발하자 원산청년단이 출정군인후원회를 조직하고 활동한 것에서도 알 수 있다.[106] 청년단은 번영회나 여타 지역개발 단체에 비해 활동이 저조했고 따라서 지역 내에서의 위상도 상대적으로 미약했다.

5. 일본인 민간단체: 경제적 이익 추구의 지역 네트워크

전체적으로 원산 지역 단체의 지형을 보면 대부분의 일본인 단체는 관변적 성격이 강했고 순수한 민간단체는 드물었다. 적십자사, 애국부인회, 재향군인회 원산지부는 제국 차원에서 수직적으로 결성되어 간부진, 재원 조달 방식, 활동 면에서 볼 때 전형적인 (반)관변단체였다. 원산지역 일본인 민간단체는 설립 취지와 활동 내용을 기준으로 첫째 경제동향 조사와 지역개발을 목적으로 조직된 단체, 둘째 사회적 문화적 교류와 친목을 목적으로 결성된 단체로 나눌 수 있다. 전자로는 원산번영회와 경제회, 토요회와 수요회, 공우구락부를, 후자로는 현인회와 청년단을 들 수 있다.

경제적 이익 증진을 목적으로 하는 단체 중 가장 연원이 오래되었고 회원 수가 많으며 활동이 활발했던 단체는 원산번영회였다. 회원의 절

106) 「원산부사연표」, 1936, 287쪽. 1914년 일본 황태후가 사망하자 원산부청에서 '대상식(大喪式)'을 거행했는데 이때 참배 순서를 정했다. 원산부청 직원을 필두로 원산경찰서원－원산부협의원의 순서로 시작되는 참배 의전에서 청년단은 21번째이었다. 참고로 그 순서를 열거하면 다음과 같다. 4번 원산상업회의소, 5 철도국 출장소원, 6 중화민국 영사, 7 신문사원, 8 정내조합위원(町內組合委員), 9 재판소원, 10 토목국 출장소, 11 적십자사원, 12 원산세관, 13 원산측후소, 14 元山分監, 15 우편국, 16 애국부인회원, 17 재향군인분회, 18 실과여학교(實科女學校), 19 심상고등소학교, 20 보통학교, 21 청년단원, 22 사립학교, 23 원산소방조합, 24 일반참여자 순이었다. 조선총독부 및 소속관서의 경우 직급 고하를 기준으로 했을 것이며, 나머지 학교나 기관 · 단체의 경우 관변적인 성격과 중요성에 따라 순서를 정했을 것으로 보인다(「함경남도 원산」, 『매일신보』 1914. 5. 29).

반 정도가 유력 상공업자였고, 그 외에 관공서의 기관장이나 간부, 금융기관 간부, 교장, 의사, 변호사 등 각 분야 전문 엘리트로 구성되었다. 번영회는 지역 현안의 해결방법이나 대안을 모색하고 주로 상업회의소나 다른 단체와 연대하여 부청이나 조선총독부에 청원하는 방식으로 활동했다.

원산경제회는 원산의 일부 일본인 대자본가들이 경기 변동과 경제상황을 전문적으로 조사하고 그 대책을 논의하기 위해 1919년 초에 조직한 경제단체였다. 토요회는 경성 또는 일본에 본점을 둔 5개 은행 및 동양척식주식회사의 원산지점을 주재하는 금융인들의 모임이었다. 수요회는 원산에 본점 또는 지점을 둔 주요 10개 회사의 간부 모임이었다. 토요회와 수요회는 비록 구성원은 소수였지만, 신문이나 잡지에 주기적으로 광고를 낼 정도로 지역 재계에서 존재감이 분명한 단체였다.

1923년 3월 "산업, 교통, 행정, 기타 문제에 대한 조사와 합리적 운동"을 목적으로 조직한 공우구락부의 간사와 회원은 거의 모두 청·장년의 유력 상공업자였다. 구락부는 정책적 대안의 실현을 위해 부 행정자문기구나 공공기관에 구락부원을 배치하는 것이 필요하다고 보고, 각종 공직 선거에 역량을 집중하기도 했다.

사회문화 교류 목적의 단체로 대표적인 현인회의 조직 배경에는 이주 일본인들의 정서적인 동질성 확인과 친목 도모만 아니라, 생활기반을 구축해나가는 과정에서 경제적 사회적 이익을 목적으로 모국에서의 지역 연고를 활용하려는 동기도 크게 작용했다. 원산 이주 일본인들은 동업할 경우 가능한 한 고향 출신 인사들과 함께 했으며, 되도록 같은 공간에 정착했다. 이주 일본인 2세대의 모국에 대한 고향의식은 1세대에 비해 희박했기 때문에 현인회에 대한 소속감은 상대적으로 낮았다. 때문에 시간이 지날수록 현인회 중에는 명목뿐인 것도 많아지게 되었다. 원산청년단은 1910년대 초에 승려 다니우치의 주도로 '청년의 지덕

체육의 연마'를 목적으로 조직되었다.

원산지역 일본인 민간단체의 특징은 대략 다음과 같다. 첫째 원산지역 이주 일본인들이 조직한 민간단체는 지역개발이나 금융·경제 동향, 이와 관련된 시사문제 조사 연구를 목적으로 하는 단체가 주류를 이루었다. 사회적 문화적 교류와 친목 도모를 취지로 조직된 지역 단체는 적었고 또한 단체의 위상도 상대적으로 낮았다.

둘째 민간단체의 주도세력은 유력 상공업자들과 행정·법률·금융·교육·의료 등 각 분야의 전문 엘리트집단이었다. 특히 지역 개발(번영)을 목적으로 한 단체의 주도세력은 대개 대기업(은행)의 경영자(지점장)들이었다. 이들은 주로 해륙운송업과 창고업, 무역업(미곡 면포 등), 수력전기, 주조업, 연초 제조, 고무공업 등과 금융업에 종사했다. 특히 개항장도시였기 때문에 해륙운송, 무역 관련 자본가가 많았다.

셋째 일본인 민간단체는 조선인에게 문호를 개방하지 않았으며 일본인 시가에서 자신들만의 조직체로 활동했다. 이해관계가 공통되는 지역개발 사안의 경우 조선인들과 의견 교류나 공동행동이 있기도 했다. 그러나 1부 1장에서 살펴보았듯이 문화적인 교류, 대표적인 예로 시민운동회나 개항기념일 축제의 경우에도 일본인과 조선인의 접촉은 매우 국부적이었다.

넷째 일본인 사회에서는 일반 서민이 주도하는 사회단체의 결성을 찾아보기 어렵다. 상공업자나 전문엘리트들이 자신들의 경제적 이해관계를 실현하기 위해 지역 단체를 조직하여 사회관계망으로 적극 활용한 데 반해, 서민 대중은 제국 차원에서 국가의식이나 일본인으로서의 정체성을 고취하는 (반)관변 사회단체의 포섭대상일 뿐 계급적 계층적 이익을 실현하기 위한 단체 결성에 주도적으로 나서지 못하고 있었다. 이는 3·1운동 이후 조선인들이 청년회와 소년단·부인회·체육회 혹은 금주금연단체·소비조합·저축계(저축조합)·물산장려회 등 각종 단체를 설립하여 교육 · 문화 · 경제 부문에서 다양한 실력양성운동을 전개하고, 또한 노동조합과 농민단체를 설립하여 파업 · 쟁의를 통해 자본가와 지주들에 저항했던 사실과 매우 대조적인 양상이라고 할 것이다.

윤건차는 '일반적으로 식민지의 일본인이 본국의 일본인에 비해 거칠고 폭력적이라는 점 외에 금전에 대해 악착스러웠다'고 지적한다. 식민지에서 일본인의 최대 관심은 경제적 이익 추구였고, 따라서 지역개발 관련 단체의 결성과 활동에 집중하는 경향성은 원산의 단체 조직에서 잘 나타난다고 할 것이다.

1930년대에 들어서면서 국가 의식과 국민 도의를 강조하고 실행하는 (반)관변단체의 설립이 증가하면서 '단체의 과잉' 현상이 나타났다. 또한 기존 단체들도 국가주의적 성향이 강화되면서 지역 개발을 화두로 삼고 친목과 교류를 취지로 하는 지역단체로서의 고유한 성격은 크게 약화되거나 혹은 자연해산되었다.

〈부표 7-1〉 1927년경 원산번영회 회원 현황

	직책	인명	본적지	1927년경의 직업, 사회적 지위 / 경력	출전
1	간사장	竹井三郎	福岡縣 門司市	내국통운(주) 원산지점 지배인, 길전창고(주) 감사, 원산임산(주) 이사, 상업회의소 부회두(1927~1928), 욱정 2정목 총대 / 호리(堀)선박부 사무장(1903), 조선망조합명회사(1918), 내국통운(주) 경성지점장(1928),	朝鮮功勞者名鑑, 307; (咸鏡南道)事業と人物名鑑, 9; 全鮮商工會議所發達史; 元山と人, 40, 46, 47
2	간사	西田常三郎	岡山縣 眞庭郡	원산매일신문사 사장(1909~1939), 송정원호텔(1923) 경영, 원산해수욕(주) 사장, 길전창고(주) 이사, 원산축산(주) 이사, 원산임산(주) 이사, 원산체육협회 부회장 / 1905년 도선(渡鮮). 북선실업신문 사장(1906), 원산거류민단 회계역(1907), 함남도평의원(1930), 관선 함남도회 의원(1933), 상공회의소 특별의원(1930~1939), 풍국해상화재보험주식회사 대리점(1937), 원산관광협회 고문(1937)	조선공로자명감, 484; 新興之北鮮史, 134; 원산요람, 203, 246; 元山と人, 41, 52, 47; 매일신보 1930. 4. 7; 1933. 5. 12
3	同	星野和正	郡馬縣 利根郡 (東京市)	의사 / 철도국 촉탁의(1917), 원산학교조합 평의원(1920), 원산부회의원(1931), 제국재향군인회 원산분회장(1921~1935), 원산교육회 부회장(1935)	조선총독부시정25주년기념표창자명감, 1070; 朝鮮人事興信錄, 422; 元山と人, 41, 31
4	同	板垣只二	德島縣	원산세관 관세관(關稅官) / 부산세관 사무관(1924), 마산부윤(1928)	조선총독부급소속관서직원록; 元山と人, 40
5	同	堀重一	長崎縣 下縣郡	국제운송(주) 원산소장(1926), 원산축산(주) 이사, 상업회의소 의원(1917~1931), 원산체육협회 상임이사 / 다구치(田口)해운점(1909), 춘일정 총대(1927), 대금업(1917)	조선공로자명감 309, 事業と鄕人, 799; 元山と人, 41, 52; 元山案內, 1917, 137
6	同	木村靜雄	岡山縣 勝田郡	원산부윤 / 1910년 도선, 경상북도 도서기(1912), 경성부 주사(1922)	(함경남도)事業と人物名鑑, 25
7	同	杉野多市	三重縣	대가업(貸家業), 상업회의소 의원(1917~1920), 부회두(1921~1927)·회두(1928~1938), 원산행정구역연구회 회장(1929), 부협의회원, 함남도평의원(1930), 관선 함남도회의원(1933), 부회의원(1935), 원산관광협회 고문(1937)	원산요람, 203, 195; 全鮮商工會議所發達史; 元山と人, 22, 40; 원산상공회의소 60년사; 원산안내, 1917, 137; 매일 1929. 5. 3; 1930. 4. 7; 1933. 5. 12; 1935. 5. 22

	직책	인명	본적지	1927년경의 직업, 사회적 지위 / 경력	출전
8	同	齋藤捨吉	福島縣 大沼郡	조선신문 특파원, 부협의원(1926) / 1901년 도선, 조선총독부 경찰관, 조선신문 원산지사장(1918), 대판매일신문 특파원, 부회의원(1935)	元山と人, 42; 조선인사흥신록, 208; 원산요람, 13; 매일 1935. 5. 22
9	상임간사	章勳夫	北海道 函館	원산상업회의소 이사(1926~1938), 원산체육협회 상임이사 / 한국세관 사무관보(1906), 원산관광협회 이사(1937)	함남명감, 77; 원산요람, 204; 元山と人, 52
10	회원	伊藤隆式	山口縣	유락관(주) 감사, 부협의원(1926, 1929) / 함남도평의원(1930)	동아 1926. 11. 22; 중외 1929. 11. 22; 元山と人, 47; 매일 1930. 4. 7
11	同	長谷亨	島根縣	원산매일신문 편집국장 / 경성일보 함북지국장(1931)	元山と人, 41, 45; 매일 1931. 9. 5
12	同	鳥居千三郎	愛知縣	원산수산(주) 전무, 원산창고(주) 전무, 길전창고(주) 전무, 마루우운수(주) 사장, 원산주조(주) 감사 · 이사(1919~1929), 원산해수욕(주) 감사(1923) / 상업회의소 평의원(1921~1925) 원산상업은행 전무(1921), 함흥산업조사위원회 위원(1929)	事業と人物名鑑, 27, 30; 元山と人, 22, 41
13	同	小田村廣助	山口縣 熊毛郡	주조업, 조선고무공업(주) 사장, 원산수력전기(주) 이사, 길전창고(주) 감사, 원산해수욕(주) 감사, 행정 총대 1927 / 1895년 도선, 대가업, 상업회의소 의원(1914~1922), 부협의원(1920)	재조선내지인신사명감, 106; 元山と人, 19, 40, 41, 46; 매일 1920. 11. 23; 원산안내, 1917, 137
14	同	岡崎通義	大阪市 西區	운동구상 경영, 상업회의소 의원(1921~1926) / 1904년 도선, 잡화상 경영, 원산해수욕(주) 이사(1923), 거류민단 의원, 학교조합 의원	事業と人物名鑑, 22; 元山と人, 22, 41; 원산안내, 1917, 135
15	同	小田村喜一		1908년 이래 잡화상 경영, 조선고무공업(주) 이사 / 조선고무공작소(합자) 사원(1922)	조선은행회사요록, 1927; 日本海の商港元山, 270
16	同	河田末三郎	愛知縣	육군운수부 원산출장소 소장	元山と人, 40, 39
17	同	池田一太郎	山口縣	약종상 / 1896년 도선, 약종상조합장, 수입상조합장, 낙천당제약(주) 이사(1919), 조선고무공업 감사(1923), 성(星)제약조선총원매팔소(주) 이사(1924)	함남명감, 7
18	同	德永庄作		의사	조선총독부관보
19	同	大野眞一		원산부 리원(吏員)	조선총독부및소속관서직원록
20	同	小野文吉	廣島縣	조선주조(주) 이사, 조선고무공업(주) 이사, 부협의원(1920, 1926) / 1910년	事業と人物名鑑, 27; 元山と人, 46; 전선

	직책	인명	본적지	1927년경의 직업, 사회적 지위 / 경력	출전
				도선, 상업회의소 부회두(1929~1938), 부회의원(1939)	상공회의소발달사; 매일 1920. 11. 23; 1939. 5. 22; 동아 1926. 11. 22
21	同	渡邊昇		완도수산제품검사소 기수(技手)(1933), 포항출장소 기수(1937)	조선총독부및소속관서직원록
22	同	川澤淸太郎	高知縣	변호사, 원산신탁(주) 사장 / 오카야마지방재판소 검사(1905), 함흥지방법원 검사, 1922년 3월 퇴직 후 변호사 개업, 원산무진(주) 이사, 부협의원(1929)	元山と人, 28, 41, 47; 중외일보 1929. 11. 22
23	同	稻生粂造	愛知縣	미두검사소장, 원산출장소 산업기수 / 함남 농무과 기수(1922)	元山と人, 40
24	同	星野和正	群馬縣 利根郡	철도국 촉탁의사(1917), 부회의원·학교조합 의원(1931), 원산교육회 부회장(1935)	
25	同	富田茂一	茨木縣 築波郡	원산공립상업학교 교장 / 1906년 동경제국대학 법과대학 졸업, 1918년 도선, 함남도속, 함흥공립상업학교 교유	事業と人物名鑑, 14; 元山と人, 40
26	同	納富善五郎	高知縣 (長崎縣?)	원산수력전기주식회사 이사 / 재향군인연합회 부(副)분회장, 학교후원회	新興之北鮮史, 86; 元山と人, 41
27	同	岡本淸兵衛	廣島縣 沼隈郡	1904년 이래 금광주조(합자) 경영, 조선고무공업(주) 이사, 원산임산(주) 감사, 상업회의소 의원(1925~1926) / 1907년 도선, 학교조합 의원, 상공회의소 의원(1935~1936)	조선인사흥신록 94; 조선은행회사요록; 원산요람, 194~195; 元山と人, 46~47; 원산상공회의소발달사
28	同	渡邊仁	愛知縣	완구상점 박히메야(1915), 상업회의소 의원(1925~1926) / 1906년 도선, 영흥만요새사령부 근무, 서양요리점 후지(富士) 경영(1931)	함남명감, 162; 元山と人, 41
29	同	田口吉次郎	長崎縣	국제통운 원산지점 고문 / 상업회의소 의원(1900~1915), 다구치해운점(합자) 사원(1909), 아시다(蘆田, 합자) 사원(1925)	元山と人, 41
30	同	板垣只二		원산세관 지서장, 원산상업회의소 특별의원(1925~1926)	조선총독부직원록; 원산상공회의소60년사
31	同	栂尾綱一郎	岡山縣	원산금융조합 이사(1919~) / 1906년 도선, 원산이사청 속(屬), 원산부 서기(1914~1915), 덕원군 서기(1917~1918)	元山と人, 41; 조선총독부급소속관서직원록

	직책	인명	본적지	1927년경의 직업, 사회적 지위 / 경력	출전
32	同	大村鎌次郎	愛媛縣(愛知縣?)	1919년 이래 오무라(大村) 제재공장 경영, 유락관(주) 이사, 상업회의소 평의원(1925~1934) / 1910년 도선, 회령제재주식회사(1935), 부회의원(1939)	원산요람, 134; 신흥지북선사, 42; 元山と人, 41, 47; 日本海の商港元山, 275; 매일 1939. 5. 22
33	同	岡本利三郎	山口縣	원산축산(주) 이사 지배인 / 부산·목포세관 감시(監視)(1910~1922), 내국통운회사 원산지점장(1923)	함남명감, 25; 元山と人, 41, 47
34	同	加藤謙	東京市	원산신탁(주) 전무 / 육군 통역(1904), 함흥부 재정고문부 근무(1907), 함경지방금융조합 이사(1908), 원산상업회의소 의원(1929~1931), 원산흥업(주) 이사(1937)	元山と人, 42, 47; 재조선내지인신사명감, 152; 신흥지북선사, 81
35	同	高井春五郎	滋賀縣	조선우선(주) 원산지점장, 원산상업회의소 의원(1927~1931) / 조선우선회사 입사(1921), 1924년 인천출장소장, 1926년 원산지점장을 거쳐, 1930년 5월 부산지점장, 조선해사회 평의원, 부산부산업조사위원, 부산골프구락부 이사, 부산선박급수회사 사장	조선인사흥신록, 273; 조선공로자명감, 669; 元山と人, 41
36	同	竹井三郎	福岡縣 門司市	내국통운(주) 원산지점장, 원산해수욕(주) 감사, 원산축산(주) 이사, 상업회의소 의원(1921~1928) / 호리 선박부 사무장(1903), 조선망조(합명) 지배인·전무(1918, 1919)	事業と人物名鑑, 9; 조선공로자명감, 307; 元山と人, 22, 41, 46
37	同	牟田口佳六		의사 / 원산의사회 창립 회장(1932)	매일 1932. 12. 18; 元山と人, 31
39	同	野本淸太郎	大阪市	상업회의소 평의원 / 목재상(1911), 壽座(주) 감사(1931), 함흥토지금융(주) 이사(1939), 함남합동목재(주) 이사(1939)	元山と人, 22, 42,; 매일 1911. 11. 10; 조선은행회사요록
40	同	矢野榮作	山口縣 都濃郡	장유양조업, 원산무진(주) 이사, 유락관(주) 이사, 상업회의소 의원(1922~1928), 부협의원(1923~1931) / 1909년 도선, 야노(矢野)장유점(1911), 상업회의소 평의원(1916), 1924년 전국주류장유품평회에서 1등, 부회 의원(1935, 1939), 함남무진(주) 이사(1939)	日本海の商港元山, 267; 元山と人, 42, 46, 47; 원산요람, 13, 246; 135; 事業と人物名鑑; 원산안내, 95; 중외 1929. 11. 22; 동아 1926. 11. 22; 조선중앙 1935. 5. 24; 매일 1939. 5. 22
41	同	松本猛	岡山縣 和氣郡	변호사 / 일본대학 법률과 졸업(1922), 오사카에서 변호사 개업, 1924년 말 원산으로 이주	事業と人物名鑑, 18; 元山と人, 42

	직책	인명	본적지	1927년경의 직업, 사회적 지위 / 경력	출전
42	同	藤岡喜一郎	京都府 葛野郡	1919년 이래 목재무역상, 상업회의소 의원(1927~1938) · 회두(1939~1940), 학교조합 의원 / 원산관광협회 이사(1937), 부회의원(1939)	元山と人, 42; 事業と人物名鑑, 30; 원산요람, 204, 193; 원산상공회의소60년사; 매일 1939. 5. 22
43	同	小林知哲	和歌山縣	원산중학교장	元山と人, 40
44	同	葭濱忠太郎	山口縣 阿武郡	원산수력전기(주) 사장, 함남수산회장 / 1880년 도선, 부산에서 실업 종사, 부산거류민단 의원, 원산상업회의소 이사(1886~1893, 1900~1902, 1907~1914), 부회두(1894, 1898~1899), 회두(1921~1923), 원산번영회 회장(1917), 동양협회 원산위원, 조선송전(주) 감사(1929)	元山と人, 19, 21, 45; 조선은행회사요록; 재조선내지인신사명감, 197; 조선공로자명감, 627; 원산상공회의소60년사
45	同	林 豊		조선식산은행 원산지점장 / 1910년 도선, 함경농공은행 함흥지점장 대리(1910), 조선식산은행 목포지점장(1918), 김천지점장, 전주지점장, 인천지점장, 신의주지점장 역임	조선인사흥신록, 379; 조선공로자명감, 402
46	同	宮內 司	鹿兒島縣	원산부립병원 의사	조선총독부급소속관서직원록; 元山と人, 43
47	同	神宮興太郎	長崎縣 下縣郡	원산경찰서장 도경시, 부협의원(1926) / 통감부 순사(1906), 경부 임관(1910), 선산경찰서장(1914), 전남도 경무과장 · 고등과장(1919~1920), 경시(1921), 신의주경찰서장(1923), 원산관광협회 부회장(1937), 상공회의소 의원(1932~1940), 부회의원(1935, 1939)	事業と人物名鑑, 26; 원산요람, 13, 203, 193; 元山と人, 40, 29; 조선중앙 1935. 5. 24; 매일 1939. 5. 22
48	同	廣瀨茂平	香川縣	조선고무공업(주) 이사 / 1905년 도선, 히로세(廣瀨) 장유점(1906), 원산관광협회 이사(1937), 상업회의소 평의원(1925~1926), 춘일정 총대, 국민정신총동원원산부연맹 상무이사	원산요람, 135, 204; 원산안내, 95; 元山と人, 43, 46; 원산상공회의소60년사, 250~251; 함남명감, 117
49	同	衫山春次		상업회의소 의원(1922~1923), 욱정 총대	원산상공회의소60년사, 249
50	同	領木忠之亟(烝)		원산상업회의소 특별의원(1925~1929)	원산상공회의소60년사, 250~252
51	同	塚本光猪	福岡縣	함남신보 지국장 / 원산무진(주) 감사(1929), 유락관(주) 이사(1937), 원산	元山と人, 42, 45; 조선은행회사요록

	직책	인명	본적지	1927년경의 직업, 사회적 지위 / 경력	출전
				식량품시장(주) 감사(1937), 함남무진(주) 감사(1938)	
52	同	陸奧時亮	山口縣	원산리우편소장(1922~1939), 원산수력전기(주) 감사(1921~) / 함남전기(주) 감사(1930)	조선총독부급소속관서직원록; 元山と人, 46
53	同	黑田 馨	石川縣 河北郡	원산해사출장소장 / 1920년 도선, 조선총독부 체신기수, 총독부 체신기사(1920~1921), 인천해사출장소장(1928), 인천학교조합 의원	조선총독부급소속관서직원록; 조선인사흥신록, 162; 元山と人, 40
54	同	山根貞一	東京府	원산우편국장 / 평양우편국, 부산우편국 부사무관(1928), 체신국 감리과(1929)	조선총독부급소속관서직원록; 元山と人, 40
55	同	藤田四郎	茨城縣	원산헌병분대장, 헌병대위	元山と人, 40, 39
56	同	木本芳輔	山口縣	1890년 이래 무역상 영업, 원산창고(주) 사장, 본정1정목 총대(1927) / 1898년 도선, 부산에서 장형(長兄)의 무역업 보조, 원산 개항 때 이주, 상업회의소 의원(1901~1902, 1905~1909, 1915~1916), 거류민단 의원, 부협의원(1920), 원산관광협회 이사(1937)	事業と人物名鑑, 18; 원산요람, 광고, 204; 원산안내, 14; 元山と人, 19, 40; 매일, 1920. 11. 23; 日本海の商港元山, 269
57	同	古賀菊次郎	福岡縣	조선은행 원산지점 차석 / 남창사(주) 감사(1939)	元山と人, 42
58	同	安東政昭	京都	조선식산은행 원산지점 차석	元山と人, 42
59	同	北谷德一	兵庫縣	1913년 이래 금물건축재료세멘트상 경영, 상업회의소 의원(1925~1934), 부협의원(1926~1931), 원산금물상조합장 / 부회 의원(1935)	元山と人, 22, 42, 54; 원산요람, 13, 195; 원산상공회의소60년사; 동아 1926. 11. 22; 중외 1929. 11. 22; 조선중앙 1935. 5; 日本海の商港元山, 274
60	同	新谷新七	福井縣 福井市	신타니(新谷)주조장(1914~), 원산무진(주) 이사, 유락관(주) 감사, 부협의원(1926, 1929) / 1913년 도선, 1922년 함경남북도연합양조품평회에서 1등 수상	원산요람, 134; 事業と人物名鑑, 22; 日本海の商港元山, 268; 동아 1926. 11. 22; 중외 1929. 11. 22; 元山と人, 47
61	同	平松龜太郎	和歌山縣	원산무진(주) 사장 / 부협의원(1920~1926)	조선은행회사요록; 원산요람, 191; 元山と人, 43, 46; 매일 1920. 11. 23

	직책	인명	본적지	1927년경의 직업, 사회적 지위 / 경력	출전
62	同	本岡卯之吉	岡山縣	1914년 이래 마루메츠 운송점 경영, 원산창고(주) 감사, 원산해수욕(주) 이사, 원산축산(주) 감사, 상업회의소 의원(1916~1916, 1922) · 부회두(1917~1921) · 회두(1923~1927), 특별의원(1927~1929), 부협의원(1920~1923, 1926~1929), 원산운송조합장 / 금물상(1917)	元山と人, 41, 45, 47, 54; 전선상공회의소발달사; 매일 1920. 11. 23; 원산안내, 1917, 138; 日本海の商港元山, 277
63	同	杉本信之	岡山縣 苗田郡	원산창고(주) 전무이사(1920~1929), 함흥운수(주) 이사(1920~1931), 수정 1 · 2정목 총대(1927) / 러일전쟁 때 육군성 속관(屬官)으로 참전, 원산에서 농사 경영, 원산거류민단 의원, 부협의원(1920), 상업회의소 의원(1918~1920)	재조선내지인신사명감, 576; 元山と人, 40; 매일 1920. 11. 23
64	同	津山辨一	大阪府	전매국 원산출장소장(1927~1928)	조선총독부급소속관서직원록; 元山と人, 40
65	同	植田伊之助	兵庫縣	조선권업(주) 사장(1922~1929), 원산주조(주) 전무, 천정 3,4정목 총대(1927) / 잡화상점 경영(1914), 상업회의소 의원(1916~1917), 시마사키(島崎)장유(합자) 사원(1924), 함흥운수(주) 감사(1925~1931)	원산안내, 15; 事業と人物名鑑, 27; 조선은행회사요록; 元山と人, 19, 42, 44, 47, 19
66	同	山內定一	香川縣	철공조선업 / 1911년 도선	함남명감, 148; 元山と人, 42,
67	同	山根信一郎	山口縣	영흥만요새사령관	元山と人, 40, 38
68	同	古屋保貞	山梨縣	조선연초원매팔소 원산지점장 / 고바야시 상점 근무(1906), 원산연초원매팔소 이사 지배인(1920), 갑양상회(1931), 주택임대업(1940)	함남명감, 125; 元山と人, 42, 46; 昭和8年統計年報, 139
69	同	小島守治		부협의원(1924, 1929) / 경무총감부 경부(1915), 성진경찰서 경부(1917)	조선총독부급소속관서직원록; 매일 1926. 10. 18; 중외 1929. 11. 22
70	同	小林儀三郎	長崎縣	1889년 이래 무역상(면사포 곡물 석유) 경영, 원산임산(주) 이사, 부협의원(1920), 상업회의소 의원(1905, 1909~1910, 1912~1931) / 원산해수욕(주) 이사, 원산상업은행 이사(1919), 원산창고(주) 사장(1920), 원산연초원매팔소 이사(1921), 본정3정목 총대(1927), 부회 의원(1935), 일청생명보험주식회사 대리점(1937), 원산관광협회 이사(1937)	원산요람, 13, 19, 204, 246; 元山と人, 22, 40, 47; 매일 1920. 11. 23; 조선중앙 1935. 5. 24; 日本海の商港元山, 269

	직책	인명	본적지	1927년경의 직업, 사회적 지위 / 경력	출전
71	同	佐藤直太郎	鹿兒島縣	무역상 / 사토상점(곡류, 면포류, 해산물)	원산안내, 13; 元山と人, 42
72	同	橘高靸之祐	福岡縣	원산역장	元山と人, 27, 40
73	同	新谷俊藏	京都市	동양척식(주) 원산지점장	元山と人, 41
74	同	平岡一男	大分縣	원산심상고등소학교장	元山と人, 40
75	同	元吉政憲	千葉縣	의사	元山と人, 43
76	同	藤原吉久	京都市	상업은행 원산지점장 / 1911년 도선, 전남 장흥 금융조합 이사(1912), 조선상업은행 이천지점장(1920), 군사지점장(1924)	元山と人, 43; 조선인사흥신록, 403; 조선공로자명감, 364
77	同	長野長藏	大分縣	요리옥 신성루(1911) 경영, 부협의원(1926~1929), 양지동 총대(1927) / 함남자동차협회부회장(1929), 유락관(주) 감사(1935),	동아 1926. 11. 22; 중외 1929. 11. 22; 元山と人, 42, 44; 매일 1929. 3. 30
78	同	上田悅太郎	德島縣 坂野郡	유락관(주) 이사, 조선권업(주) 이사, 상업회의소 의원(1927~1931) / 1905년 4월 도선, 인천에서 철물상 우에다상점 개업, 경성 · 평양으로 이주, 1917년 원산 이주, 철물상 경영, 시마자키장유(합자) 유한사원(1924), 원산주조㈜ 이사(1929), 본정5정목 · 영정총대(1927), 부협의원(1929)	재조선내지인신사명감, 291; 元山と人, 40, 47; 중외 1929. 11. 22
79	同	山川恒之	長崎縣	원산부립병원 원장, 원산의사회 회장 / 산천병원 개업(1929), 해빈요양소(海濱療養所) 임해장(臨海莊) 경영	함남명감, 146; 元山と人, 40
80	同	山口宇造	德島縣	원산공립고등여학교 교장 · 교유(1922~1929)	조선총독부급소속관서직원록; 元山と人, 40
81	同	福井伊三郎	山口縣 熊毛郡	잡화상, 유락관㈜ 사장, 부협의원(1926, 1929) / 1902년 4월 오쿠라(大倉)조 토목청부업의 일원으로 도선, 1906년 원산 정착, 학교조합평의원(1925)	事業と人物名鑑, 29; 元山と人, 42; 동아 1926. 11. 22; 중외 1929. 11. 22
82	同	小牧四郎助	鹿兒島縣	무역상, 원산창고(주) 감사, 상업회의소 의원(1927~1928) / 1899년 도선, 1903년 밀양에서 공동판매회사 설립, 밀양우편소장(1903), 1906년 원산 이주	함남명감, 63; 元山と人, 42, 45
83	同	葭濱信夫	山口縣	원산수산(주) 지배인(1925), 원산체육협회 상임이사, 원산수산간담회 간사(1926), 상업회의소 의원 · 부회두(1923~1935) / 장평상점(합자) 사원(1923), 일본흥업(주) 원산지점장, 원산냉장(주) 사장(1932), 원산매일신문사 감사(1937), 부회의원, 상업회의소 부회두(1927), 영흥만어업조합장	事業鄕人, 790; 함남명감, 1; 조선은행회사요록; 전선상공회의소발달사; 元山と人, 34, 42, 52

	직책	인명	본적지	1927년경의 직업, 사회적 지위 / 경력	출전
84	同	木村靜雄	岡山縣 勝田郡	원산부윤(1924. 12~1927)	事業と人物名鑑, 25
85	同	章 勳夫	神奈川縣	상업회의소 서기장 / 1906년 도선, 원산세관 근무, 러시아어 통역, 이후 만주에서 5년간 활동	전선상공회의소발달사
86	同	廣田駒次郎		경성일일신문 원산지국장, 원산수산간담회 간사(1926)	元山と人, 34, 45
87	同	杉野多市		원산해수욕(주) 이사, 원산축산(주) 사장, 부협의원(1920, 1926) / 상업회의소 의원(1917~1920) · 부회두(1921~1926) · 회두(1927~1937), 부회 의원(1935)	원산요람, 102; 元山と人, 46, 47; 매일 1920. 11; 동아 1926. 11. 22; 조선중앙 1935. 5. 24
88	同	鈴木高陰	長崎縣	십팔은행 원산지점장 /	元山と人, 43

자료: 廣田駒次郎 編,『元山と人』, 東朝鮮通信社, 1927, 48쪽.

〈부표 7-2〉 공우구락부 회원 현황(1927년)

직책	인명 (1927년경 나이)	본적지 (출생지)	직업 / 경력	출전
간사	堀重一(41)	長崎縣 下縣郡	〈부표 7-1〉 5항	〈부표 7-1〉 5항
同	納富善五郎(30)	高知縣	〈부표 7-1〉 26항	〈부표 7-1〉 26항
同	小林儀三郎(35)	(원산)	〈부표 7-1〉 70항	〈부표 7-1〉 70항
同	葭濱信夫(35)	山口縣 (원산)	〈부표 7-1〉 83항	〈부표 7-1〉 83항
同	廣田駒次郎		원산매일신문사 편집부	원산안내, 1917, 113
일반회원	鳥居千三郎		〈부표 7-1〉 12항	〈부표 7-1〉 12항
同	長平知一		1923년 이래 장평상점(합자, 연와 제조) 대표	日本海の商港 元山, 266
同	小野文吉(43)		〈부표 7-1〉 20항	〈부표 7-1〉 20항
同	小田村喜一(37)	山口縣	〈부표 7-1〉 15항	〈부표 7-1〉 15항
同	岡本清兵衛(41)	廣島縣 沼隈郡	〈부표 7-1〉 27항	〈부표 7-1〉 27항
同	大田省一(28)	山口縣 熊毛郡 (원산)	원산연초원매팔소 감사, 원산곡물상조합 이사(1927), 부협의원(1927) / 곡물 해산물 매매(1920), 환원(丸元)곡물협회 이사(1933), 원산해수욕(주) 이사, 원산화재보험주식회사 대리점(1937), 원산관광협회 이사(1937), 상공회의소의원(1932~1941)	조선인사흥신록, 83; 원산요람, 13, 246, 204, 195; 元山と人, 46
同	笠松英夫		조선고무공업(주) 이사(1927) / 조선고무공작소(합자) 사원(1923), 상업회의소 이사(1920~1922)	元山と人, 46
同	龜谷己代治(30)	長崎縣 (釜山)	원산해수욕(주) 이사 / 1895년 원산으로 이사	함남명감, 36; 元山と人, 46
同	村谷武夫(27)	山口縣	무라타니상점(합자) 대표(1925), 원산선구상조합 조합장, 원산도료상조합 조합장, 북선중유판매동업조합 조합장(1940)	함남명감, 144
同	佐田小次郎			
同	東吟藏(31)	山口縣	서적문구상, 대가업	함남명감, 118; 원산안내, 1917, 137
同	廣瀨茂平	香川縣	조선고무공업(주) 이사	〈부표 7-1〉 48항

3부

동원의 일상, 의례와 기억

8장 전시체제기 인천지역의 기념(일)의례와 동원의 일상

1. 전시체제 하 지역민 통제와 기념(일)의례

일제 말기 식민권력은 인적 물적 자원의 전쟁 총동원을 위해, 먼저 국민정신 교화를 통해 내선일체를 구현하고자 고심했다. 이러한 지배권력의 목적에 부합하는 정책 수단의 하나가 바로 기념(일)의례였다.

일본문학 연구자인 베즐 홀 체임벌린(Chamberlain, Basil Hall)은 이미 1912년에 『새로운 종교의 발명』이란 책에서 "일본의 지배엘리트가 일본 국민에게 '천황 숭배와 일본 숭배'라는 일본의 새로운 종교가 옛날부터 있었던 것이라고 납득시키려 하지만 실은 아주 최근에 발명된 것"이라고 주장했다.[1] 근대 일본인을 특징짓는 강력한 국가의식과 정체성은 일본 열도의 자연환경의 산물이라기 보다 근대 일본의 지배권력이 전략적 동기에서 추진한 문화권력에서 기원한다는 사실은 이미 알려진 사실이다. 이러한 "만들어진 전통"이 근대 일본뿐만 아니라 영국이나 다른 나라에서도 근대 국가 성립기에 내셔널리즘의 기획으로 창안되었

1) 다카시 후지타니, 한석정 옮김, 『화려한 군주－근대 일본의 권력과 국가의례』, 이산, 2003, 20~21쪽.

다는 사실은 구체적인 연구를 통해 확인되고 있다.[2)]

"충성과 애국이라는, 20세기에 새로이 만들어진 일본의 종교"는 그 장치로 황실 관련 경축일(예를 들어 천장절, 명치절 등)이나 국가 충성을 강조하기 위한 목적의 수많은 기념일(예를 들어 육군기념일이나 해군기념일, 헌병기념일과 각종 전쟁 관련기념일)을 발명했다. 그리고 그 의례 행사에 대중을 동원함으로써 '충성과 애국'을 각인시키고 국민으로 만들었다.

조선인도 강제병합 후 순응하거나 혹은 저항하면서 이러한 일제의 기념(일)의례를 수용하지 않을 수 없었다. 그러나 조선인에게 이런 기념(일)의례가 일상생활에서 신체적으로 각인됨으로써 국민생활화 된 것은 일제 말기 전시상황에 이르러서였다고 생각한다.

일제시기 기념의례에 관한 기존 연구는 근대 시간체제와 관련하여 검토한 성과가 있을 뿐이며,[3)] 전시기 식민권력에 의한 내선일체의 구현과 전쟁동원이란 차원에서 접근한 연구는 거의 없다. 전시기 연구는 내선일체정책이나 총동원정책,[4)] 좁게는 신사정책[5)] 등에 관련된 연구가

---

2) 베네딕트 앤더슨, 윤형숙 옮김, 『상상의 공동체』, 나남, 2002; 에릭 홉스봄 외, 박지향·장문석 옮김, 『만들어진 전통』, 휴머니스트, 2004.

3) 정근식, 「시간체제와 식민지적 근대성」, 『문화과학』 41호, 문화과학사, 2005.

4) 최유리, 『일제 말기 식민지지배정책연구』, 국학자료원, 1997; 김민철, 「전시체제하(1937~1945) 식민지 행정기구의 변화」, 『한국사학보』 14, 2003; 방기중 외, 『일제 파시즘 지배정책과 민중생활』, 혜안, 2004); 방기중 외, 『식민지 파시즘의 유산과 극복의 과제』, 혜안, 2006; 안자코 유카, 「조선총독부의 '총동원체제'(1937~1945) 형성정책」, 고려대 박사학위논문, 2006; 庵逧由香, 「朝鮮における戰爭動員政策の展開」, '國民運動'の組織化を中心に」, 『國際關係學研究』 21호, 津田塾大學, 1995; 桶口雄一, 「太平洋戰爭下の女性動員－愛國班を中心に」, 『朝鮮史研究會論文集』 32, 1994; 君島和彦, 「朝鮮における戰爭動員政策の展開過程」, 『日本ファシズムと東アジア』, 東京: 青木書店, 1977.

5) 고마고메 다카시, 「식민지에서의 신사참배」, 『생활 속의 식민지주의』, 산처럼, 2007); 山口公一, 「戰時期(1937~1945) 조선총독부의 神社政策」, 『한일관계사연구』 8, 1998.

일부 이루어졌다.

기념일의례에 대한 종전의 연구는 식민지 조선 차원에서 접근했으며, 지역 단위 연구에 대해서는 주목하지 못했다. 그러나 기념의례가 대중의 신체에 어떻게 각인되고 나아가 의식구조를 변화시키는지에 접근하기 위해서는 지역 단위의 미시적인 분석이 필요하다고 본다.

여기에서는 인천지역의 대중이 기념일의례를 통해 어떻게 동원되었는지, 일본제국과 조선총독부 차원에서 행해진 기념의례와 지역 차원의 기념의례로 나누어 살펴보기로 한다. 지역단위로 행해지는 기념의례 즉 제전(祭典)과 그에 부수되는 기념식, 여흥과 각종 오락, 거리행진 등의 행사는 시각적 효과와 공간적 배치를 통해 지역사회의 정체성에 중요한 의미를 부여했다.

전시체제기 경인공업지대의 중심지로 발달한 인천은 대륙침략 병참기지였기 때문에 일본제국주의의 입장에서는 주민 통제를 통한 전쟁협력이 더욱 절실하게 요구되는 곳이었다. 때문에 내선일체, 국민정신교화를 목적으로 한 기념의례와 행사가 다른 지역보다 더욱 강도 높게 대규모로 전개될 수밖에 없었다. 따라서 인천지역은 기념의례를 통한 지역민의 동원을 살펴보기에 적합한 사회공간이라고 생각한다.

전 조선적으로 거행된 기념의례는 대개 행정기관이나 관변단체 차원에서 기념되었으나, 전시체제기에 들어서면서 전쟁 관련 기념의례를 매개로 주민 동원이 강화되었다. 이는 식민권력이 지역민의 일상 규제를 통해 내면의식을 통제하고 전쟁 협력을 유도하기 위한 것이었다.

여기에서는 지역사회에서 전 조선적으로 시행된 기념일에 지역단위의 행사를 병행하는 등 연례적인 기념의례를 어떻게 수용하고 변용하는지, 그리고 지역사회에서 기념의례가 어떻게 발현되고 의미화되는지 살펴보려고 한다. 또한 지역 차원에서 행해진 기념의례의 배경과 의미에 대한 분석을 매개로 식민권력과 지역민의 길항관계를 살펴볼 수 있을 것으로 기대한다.

나아가 지역에서 진행된 의례의 장소와 동원의 공간에 대해 살펴보려고 한다. 의례의 장소인 인천신사, 그리고 동원의 공간으로 기념식이 개최되었던 학교 교정과 공회당의 공간적 배치, 또한 거리행진의 시각적 효과와 대중 포섭에 대해서도 검토해보려고 한다.[6)]

이러한 작업을 통해 오늘날까지 지역사회에 은밀하게 혹은 공공연하게 잠재되어 작동하고 있는 식민지적 유제에 접근할 수 있을 것이다. 즉 전체주의적 지역집단적 문화의 기원이 식민권력에 의한 지역대중의 동원과 일상의 포섭을 통해 형성되었음을 구명해보려고 한다.

2. 인천의 전국적 기념의례와 대중 동원

1912년 조선총독부가 제령 19호로 지정한 축제일은 원시제(1.3), 신년연회(1.5), 기원절(2.11), 신무천황제(4.3), 명치천황제(7.30), 천장절(8.31), 천장절축일(10.31), 신상제(神嘗祭, 10.17), 신상제(新嘗祭, 11.23), 춘계황령제(춘분), 추계황령제(추분) 등 11일이었다. 1927년 제령 25호로 제일 및 축일, 일요일을 공휴일로 지정하면서, 기념일이 절(節)로 전환되고 그 의미가 강화되기 시작했다.[7)]

전시기에 인천지역에서 매년 정시적으로 행해진 전 조선 차원의 기념일 의례는 상당히 많았는데,[8)] 주민 동원이 조직적으로 이루어진 주

---

6) 다만 전시기 인천지역 상황을 생생하게 알려주는 신문자료인 『경성일보』가 1941년 4월 이후 12면에서 8면으로 축소되고, 『매일신보』 역시 자료가 소실된 데다 지면이 축소되어, 지방 관련 기사가 대부분 생략되어 1941년 이후 사실을 파악하기는 매우 어렵다는 점을 밝혀둔다.

7) 정근식, 「시간체제와 식민지적 근대성」, 『문화과학』 41호, 문화과학사, 2005, 162~163쪽.

요한 것만 서술하기로 한다.

〈표 8-1〉 전시기 인천지역에서 실시된 전국적 차원의 기념일 의례

기념일	일자	기념 취지와 유래
기원절(건국제)	2.11	건국 기념, 1912년부터 실시
천장절	4.26	일본국왕탄생일(쇼와국왕 생일), 1912년부터 실시
명치절	11.3	메이지 일왕 탄생축하일, 1912년부터 실시
시정기념일	10.1	조선총독부의 설치와 통치 기념, 1915년부터 실시
시(時)의 기념일	6.10	1921년부터 실시
육군기념일	3.10	러일전쟁의 봉천전투 승리 기념
해군기념일	5.27	러일전쟁의 동해 전투 승리 기념
지나사변기념일 (흥아기념일)	7.7	중일전쟁 기념, 1938년 시작(1939년 흥아기념일로 개칭)
장고봉사건기념일	8.10	1932년부터 실시
만주사변기념일	9.18	1939년부터 실시
항공기념일	7.20	1940년부터 실시
해(海)의 기념일	9.20	1941년부터 실시

〈표 8-1〉에서 보듯이 인천지역에서 실시된 기념의례는 크게 보아 기원절·명치절과 같은 일본 건국·황실 관련 기념일, 그리고 육군기념일·해군기념일·만주사변기념일·지나사변기념일과 같은 전쟁 관련 기념일로 나눌 수 있다. 이외에 국민정신총동원인천연맹이나 산하 각 기관에서 생활개선캠페인의 일환으로 특히 강조한 '시(時)의 기념일'도 있었다. 이를 보면 인천 지역민은 1월과 12월을 제외한 매달(7월과 9월에는 두 차례)마다 각종 기념일의례에 참가해야 했음을 알 수 있다. 그런데 이것 외에도 중일전쟁과 태평양전쟁이 격화되면서 수시로 전승(戰勝) 의례가 개최되고 지역민이 여기에 동원되었음을 감안하면, 기념의례(식전과 행사)를 매개로 한 동원이 거의 일상화되었음을 알 수 있다.

8) 예를 들어 사법보호기념일(9.13), 지구절(地久節, 일본 왕후의 탄생일, 3.6), 양복기념일(11.12, 메이지국왕이 양복 착용에 관한 勅諭 발포 기념) 등도 기념했으나 단순히 의례를 실시하는 정도에 그쳤다.

1) 일본 건국·왕실, 식민통치 관련 기념일

(1) 기원절(2.11)

일본제국의 건국을 기념하는 기원절은 1912년부터 전국적인 축제일로 실시되었으며, 대표적으로 성대하게 거행되는 기념일이었다. 1937년 인천에서는 부청 주도로 오전 11시부터 인천신사에서 건국제전을 거행했는데, 축사·교육칙어의 봉독·만세삼창 그리고 건국정신의 강화와 비상시 국민의 궐기에 박차를 가하기 위해 건국의 대봉화(大烽火)를 태우는 순서로 진행되었다. 불꽃 10발을 쏘아 올려 제전의 개시를 부민에게 알렸으며, 집집마다 일장기를 게양하고 밤에는 봉축 등불을 내걸었다.[9] 학교, 관공서, 은행·회사에서도 각기 식전을 거행하며 건국정신을 심화하는 행사를 가졌다. 그리고 이날을 기해 제국재향군인연합인천분회의 발회식이 공회당에서 거행되었다.

1938년에는 인천부에서 국체관념의 명징(明徵)과 일본정신의 앙양에 힘을 기울인다는 계획으로 오전 10시 사이렌이 울리자 부민이 일제히 황거요배했으며, 11시에 인천신사에 참배하고 건국제전을 집행했다.[10] 이때 국위선양, 황군의 무운장구기원제(武運長久祈願祭)를 행했다. 오후에는 부내 각 학교 생도들이 애국시가대행진을 실시했으며, 인천연합청년단은 이 날의 의의를 되새기기 위해 추위를 참고 수원으로 행군하는 행사를 가졌다. 이때 동원된 학생은 3천여 명으로 인천부 학도의 거의 절반 정도가 행사에 동원된 셈이었다.[11]

1943년 기원절의 봉축행사는 국민총력인천연맹 주도로 국기게양, 아

9) 「けふ紀元節」, 「仁川の建國祭」, 『경성일보』 1937. 1, 2. 13.

10) 「三千餘の生徒 愛國大行進」, 『경성일보』 1938. 2. 8.

11) 1931년경 인천지역 유치원을 제외한 각 학교의 생도 수는 총 5,977명이었다(『인천부사』, 인천부, 1933, 1273쪽).

침 일찍 애국반원의 신사참배, 오전 9시 궁성요배, 오전 10시 일본 국왕 초상화 배하식, 관공서 · 학교 · 은행 · 회사 · 공장에서 조서봉독식, 11시 인천신사에서 기원절제 거행 등으로 진행되었다.[12)]

위에서 살펴보았듯이 건국절에는 인천신사에서 관료와 지역 유지들이 참석한 가운데 기념제전이 거행되었다. 지역주민들은 사이렌 소리에 맞추어 황거요배하고 주간에는 일장기, 야간에는 제등을 게양해야 했으며, 시내 행진에는 학교생도들과 청년단이 주로 동원되었다.

(2) 명치절(11.3)

일본 근대 국가 수립의 계기가 된 메이지유신을 상징하는 메이지 국왕의 생일을 기념하는 명치절은 전시기에 들어서 대륙침략의 승리 분위기를 고조시키기 위해 인천 주민의 동원을 강화하는 형태로 전개되었다. 예를 들어 1937년의 명치절은 10월 27일경 난공불락이던 상하이의 미아오씽전(廟行鎭)과 다창전(大場鎭)을 일본군이 점령하자 이를 축하하는 행사를 겸하여 대대적으로 전개되었다. 주간에는 1만여 명의 학생을 동원하여 기행렬(旗行列)을, 야간에는 부민을 동원하여 제등행렬을 거행했는데 이 날자 신문에서는 "개항 이래 초유의 장관"이라고 보도하기조차 했다.[13)]

1939년 명치절에는 인천부와 국민정신총동원인천연맹이 봉축식 거행요항을 설정했다. 즉 산하 연맹원을 총동원하여 각호의 국기게양, 오전 9시 궁성요배, 부청에서 일반인의 메이지 국왕 초상화 배알, 오전 11시 인천 신사에서 각 단체와 관민 주도로 봉축식 거행, 봉축식에 참배가 곤란한 단체는 봉배식(奉拜式)을 행할 것 등이었다.[14)]

---

12) 「성전 필승을 기원」, 『매일신보』 1943. 2. 9.

13) 「인천의 전첩축하」, 『매일신보』 1937. 11. 5.

14) 「성전하의 명치절」, 『조선일보』 1939. 11. 2; 「明治節 仁川の行事」, 『경성일보』 1939.

명치절도 건국절과 마찬가지로 연례적으로 인천신사에서 기념제전을 거행하고 주민들은 국기게양, 황거요배를 행하는 정도였다. 그러나 1937년의 경우와 같이 전쟁승리축하회를 이날에 겸하면서 1만여 명의 학생이 대대적으로 동원되었다.

(3) 시정기념일(始政記念日, 10.1)

일제가 조선총독부를 설치하여 조선 통치를 시작한 것을 기념하는 시정기념식을 행한 것은 1911년부터였다. 그러나 이날을 공식적인 기념일로 정하고 조선총독부와 산하 행정관서의 사무를 휴지(休止)한 것은 1915년부터였다.[15)]

시정기념일(始政記念日)은 대개 인천부청 주도로 관료와 주민이 참여한 가운데 연례적으로 기념식이 거행되는 정도였다.[16)] 그런데 1936년의 경우 부역 확장이란 지역적으로 매우 중요한 축하기념사안을 시정기념일에 맞추어 실시함으로써 매우 성대한 기념축제로 거행되었다.[17)]

오전 11시 관민 유지 3백여 명이 인천신사에 참석하여 봉고제를 행했는데, 나가이 데라오(永井照雄) 부윤은 씨신(氏神)에게 부역 확장의 기쁨을 고하고 금후 지속적으로 신의 가호에 의해 대인천이 신장되어 나가기를 기원했다. 이후 이어진 기념식은 경기도지사의 고사(告辭), 부윤의 식사, 상공회의소 회두의 축사 순서로 진행되었다. 식전이 끝난 후에는 부역 확장을 계기로 항도 인천이 "공업 인천, 무역 인천, 관광인천"으로 비약하게 된 것을 축하하는 연회를 열었다.[18)]

---

11. 2; 「명치절봉축식 인천부 행사결정」, 『매일신보』 1939. 11. 3.

15) 「고시 제151호」, 『조선총독부관보』 1915. 6. 26.

16) 「시정기념식 1일 인천부에서 성대히」, 『조선일보』 1939. 10. 3.

17) 인천부는 9월 26일 행정구역을 종전보다 4배 이상 확장하는 府令을 발표하고 이를 10월 1일부터 실시했다(「인천부역 확장 면적이 4배로」, 『매일신보』 1936. 9. 29).

18) 「待望の十月一日」, 「祝 仁川府政擴張記念」, 「大仁川萬歲樂 朗かに高唱」 『경성일보』

앞에서 살펴보았듯이 일본 건국이나 왕실과 관련된 기념일은 대개 연례적인 기념식 거행에 그쳤다. 그러나 이러한 기념행사가 성대하게 거행된 경우는 전쟁승리 축하나 혹은 행정구역 확장과 같은 지역사회의 당면 현안에 대한 축하행사를 겸할 때였다.

2) 전쟁 관련 기념일

중일전쟁 이후 전 조선적으로 거행된 기념일 가운데 인천지역에서 그 기념의례와 행사가 중요시된 것은 일본의 침략전쟁 기념과 관련된 기념일이었다. 즉 러일전쟁과 관련된 육군기념일과 해군기념일, 그리고 중국 침략과 관련된 만주사변기념일, 지나사변기념일, 장고봉사건기념일 등이 그러했다. 태평양전쟁을 앞두고 방공훈련을 독려하기 위해 제정된 항공기념일과 7대양(大洋) 제패란 해양사상을 보급하는 의미에서 제정된 '해(海)의 기념일'도 전쟁 관련 기념일에 속한다고 할 것이다.

(1) 육군기념일(3.10)과 해군기념일(5.27)

육군기념일은 러일전쟁 시기 1905년 3월 10일의 봉천전투 승리일을 기념하기 위해 제정되었다. 1937년 육군기념일에는 인천방호단(仁川防護團) 결성식이 함께 거행되어 성대한 기념식이 전개되었다.[19] 오전 9시 화정(花町) 매립지에서 작열하는 불꽃과 함께 시작된 육군기념일 식전 이후, 방호단장이기도 한 인천부윤의 주도 하에 인천방호단 결단식이 거행되었다. 이후 시가행진을 거행하였으며, 하늘에서는 평양비행대 제6연대 소속 10대의 비행기가 가상 인천공습을 전개하여 대공전투의

1936. 9. 30, 10. 1; 「대인천기념식」, 『조선일보』 1936. 10. 3.

19) 「육군기념일에 방호단결성식」, 『매일신보』 1937. 2. 28.

필요성을 주민들에게 주지시키는 행사도 있었다.[20] 이 날 행사에 참가한 부민이 총 1만 5천여 명, 방호단 단원만 3천 6백여 명으로 시가는 장사진을 이루었다. 또한 공중포격 이외에 모의폭탄 · 소이탄(燒夷彈)까지 사용하는 연습이 오후 2시까지 진행되었다고 하는 것으로 보아 말 그대로 "전(全) 시가(市街) 군국(軍國) 일색"이었음을 알 수 있다.[21]

〈사진 8-1〉 인천방호단원들의 시가행진(위)과 인천방호단 결성식(아래) 광경

출처: 『매일신보』 1937. 3. 12.

20) 「けふは陸軍記念日」, 「護れ! 港の空を」, 『경성일보』 1937. 3. 10, 3. 11, 3. 12; 「인천부방호단」, 『매일신보』 1937. 3. 10.

21) 「인천부방호단」, 「인천방호단 발단 육군기념일, 全市街 軍國一色」, 『매일신보』 1937. 3. 10; 1937. 3. 12.

1938년과 1939년에는 육군기념일에 관한 별다른 기사를 찾아볼 수 없다. 그러나 1940년에는 단순히 기념식을 거행하는 것에서 나아가 다양한 행사와 의례의 구체적인 지침을 마련하고, 기념일 며칠 전부터 준비에 들어갔다. 즉 3월 6~8일에는 출정입영자 유가족을 초대하여 이들을 위안하는 영화를 상영했으며, 8~9일에는 초등학교에서 관련 강연회를 개최했다.

기념일 당일에는 도산(桃山) 고지(高地)로부터 서공원에 이르는 장소에서 실시된 시가방공연습에 재향군인회 · 인천중학 · 인천상업 · 상업전수학교 및 청년훈련단이 오전 8시부터 약 3시간 동안 동원되었다. 여기에 참가하지 않은 학교는 신사참배 후 본 연습을 견학해야 했다. 정오에 인천신사에서 열린 기념제전은 국민정신총동원인천연맹 산하 각 정(町)연맹과 각종 보국단이 연맹기(聯盟旗)와 단기(團旗)를 앞세우고, 또한 방공연습을 마친 부대와 남녀청년단, 각 학교 대표자가 참여한 가운데 개최되었다. 오후 7시에는 공회당에서 기념강연회가 열렸는데, 역시 각 정연맹과 보국단원, 방공연습 참가 부대 전원이 동원되어 참석했다.[22]

이와 같이 육군기념일 의례와 방공연습에 참가한 인천 지역주민은 국민정신총동원인천연맹 산하 조직인 정연맹과 직장(직능별)보국단, 각종 관변단체의 청년단 조직에 의해, 그리고 학생들은 각급 학교별로 동원되었음을 알 수 있다.

5월 27일의 해군기념일은 러일전쟁 시 일본이 동해에서 러시아 함대를 격멸한 해전을 기념했다. 1937년의 경우 부청, 해군협회인천지부, 재향군인인천연합분회, 인천연합청년단, 국수회(國粹會) 인천지부, 인천소방대 등 6단체 합동 주최로 인천신사에서 기념제전을 거행했다. 이어서

22) 「聖戰目的完遂へ! 意義あらしめよ陸軍記念日」, 『경성일보』 1940. 3. 6.

퇴영자(退營者)의 보고제(報告祭)가 있었고, 이후 공회당에서 기념축하연을 가졌다. 각 학교에서는 아침일찍부터 신사 참배를 한 후 비상시국에 상응하는 강화를 행했다.[23] 이때 기념제전에 동원된 이는 6단체의 대표와 회원, 지역유지, 학교 생도 등 약 5백여 명이었다.[24]

1938년 기념제전 역시 이에 준하여 이루어졌는데, 대륙병참기지인 지역적 조건 상 중일전쟁 이후라 특히 '의의 깊은 기념식'으로 거행되었다. 이날 식전에서 부윤은 동해함대에 내렸던 조칙을 봉독하고 후방 신민의 충성을 부르짖었다.[25]

1939년에는 연례적인 기념식 이외에, 청년단, 소학교 생도들이 인천항에 정박 중인 군함을 견학하는 행사가 전개되었다. 경성일보사 주최로 조직된 군함견학단 650명이 각지에서 도착하여 인천항은 장사진을 이룰 만큼 혼잡했다.[26] 군함 견학은 다른 지역에서는 찾아보기 어려운 항도 인천의 특색있는 기념행사로 주로 소학교 생도가 동원되었다. 또한 해군들이 상륙하여 실시한 가두행진으로 인천은 '해군 일색'의 풍경을 이루었다.

1941년에는 오전 8시 상공에서 축하비행이 전개되는 가운데 인천신사에서 연례적인 기념식전이 진행되었고, 저녁에는 공회당에서 해군 중위의 〈남경폭격담〉 강연회가 열렸다.[27] 이 날 국민총력인천연맹은 기념행사로 정연맹 애국반과 각급 학교를 대상으로 국방헌금 납부와 폐품수집운동을 전개했다.[28]

---

23) 「その一戰を偲ぶ」, 『경성일보』 1937. 5. 28.

24) 「해군기념일 인천의 축전성대」, 『매일신보』 1937. 5. 29.

25) 「此一戰にあり思ひ起す三十三年前の感激」, 『경성일보』 1938. 5. 29.

26) 「長蛇の列仁川へ」, 『경성일보』 1939. 5. 27.

27) 「時局講演會海軍記念日に開催」, 「海軍記念日 仁川の行事」, 『경성일보』 1941. 5. 25, 5. 28.

28) 「海軍記念日一錢獻金」, 「小國民の赤誠 廢品回收で獻金」, 『경성일보』 1941. 5. 24, 5. 28.

(2) 만주사변기념일(9.18)과 지나사변기념일(7.7)

만주사변기념일은 '흥아 제1차 성전'이라고 하여 전국적으로 기념되었다. 1937년의 경우 오전 8시 인천신사에서 전첩기원제(戰捷祈願祭), 칙어봉독식, 만주사변 전몰군인의 초혼제를 거행했다.[29] 1938년에도 마찬가지로 인천신사에서 전몰군인의 초혼제를 거행하고, 야간에는 공회당에서 조선총독부가 초빙한 사토(佐藤) 동경 생활사 상무이사의 〈장기전시하에 있어 생활인식〉이란 강연을 개최했다.[30]

1939년에도 인천신사의 기념의례와 함께 오전 9시 월미도 애암신사(愛岩神社)에서도 만주사변과 상해사변 시 전몰장병의 초혼제를 거행했으며, 주민들에게 일체주의(一菜主義) 조식(粗食)과 1인당 5전 이상의 기념저축을 실시하도록 장려했다.[31]

지나사변(중일전쟁) 기념은 중국침략전쟁이 일본제국의 장래가 달린 당면 사안이었기 때문에 인천지역에서도 중요한 의례로 거행되었다. 1주년 되는 1938년 7월 7일 전후에 열린 행사를 보면, 먼저 인천연합청년단에서 보국정신의 함양을 위해 각 정회(町會)를 통해 폐품수합행사를 전개하여,[32] 후방 국민의 전쟁 협력 차원에서 물자 절약을 실천했다. 경성일보사 인천지국에서는 8, 9일 양일간 표관(瓢館)에서 중국침략의 정당성을 홍보하는 차원에서 사변기념영화회를 개최했다.[33]

---

29) 「仁川の行事」, 『경성일보』 1937. 5. 28.

30) 「만주사변기념일 인천서 초혼제」, 『매일신보』 1938. 9. 13; 「만주사변7주년 인천부 기념행사 결정」, 『조선일보』 1938. 9. 17.

31) 「만주사변8주년 인천기념행사도 결정」, 『조선일보』 1939. 9. 17.

32) 「부민의 각 가정에서 폐물을 수합헌납, 인천부의 기념일행사」, 『매일신보』 1938. 7. 3.

33) 「世紀の映畵曦光 事變一周年記念に仁川で二日間上映」, 『경성일보』 1938. 7. 5. 상영한 영화는 전란과 천재(天災)의 나라 중국을 다룬 〈희광〉(曦光)이란 다큐멘터리로 이는 내각정보부 지도 하에 현지 동시녹음으로 제작한 것이었다.

〈사진 8-2〉 인천공립상업학교 전몰용사충혼비 앞에서 거행된 지나사변기념일 배례

자료제공: 화도진도서관

1939년 5월 국민정신총동원조선연맹이 루거우차오(蘆溝橋)에서 발단된 중일전쟁을 "영구히 기념할 수 있도록 특정한 명칭을 붙여서 국민정신을 앙양하기 위해 적당한 행사 운동을 실시하자"고 논의한 후 '지나사변기념일'은 '흥아기념일'로 불리기 시작했다.[34] 인천에서는 7월 6일 근로보국폐품수집일, 7일 흥아기념황군감사일, 8일 소비절약저축여행일(消費節約貯蓄勵行日)로 정하고, 군수물자 조달과 국방헌금 모집 행사를 실시했다. 특히 6일에는 국민정신총동원인천연맹 결성 1주년을 기념하여 기념식을 공회당에서 개최했는데, 참가자가 8백여 명에 달했다.[35]

기념일 당일인 7일에는 출정 장병의 고난을 생각하고 감사의 정성을 표하기 위해 一菜主義(일채주의) 조식(粗食)을 행하고, 음식점과 유흥업

34) 「일지사변2주년에 精動聯盟에서 행사계획」, 「직히자 七月七日 흥아기념일」, 『매일신보』 1939. 5. 10, 5. 20.

35) 「精動仁川聯盟盛大に記念大會」, 『경성일보』 1939. 7. 8.

소는 휴업하며, 네온사인도 소등하고 자숙자계(自肅自戒)하는 사회분위기를 조성했다.[36] 인천신사에서 거행된 무운장구기원제에는 각종 단체와 학교 생도 1천 수백 명이 동원되었으며,[37] 저녁에는 각종 단체 합동으로 전몰장병의 위안추도회를 개최했다. 제전이 끝난 후에는 후방 국민의 각오를 다지는 의미에서 의례히 실시되는 근로봉사와 국방헌금 납부 행사가 있었다.[38]

3주년 되는 1940년에는 기념일 하루 전 날인 7월 6일 저녁 공회당에서 '적성국가격양부민대회(敵性國家擊攘府民大會)'를 개최했다. 궁성요배, 국가합창, 묵도, 황국신민의 서사 낭독과 같은 의례 후, 김윤복(金允福) 등 지역유지 세 명의 시국연설이 있었다.[39] 기념일 당일에는 오전 5시에 인천경방단 전체 단원을 소집하고 사이렌 경보를 울려 방공훈련을 행한 후, 오전 6시에 인천 신사에서 출정장병의 무운장구기원제를 거행하고, 9시에 인천공립중학교에서 기념식을 거행했다.[40] 저녁에는 고야산(高野山) 편조사(遍照寺)에서 군사연맹과 불교연합 주최로 전몰장병의 위령추도회를 거행했다. 또한 부수행사로 각 정연맹 애국반과 학생 청년들이 중심이 되어 청소작업과 폐품수집 등 근로봉사를 수행했으며, 저축과 절미운동을 대대적으로 전개하여 소학생들까지 국방헌금을 납부했다.[41] 그리고 전리품전람회(주간)와 영화 상영(야간)이 공

36) 「一菜主義粗食으로 황군에 감사하자」, 『매일신보』 1939. 7. 3.

37) 「인천사변기념일」, 『매일신보』 1939년 7월 8일; 「인천도 自肅一色」, 『조선일보』 1939. 7. 8.

38) 「再び迎へた聖戰記念日 祈願祭や勤勞奉仕」, 『경성일보』 1939. 7. 8.

39) 「擊て! 敵性國 仁川國民大會開く」, 『경성일보』 1940. 7. 8.

40) 「지나사변삼주년 인천기념행사결정」, 「사변기념일 인천경방단행사」, 『매일신보』 1940. 7. 3.

41) 「인천부행사결정 七月七日事變記念日」, 「7·7 기념행사로 폐품을 모아 헌금」, 『조선일보』 1940. 7. 3, 1940. 7. 10; 「雨天の際は公會堂 仁川の事變記念式」, 「事變三周年を記念」, 『경성일보』 1940. 7. 6.

회당에서 있었다.

1943년에는 인천신사에서 중일전쟁부터 대동아전쟁에 이르는 전몰장병의 명복과 대동아전 완수를 기원하는 제례를 집행했다.[42]

이와 같이 인천지역 대중은 만주사변기념일과 지나사변기념일에는 중국 침략과정에서 사망한 군인의 초혼제, 위령추도회나 출정장병의 무운장구기원제와 기념식에 동원되어야 했다. 그리고 정오의 묵도와 같은 내면적 규율을 통해, 그리고 국방헌금 납부 · 폐품수집 등의 행사 참가를 통해 전시체제로 포섭되어 갔다.

그 외에 1938년 7~8월 조선과 소련의 접경지역인 두만강 하산에서 벌어진 국경분쟁인 장고봉(張鼓峯)사건도 조선총독부가 1939년 8월 10일을 기념일로 정하고, 각 도지사에게 통첩하여 전국적으로 의례와 행사를 실시하도록 했다.[43] 이날 인천에서는 "시국을 인식하게 하여 국민정신을 철저히 하기 위해" 정오에 전몰장병의 영령(英靈)에 대한 1분간 묵도를 행하고, 저녁에 욱정소학교에서 전사장병의 위령제, 욱정 명조(明照寺)에서 인천지역 출신으로 중일전쟁에서 전사한 장병의 분공양(盆供養)을 실시했다.[44]

(3) 항공기념일(7.20)과 해의 기념일(9.20)

항공기념일은 1940년 9월 긴박한 세계정세 하에 일본 국민의 항공 혹은 방공에 대한 관심을 유도하기 위해 제정되었다.[45] 비행장이나 비행

---

42) 「인천신사서 기원제」, 『매일신보』 1943. 7. 13.

43) 「장고봉사건 발생한 8월 10일을 기념」, 「장고봉사건기념 각도에 행사를 통첩」, 「장고봉사건일주년 각지기념행사결정」, 「장고봉사건일주년 각지 기념행사 성대」, 『매일신보』 1939. 7. 3, 7. 31, 8. 8, 8. 12; 「張鼓峰, 追想も新た, 正午一分間の黙禱を」, 『경성일보』 1940. 8. 12. 조선총독부는 이날 장고봉 바로 아래인 홍의(洪儀)에서 기념비 준공식을 거행했다.

44) 「장고봉사건기념」, 『조선일보』 1939. 8. 5.

연대가 소재한 광주·신의주·대구·평양 등지에서는 국기 게양, 항공전몰자에 대한 묵도와 같은 일반적인 의례행사 이외에 글라이더비행 공중분열식, 항공좌담회 개최를 통한 항공사상 주입, 학생들의 모형비행기대회가 개최되었고 조선국방항공단 지부가 지역적으로 결성되기도 했다.[46] 그러나 비행장이나 비행연대가 존재하지 않았던 인천지역에서는 항공기념일 행사나 기념의례는 찾아보기 어렵다. 다만 1940년 인천중학교 강당에서 방공강습회가 개최된 사실만 나타난다.[47]

반면 항구도시인 인천지역에서 중요한 날은 '해의 기념일'이었다. 이 기념일은 해양의 중요성을 일반인에게 인식시키고 해양국 일본의 의기(意氣)를 앙양하기 위한 목적으로 1941년에 제창되었다. 7월 20일이란 날자는 1876년 메이지 국왕이 메이지마루(明治丸)를 타고 동북지방을 순행한 후 요코하마에 귀환한 날에서 연유한다. 동남아 침략을 기도하고 있던 일제는 "메이지 천황이 건넌 태평양은 일본의 생명선인 동시에 정의와 평화를 내걸고 싸우는 국민의 결전장"[48]이라고 이미지화했던 것이다.

러일전쟁의 발단이 된 인천해전의 역사적 공간이었고 대륙침략병참기지란 지정학적 역할에 부응해야 하는 인천지역에서 '해의 기념일'은 지역 분위기를 고양시키면서 지역민을 전쟁동원체제로 포섭할 수 있는 좋은 계기였다. 1941년 기념행사를 보면, 아침 일찍부터 축항 구내(構內)에 정박한 기선이 기적을 울리고 오전 9시에 갑제환(甲濟丸) 선상에서 관민 2백여 명이 참석하여 기념식전을 거행했다.[49] 이 날 행사로는

---

45) 「사설: 航空日に寄す」, 「全鮮に多彩な空の祭典」, 『경성일보』 1941. 9. 20.

46) 「광주항공기념 글라이더훈련 공개」, 「空都 大邱의 명절」, 「多彩한 航空記念日行事」, 「淸秋의 명절 각지 항공기념일행사」, 「항공기념일행사 강원각지서 성대실시」 『매일신보』 1940. 9. 27, 9. 29, 1941. 9. 21, 9. 23, 1942. 9. 19.

47) 「空の護り徹底へ あす仁川で講習會」, 『경성일보』 1940. 9. 20.

48) 「오늘은 제3회 바다의 기념일」, 『매일신보』 1943. 7. 21.

조선해사회 인천지부 주최로 바다에 관한 좌담회를 개최하고, 해양사고로 순직한 선원의 위령제 등이 거행되었다. 또한 경성일보 인천지국과 공동으로 인천부내 각 국민학교 아동 150명을 기선에 승선시켜, 바다에 관한 강연을 들으면서 기념일 하루 동안 해상에서 보내게 했다.[50]

1942년 조선해사보국단에서는 해양사상보급운동의 차원에서 부산에만 조직되어 있던 해양소년단을 "어린 국민에게 비행기 자동차와 아울러 선박을 알리는 것은 국민훈련의 절대적 요소"라고 하여, 경성·원산과 함께 인천에도 조직했다.[51] 그리고 조선해사보국단의 프로그램에 따라 제2회 '해의 기념일'에는 경인지역 국민학교 5, 6학년생 1천여 명이 부산환(釜山丸)을 타고 인천항구를 떠나 해상을 일주했다.[52] 다음 세대를 짊어지고 나갈 아동들에게 해양사상을 고취시키기 위한 목적의 선상훈련이 인천 앞 바다에서 실시되었던 것은 바로 "청일, 러일전쟁의 서전(緖戰)으로 해군이 일거에 적함을 격침시킨 전첩(戰捷)의 바다"였기 때문이다.[53] 즉 러일전쟁의 승리를 이끈 '인천해'란 장소에서 해의 기념일을 기리고 기억함으로써 당면 태평양전쟁의 승리를 각오하고 다짐하는 국민생활을 가다듬도록 요구한 것이다.

1943년 3회 기념일은 개항60주년 인천항제로 치루어졌다. 7월 19일 전야제로 인천신사 대전(大殿)에서 바다를 정복해서 대동아전쟁 완수의 결의를 봉고(奉告)하고 항도의 번영을 기원하는 본제(本祭)가 거행되었

---

49) 「仁川海의 기념식」, 『매일신보』 1941. 7. 22.

50) 「海洋思想涵養へ 海の記念日 島巡り」, 『경성일보』 1941. 7. 18.

51) 「少國民을 바다로!」, 『매일신보』 1942. 2. 1.

52) 「바다의 기념일에 一千少年 仁川灣을 항해」, 『매일신보』 1942. 7. 11.

53) 「學童海に鍛ふ仁川近海で船上訓練」, 『경성일보』 1942. 7. 21. 경성과 인천의 해양소년단은 이후 9월경에도 월미도 앞바다에서 수영, 操艇巡航, 해상행진 등의 집단훈련을 받았다(그 자세한 훈련상황에 대해서는 「경성인천해양소년단 첫 鍊成狀況」, 『매일신보』 1943. 9. 13 참조).

다. 같은 시간에 인천중학교와 인천상업학교 학생들의 악대 행진, 법원의 궁도회(弓道會) 대회, 욱(旭)국민학교 교정에서 스모와 총검술 단련대회, 산수정(山手町) 무덕전(武德殿)의 유도·검도 훈련, 청년대의 훈련경주, 전마선(傳馬船) 경조(競漕) 훈련대회 등이 열렸다. 주로 젊은이들의 전쟁 동원에 대비한 무술 및 체력 증진을 목적으로 하는 행사들이었다. 인천부와 해사보국단에서는 전년과 마찬가지로 국민학교 5, 6학년생 70여 명의 해상항진견학단(海上航進見學團)을 조직하여 팔미도와 인천 앞바다를 항해하면서 1904년 인천해전에서 획득한 부친이나 조부의 무훈을 생각하게 하는 행사를 실시했다.[54)]

1944년에도 인천신사에서 항행안전기원제가 예년과 다름없이 치러졌다.[55)]

(4) 기타 승전 의례

이상에서 살펴본 각종 정기적인 기념일의례 이외에도, 조선총독부와 산하 행정관청 그리고 국민총력조선연맹인천지부와 같은 관변단체는 식민지 대중의 전쟁 협력을 유도하기 위한 목적으로 전쟁승리를 축하하는 제전과 행사를 수시로 개최했으며, 여기에 지역주민이 대대적으로 동원되었다. 예를 들어 1937년 9월 바오딩(保定)이 함락되자 27일 인천부 주최로 욱공립소학교 교정에서 전승축하 기행렬을 개최했다. 깃발을 들고 군가를 부르며 인천 신사로부터 부내를 일주하여 부청에 이르는 이 행렬에는 여학교 생도 6천 명과 방호단원, 관료 등 총 1만여 명이 동원되었다.[56)]

---

54) 「豪華, 海の祭典 仁川開港六十周年を祝ふ」, 『경성일보』 1943. 7. 21.

55) 「海の記念日 多彩な必勝行事」, 『경성일보』 1944. 7. 20.

56) 「인천서 旗行列」, 『조선일보』 1937. 9. 29; 「保定陷落を祝ふ」, 『경성일보』 1937. 9. 29.

〈사진 8-3〉 인천신사에서 열린 한커우 함락 축하 봉고제

출처: 『매일신보』 1938. 10. 29

"[인천] 한구 함락의 첩보는 지난 27일 오후 7시경 3발의 화포로써 전 부민에 알리여지자 천지를 진동하는 싸이렌과 환호성은 미증유의 경축 기분을 내여 주고 잇든 바 28일은 전선(全鮮) 일제히 축하식을 거행하는 날이라. 아침 일즉이 양추벽공(涼秋碧空)을 울리는 축하의 화포와 한 가지 오전 10시부터 인천신사에서 千餘 관민 유지 참석 하에 봉고제를 거행하고 이여서 11시부터는 욱(旭)소학교 교정에서 2천여 명의 야연이 잇섯다. 오후 2시부터는 1만 학동의 기행열과 신여의 행열 등이 있쓸 뿐 아니라 각 정회 각 청년단 주최의 각종 여흥물이 잇스리라는 바…" (『매일신보』 1938. 10. 29)

1938년 5월 19~21일 쉬저우(徐州) 함락 소식이 전해지자 인천신사 대전(大殿)에 전승봉고무운장구기원제(戰勝奉告武運長久祈願祭)와 황거요배식을 거행하고 주간에 기행렬, 야간에 제등행렬을 실시하여 장사진을 이루었다.[57] 또한 이해 10월 한커우(漢口)가 함락되자 28일 전국적으로 축하식이 거행되었는데, 인천에서는 27일 저녁 화포를 쏘아 올리고 사이렌을 울렸으며, 28일에는 오전 10시부터 인천 신사에서 관민 1천여 명이 참석하여 봉고제와 무운장구기원제를 거행하고, 이후 11시에 인천부군사후원연맹 주도로 욱소학교에서 2천여 명이 참여한 야외축하연이 전개되었다. 오후 2시에는 1만 학동(學童)의 깃발행렬과 신여 행렬, 야간에는 제등행렬로 "깃발의 파도, 등불의 파도가 전 인천을 뒤덮어 전첩(戰捷) 일색(一色)으로 도배"되었다. 각 정회와 청년단의 각종 여흥 행사는 29일까지 전개되어 사흘간이나 축하행사를 지속했다.[58]

1941년 12월 8일 태평양전쟁을 도발하고 미국 · 영국과 교전을 개시했을 때, 12일 인천 신사에서 거행된 전승기원제, 인천중학교에서 열린 성전관철국민대회(聖戰貫徹國民大會)와 기행렬에도 수많은 대중과 학생이 동원되었다.[59] 또한 1942년 2월 15일 일본군이 싱가폴을 점령하자, 마찬가지로 인천신사에서 일본군의 무운장구와 전승기원제가 거행되었고, 시가행진이 대대적으로 전개되었다.[60] 전쟁 승리를 축하하는 의례와 행사에 참여한 학생과 주민, 관료가 1만여 명에 이른다는 것으로 보아 전승축하행사에 대대적인 대중동원이 이루어졌음을 알 수 있다.

위에서 살펴본 전시체제기 인천지역에서 전개된 전국적 기념(일)의

57) 「徐州 함락쾌보 一到에 槿域은 환호로 一色」, 『매일신보』 1938. 5. 24.

58) 「인천서 漢口 함락축하」, 『매일신보』 1938. 10. 29; 「待ち佗びたその日 仁川の漢口陷落奉告祭」, 「大業成りぬ!」, 『경성일보』 1938. 10. 29, 10. 30; 丸山雄治, 『北支戰線と銃後の仁川』, 1939, 85쪽.

59) 「征戰 필승의 기원제」, 『매일신보』 1941. 12. 16.

60) 「쾌보 新嘉坡 함락」, 『매일신보』 1942. 2. 18.

례는 몇 가지 특징을 보인다. 첫째, 이들 기념의례는 지역민에게 내선일체사상을 각인시킴으로써 전쟁에 협력하도록 유도하여 인적 물적 자원을 동원하는 데에 목적을 두었다. 따라서 전반적으로 기원절이나 명치절, 시정기념일 같은 일본 국가·왕실 관련 기념일보다 육군기념일·해군기념일·만주사변기념일과 같은 전쟁 관련 기념의례와 행사가 중시되었다. 또한 지나사변기념일·장고봉사건기념일과 같이 중국침략 관련 기념일이 새로 제정되었으며, 태평양전쟁을 예상하고 서구 열강에 대항하기 위한 차원에서 항공기념일·해의 기념일이 제정되었다.

둘째, 기념의례 실시에 주도적 역할을 한 것은 지역의 관변단체였다. 주로 전시기에 결성된 많은 (반)관변단체는 식민권력이 지역대중에게 침략전쟁의 당위성을 선전하고 전시정책에 협력하도록 포섭하는 매개체로 활동했다. 기념식전과 거리 행진, 기타 강연회·영화 상영·각종 여흥 등의 부수행사를 준비하고 대중동원에 앞장 선 주요 단체는 "삼위일체의 인천총후진영"인 인천부군사후원연맹, 국민정신총동원인천연맹, 인천방호단이었고 그 외 제국군인후원회인천위원부, 애국부인회인천지부, 국방부인회인천지부 등이었다.[61]

이 시기 인천 관변단체는 대개 인천부윤이나 인천경찰서장과 같은 행정기관의 수반이 단체장을 맡고, 행정당국의 서기·경찰서 경시 등의 관리가 실무를 담당하며, 인천상공회의소 의원이나 부회 의원 등 지역 내 대표적인 자본가·유지들이 단체의 재정을 조달하고 후원을 하는 방식으로 결성되었다.[62] 따라서 기념(일)의례는 조선총독부나 중앙 관변

61) 『北支戰線と銃後の仁川』, 1939, 61~84쪽.

62) 대표적인 예로 1937년 8월 3일 결성되어 각종 기념의례 행사를 주관했던 인천부군사후원연맹의 간부진을 보면 회장: 나가이(永井照雄, 인천부윤), 부회장: 무카이(向井最一, 공립인천상업학교장)·김태훈(김태훈정미소 사장, 인천상공회의소 의원), 상임평의원: 후타세(二瀨一二, 인천경찰서 경시)·무라타(村田孚, 인천물산주식회사 감사, 인천부회 의원, 국수회 인천상무이사)·요시키(吉木善介, 약품판매상, 인천

단체의 지시를 받아 행정적으로 추진 · 집행하는 관료와 민간 차원에서 실질적으로 주민 동원에 영향력을 발휘하는 지역 유지, 자본가들에 의해 주도되었다.

셋째, 후방 국민정신 교화와 인적 물적 동원의 선도라고 할 관변단체의 발회식이나 창립식을 기념일에 맞추어 거행했다. 이는 관변단체 결성에 대한 대중의 관심과 지지를 유도하는 한편, 기념일의 의의를 고조시키고 기념의례와 행사를 성대하게 진행하기 위한 방편이기도 했다. 대표적으로 1937년 기원절에 제국재향군인연합인천분회의 발회식을 거행하고, 1937년 육군기념일에 인천방호단 결단식을 가졌던 예를 들 수 있다.

넷째, 전 조선적으로 시행되는 기념일이 관행적인 기념에 머무르지 않고 인천지역에서 대규모로 성대하게 거행되는 경우는 지역적인 사안과 결부될 때였다. 대표적인 예로 1936년의 시정기념일은 부역 확장이란 지역발전의 중요 사안을 고하는 봉고제와 축하연을 이날 거행함으로써 매우 성대하게 전개되었다. 인천지역민들에게 이날은 시정기념일이어서 라기보다 부역확장축하기념으로 뜻깊은 날이었다.

3. 인천의 지역기념의례와 대중 동원

인천지역 차원에서 실시된 기념일은 인천해전기념일과 인천항제, 그리

상공회의소 의원), 반(伴康衛, 식료잡화 판매, 인천상공회의소 의원) · 시바타(柴田虎一, 인천사리통제주식회사 이사) · 와타라이(渡會儀市, 와타라이정미소 사장), 이치하라(市原雄吉, 양조장 경영주), 상임간사: 우에다(上田良藏, 인천부 사회과 주사) · 이마오카(今岡修一, 인천부 내무과속) · 야오카(矢岡爲十郎, 인천부 사회과 서기) · 庵跡景吉(인천경찰서 경부) · 와타나베(渡邊政喜, 인천상공회 의원) · 가메다(龜田常次, 인천상업학교 촉탁교원) · 고바야시(小林京平, 인천부 사회과 서기)이었다(『北支戰線と銃後の仁川』, 63~64쪽; 『전선상공회의소발달사』, 인천편; 한국역사정보통합시스템).

고 비정기적인 개항기념제가 가장 대표적이었다. 그 외에 인천연합청년단, 조선방공협회인천지부 등과 같은 인천지역 각종 관변단체의 창립기념(일)의례 등에도 지역민이 동원되었으나 여기에서는 제외하기로 한다.

인천해전기념일(당시 인천데이라고 칭함)은 1904년 2월 9일 인천 앞바다에서 일본함대가 러시아군함을 격파한 것을 기념하기 위해, 1905년 인천거류민회에서 이 날을 '인천데이'로 제정한 이후 매년 2월 8일 전야제, 9일 기념의례와 행사를 실시했다. 이는 인천지역에서 가장 중요하고 성대한 기념의례였는데, 중일전쟁기에는 관제동원의 성격이 강해지고 지역기념일을 넘어서 일본제국 차원의 전쟁승리기념일로 재현되었다.[63] 개항기념제는 25주년 행사로 1908년 5월 11~17일, 50주년 되는 1933년 10월 8~14일에 대규모 기념행사가 있었다. 인천해전기념일과 개항기념제에 대해서는 개항장도시의 기억의 정치와 관련하여 9장에서 분석하므로, 여기에서는 인천항제를 중심으로 서술할 것이다.

인천해전기념일이 거류 일본인의 온전한 정착을 보장한 러일전쟁 승리를 기념하는 정치적 성격이 강했다면, 인천항제는 개항 이후 도시 건설에서 제2의 도약 기회라고 할 부역(府域) 확장을 축하하는 사회경제적 의미가 강했다. 인천항제는 1936년 제2축항기공식과 무역액 2억 돌파, 수인철도기공식을 축하하기 위해 5월 15, 16일 이틀 동안 춘제(春祭)를 기해 개최한 축제로, 이후 매년 개최되었다.[64] 인천항제는 인천부청, 인천세관, 체신국, 인천해사출장소와 인천상공회의소가 연합주최했다.[65] 그러나 인천항제의 준비 기획과 진행에 주요 역할을 한 것은 인천상공회의소였다.

---

63) 자세한 내용은 본서 3부 9장 참조.

64) 「"인천항제" 15일 성대거행」, 『매일신보』 1936. 5. 16. 춘제는 봄에 거행되는 축제의 총칭이다.

65) 「仁川の港祭」, 『경성일보』 1936. 5. 12.

기념제전은 5월 15일 오전 8시 관민 6백여 명이 참석한 가운데 인천신사에서 거행되었다. 이후 제1선거(船渠) 남쪽 광장으로 자리를 옮겨 제2선거 축조기공수불식(築造起工修祓式)을 열었는데, 이 자리에는 경성에서 내려온 총독대리, 총감대리 등 총독부 관료들과 인천지역 관민 180여 명이 참석했다. 오후에는 제1선거 동쪽 광장에서 열린 인천항 확장기공 및 무역2억원돌파축하회(여흥행사)에 관민 약 1천 명이 동원되었다.[66)]

공식적인 제전과 식전에는 주로 관료, 지역유지들이 참석했으나, 축하연과 각종 여흥 행사에는 일본인뿐만 아니라 조선인과 중국인들까지 동원되어 참여했다. 전 시가의 축제분위기를 고조시켰던 가장행렬은 정(町) 단위로 혹은 단체별로 이틀간 실시되었는데, 대중의 호응과 관심을 기준으로 평가하여 시상하기도 했다.[67)] 특히 지나정(支那町)의 중국인들은 상해로부터 지도자를 초빙하여 150여 명의 대각(擡閣, 한족의 민속가무) 행렬을 선보였는데, 이는 군중들의 호기심과 흥미를 가장 크게 유발한 구경거리였다.[68)] 조선인들은 경인궁술대회(京仁弓術大會)를 도산정 사정(射亭)에서 개최했으며, 일본인측에서는 주로 부청 관료들로 조직된 극우회(劇友會)의 야외극을 공연했다. 인천스모장려회가 주최한 스모대회, 경성일보인천지국이 주최한 사진콩쿨, 토키 영화대회도 열렸다.

거리의 일장기와 축하등, 단장한 상점가, 항구에 정박 중인 대소 선박

66) 「축전절차」, 『매일신보』 1936. 5. 15; 「港都の祝賀豪華版」, 「港都の興奮」, 「貿易躍進謳歌」, 『경성일보』 1936. 5. 15, 5. 16. 16일 오전 11시에는 화정 매립지에서 수인선 철도기공식이 있었다.

67) 「仁川の祝賀 餘興隊審査」, 『경성일보』 1936. 5. 19. 지나정(支那町)의 그로데스크한 곡예행렬이 1등, 세관의 거함(車艦) 및 수병(水兵) 행렬이 2등, 유치원 유희개항단(遊戲開港團) 3등, 화정(花町) 소년수병행렬 4등, 부도정(敷島町) 조선인들의 상선(商船) 행렬 5등이었다.

68) 「擡閣行列의 盛觀」, 『매일신보』 1936. 5. 17.

의 만함(滿艦) 장식 등은 여느 기념의례와는 다른 풍경으로, 이 부역확장을 기념하는 식전과 행사가 인천지역 주민에게는 어느 기념일보다 지역적인 이해와 관련하여 중요한 일이었음을 알려준다. 인천항제는 "동양 제일의 항만시설"이 기공되고, 산업과 관광 면에서도 근대도시로 비약하는 것을 축하하며 "인천발전 만세"의 소리를 드높인 축제였으니, 이틀간 인천 시가의 분위기는 "환희와 감격의 대도가니"라고 묘사할 만했다.[69] 야간의 불꽃놀이와 가장행렬로 본정은 물론이고 밤이 되면 거의 죽은 듯이 고요했던 해안통도 인파로 넘쳐났으며, 세관과 부청 앞에 세워진 연무장(演舞場)에서는 저녁 8시부터 자정까지 오락행사가 진행되었다.[70]

인천항제가 전국적인 기념의례와 달리 대인천으로의 부역 확장과 지역경제의 발전을 축하하는 지역축제적 성격의 기념제라고 하지만, 대중의 동원이란 측면에서는 차이가 없었다. 예를 들어 인천항제 기념의례에 초등학교 아동 7천여 명이 동원되어 기행렬을 전개했고, 청년단 · 중학생은 대(大)제등행렬에 동원되었으며, 주민들은 각 정총대에 의해 여흥행사에 동원되었던 것이다.

제2회(1937년) 인천항제는 전년과 달리 5월 14, 15일에 개최되었는데, 무역항이란 기존 이미지 외에 관광항이란 새로운 이미지를 부각시키기 위해 관광제까지 겸하여 다른 지방에서 참관하러 오는 사람들도 늘어났다.[71] 항제 준비는 4월 중순부터 부청과 인천상공회의소, 세관이 중심이 되어 수차 회의를 통해 이루어졌는데, 항제위원장은 나가이 부윤, 부위원장은 인천상공회의소 회두였다.

---

69) 「近く實現する東洋一の大港灣施設」, 「躍進の仁川港勢」, 「歡喜と感激の大坩堝」, 『경성일보』 1936. 5. 15, 5. 16.

70) 「歡喜に暮れて歡喜に明く」, 『경성일보』 1936. 5. 17.

71) 「인천항제」, 「인천항제준비 16일에 협의」, 「인천의 명물항제」, 『매일신보』 1937. 4. 9, 4. 16, 5. 16; 「港祭の各町餘興」, 『경성일보』 1937. 5. 12.

1회 때와 마찬가지로 14일 저녁 인천신사에서 전야제가 거행되자 거리는 초롱 제등의 불야성을 이루었다. 이날 야간에 우편국 앞에서는 스모대회, 부청 앞 광장에 설치된 무대에서는 여흥행사가 전개되었는데, 이때 무려 6천여 명의 대중이 참가 또는 관람했다.

제3회(1938) 항제는 중일전쟁이 발발한 이후여서 '일체 공허한 축전과 소란스러움을 배격하고 상공업 진흥을 주안으로' 하여 치러졌다.[72] 부청·세관·인천상공회의소 공동주최이지만, 상공회의소가 중심이 되어 전시 하 분위기에 상응하면서 지역의 상공업 발전에 일조할 수 있도록 각 상점연합대매출, 국산품애용점두장식경기회(國産品愛用店頭裝飾競技會), 국산품애용표어 모집, 광고선전행렬 등 실용적인 행사로 기획했다. 주목할 점은 종래 인천항제를 인천신사의 춘제 때 함께 실시했는데, 이 해부터 인천신사 대제(大祭)에 뒤떨어지지 않는 격의있는 항제로 독자적으로 진행하기로 했다는 점이다. 이에 본제에 앞서 전야제, 발행제에 이어 상품제를 별도로 지내기로 하고 지역 내 상점·회사·공장 등에 광고행렬에 참가하도록 협조를 요청했다. 출진 상품은 세관 구내의 제단에 진열했으며, 상점연합회는 상공회의소와 공동 주최로 전시연합할인대매출(全市聯合割引大賣出)을 사흘간 실시했다.[73] 전야제가 열린 14일에 쇄도하는 인파로 인천신사가 혼잡하여 밤인지 알 수 없을 정도였다는 것으로 보아[74] 전쟁 시국이라고 하지만 예년과 같이 역시 많은 주민이 참가했음을 알 수 있다.

인천부와 인천상공회의소는 중일전쟁 이후 대륙병참기지로서 인천의

---

72) 「仁川のみなと祭 おまつり騷ぎは一切やめて」, 『경성일보』 1938. 3. 4; 「인천항제이용 토산애용운동」, 『동아일보』 1938. 3. 4; 「인천항제 기하야 국산품애용운동」, 『조선일보』 1938. 3. 4.

73) 「仁川の港祭 今年から商品祭と併せ」, 「仁川の港祭」, 『경성일보』 1938. 4. 22, 5. 13.

74) 「仁川の港祭」, 『경성일보』 1938. 5. 17.

역할이 중요하게 부각되자, 인천항제를 활용함으로써 동양제일의 무역항으로 입지를 굳히기 위해 다양한 행사를 기획했다. 특히 1940년 제5회 항제에서는 경인공업지구 개발과 4월 1일 발표된 부역 확장, 그리고 무역액이 3억을 돌파하는 '미증유의 발전'을 축하하기 위해 전야제와 각종 행사를 획기적인 대규모로 전개했다. 특히 이 때 종전의 육상 신여도어식(神輿渡御式)뿐만 아니라 축항 내와 월미도를 일주하는 해상도어식(海上渡御式)도 거행한 것은 인천항제를 통해 항도 인천의 정체성을 분명하게 표출한 것이었다.75)

그러나 1941년에 이르러 그동안 인천신사의 춘제 때 거행되어온 '호화판' 항제는 부윤의 지시로 5월 27일의 해군기념일에 거행하기로 변경되었다.76) 이는 지역 차원의 기념(일)의례가 결국 전시상황에서 전국적 기념의례로 포섭되었음을 뜻한다.

위에서 살펴보았듯이 지역 발전과 관련된 인천항제는 단순히 동원에 의한 것이기 보다 오락 여흥행사의 비중이 커 축제의 성격이 강했고, 또한 할인대매출과 같은 주민의 관심을 유인하는 요소가 작용하여 전조선적으로 거행된 기념의례에 의한 동원과는 차이를 보였다. 인천항제를 기획한 것은 대개 부회의원이고 학교조합평의원인 인천상공회의소 의원들이었다. 이들은 인천을 대륙병참기지로 설정한 국토개발계획선상에서 이루어지는 경인공업지구 개발과 제2축항을 통해 경제적 이익을 획득하려고 했던 것이다. 그런데 일반 지역대중의 편에서 보면, 인천항제 역시 기획된 동원이란 점에서 전국적 규모의 기념의례와 다를 바 없었다. 동원의 목적이나 배경에 차이가 있을 뿐 제전과 기념식, 여흥행사에 각 정회와 학교, 단체별로 동원되는 방식은 동일했던 것이다.

---

75) 「仁川港祭あす御神輿渡御式」, 「仁川の恒例港祭 神輿海上渡御」, 『경성일보』 1940. 5. 14, 1941. 5. 16; 「一滴千金의 雨中에 인천항제를 거행」, 『매일신보』 1940. 5. 17.
76) 「仁川の恒例港祭」, 『경성일보』 1941. 5. 16.

4. 의례의 장소와 동원의 공간

기념(일)의례는 크게 제전과 식전, 그리고 시가행진 · 각종 체육대회와 여흥행사 · 강연회 등 부수 행사로 진행되었다. 기념(일)의례는 앞에서 보았듯이 '시(時)의 기념일'을 제외하고는 모두 인천신사의 제전으로 시작되었다. 예를 들어 명치절과 시정기념일 같은 축하 성격의 기념일에는 봉축식을, 육군기념일과 해군기념일에는 기념식전을 거행했다. 만주사변기념일에는 전첩기원제와 만주사변전몰군인의 초혼제를, 지나사변기념일에는 황군무운장구기원제를 거행했다. 중국침략전쟁의 승리를 축하하는 수시 기념의례 역시 전투승리를 고하는 봉고제와 무운장구기원제로 시작되었다. 기념의 취지와 성격에 따라 각기 다르게 제전을 집행했던 것이다.

또한 정기 기념일이나 전승 관련 행사와 상관없이, 전몰군인의 초혼제와 위령제, 일본군의 무운장구기원제 등이 인천부나 관변단체 주도로 인천신사에서 자주 개최되었다. 예를 들어 인천부는 1937년경 4월 30일을 청일전쟁, 러일전쟁, 만주사변 시에 전몰한 장병의 초혼제일로 정하고 오전 10시에는 인천신사에서 제전을 집행하고, 11시에는 동본원사에서 각 종파 연합의 위령제를 지냈다. 이때 각급 관공리와 각 학교 생도가 동원되었다.[77] 똑같은 내용의 행사가 1938년 4월 30일에도 있었으니, 1875년 강화도전투부터 중일전쟁에 이르는 인천 관계 전몰장병의 초혼제를 인천신사에서 거행하고, 이후 동본원사에서 위령제를 지냈다.[78] 한편 중일전쟁 직후인 1937년 7월 17일에는 급박한 시국 하에 방호단인천청년단, 애국부인회인천지부, 국방부인회인천지부 등 관변단

---

77) 「戰歿將士 초혼제 인천신사에서 거행」, 『매일신보』 1937. 5. 1.

78) 「招魂祭と慰靈祭, 仁川で執行」, 『경성일보』 1938. 4. 29.

체가 주도하여 1천여 명의 주민이 참석한 가운데 인천신사에서 국위선양기원제(國威宣揚祈願祭)가 열렸다.79)

〈사진 8-4〉 동공원 내 인천신사

자료제공: 화도진도서관

〈시진 8-5〉 월미도 애암신사

자료제공: 화도진도서관

79) 「中外に國威宣揚 仁川府民の祖國愛燃えて」, 『경성일보』 1937. 7. 18.

인천신사에서 행해지는 기념식전에는 주로 부윤과 부청·경찰서·세관·우편국의 관리들, 국민정신총동원인천연맹 그리고 산하 정연맹과 각종 보국단, 경방단인천지부, 재향군인회인천지부, 인천부군사후원연맹 등 각종 관변단체 관계자가 참석했다. 따라서 신사의 기념식전에는 보통 3백~5백 명 정도의 인원이 동원되었다. 신사에서 기념식전이 행해지는 같은 시각에, 여기에 참여하지 못한 은행·회사·공장 등의 각 직장과 학교에서는 궁성요배와 묵도가 행해졌다.

이와 같이 인천신사는 모든 기념(일) 제전이 개최되는 기념의례의 상징적 장소였다. 인천지역 기념제전의 거의 대부분이 인천신사에서 개최되었지만, 간혹 월미도의 애암신사(愛岩神社)에서 열리기도 했다. 예를 들어 1937년 8월 4일에는 이곳에서 무운장구기원제가 거행되었다.[80] 또한 전몰장병의 위령추도회(위령제)는 간혹 고야산(高野山) 편조사(遍照寺)나 명조사(明照寺, 寺町 소재)에서 열리기도 했다[81] 따라서 인천신사의 행사는 곧 인천지역 관공리와 지역유지뿐만 아니라 일반주민과 학생들의 중요한 일정이었다.

인천신사는 주기적인 기념일과 전시기 수시적인 전승축하 때 제전이 개최되는 장소일 뿐만 아니라, 각종 향군대회(鄕軍大會)나 기타 행사 때 의례적인 참배의 장소이기도 했다.[82] 예를 들어 국민정신작흥주간·총

---

80) 「皇軍の武運長久 月尾島の愛岩神祠大祭に」, 『경성일보』 1937. 8. 5; 「武運長久祈願 仁川愛岩神祠서」, 『매일신보』, 1937. 8. 6.

81) 인천지역 기념제전의 거의 대부분이 인천신사에서 개최되었지만, 간혹 월미도의 애암신사(愛岩神社)에서 열리기도 했다. 예를 들어 1937년 8월 4일에는 이곳에서 무운장구기원제가 거행되었다(「皇軍の武運長久 月尾島の愛岩神祠大祭に」, 『경성일보』 1937. 8. 5; 「武運長久祈願 仁川愛岩神祠서」, 『매일신보』, 1937. 8. 6). 또한 전몰장병의 위령추도회(위령제)는 간혹 고야산(高野山) 편조사(遍照寺)나 명조사(明照寺, 寺町 소재)에서 열리기도 했다(「인천부행사결정 7월7일사변기념일」, 『조선일보』 1940. 7. 3).

82) 「仁川鄕軍大會開く」, 『경성일보』 1940. 4. 15.

후보국강조주간 · 전시국민생활강조주간과 같은 각종 캠페인이 실시되는 첫 날과 중요 행사 때에는 각 관공서의 관리, 단체 관계자, 학교 생도들은 신사에 참배하는 것이 관례화되어 있었다. 특히 1937년 9월 이후 정해진 애국일(1939년 9월 이후 흥아봉공일로 개칭하고 매월 1일로 정함)에는 국기게양, 궁성요배, 황국신민서사 낭독과 함께 신사참배는 중요한 실천요목이었다.83) 또한 인천부는 1938년 11월 이후 매달 13일을 단체신사참배일로 제정했다.84)

중일전쟁 이후 경신숭조(敬神崇祖)의 이념이 심화되고, 무운장구기원제 등이 자주 개최되면서 인천신사 참배자의 수가 격증했다.

〈표 8-2〉 중일전쟁 전후 인천신사 참배자수 비교

기간		일본인	조선인	외국인	계
1936.12~1937.6	개인	92,327명	3,214	26	95,567
	단체	91단체/ 18,023	4단체/ 345		95단체/ 18,368
1938.4~6	개인	97,286	3,962	26	101,274
	단체	153단체/ 30,079	15단체/ 2,495		168단체/ 33,574
1938.7~8	개인	60,877	3,086	16	63,979
	단체	113단체/ 22,089	11단체/ 1,990		124단체/ 24,079
	개인 합				165,253
	단체 합				292단체/ 57,653

자료: 「事變以來激增した神社參拜者の數」, 『경성일보』 1938. 11. 8.

〈표 8-2〉는 인천경찰서 고등계에서 1936년 말~1938년 8월 인천신사 참배자를 개인/단체, 민족별로 조사한 내용이다. 이에 의하면, 중일전쟁 이전인 1936년 12월~1937년 6월의 7개월간 인천신사 참배자는 개인 참배자수가 95,567명, 단체참배자수는 18,368명으로 총 113,935명이었다. 그런데 1938년 4월~8월의 5개월간에는 참배자가 개인 165,253명, 단체

83) 『朝鮮に於ける國民精神總動員』, 조선총독부, 1940, 33~35쪽.

84) 「인천부민의 총동원 신사를 단체참배」, 『매일신보』 1938. 11. 6.

57,653명으로 기간이 2개월 짧음에도 불구하고 전쟁 전 7개월간 참배자 수보다 개인으로는 1.7배 이상, 단체로는 무려 3.1배나 증가했다. 특히 단체참배자수의 증가가 훨씬 크다는 사실은 이 시기 무운장구기념제나 초혼제와 같은 각종 전쟁의례의 증가와 관계되어 지역민이 소속단체별로 집단동원되었음을 알려준다.

그런데 민족별로 구분해 보면, 중일전쟁 이전과 이후에 일본인 개인 참배자는 1.7배 증가했는데 비해, 조선인은 2.1배 증가했다. 그런데 단체참배자는 일본인이 2.9배 증가한 데 비해 조선인은 13배나 증가했다. 이는 신사참배 강제가 주로 조선인에게 집중되었고, 그것이 단체별 동원방식으로 이루어졌음을 말해준다.

이와 같이 인천신사는 인천 주민의 일상을 규제하는 장소였다. 참배를 통한 국민정신 교화의 장소만 아니라, 신성 장소의 관리를 위한 노력봉사의 장소이기도 했다. 방학이 되면 소학교나 중학교 학생들은 으레 '성한부대(誠汗部隊)' 즉 근로봉사대로 동원되어 신사의 미화, 보수작업에 참여해야 했으며 이는 일반 주민들도 마찬가지였다.[85)]

인천신사는 인천시가의 동쪽 교외, 서해 바다에 접한 언덕 위

〈사진 8–6〉 인천신사 확장공사에 2만여 부민들 근로 동원

仁川神社擴張工事에
二萬人員이出役
府民들赤誠의表現

【仁川】 인천신사경내 확장공사는 일반소학아동을비롯하야 각관공서에이르기까지연일 근로봉사작업을하야 총후국민의 열성을여실히 보혀주고잇섯든바 十二월을당하야 본격적추위도 습래하얏고 동결기도되얏슴으로금년도의 작업은이로써 일시중단키로되얏다는바 작업은七월七일부터 十一월말일 五개월간에작업인원 二만一천三백七十一명으로 근로작업시간은 실로六백一시간에달하얏다한다

출처: 『매일신보』 1939. 12. 5.

85) 「인천신사에서 誠汗部隊 봉사」, 「萬餘 학도 땀의 보국」, 「인천신사에서 관민들 愛汗奉仕」, 『매일신보』 1940. 6. 22, 7. 27, 8. 20.

동공원 내에 위치했다.[86] 일본국왕의 조상인 아마테라스 오미카미(天照大神)와 근대 천황제의 시조인 메이지천황을 제신(祭神)으로 모시는 인천신사는 1890년에 건립되어 인천대신궁이라고 부르다가 1916년 4월 인천신사로 개칭되었다. 신사 부근은 인천공원(1914년 이후 각국공원인 서공원에 대비하여 동공원으로 부름)으로 조성되었다. 해외신사로는 1908년 처음으로 신여도어식(神輿渡御式)을 지낸 곳이다. 월미도 애암신사(1908년 설립)가 있었음에도 불구하고, 거의 모든 기념제전이 인천신사에서 개최되었던 이유는 개항기에 이곳에 일본조계가 존재했고 인천 거류 일본인의 모태였기 때문일 것이다.

인천신사가 제전의 장소였고 때문에 참배의 장소였다면, 기념식전과 연회행사 혹은 강연회가 열렸던 공립학교 교정과 공회당은 동원의 공간이었다. 일반적으로 인천신사의 제전이 끝나면 이어서 학교 교정이나 공회당에서 다시 기념식을 거행하거나 혹은 기념식없이 바로 연회가 개최되었다. 교정에서 열리는 기념식에는 제전에 참석한 이들 이외에 각 관변단체 회원, 일반 주민, 특히 학생들이 대거 동원되었다.[87]

공립학교 교정은 동원된 지역민과 청년·학생 등 많은 대중을 수용할 수 있었기 때문에 일기만 좋다면, 최적의 기념식 장소였다. 그리고 매일 등교해야 하는 학생들은 가장 효율적인 기념의례의 동원 대상이었다. 욱소학교는[88] 기념식이나 야외축하연 등이 가장 많이 개최되었던 곳이다. 그 이유는 인천신사 인근에 위치하여 제전이 끝난 다음 바

86) 青山互惠, 『仁川事情』, 조선신보사, 1892, 51~52쪽; 萩森茂 編著, 『京城と仁川』, 大陸情報社, 1929, 270쪽; 『인천부사』, 1933, 1347쪽; 『만국공원의 기억』, 인천문화재단, 2006, 38~39 · 159쪽.

87) 「인천부 행사결정」, 『조선일보』 1940. 7. 3.

88) 욱소학교(현재의 신흥초등학교)는 1884년 4월 설립되었다. 학교가 위치한 욱정은 사정(寺町)이라 부르다가 1936년 5월 궁정(宮町) 일부를 편입하여 욱정으로 개칭했다. 해방 이후에는 원래의 지명인 답동으로 환원되었다.

로 이동하여 기념식이나 기타 행사를 실시하기 쉬웠기 때문이다.[89] 또한 인천부는 전시 하 지역민들에게 시국인식을 강화하고 보국정신을 주입하기 위한 목적으로 인천 출신 전몰장병의 장례를 부민장(府民葬)으로 거행했는데, 많은 지역민이 동원된 이 부민장의 장소도 대개 욱소학교 교정이었다.[90]

〈사진 8-7〉 인천 공설운동장(웃터골)

자료제공: 화도진도서관

---

89) 대표적인 예로 1938년 10월 28일 한커우(漢口) 함락 축하 기념행사 때 오전 10시에 인천신사에서 봉고제를 거행한 후 이어서 11시에 욱(旭)소학교에서 인천부군사후원연맹 주최로 야연회(野宴會)를 개최한 예를 들 수 있다. 또한 인천부와 인천군사후원연맹은 특정 기념일도 아닌 1938년 10월 20일 욱소학교에서 호국영령에 대한 위령제를 거행했다. 이날 기념식에는 관리들과 각 단체 대표자들, 초중등학교 대표자, 군인 유가족 등 수백 명이 동원되었다(「仁川の漢口陷落奉告祭」, 「仁川で嚴肅に慰靈祭」, 『경성일보』 1938. 10. 29, 1938. 10. 21).

90) 「仁川三氏の府民葬」, 「故彌長上等兵仁川府民葬」, 『경성일보』 1939. 10. 2, 1940. 9. 3; 「仁川戰歿將士 府民葬을 거행」, 「故千原軍曹 인천에서 府民葬」, 『매일신보』 1940. 7. 6, 1942. 6. 17.

다음으로 기념식이 많이 거행된 곳은 인천공립중학교(1935년 4월 개교, 현재 전동 제물포고등학교)였다.[91] 이곳은 원래 공설운동장이 있던 자리로 많은 대중을 수용할 수 있고, 인천부의 서북쪽에 위치하여 부청 및 공회당과 근접해 관료들의 참석이 용이했다.

기념식이나 시국대회 등을 야외에서 할 수 없는 우천 시나 야간 시에는 주로 산수정(현 송학동)에 위치한 공회당에서 기념식이 열렸다.[92] 또한 공회당에서는 기념의례와 관련된 강연회 혹은 입영장정봉고제(入營壯丁奉告制)와 장행회(壯行會) 등을 개최하기도 했다.[93]

한편 기념식 후 전승기념이나 인천항제같은 축하행사인 경우 시가행렬이 이어졌다. 기념의례의 백미 즉 가장 가시적인 대중동원 방식은 바로 시가행렬이었다. 전시 상황이라 대개 군사행진적 성격이 강했지만, 기념의 성격에 따라 인천항제의 경우 가장행렬과 같은 축제 성격의 것도 있었다. 시가행렬은 보통 기념식이 끝난 후 학교 교정에서 출발했다. 주간에 행해지는 기행렬은 군가나 행진곡을 연주하는 악대가 선두에 서고, 그 뒤를 일장기와 각 단체기, 그리고 구호플랭카드를 든 깃발부대가 따르고 이어서 학교생도와 청년단, 각 단체원들이 뒤따랐다. 야간의 횃불(제등) 행진은 시내에 불야성을 이루어 더욱 장관이었다.

시가행진은 〈지도 8-1〉에서 보듯 대개 ⑤공립인천중학교→③인천부청→⑨인천미두거래소→⑧식산은행인천지점→①인천신사 코스와 ②욱

---

91) 예를 들어 1940년 지나사변기념일에는 오전 6시에 인천신사에서 무운장구기원제를 지낸 후, 이어서 9시에 인천공립중학교(우천 시에는 공회당)에서 모든 관변단체가 참석한 가운데 기념식을 별도로 진행했다.

92) 예를 들어 중일전쟁 직후인 1937년 7월 17일 오후 8시에 열린 인천부 주최 시국대회는 공회당에서 천여 명이 참석한 가운데 열렸다. 또한 1940년 7월 6일 열린 적성국가격양대회는 호우로 저녁 7시부터 5백여 명이 동원되어 인천공회당에서 개최되었다(「敵性國家擊攘大會 今夜仁川公會堂에서」, 『조선일보』 1940. 7. 6; 「敵性國家擊攘大會 인천서도 성대거행」, 『동아일보』 1940년 7월 10일).

93) 「仁川壯丁壯行會」, 『매일신보』 1944. 8. 27.

소학교→⑧식산은행인천지점→⑨인천미두거래소→③인천부청 두 가지 코스로 진행되었다. 시가행진 코스에서 경유지는 조금 다를 수 있었지만, 출발지와 목적지는 대개 동일했다. 대개 인천중학교에서 출발할 경우 상업지구 중심번화가 대로를 거쳐 동공원 내 인천신사에 이르러 참배 후 종료하거나, 또는 욱소학교에서 출발할 경우 역시 번화가를 지나 부청 광장에 이르러 만세삼창으로 종료하는 경로였다.[94] 식민 지배의

〈지도 8-1〉 인천 주요 건축물과 시가행진 코스

① 仁川神社 ②旭小學校 ③인천부청 ④인천공회당 ⑤공립인천중학교 ⑥공설운동장 ⑦인천세관 ⑧식산은행인천지점 ⑨仁川米豆取引所 ⑩十八銀行

자료: 「仁川府內圖」(소화6년 현재), 『仁川府史』, 인천부, 1933.

94) 「仁川鄕軍大會開く」, 『경성일보』 1940. 4. 15 참조.

기념비적 건물인 인천신사로부터 부청까지의 거리는 가장 도심지이기도 했지만, 일본조계시기부터 당시까지 식민도시 인천 건설의 기억공간이었다.

거리행진과 공공축제는 전시기 지역민의 국민 포섭과 전쟁 협력을 목적한 일종의 '정치양식'[95]이었다. 지역 차원에서 행해진 인천항제 역시 지역민의 사회경제적 이해관계와 직간접적으로 연결되었다고 하지만 일본제국의 국토개발계획이란 포괄적인 관점에서 보면, 인천부와 그에 결탁된 지역지배세력의 '정치축제'였다. 따라서 시가행진 코스는 인천 식민도시 건설에서 의미있는 건축물과 그 장소를 연결하는 선(線)으로 채택되었다. 각종 여흥행사나 체육대회가 부청 광장, 인천세관 앞 광장과 체신국 앞에서 개최되었던 것도 마찬가지였다.[96]

1939년 무렵 인천부는 국민정신 작흥을 위해 지역 내 중요 사적지에 15개의 기념비를 건립하는 사업을 추진했다. 사적기념비는 향토사연구가로 부회 의원인 고타니 마스지로(小谷益次郎)가 의뢰받아 선정했다. 선정된 사적은 하나부사 요시모토(花房義質) 공사의 함선 정박 장소(월미도), 러일전쟁 인천만 해전 조망 장소(월미도), 미 해군 습격 장소(영종도), 일본군함 기착지(영종도), 구한국시대의 포대(砲臺) 기지(만석정 묘도), 구한국시대의 포대 기지(松坂町), 제물포조약 체결장소, 인천영사관 터(현 인천부청), 다이쇼(大正) 천황 상륙지, 청일 · 러일전쟁 선도

---

95) 조지 L. 모스, 「4장 공공축제: 토대와 발전」, 『대중의 국민화』, 소나무, 2008, 121~152쪽 참조.

96) 부청이나 신사 앞 광장은 대개 식민권력의 상징공간으로 기능했다. 인천부청은 1882년 일본영사관 청사로 신축되어 1906년 인천이사청 청사를 거쳐 병합 이후 인천부 청사로 이용되었다. 그러나 50여 년이 지나 건물이 노후화되자 논란 끝에 1932년 이를 헐고 그 자리에 새 청사를 신축했다(김백영, 「식민권력과 광장공간-일제하 서울시내 광장의 형성과 활용」, 『사회와 역사』 90, 한국사회사학회, 2011 참조; 「仁川府廳々舍新築問題」, 『朝鮮每日新聞』 1932년 3월 29일; 「新廳舍에서 卅日부터 執務」, 『매일신보』 1933. 6. 28).

〈사진 8-8〉 초기의 인천부청(위)과 1933년 신축된 인천부청(아래)

자료제공: 화도진도서관

부대 상륙지, 러일전쟁 당시 러시아공사관 터 등 인천의 전통적 사적과는 아무 상관없는 일제의 조선 침략과 관련된 사적지였다.[97]

이 사업의 연장선상에서 인천부는 기원 2천6백주년 일본건국기념사업의 하나로, 다이쇼 국왕이 동궁 시절 1907년 조선을 방문했을 때 인

97) 「偲ぶ鄕土の史蹟, 仁川府 國民精神の作興へ」, 『경성일보』 1939. 10. 27.

천에 상륙한 장소인 항정(港町) 인천세관 구내에 성적기념비(聖跡記念碑)를 웅장하게 건립했다. 1939년 인천교육회가 중심이 되어 8천여 아동의 기금을 모아 1940년 6월 기공식을 거행해서, 마침내 1941년 6월 6일 제막식을 거행했다.[98)]

인천공간을 일본의 사적지로 조성하는 작업은 지역민들에게 일상적 생활세계에서 일본제국의 국민으로 동시성(同時性)을 공유하고 있다는 상상을 부여하기 위한 일종의 '장소의 정치'였다. 시가행진의 코스가 이러한 기념비와 건축물을 중심으로 이루어지는 것과 같은 맥락이라고 할 것이다.

〈사진 8-9〉 다이쇼천황 인천상륙지점 기념비

자료제공: 화도진도서관

98) 「大正天皇의 御渡鮮記念碑」, 「聖跡記念碑 제막식 성대」, 『매일신보』 1939년 10월 19일, 1941년 6월 17일; 「聖跡記念碑」, 『경성일보』 1941년 5월 28일. 이 기념비는 총높이 12.4미터, 화강암 기단(基壇) 폭 32미터에 달했다.

시가행진의 시각적 효과는[99] 특히 '소(小)국민' 즉 아동과 청소년 학도들에게는 일본제국에 대한 애국심을 고양시키는 기제로 작용했다. 또한 빈번하게 이루어진 군사적 시가행진은 식민권력이 파쇼적 지배체제를 과시함으로써 대중 통제를 확인하는 지배전술로 기능하기에 충분했다.

5. 대중동원의 정치양식: 의례의 장소부터 시가행진까지

전시 하 조선의 인적 물적 자원의 전쟁 총동원을 위해 내선일체정책을 추진했던 식민권력은 일본정신 고취를 위한 수단의 하나로 기념의례를 활용했다. 지역에서 행해진 기념의례 즉 제전과 기념식, 체육대회와 각종 여흥, 시가행렬 등은 지역사회의 정체성에 중요한 의미를 부여한 역사적 기억이었다.

인천지역에서 실시된 기념의례는 크게 보아 전국적인 기념의례와 지역기념(일)의례로 나눌 수 있다. 당연히 회수로는 조선총독부 차원의 전국적 기념의례가 지역기념의례보다 압도적으로 많았다.

전국적 기념의례는 전시기 상황을 반영하여 전반적으로 기원절이나 명치절, 시정기념일 같은 일본 국가·왕실 관련 기념일보다 육군기념일·해군기념일·만주사변기념일과 같은 전쟁 관련 기념의례와 행사가 중시되었다. 또한 지나사변기념일·장고봉사건기념일과 같이 중국침략 관련 기념일이 새로 제정되었으며, 태평양전쟁을 예상하고 서구 열강에 대항하기 위한 차원에서 항공기념일·'해의 기념일'이 제정되었다. 이러

---

99) 「사진: 인천방호단원들의 시가행진광경」, 『매일신보』 1937. 3. 12; 「寫眞: 旗行列」, 『경성일보』 1937. 9. 29. 참고.

한 상황은 인천지역만 아니라 어느 지역에서나 보편적으로 그러했을 것이다.

하지만 전국적 기념의례도 중앙의 통첩에 의거해 일률적으로 실시되기보다, 각 지역사회의 역사지리적 조건이나 혹은 사회경제적 상황에 따라 일정하게 변용되어 진행되었다. 예를 들어 항공기념일의 경우 비행장이나 비행연대가 소재한 광주 · 신의주 · 대구 · 평양 등지에서는 국기 게양, 항공전몰자에 대한 묵도와 같은 일반적인 의례행사 이외에 글라이더비행 공중분열식, 학생들의 모형비행기대회가 개최되었고, 조선국방항공단 지부가 결성되었다. 반면 인천해전(제물포해전)의 역사적 공간이자 대륙침략병참기지인 인천에서는 항공기념일 행사나 기념의례는 찾아보기 어려우며, 선상훈련 · 인천해안 탐사와 같은 '해의 기념일' 의례행사가 크게 거행되었다.

한편 인천지역의 대표적 지역기념의례로는 제2축항기공식 축하를 계기로 1936년 5월 춘제 이후 매년 개최된 인천항제를 들 수 있다. 이는 전국적 기념의례와 달리 지역사회의 경제적 현안과 연계되어 축제적인 성격이 강했다. 하지만 1941년 태평양전쟁 이후 국가동원력이 강화되면서 지역차원의 기념의례는 위축될 수밖에 없었고, 축제 분위기의 호화스런 인천항제는 해군기념일로 포섭되었다.

지역대중을 기념의례에 동원하는 데에 주요 역할을 한 것은 인천부군사후원연맹 · 국민정신총동원인천연맹 · 인천방호단과 같은 관변단체와 상공회의소였다. 관변단체는 부청 · 경찰서 · 세관 같은 행정기관의 관리와 인천부회의원 · 인천상공회의소 평의원과 같은 사회적 지위를 가진 지역유지 · 자본가들이 주도했다. 전시기에 조직된 많은 관변단체의 간부들은 기념식전과 거리 행진, 기타 강연회 · 영화 상영 · 각종 여흥 등의 부수행사를 준비하고 대중동원에 앞장섰다.

한편 이러한 기념의례의 시작인 제전이 개최되는 인천신사는 일본정신의 상징장소이자 참배의 장소였다. 반면 기념식전과 연회행사 혹은 강연회가 열렸던 공립학교 교정과 공회당은 동원의 공간이었다. 특히 기념식 후 이어지는 군사적인 시가행진과 축제행렬은 지역 대중을 동원하는 '일종의 정치양식'이었다.

해방이 되면서 일본제국주의의 상징물들이 제거된 채 국가에 대한 헌신 · 대중동원 · 거리행진의 기억은 지속되었고 그것은 개발독재 하에서 '지역 전통'으로 재현되기도 했다.

9장 개항장도시 인천의 기념사업과 기억의 정치

1. 기념사업을 통한 집단기억 만들기

최근 사회학이나 정치학 분야에서뿐만 아니라 역사분야에서도 '기억' 연구가 활성화되고 있다. 이는 크게 보면 사회집단의 공적 기억의 변화에 대한, 또는 변화하는 '기억공동체'에 대한 연구이고, 다른 하나는 기억이 사회적 이해 관심과 욕구에 봉사하도록 조형되는 과정인 '기억의 정치'(Politics of Memory)의 양상에 대한 연구이다.[1)]

역사학 분야에서 기억 연구가 고조된 것은 특히 1990년대 이후 한국사회에서 한국전쟁기 양민학살, 4·3사건, 민주화운동 희생자문제, 친일반민족행위 처리문제 등 '과거진상 규명과 청산' 문제가 제기되면서이다. 또한 정치적 사건이나 사회구조 중심의 역사서술에 대한 강한 회의에서 출발한 신문화사 연구경향의 등장도 중요하게 작용했다. 이에 따라 '국가와 기억' '기억과 역사' '기억의 정치' 등이 역사학계의 화두가 되고 있다.[2)]

---

1) 김영범, 「알박스(Maurice Halbwachs)의 기억사회학 연구」, 『사회과학연구』 6집 3호, 대구대 사회과학연구소, 1999, 588쪽.

기억이 사회적 정치적 지평에서 논의되어야 할 문제로 확장되면서 '기억의 정치'란 용어가 개념화되어 통용되고 있다.[3] 제국주의 혹은 국가는 지배체제를 유지하기 위해 필요한 이념들을 설파하는데, 이 때 과거의 특정 사건이나 사실을 선택하여 '기억'으로 구성해낸다. 그리고 기억학습 차원에서 다양한 제도적 장치를 활용하는데, 문화와 예술 즉 문학, 이미지(영상, 미술)와 의례(기념식), 기념물과 공간(유적지, 박물관, 기념관) 등이 그것이다. 이는 문화나 예술을 통해 대항기억을 표상화하는 문화운동에서도 마찬가지이다.[4]

공식적 기억으로서의 집단기억(collective memory)을 나타내는 대표적인 것은 기념의례이다. 의례적 기념행사는 어떤 집단이 집합적으로 의미있다고 여기는 것을 표현하는 방식으로, 사람들의 가장 심오하고 근본적인 가치들을 구체화하는 특이한 사건들을, 일반적인 역사적 과정 속에서 끄집어낸다. 이런 의미에서 기념은 신성한 역사의 등기부이다.

---

2) 대표적인 연구논저는 다음과 같다. 이용기, 「마을에서의 한국전쟁 경험과 그 기억」, 『역사문제연구』 6, 역사문제연구소, 2001; 정근식, 「한국전쟁경험과 공동체적 기억-영암 구림권을 중심으로」, 『지방사와지방문화』 5, 역사문화학회, 2002; 박정석, 「전장의 공간에서 주변인으로서의 전쟁체험-영암 남송리 사람들의 기억을 중심으로」, 『호남문화연구』 32 · 33, 호남문화연구소, 2003; 전진성, 『역사가 기억을 말한다』, 휴머니스트, 2005; 권귀숙, 『기억의 정치』, 문학과지성사, 2006; 최호근, 「집단기억과 역사」, 『역사교육』 85, 역사교육연구회, 2003; 박정석, 「전쟁과 폭력-영광지역 한 마을 사람들의 기억을 중심으로」, 『사회와역사』 66, 2004; 최갑수, 「홀로코스트, 기억의 정치, 유럽중심주의」, 『사회와역사』 70, 한국사회사학회, 2006; 김학이 · 김기봉 외, 『현대의 기억 속에서 민족을 상상하다』, 세종출판사, 2006; 안병직, 「한국사회에서의 '기억'과 '역사'」, 『역사학보』 193, 역사학회, 2007; 이임하, 「상이군인들의 한국전쟁 기억」, 『사림』 27호, 수선사학회, 2007; 한성훈, 「기념물을 둘러싼 기억의 정치와 집단 정체성」, 『사회와역사』 78, 한국사회사학회, 2008; 김기곤, 「국가폭력, 하나의 사건과 두 가지 재현-거창사건의 기억과 문화적 재현 과정」, 『민주주의와 인권』 9권 1호, 5 · 18연구소, 2009.

3) 정호기, 『기억의 정치와 공간적 재현-한국에서의 민주화 운동들을 중심으로』, 전남대 사회학과, 2002, 35쪽.

4) 권귀숙, 『기억의 정치』, 문학과 지성사, 2006, 23~25쪽.

기념의식을 집단기억이 생겨나는 주요 장소로 공부하는 가치는 여기에 있다.5)

공식기억(집단기억)의 체계화와 확산을 위한 여러 기념 행위 가운데 중요한 또 한 가지는 시각적 체험을 위한 기념 장소와 공간이다. 강력한 상징적 이미지가 부여된 기념물과 조형물로 재현된 특정 장소와 공간은 이를 응시하는 대중들에게 '보는 것이 믿는 것'으로 인지시키는 것이다.6)

일제시기에는 식민지 점령과 통치를 과시하고 정당화하려는 의도로 전국적 차원에서 조선총독부시정기념일(朝鮮總督府始政記念日, 10월 1일), 만주사변기념일(9월 18일), 육군기념일(3월 10일, 러일전쟁 당시 가장 격렬했던 전투인 펑텐 전투와 그 점령을 기념), 기원절(건국제, 2월 11일) 등 많은 기념일이 제정되었고 그 기념사업과 기념(축)제가 전개되었다.7) 물론 이에 대항하는 비공식적인 기념일과 기념행사도 있었으니, 러시아혁명기념일, 삼일운동기념일, 물산장려기념일 등을 예로 들 수 있다.

또한 지역 단위로 제정, 실시된 기념일과 기념사업도 있었다. 인천과 같은 개항장도시의 경우 가장 대표적인 것이 개항기념제와 그 기념사업이었다. 또한 러일전쟁 때 인천 앞 바다에서 전개된 해전 승리를 기리는 인천해전기념일과 기념제가 있었다.

해방 이후 정치환경의 변화로 사회적 기억은 재구성되었다. 그러나 기억의 재구성은 지나간 시간과 전면적으로 단절되어 이루어지는 것이 아니라, 현재의 정치적 목적과 의도에 맞추어 일정하게 수정되면서 조

---

5) 에비아타 체룹바벨, 제프리 올릭 엮음, 「달력과 역사: 국가 기억의 사회적 조직화에 관한 비교 연구」, 『국가와 기억』, 민주화운동기념사업회, 2006, 364~365쪽.

6) 정호기, 앞 논문, 17~18쪽.

7) 본서 3부 8장 참조.

형된다. 오늘날 인천지역의 집단기억인 인천상륙 · 맥아더/개항 기념 역시 일제시기의 인천해전기념일/개항기념제와 단속적으로 연계되어 '지나간 시간의 기념물로서의 장소' 인천에 내재화되어 있는 것이다.

여기에서는 개항장도시의 장소성 혹은 로컬리티 형성과 관련하여 '기억의 정치' 문제에 접근해보려고 한다. 즉 제국주의, 혹은 국가 지배이데올로기와 관련하여 만들어지는 '사회적 기억'(집단기억)이 지역사회와 그 내부 장소의 정체성과 아우라(aura)[8] 형성에 어떻게 작용했는지 분석해보려고 한다. 이 과정에서 제국주의와 국가 중심의 집단기억에 대항한 기억투쟁의 대두배경과 갈등, 그리고 그 과정에서 제기되는 공간 재배치와 장소성의 변화에 대해 전망할 수 있을 것이다. 여기에서는 근현대 인천지역에서 제국주의와 국가에 의한 기념일 제정, 그리고 기념사업을 통한 집단기억 만들기가 인천의 장소성 형성과 이미지화에 어떻게 작용했는지 해명해보려고 한다.[9]

2. 일제시기 기념사업과 집단기억

1) 인천해전 기념과 '인천데이'의 집단기억

인천지역에서 가장 중요한 기념일과 기념사업은 2월 8~9일의 인천해

---

8) 발터 벤야민(Walter Benjamin)은 아우라의 개념에 대해 "그것은 공간과 시간으로 짜인 특이한 직물로서, 아무리 가까이 있어도 멀리 떨어진 어떤 것의 일회적인 현상이다"라고 규정했다(「사진의 작은 역사」, 『발터벤야민선집 2: 기술복제시대의 예술작품』, 길, 2007, 184쪽).

9) 기억 관련 연구는 많으나, 인천지역의 기억 문제를 다룬 본격적인 연구는 거의 없다. 이영호, 「역사의식 없는 역사기념물-러시아의 인천해전 추모비 건립을 중심으로」, 『황해문화』 43호, 2004년 정도이다.

전기념일과 그 관련 행사였다.[10] 인천지역 일본인들은 러일전쟁 개전 벽두인 2월 9일에 인천 앞바다에서 일본함대가 러시아 군함을 격파한 것을 축하하는 인천해전기념일이 개항기념일보다 훨씬 의미 있고 중요한 날이라고 생각했다. 1883년 1월에 인천이 개항되기는 했으나, 인천 지역의 팽창과 대륙발전의 근거가 마련되어 크게 진전을 보기 시작한 것은 바로 인천해전을 획기로 한다고 생각했다.[11]

이에 1905년 2월 6일 인천 거류민회에서는 2월 9일을 '인천데이'로 제정하는 의안을 제출하여 만장일치로 통과시켰다. 거류민단장 도미타(富田耕司)가 거류민회에 제출한 의안에는 인천데이 제정 배경에 대해 "1904년 러일전쟁이 일어나 인천항이 실로 위급존망의 분기점에 처함으로써 당시 관민 일반의 우려가 금일 다시 생각하더라도 두려워하지 않을 수 없는 차제"인 상황에서 2월 8일 밤 일본 해군 우류 소토기치(瓜生外吉) 함대, 기고시 야스츠나(木越安綱) 여단이 적전(敵前) 상륙을 감행하고, 2월 9일 팔미도 앞 바다에서 러시아군함 바랴크(Variak)호, 카레예츠(Koryetz)호 등을 격파한 것은 "실로 거류민이 천고(千古)에 잊을 수 없는 바"이기 때문이라고 밝혔다.[12] 즉 "모든 계급의 거류민들이 오늘날 평화의 천지를 구가하고 있는 것은 오로지 저 해전 결과 덕분인데,

10) 팔미도 앞 해전을 일본에서는 인천충해전(仁川沖海戰), 러시아에서는 제물포해전으로 부른다. 여기에서는 인천해전으로 표기한다. 러일전쟁과 인천해전의 경과에 대해서는 로스뚜노프 외 전사연구소 편, 김종헌 옮김, 『러일전쟁사』, 건국대학교출판부, 2004, 127~131쪽 참조.

11) "…2월 9일은 日露海戰의 당일로서 명치 16년의 인천개항기념의 그것보다도 큰 기념일이다. 단지 인천의 기념일일 뿐만 아니라 일본제국민 모두가 잊어서는 안 되는 기념일임이라고 생각하지 않으면 안된다."(「二月の大記念」, 『朝鮮新聞』 1913. 2. 5)
"…인천의 개항은 지금으로부터 35년 전 즉 明治 16년 1월이지만, 인천의 발전에 일대진전을 획(劃)한 날은 명치 37년 2월 9일이며 이 날을 획하여 인천이 현저한 팽창을 告했을 뿐만 아니라 대륙 발전의 기초는 이 날로써 제일착을 이루었다고 해야 할 것이다."(「仁川デー」, 『조선신문』 1917. 2. 9)

12) 「인천기념일」, 「年代表」 『인천부사』, 인천부, 1353~1354쪽, 부록 12~13쪽.

그런데도 이미 거류민 중에는 당시의 사정과 형세를 기억하지 못하는 자가 있으니…육해군이 여하한 계획과 고심으로 작전을 수행한 결과인지를 생각하고 이 마음을 누천년 동안 망각하지 않"기 위해서였다.[13]

거류민회에서는 인천데이 지침으로 "2월 8일은 군대 상륙 당일이므로 국기 헌등(軒燈)을 게양할 것, 2월 9일에는 국기 헌등을 걸고, 일반이 모두 휴업하고 축하 의사를 표할 것, 그리고 오후 1시부터 대신궁기념제(大神宮紀念祭)에 참배할 것"을 공포했다.[14] 이후 매년 2월 8, 9일이면 인천데이 행사가 실시되었다.

제3회 기념인 1907년의 경우, 2월 8일 밤에는 기고시 여단이 상륙하자 거류민이 횃불을 들고 환영했던 당시 상황을 해안가에서 그대로 재현하는 전야제를 개최했다. 9일에는 해전을 치렀던 오후 1시에 일본공원의 대신궁에서 전첩을 축하하는 기념제를 거행했다. 그 후 가부키좌에서 기념축하회를 열고, 여흥으로 신구극(新舊劇), 각 요리점 예기의 수용(手踊) 등을 공연했다.[15] 이 자리에는 하세가와(長谷川好道) 총독대리와 통감부 고등관, 고급무관, 정박 중인 제2함대 사령관과 사병 등 7, 8백여 명이 참가했다. 그리고 거류민단 명의로 러일전쟁 당시 인천 상륙과 해전을 감행했던 기고시 육군중장과 무라카미(村上) 대좌에게 축전을 보냈다.[16] 이 기념제 행사를 위해 일본인 은행과 기업, 자본가들과 관료들이 수십 원씩 기부했으며, 지역신문인 『조선신보』에는 이날 일제히 각 상점 광고마다 '축 인천데이'가 첫 머리를 장식했다.

매년 2월 8일과 9일에 열리는[17] 인천데이의 기념행사는 거의 비슷했

---

13) 「言論: 仁川日」, 『朝鮮新報』 1907. 2. 9.

14) 「인천기념일」, 『인천부사』, 1933, 1354쪽.

15) 「仁川記念祭彙報」, 「仁川デー祝賀會」, 「仁川の祝賀會餘興」, 「仁川デーの光景」, 『조선신보』 1907. 2. 3, 2. 8, 2. 9, 2. 11.

16) 「仁川記念祭彙報」, 「仁川紀念祭返電」, 『조선신보』 1907. 2. 9, 2. 11.

17) 1909년에는 2월 11일의 기원절 행사와 겸하여 개최했다.

으며, 다만 축하회 개최 장소나 초대인사가 변경되는 정도였다. 초대인사들은 통감부(총독부) 고위관료, 군사령관과 고급 무관, 그리고 당시 해전에 참가했던 장교·군인 등으로 선정되었다. 1910년에는 인천해전을 지휘했던 당사자인 기고시 제6사단장이 아카시(明石元二郎) 군참모장, 오쿠보(大久保利通) 군사령관과 함께 참석했다.

지역신문인 『조선신보』(1908년 말 이후 『조선신문』으로 개제)는 매년 이 날이 되면 2월 8일과 9일 러시아 군함의 코앞에서 감행한 육군의 인천 상륙과 팔미도 앞 해전을 영웅적인 전투로 치하하고, 또한 적십자사애국부인회의 러시아 군인 구호를 인도적인 활동으로 부각시키며, 거류민들의 전쟁 지원에 관해 상기시키는 기사와 논설로 주요 면을 채웠다. 그러한 기사들의 메시지는 오늘날 인천 거류 일본인들이 누리는 평화와 번영의 연원은 바로 인천해전의 승리와 제국 육해군의 공로에서 비롯되며, 따라서 이를 영구히 기억해야 한다는 것이었다. 이에 인천해전에 대한 망각을 깨치기 위해 불타며 침몰하고 있는 러시아 군함 사진과 함께 당시 인천해전에 참전했던 군인들의 구체적인 실전 경험담이나 전쟁을 목격한 인천 거류민들의 회고담을 게재했다.[18] 또는 그 당시 군의 일지(日誌) 혹은 보고 내용을 싣기도 했다.

---

18) 「三面論壇: 仁川デーを祝せよ」, 「想起る仁川の海戰」, 『조선신보』 1907. 2. 8, 2. 9; 不驚巖主人, 「二月九日の回顧」, 「富田民長懷舊談」, 『朝鮮新聞』 1909. 2. 9; 柳々史, 「海戰談片」 『조선신문』 1909. 2. 9; 不驚巖主人, 「回顧錄」 『조선신문』 1910. 2. 9. 부록 1면; 富田民長談, 「五年前の今日」, 『조선신문』 1909. 2. 11; 不驚巖, 「九年前に於ける二月九日の回顧」, 『조선신문』 1911년 2월 9~10일; 「海戰と隱れたる偉勳」, 「懷起す十年前の今月」(1~5), 「開戰前重大任務に就きし小牟田警視談」, 「仁川海戰に於ける陣頭の天使」, 「仁川海戰實話」, 「十年前の日記」, 「仁川海戰實話」, 「初陣の追懷: 松浦 駐箚參謀 談」, 「敵兵の救護: 京城利田병원장 利田八千穗氏 談」, 「記念すべき麗はしき功勳」, 「回顧す十五年前の今月今日」, 老成村, 「回顧す十七年-仁川デーに際して」, 『조선신문』 1911. 2. 9, 1913. 2. 5~9, 2. 9, 2. 9~11, 1914. 2. 9, 1915. 2. 9, 1916. 2. 9, 1919. 2. 9, 1921. 2. 8; 「兩艦を血祭にした仁川沖の戰の懷古: 當時の分隊長 淸河中將語る」, 『경성일보』 1928. 2. 9.

〈사진 9-1〉 러시아 바랴크호의 자폭 침몰 광경

출처: 『선구지 인천의 근대 풍경』, 인천광역시사편찬위원회, 2013, 33쪽.

〈사진 9-2〉 인천신사에서 개최된 바랴크호 격침 37주년 기념제 보도 기사

露艦와리야크號擊沈
卅七周記念祭
九日仁川神社境內서

【仁川】仁川압바다에서 日露戰爭에서 露軍의軍艦『와리야크』號를 擊沈식히我國 海軍의歷史的武勳을 남긴것도이미 三十七年을마지한 오는九일은 仁川압바다의海戰三十七周年記念日임으로 이에仁川府에서는 이意義잇는날의 記念行事에대하여 계획을進行中인데 今年은특히新體制下에 이記念日을 마지함으로府에서는 이날에는府民에게 一層時難克服體制를 强化시키기로되엿다 當日의記念行事로서는 그前날밤 午後七時부터 仁川神社境內에서 화롯로서 府民에게알이고 九日인當日은 神社에서記念祭를擧行코 當時의 軍艦千代丸外 乘組員의 勇戰奮鬪無敵海軍의偉力을 中外에闡明한 生存將士에대하야 感謝電報를보내고 그날은 海軍協會의主催로서公會堂에서 講演會를열리라한다

출처: 『매일신보』 1941. 2. 6.

그런데 이러한 회고에서 주목할 점은 일본 거류민들이 “이 곳(인천)을 사처(死處)로 정하고…”란 표현과 같이 전쟁 위기를 과도하게 강조했는 점이다. 그러나 실제 인천해전 당시 함대 구성을 보면, 러시아의 경우 바랴크호 · 카레에츠호 두 척인 데 비해 일본 연합함대는 아사마호 · 나니바호 · 타카치오호 · 치오다호 · 누타카호로 편성되었고, 무장력도 일본이 압도적으로 우세했다.[19]

또한 2월 8일 야간의 일본육군 상륙에 대해 위기상황에서의 용맹무쌍한 ‘적전(敵前)상륙’으로 묘사하고 있는데, 이 역시 인천이 중립항이었고 또한 각국 기함이 정박해 있는 내항에서 일본군의 상륙을 저지하기 위해 러시아가 공격을 감행하기란 사실상 불가능했다는 점을 감안하면, 의도적으로 과장된 기억이었다.

그리고 인천해전 회고담에서는 반드시 적십자사부인회의 적군 구호활동을 인도적인 것으로 부각시켜 서술하고 있다. 그러나 실제 팔미도 부근 해전에서 패하여 많은 사상자를 낸 러시아 군인들은 내항으로 피난 후 스스로 바랴크호를 수중침몰시키고 카레에츠호는 폭파한 다음, 거의 대부분 프랑스 군함 파스칼호와 영국 군함 탈보트호에 인양되어 보호 치료받았다. 일본군에 포로가 된 이는 극히 소수였다. 오히려 일본군은 선전포고 없이 전투 개시를 감행했으면서도 러시아 병사는 일본의 전쟁포로이므로 제3국(프랑스, 영국, 이탈리아)이 그들을 관할하는 것은 국제법에 저촉되니 포로들을 돌려달라고 억지주장을 했다.[20] 이와 같이 기념일이 되면 인천해전은 전쟁 당시 일본인 사회의 위기를 실제 이상으로 과장하고, 또한 선전포고 없는 도발 대신 인도적인 포로 구호활동만 부각시키는 형태로 재구성되어 기억되었다.

---

19) 가스통 르루 지음, 이주영 옮김, 『러일전쟁, 제물포의 영웅들』, 작가들, 2006, 112쪽; ロンドンタイムス所載, 森晋太郎 譯, 『日露戰爭批評』, 時事新報社, 1905, 1~9쪽.

20) 『러일전쟁, 제물포의 영웅들』, 164~167쪽

인천해전 기념행사는 민단 주도로 개최되다가 1914년 민단이 해체되면서 부청이 주도했다. 인천해전기념식에는 대개 총독대리가 참석했으나, 1930년 이후 총독이 직접 참석함으로써 관청 공식행사적인 성격이 강화되고 전국적으로 알려졌다. 1930년과 1931년에는 사이토(齋藤實) 총독이 인천신사에서 거행되는 인천데이 봉고제에 참여하기 위해 일부러 인천을 방문했다. 이 날 열린 봉고제에는 총독 이외에 부윤, 상업회의소 회두를 비롯한 관공직자, 그리고 연합청년단, 재향군인회 분회원 등이 참석하여 '그 날의 적전 상륙'을 추억했으며, 제전이 끝난 후 청년단이 시내를 행군했고, 부윤은 당시 총지휘관이었던 두 장군에게 축전을 보냈다.[21] 1932년에도 우가키(宇垣一成) 총독 등 총독부 고위공직자와 경기도지사가 참석했다.[22]

만주사변 이후 인천데이는 '추억'이나 '회상'만이 아닌, 이전과는 또 다른 현재적 의미로 기억되기 시작했다. 예를 들어 2월 8일 전야제 행사 개최 전에 재향군인회인천분회, 인천연합청년단 주최로 각 학교 생도와 단체가 인천신사에 모여 '국위발양출동군대 및 재만동포가호기원제'를 거행한 후 가두행진을 하고 군가를 합창하는 등 인천해전 기념행사를 이용하여 시국에 대한 부민의 각성과 긴장감을 고조시켰다. 특히 1935년에는 라디오를 통해 인천해전기념 행사를 전국적으로 중계방송했으며, 라디오드라마 '인천앞바다의 해전약사'를 방영하기도 했다.[23] 이 역시 인천해전 승리의 기억을 만주사변 이후의 정국에서 정치적 목적으로 활용하려 한 것이었다.

---

21) 「齋藤總督來仁」, 「海戰を偲ぶ仁川デー齋藤總督も臨」場」, 「仁川沖海戰記念奉告祭 齋藤總督も臨場」, 『경성일보』 1930. 2. 9, 1930. 2. 10, 1931. 2. 10.

22) 「宇垣總督 記念日の仁川へ」, 『부산일보』 1932. 2. 9; 「仁川記念日に宇垣總督ら臨場」, 『경성일보』 1932. 2. 10.

23) 「あすは仁川記念日」, 『경성일보』 1935. 2. 9.

중일전쟁기에 인천해전 기념행사는 대중축제라기 보다 관제 동원의 성격이 더욱 강해져, 1938년과 1939년의 경우 국민정신발양주간에 전개되었다.[24] 특히 1941년 태평양전쟁 이후 인천해전은 "일발필살(一發必殺) 우리 포술(砲術)" "해전에서 겨우 46분으로 적 습복(慴伏)" "46분의 승부로 전사에 빛나는 기념" 등과 같은 신문 머리기사에 나타나듯, 이제 지역기념일을 넘어서 일본제국 차원의 전쟁승리 기념일로 기억되기 시작했다.[25] 거대제국 미국을 상대로 전쟁을 도발한 상황에서, 과거 힘겨운 상대라고 생각했던 러시아를 격퇴하고 조선을 장악했던 러일전쟁(인천해전) 승리의 기억을 '미귀(米鬼) 격멸' '황국필승'의 전쟁이데올로기로 활용하려 했던 것이다.

2) 개항기념제와 기념사업

(1) 1908년 25주년개항기념제와 기념사업

인천에서 개항기념제가 처음 개최되고 개항을 축하하는 각종 사업이 전개된 것은 25주년 되는 1908년 5월이었다. 처음 개항기념축하회가 논의된 것은 20주년 되는 1903년이었다.[26] 그러나 전례가 없음으로 25주년으로 연기하자고 하여 러일전쟁이 끝나고 한일신협약이 성립된 1908년에 이르러 실행되었다.[27]

---

24) 「仁川海戰記念 三十四年前を偲び」, 「想ひ起す三十五年前 仁川沖の大海戰」, 『경성일보』 1938. 2. 10, 1939. 2. 10.

25) 「想へ'日露役'の危難」, 「偲ぶ仁川沖の海戰: 目擊者座談會」, 「四十六分の勝負, 仁川沖海戰」, 「戰史に輝く記念日二つ」, 『경성일보』 1941. 2. 9, 1942. 2. 9, 1943. 2. 9.

26) 이 때 기념제는 거행하지 않았으나 개항20주년 기념으로 『仁川繁昌記』(開港二十年紀念出版會, 1903)를 출판했다. 편저자는 조선신보사 기자인 오가와 유조(小川雄三)이고, 일본영사 가토 모토시로(加藤本四郎)가 서문을 썼다.

27) 『인천부사』, 564쪽.

정작 일본 요코하마의 경우에도 개항기념제(50주년)가 인천보다 1년 늦은 1909년 7월에 처음으로 개최된 것에 비교하면,[28] 1903년에 이미 인천에서 20주년기념제를 논의하고 결국 1908년에 이르러 25주년제를 거행한 점은 매우 의미심장한 것이다. 이는 인천 거류 일본인들이 개항기념제를 통해 정치적 경제적 입지를 확고하게 하려고 했던 의도에서 비롯된 것이라고 볼 수 있다.

인천지역 일본인 유지들은 1908년 4월부터 인천거류민단과 상업회의소를 중심으로 '인천개항25주년기념회'를[29] 조직하고, 5월 11~17일을 축제기간으로 정했으며 마지막 날인 17일 공식적인 축하회를 거행하기로 결정했다.[30] 실제 인천 개항 일자는 1883년 1월 1일인데, 기념제의 축제 분위기를 고조시키기 위해 5월 11일의 인천대신궁 제일(祭日)에 맞추어 기념제를 거행했다.[31] 이로 보아 인천해전기념일과 달리 일본인들에게는 개항일이 중요한 것이 아니라 '개항'이란 사실 자체가 중요했음을 알 수 있다.

---

28) 「橫濱開港紀念祭」, 『황성신문』 1909. 7. 2.

29) 인천개항25년기념회의 구성원을 보면, 회장 도미타(富田耕司, 거류민단역소의 民長, 인천유치원 원장), 부회장 아다치(足立瀧二郎, 인천상업회의소 상의원, 십팔은행지점장)·에바라(頴原修一郎, 일본인상업회의소 회두, 일한무역합자회사 대표)·요코야마(橫山謙, 거류민단역소 助役)이었다. 그 아래에 각 직능별로 서무계·경리계·축하회계·상사계(商事係) 등 4개의 계(係)가 있었고, 각 계는 위원장과 수 명의 위원으로 구성되었다. 이들은 모두 민간인들이었다. 그러나 기념회의 명예고문은 시노부(信夫淳平) 이사관, 미야모토(宮本) 세관장, 와다(和田) 관측소장, 유아사(湯淺) 경찰서장, 엔도(遠藤) 우편국장, 오카(岡) 철도운수부장, 김윤정(金潤晶) 인천부윤 등 모두 일본인과 조선인 관료였다(『인천개항이십오년사』, 71쪽).

30) 원래 처음 정했던 기념축제 기간은 5월 5일~5월 11일이었으나 준비가 덜 되어 연기했다(『인천부사』, 566쪽; 「急告」, 『조선신보』 1908. 4. 25).

31) 『인천부사』, 1353쪽. 인천의 개항 날자는 1883년 1월 1일이었다. 그리고 일본 조계가 획정된 것은 1월 12일(음력)이었고 1월 15일 부영사 스기무라 후카시(杉村濬)가 취임했다(「개항기 인천연표」, 『역주인천개항25년사』, 83쪽; 「序」, 『인천부사』, 1쪽, 「年代表」, 3쪽).

〈사진 9-3〉 거류민단역소 발행 인천개항25주년기념 사진엽서

비고: 왼쪽 사진은 인천이사청이고 오른쪽 사진은 인천해전 당시 바랴크호의 자폭 광경임.
자료제공: 화도진도서관

25주년개항기념축제를 조직했던 이유는 경제적 측면과 정치적 배경에서 이야기할 수 있다. 첫째 경제적 목적은 기념제란 이벤트를 계기로 경기침체를 극복하기 위해서였다. 당시 "인천의 시황은 일체 부진에 빠져 일시 욱일승천(旭日昇天)의 기세로 증가하던 거류민은 그 숫자가 점차 감소하고, 금융 핍박의 소리가 사방에서 들리"는 "소위 불경기의 절정"이었다.[32] 이러한 불경기의 원인은 크게 보면 세계경제의 불황으로 인한 일본 경제계의 동요 때문이지만,[33] 주요한 원인은 메가타(目賀田種太郎)의 화폐정리사업에서 발단된 전황(錢荒)에 의한 경기침체 때문이었다. 특히 인천은 지역 경제조건의 변화에 따라 경기 후퇴가 더욱

32) 信夫淳平, 「開港二十五年紀念史に序す」, 『인천개항이십오년사』, 1908, 1쪽; 「祝開港二十五年」, 『조선신보』 1908. 5. 11.
33) 加瀨和三郎, 『인천개항이십오년사』, 인천광역시 역사자료관, 2008, 72쪽; 저자 미상, 『인천개항이십오년사』, 1908, 2~3쪽.

심했다. 즉 종래 인천은 지리적 여건상 대개 정치적 사건이나 전쟁 등에 힘입어 경제의 팽창과 발전이 이루어져 왔는데 1905년 이후 이러한 요인이 소멸된 데다, 1905년 경부선, 1906년 경의선의 완전개통으로 종래 인천 상권에 속했던 군산과 진남포(평양)가 독립함에 따라 타격이 컸던 것이다.[34)]

개항25년기념축하회에 참석한 이토 통감이 "인천에 대해 말한다면 인천의 발달이란 곧 상공업의 발달이다. …향후 인천의 발달을 기하기 위해서는 모름지기 상공업의 발달을 기하지 않으면 안된다"고 한 격려사는 이 기념제 개최의 의도를 드러낸다.[35)] 때문에 실제 기념제의 핵심 내용은 바로 일본 상인들의 연합대매출이었다고 해도 지나치지 않을 것이다.[36)]

둘째 정치적 목적으로는 일본인들이 조선정부의 외교권과 재정권을 장악함으로써 조선을 보호국화한 상황에서 '개항기념제'를 통해 인천지역의 주도권 장악을 대내외적으로 과시하고자 했던 것이다. 당시 일제 침략에 저항하는 의병의 공격으로 철도 등 운송이 두절되어 경제 활동이 위축되고, 가장 치안이 확보되었다고 할 경인지역에서조차 의병 출몰로 인해 부호들이 재산권 보호에 급급한 상황이었다.[37)] 더구나 1907년 이후 일본인 거류지에서 9회 이상 발생한 화재로 막대한 재산 손실을 입었으며, 그로 인해 민심이 극도로 흉흉했다.[38)] 이러한 상황이었으

34) 加瀨和三郎, 『인천개항이십오년사』, 2008, 6~7쪽

35) 「개항기념축하회」, 『조선신보』 1908. 5. 19.

36) 「開港紀念會彙報-市内大賣出準備, 市内賣出の計劃」, 『조선신보』 1908. 4. 19; 「紀念祭盛況-財界の不景氣」, 『조선신보』 1908. 5. 9. 그러나 1909년에도 인천지역의 불황은 극심했다(『대한일보』 1909. 8. 27, 『인천부사』, 568쪽에서 재인용).

37) 개항기념제 기간 동안에도 부근 강화도에서 의병의 출몰이 끊이지 않아 민심이 동요하고 있었다(「江華島附近の暴徒」, 『조선신보』 1908. 5. 1).

38) 그 피해상황을 보면 소실된 집이 무려 총 3천 호의 1/6에 달하는 500호로 그 재산손실액이 100만 원에 달했다. 이에 거류지회 행정위원회는 방화범 체포에 유력한 단

므로 "만난(萬難)을 물리치고 성대한 개항25년제를 거행하는 것이 향상, 진취, 팽창적 국민의 기개를 보이기에 충분"한 좋은 기회라고 생각했던 것이다.

그러나 민단은 혹시라도 있을지 모르는 의병 공격을 두려워하여 관계당국에 군함 파견을 요청했다. 이에 해군성은 축제기간 동안 최신식 순양함 이코마(生駒)호를 파견했다.[39] 군함의 삼엄한 호위 하에 1주일간 열린 일본거류민들만의 개항기념제는 개항의 역사적 의미와 성격을 그대로 표상했다고 할 것이다.

개항기념회에서 기념제 기간 동안 행한 각종 사업과 행사는 〈표 9-1〉과 같다.

〈표 9-1〉 개항25주년기념제 행사(1908년 5월)

일시	행사내용	장소	비고
4.23~5.3	개항기념제준비위원회에서 기념그림엽서 판매, 기부금(경품권 증정) 모집		기념제 경비 조달 목적
	인천세관에서 기념엽서 발행		
	상업연합기념대매출		실업동맹회 주도
5.8~5.9	대신궁 신여행차식, 지진제	만석동	
5.10	인천등대국, 세관공사부 인천출장소, 광제호 승무원 등이 연합원유회 개최	인천세관 매축지	
5.10~5.11	기념스탬프 날인	인천대신궁 사무소	
5.11	오전에 대제일식전, 오후에 신여도어식(神輿渡御式)		

서가 될 정보를 제공할 경우 거금 3백 원을 포상하기로 결정했다. 이 광고 때문인지 마침내 5월 22일 방화범이 체포되었는데, 모두 조선인일 것이라고 생각했던 예상과 달리 일본인 노동자였다. 그런데도 일본인들은 여전히 (조선인)공범자가 있을 것이라고 생각했다(저자 미상, 『인천개항이십오년사』, 1908, 5~7쪽; 「懸賞三百圓」, 「仁川放火犯捕縛」, 「奇怪の放火犯就縛」, 『조선신보』 1908. 5. 20, 5. 23, 5.23).

39) 「生駒艦派遣」, 「餘錄」, 「生駒艦入港期」, 「生駒艦入港公報」, 「生駒艦出發」, 『조선신보』 1908. 4. 28, 5. 1, 5. 1, 5. 9, 5. 19. 이 군함은 14일 입항하여 18일까지 체재했으며, 함장 이하 장교는 모두 17일의 기념제전에 참가했다.

그 중 주요한 것을 보면, 첫째 기념제 행사 경비 3만 원의 조달을 위해 경품권이 붙은 기념엽서 5종을 판매했는데,[40] 이 그림엽서 판매는 호조를 보였다.[41]

둘째 기념사업 중 가장 주요한 것은 시황 진작을 위한 상업연합기념 대매출이었다. 개항기념제를 주도한 인천 지역 일본인 유지들은 대개 상업과 무역 관련 종사자들로, 이들은 '인천개항25년기념회'와 별도 조직체인 실업동맹회를 주체로 경품지급 대매출을 실시하기도 했다.[42]

셋째 5월 8일과 9일 양일간에는 대신궁 신여(神輿, 신위 가마)행차식과 지진제(地鎮祭)를 거행했다. 신여행차식은 교토로부터 주문제작한 신여를 메고 시내를 일주한 후 임시 편전(便殿)에 봉안하는 행사였다. 이는 해외에서 거행된 신여행차식의 효시로,[43] 거류 일본인들에게 식민도시 인천에 정착할 수 있도록 심리적인 안정감을 주었다는 점에서 중요한 의례였다.

넷째 개항기념제의 공식행사인 기념식전과 개항기념축하공연은 17일 인천대신궁과 이사청 앞 해안매립지에서 각기 개최되었다. 도미타 민

---

40) 「광고」, 『조선신보』 1908. 4. 29, 5. 8, 5. 10, 5. 11, 5. 13~5. 17, 5. 19, 5. 21. 기부금 1구는 5원으로 1원 당 1장의 엽서를 증정했다. 기부금 모집은 처음 4월 23일부터 5월 10일까지 시행하기로 헸으나 경비가 증가해서인지 5월 31일까지 연기했다(「仁川紀念祭寄附金 に就て」, 『京城新報』 1908. 4. 28); 「광고」, 『조선신보』 1908. 5. 17, 5. 22~5. 30).

41) 「仁川記念祭豫報」, 『경성신보』 1908. 5. 1; 「書着」, 「광고」, 「濊川の紀念繪葉書」, 「開港紀念繪葉 紀念繪葉書好況」, 『조선신보』 1908. 5. 1, 5. 3, 5. 4, 5. 6.

42) 「광고」, 「개항기념회휘보」, 『조선신보』 1908. 5. 4~5, 5. 17, 4. 19. 연합대매출 가맹 상점은 매상고 50전 당 경품권 1매를 지급했다. 처음 이 광고를 인천개항25년기념회 명의로 냈다가 이후에는 실업동맹회 주체로 냈다. 실업동맹회는 인천 실업가 유지 2백여 명을 망라한 조직이었다(「福引景品附大賣出し廣告」, 「실업동맹회 당첨」, 「실업동지회 근황」, 『조선신보』 1908. 4. 28, 5. 20, 4. 14).

43) 인천부, 『인천부사』, 1933, 1352쪽; 「神輿渡御式」, 『경성일보』 1908. 5. 2; 「神輿渡御式道筋」, 「開港記念祭彙報－神輿潔の洗ひの式」, 「開港記念祭彙報－沿道拜觀者主義」, 『조선신보』 1908. 5. 5, 5. 9, 5. 10.

단장의 개회사, 시노부 이사관의 축사로 시작된 이 자리에는 이토 통감을 비롯하여 일본인 관료, 각 신문사 대표, 이코마 군함의 장교, 그리고 농상공부대신 송병준과 조선인 관료, 경인(京仁) 주재 각국 영사들이 참석했다. 일본에서 발행되는 신문들도 성대하게 거행된, 이 전례 없는 기념제를 다투어 보도하면서[44] 경성, 부산뿐만 아니라 멀리 일본으로부터도 참여하여 축하회장의 입장객은 거의 2천여 명에 달했다.[45]

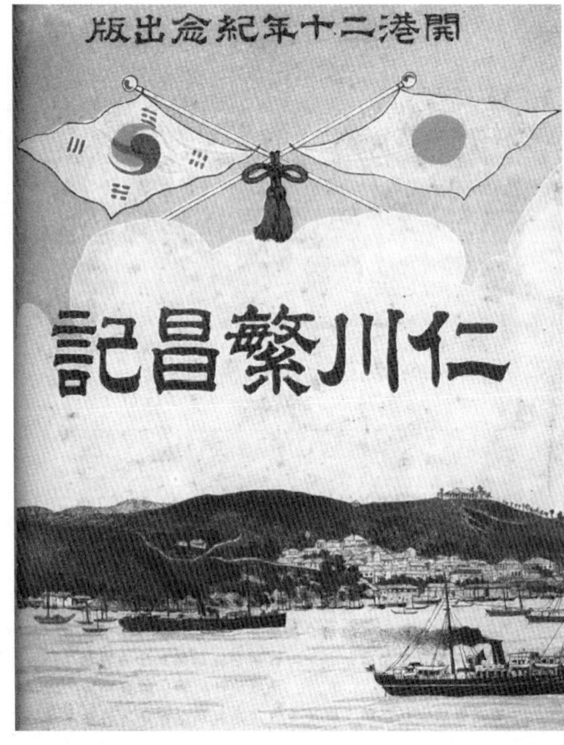

〈사진 9-4〉
개항25주년기념 간행 도서 『仁川繁昌記』 표지

44) 「仁川開港記念」, 『神戸新聞』 1908. 5. 10; 「開港記念式」, 『大阪朝日新聞』 1908. 5. 18.
45) 「記念祝賀會順序」, 「伊藤通監の下仁」, 「開港記念祝賀會」, 『조선신보』 1908. 5. 17, 5. 19; 「仁川開港紀念會」, 『경성신보』 1908. 5. 19. 이외에도 인천세관 주최 원유회, 조선신문사 주최 자전차경주회가 있었다.

다섯째, 인천개항25년기념회는 개항 이후 25년간 인천의 연혁, 교통·운수 현황과 경제적 변화, 그리고 주요 행정기관 및 경제기구, 기후, 문물을 기록한 『인천개항25년사』를 발간했다.[46] 또한 기념제의 행사 내용과 사진 등을 모아 『인천개항25년제』도 편찬했다.[47] 이러한 간행물은 축하회 참석 내빈들에게 증정되었다.

여섯째 인천 거류 일본인들은 출신지방 별로 현인대회(縣人大會)를 조직하고 각기 출신 지방의 민속놀이를 재현하며 친목을 도모했다. 예를 들어 인천지역에서 가장 많은 나가사키 출신들은 지역 명물인 뱀 춤(蛇踊)을 공연하며 여흥을 돋우었다. 그 외에 야마구치현, 구마모토현, 히로시마현인들도 현인회를 조직하고 지역의 풍속공연을 계획했다.[48]

> "어제는 인천 개항25년제의 제4일째이다. 시내 각호(各戶)의 국기는 춘풍에 휘날리며, 금일에도 출발하려고 하는 군대는 기치당당하게 주위를 위압하고 있는데 이 사이에 기념회의 각종 여흥놀이패는 종일 시내를 종횡으로 천천히 행진하는데 그 경태고(鏡太鼓) 혹은 죽고(竹鼓) 등 여러 종류의 주악이 봄날의 맑은 기운으로 이끌어 전 시가지가 아름다운 음악소리에 둘러싸여져 있다…"[49]

개항기념축제가 진행되는 기간 동안 인천항은 기생들의 연주와 일본

---

46) 『仁川開港二十五年史』는 조선신보 기자를 지냈고 조선타임즈사 이사인 가세 와자부로(加瀨和三郎)가 집필한 책과 저자 불명이고 시노부 준페이(信夫淳平) 이사관이 서문을 쓴 책 두 가지 종류가 있다. 가세는 개항25년기념회의 상사계(商事係) 위원이었다. 그런데 후자가 인천개항25년기념회 간부 명단이 기재되어 있고, 특히 시노부 이사관이 서문을 쓴 점으로 미루어 거류민단(개항기념회)에서 공식편찬한 책으로 생각된다.

47) 「仁川開港二十五年祭」, 『경성신보』 1908. 5. 19.

48) 「開港記念祭彙報-長崎縣人會」, 『조선신보』 1908. 5. 2; 「仁川記念祭彙報-長崎縣人の蛇踊」, 「仁川記念祭彙報-各府縣人會の催し」, 『경성일보』 1908. 5. 2.

49) 「昨日の仁川-奏樂の聲」に充つ」, 『조선신보』 1908. 5. 15.

토속무용, 일본국기 행렬, 시내 요리점 예기들이 이끄는 옥대화차(屋臺花車) 행렬로 인해 "주악 소리 충만"한 봄날 분위기로 마치 일본 어느 도시의 축제같았다. 이러한 축제는 거류 일본인 사회의 사기를 진작시키고 식민도시 개척의 의지를 다지는 계기가 되었다.

이와 같이 한 달 여의 준비를 거쳐 다양한 행사로 거행된 개항기념제는 인천 뿐 아니라 조선 내 전 일본 거류민의 축제였다. 인천 외 타 지역 인사들이 기부금 모집에 찬동하여 우체국환으로 그림엽서 구매를 신청하는 경우가 많았으며, 경성과 각 개항장뿐 아니라 일본에서까지 인천의 개항기념제에 참가했다. 이에 오사카상선회사나 우선회사는 군산·목포·부산·마산·진남포 그리고 다롄·단둥, 오사카·고베·모지(門司)로부터 인천에 입항하는 선박에 대해 운임을 약 3할씩 할인해 주었으며, 기차 운임도 3할을 할인해주었다.[50] 인천개항25주년기념제는 식민도시 인천 개척의 성공을 대내외적으로 과시하는 역할을 톡톡히 한 셈이었다.[51]

위에서 살펴보았듯이 1908년의 인천개항25주년기념제는 일본 거류민단이 주도한 축제였다. 따라서 인천 거주 일본인이 발간한 지역신문인 『조선신보』와 달리, 『황성신문』과 『대한매일신보』에서는 매우 간략하게 기념행사 거행을 보도했을 뿐이다. 『대한협회회보』의 「내지휘보」(內地彙報) 난에도 내외국 관료 신사가 모여 인천항의 번영을 축연(祝宴)했다고 간단하게 서술되어 있다.[52]

---

50) 「開港紀念祭彙報－地方の寄附申請」, 「開港紀念祭彙報－郵商船割引」, 「開港紀念祭彙報－鐵道の割引」, 『조선신보』 1908. 5. 8, 5. 2; 「開港紀念祭と船車割引」, 『경성신보』 1908. 4. 29.

51) 개항기념제가 끝난 뒤 기념회 임원진은 통감부와 기타 관청 당국을 방문하여 답례했다(「仁川代表者の入京」, 『조선신보』 1908. 5. 20).

52) 「개항기념제」, 『황성신문』 1908. 4. 15; 「개항기념」, 『대한매일신보』 1908. 5. 14; 「내지휘보」, 『대한협회회보』 3호, 1908년 6월, 51쪽.

그러면 이 개항기념제에 대해 인천항의 또 다른 구성원인 조선인이나 기타 청국인, 서양인들은 어떤 시선으로 바라보고, 어떻게 행동했을까? 1908년 당시 인천항 거주 일본인은 1만 3천여 명, 한국인 1만여 명, 청국인 2천여 명, 기타 구미인을 합쳐 2만 5천여 명 정도였다.[53]

조선인으로 기념제에 가장 적극적으로 참여했던 이는 관료들이었다. 즉 인천부윤 김윤정(金潤晶)을 비롯한 관리들은 세관이 주최한 원유회 행사 때 간이음식점을 가설하고 관기(官妓)를 동원하여 접대하는 등 기념제 진행을 적극 도왔다.[54] 조선인 상인은 축제가 열린 10~19일 기간에 조선인 거리 일대에 시장을 개최하여 일본인 상인과 마찬가지로 경제적 이득을 취하고자 했다.[55] 이는 개항25주년기념회가 축제 기간 중 대시(大市)를 개최하도록 조선인 측에 교섭한 결과이기도 했다.[56] 또한 일본인 상점의 연합대매출이 성황을 이루자 여기에 와서 물건을 구입하는 조선인들도 많았다.[57]

한편 청일전쟁 이래 점차 일본 상인에게 상권을 빼앗기고 있었던 중국인들은 러일전쟁 이후 일본의 지배권이 확고해지는 상황에서 지역상권 유지를 위한 경제적 목적과 그리고 정치적 차원에서 일본 거류민단 주도의 개항기념축제에 동조하는 자세를 취했다. 일본 거류민단에 거액의 기부금을 내겠다고 신청했으며, 특히 대매출에 적극 참가하였다. 또한 사자무(獅子舞)와 화무(火舞)를 공연하고, 변장행렬을 전개하는 등 축제 분위기에 편승했다.[58] 더구나 일본인들의 기념축제가 끝난 5월 18

53) 「社說: 二十五年前の今頃」, 『조선신보』 1908. 5. 12.

54) 「餘錄」, 『조선신보』 1908. 5. 11.

55) 「仁川紀念祭彙報-朝鮮人の大市長」, 『경성일보』 1908. 5. 2.

56) 『인천부사』, 566쪽.

57) 「開港紀念祭彙報－市中大賣出盛況」, 『조선신보』 1908. 5. 10.

58) 「仁川紀念祭彙報－支那人と紀念祭」, 『경성일보』 1908. 5. 2; 「開港紀念祭彙報－支那人贊同」, 『조선신보』 1908. 5. 2; 「開港祝賀會彙報－淸國人の火舞」, 『경성신보』

일에는 중화회관에 일본 관민을 초대하여 별도로 개항25년기념축하연을 가졌다.[59]

(2) 50주년개항기념제와 기념사업

개항기념제가 두 번째로 개최된 것은 50주년 되는 1933년이었다. 50주년기념제에 관해 처음 논의한 것은 1932년 1월 28일 상공회의소 평의원회였다. 이 날 5명의 개항기념축하준비위원을 위촉했고,[60] 10월 11일 거행되는 '인천제'에 맞추어 기념제를 10월에 개최하기로 결정했다.[61]

이후 1933년 1월 인천부회 의원과 상공회의소 의원 각기 5명씩 선정하여 인천개항50주년기념준비위원회를 조직하고, 구체적인 예산과 사업내용을 마련했다. 준비위원회는 7월 말 소요 예산 마련과 각종 행사와 사업 진행을 담당할 협찬회의 회칙을 정하고 임원을 선정했으며, 서무부 · 설비부 · 접대부 · 축연부 · 여흥부 · 외무부 등 6부를 두고 각 부서별로 위원장과 위원을 촉탁했다.[62] 소요 경비의 대부분은 부청과 상공회의소에서 조달하며 나머지는 기부금으로 충당하기로 결정했다.

1908. 5. 17; 加瀨和三郎, 『인천개항25년사』, 인천광역시 역사자료관, 31쪽.

59) 「淸商の開港紀念會」, 『조선신보』 1908. 5. 16; 「仁川淸商の招宴」, 『조선신보』 1908. 5. 20. 이 때 초대된 주요 일본인사는 시노부 이사관, 와다 관측소장, 도미타 민장, 에바라(穎原修一郎) 상업회의소 회두이었고, 조선 측에서는 김윤정 인천부윤이었다.

60) 「仁商議役員會 개항50년기념 기타사항을 경의」, 「인천개항오십년 기념축하준비」, 『조선일보』 1932. 1. 30, 1932. 2. 2.

61) 인천신사 社掌 礒野勝見씨 談, 「개항50주년에 관하여」, 『인천의 긴요문제』(古川文道 편, 1932), 인천대학교 인천학연구원, 2006, 162~163쪽

62) 협찬회의 주요 임원은 회장 마쓰시마(松島) 부윤, 부회장 고토(後藤連平, 조선매일신문 사장) 인천부회의원, 요시다(吉田秀次郎) 인천상공회의소 회두였다. 그 외에 고문으로는 하가(芳賀) 세관장 · 오가(大賀文嘉) 해사출장소장 · 오다(太田忍) 상업회의소 부회두 · 김용규 · 김윤복(金允福) 인천항 경찰서장 · 미부(壬生一夫) 항무의관(港務醫官) 등이 추천되었다(「仁川の開港記念協贊會創立」, 『경성일보』 1933. 7. 22; 「50주년 맞는 인천개항기념 府民側協贊會 조직」, 『매일신보』 1933. 7. 23; 「인천개항50주년기념」, 『조선일보』 1933. 8. 30; 「인천개항50년축하」 『동아일보』 1933. 8. 31).

준비기간이 짧았던 25주년기념제 때에는 대개 일회성 행사 위주였으나, 이 때에는 사회관(社會館)과 수족관(水族館) 건립, 공회당 확장, 조선해사회(朝鮮海事會) 인천지부 회관과 같은 기념건물 건립사업도 실시했다.[63] 개항50주년을 기념하는 각종 행사는 〈표 9-2〉에서 보듯이 다양하게 개최되었다.

〈표 9-2〉 개항50주년기념제 행사내용과 일정(1933년 10월)

일시	행 사 내 용	장소	대상 혹은 참석자
10.5~14	제4회 전조선주류품평회	공회당	
10.7~9	만선상업교장회의	인천공립상업학교	
10.7~11	물산품평회	사정(寺町)소학교	
10.8 오전 10시	기념식전	인천신사	
10.8 오전 10시	스모대회	인천신사 앞 광장	
10.8일 정오	기념축하회	사정소학교	각계 초대인원 6백 명
10.8 오전 8시~오후 10시	부청 앞에서 가장행렬(심사하여 포상)		
10.8 오전 9시~10일	조선궁도대회	도산정 사정(射亭)	
10.8 오후 1시 30분	소학교생도의 기행렬, 중국인의 가장행렬	인천신사에서 출발	초등학교, 고등여학교 각 청년단과 일반 부민
10.8 오후 6시	축하연	공회당	협찬회 주최
10.8 오후 7시	중학교 생도의 제등행렬	세관 앞 광장에서 출발	상업학교 각 청년단과 청년훈련소 생도, 일반민
10.8~9 주야간	불꽃 폭죽 발사		
10.8~10	무기전람회	인천세관 구내 식물검사소	
10.8~10 오후 7시	활동사진회(영화 상영)	인천경찰서 광장	일반민 대상
10.8~11 야간	부청과 각 정리(町里)의 행렬		
10.8~11	일반민의 여흥을 위한 무대를 가설	화방정(花房町), 국제통운회사 광장, 부도정, 상인천역전, 인천부청, 인천신사 등 6개소	일반민

63) 「오십주년개항기념사업」, 『조선일보』 1933. 6. 8; 「海員のオアシス 朝鮮海事協會仁川支部會館 開港記念事業として建設」, 『경성일보』 1933. 10. 17.

일시	행 사 내 용	장소	대상 혹은 참석자
10.8~14	인천교육회 주최 교육품전람회	인천축현소학교	각 학교 학생 및 유치원 아동의 제작교육품
10.8~15	주류품평회	인천공회당	
10.9 오전 11시	인천부 주최 등롱(燈籠)헌납봉고제	인천신사	
10.10 오후	유도, 검도대회	사정소학교	
10.10 오후 2시	군용견 실지훈련대회	산근정 공설운동장	
10.10 오후 4시	세관 개설50주년 축하대회	인천세관	
10.11 오전	인천신사 항례대제(恒例大祭), 신여도어식(神輿渡御式)	인천신사	
10.11 오전 9시	우편국50주년기념식	인천우편국	
10.14	인천고등여학교 개교35주년 기념식		
10.14~15 오후 5시	음악무용회	인천공회당	

자료: 「인천개항50주년기념」, 「인천개항 50주년기념 각종여흥계획」, 「8일부터 15일까지 각종의 축전 개최」, 『동아일보』 1933. 9. 13, 10. 7, 10. 8; 「개항50주년기념순서」, 「인천개항오십주년축하」, 『조선중앙일보』 1933. 9. 14, 10. 8; 「인천개항기념일에 기념스탬프 사용」, 『조선일보』 1933. 10. 6; 「郵便局も五十周年式」, 「記念スタンプ仁川郵便局内で記念展覽會も開く」, 「港拓けて五十周年」, 「仁川神社のお祭」, 「盛り澤山な催しもの」, 「仁川物産の粹を蒐めた品評會」, 『경성일보』 1933. 10. 3, 10. 6, 10. 6, 10. 7, 10. 8, 10. 8; 「仁川開港記念祝賀會各催しプログラム」, 『釜山日報』 1933. 10. 8.

기념제는 5일부터 14일까지 열렸으나, 실제 주요 행사는 기념식전이 열린 8일부터 시작되었다. 50주년기념제를 가장 먼저 제안하고 준비한 주체가 상공업자들이었으므로 전조선주류품평회나 인천기념물산품평회와 같은 행사가 기념제 서두를 장식했다.

인천개항50주년기념식전은 8일 오전 10시부터 이마이다(今井田清德) 정무총감과 나가이 인천부윤을 비롯한 경인지역 관민 유력자와 부민 천 수백 명이 참석한 가운데 인천신사에서 거행되었다. 기념식에서는 공로자 표창도 실시했는데 현존인물로는 요시다 히데지로 등 일본인 5명, 김윤복 · 김정곤(金貞坤) 등 조선인 2명, 그리고 기관 · 단체로는 인천천주당 부속고아원, 동본원사, 사망자로는 일본인 19명과 정치국(丁致國) · 서상집(徐相集)이 받았다. 그리고 70세 이상 영주고령자(永住高

齡者) 39명(조선인 24명, 일본인 15명)에게도 표창장을 수여했다.[64]

경성방송국에서는 이 인천개항50주년기념축하식전을 상세하게 중계 방송했다. 또한 저녁에는 '인천개항 기념의 밤'이라 하여 인천부윤의 '인천의 회고', 인천해사출장소장 오가(大賀文喜)의 '인천개항50주년에 즈음하여'란 강연과 각종 연예 공연 등을 방송했다.[65]

50주년기념제는 25주년기념제에 비해 집단기억을 체계화하는 축제 형태의 문화행사가 더욱 많아진 점이 특징이다. 즉 대중 축제의 성격이 더 강했다. 여흥부에서는 시내 화방정 · 부도정 · 해안정 · 상인천역전 · 인천부청 앞 등 시내 6개소에 무대를 가설하여 여러 가지 여흥을 공연했다.[66] 8~11일 동안 야간에는 여흥으로 각 정 별로 준비한 장기자랑과 본정 악우회(樂友會)의 해군댄스를 공연했다.[67] 부청 광장에서는 부윤 이하 직원이 총출연하여 무용 연극을 공연했으며, 가장행렬도 실시했다.[68] 조선인 측에서는 상인천역 광장에서 권번 기생의 연주회를 개최했으며, 중국인들도 중국식 가장행렬 공연을 했다. 이와 같이 인천지역 일본인뿐만 아니라 조선인과 중국인까지 축제에 참여하도록 유도한 점에서 개항50주년기념제는 "문자대로 인천데이화" 했다고 자평하기도 했다.[69]

---

64) 「晴の日に功勞者を表彰」, 開港50年 仁川府民の喜び」, 『경성일보』 1933. 10. 6, 10. 9; 「인천개항오십주년 기념식전 성대거행」, 『동아일보』 1933. 10. 10; 「인천영주고령자 총수39명」, 『조선일보』 1933. 10. 10.

65) 방송국에서는 기념제 방송을 기회로 권유반을 보내 청취희망자에게 우량수신기를 제공한다고 월부판매하고 또 안테나 어스 취급공사 무료, 라디오 시설에 수반된 전등 소켓 증설공사 무료와 같은 특혜조건도 제공했다(「仁川開港五十週年 DKの記念放送」, 「祝賀放送 」, 『경성일보』 1933. 10. 3, 10. 8).

66) 「인천개항오십주년기념식 성황예상」, 『조선일보』 1933. 9. 13.

67) 「各町自慢の行列と踊り」, 『경성일보』 1933. 10. 3.

68) 「인천개항기념」, 『조선일보』 1933. 9. 29. 부청에서는 가장행렬을 장려하기 위해 심사하여 우수그룹에게 상을 지급했다.

69) 「歡喜の仁川」, 『경성일보』 1933. 10. 8.

한편 개항50주년기념제를 기회로 군부에서는 만주사변을 계기로 고조되고 있는 군사사상을 고취하기 위해 국방의회에 지시하여 군사영화 상영(인천경찰서)과 병기전시전(인천세관)을 개최했다. 또한 인천경찰서의 무도대회와 군용견훈련대회와 같은 행사도 열렸다.[70]

각종 문화 체육행사를 통해 일반 대중에게 볼거리와 여흥을 제공한 개항기념제는 일회적인 행사였지만, 강렬한 집단기억이었다. 또한 기념사업의 일환으로 설립된 건축물과 기념사업으로 발간된 『인천부사』는 개항의 기념 가치를 오래도록 상기시켰다.

3. 해방 후 기념사업과 집단기억

1) 맥아더·인천상륙 기념사업과 집단기억의 재구성

해방 이후 일본인이 떠난 인천지역에서 인천해전을 대체하여 만들어진 집단기억은 무엇일까? 그것은 바로 맥아더의 인천상륙이다. 1950년 9월 15일 새벽 6시 30분 항공 · 함포 사격의 엄호 하에 미 해병대 제5연대 3대대와 한국해병대 1개 중대가 월미도에 상륙한 사건은 서울 탈환의 계기가 되었고, 또한 한국전쟁의 전환점이 되었다.

이 인천상륙을 기념하기 시작한 것은 휴전회담이 종결된 이후였다. 1953년 9월 중동부 전선의 미 제10군단에서 인천상륙작전 3주년을 맞아 기념식을 거행하고 칵테일파티를 개최했던 것이다.[71] 그리고 한국해병

---

70) 「仁川の開港記念祝賀 催物に注意」, 「仁川の開港記念 軍部の催し」, 『경성일보』 1933. 9. 21, 9. 22; 「8일부터 15일까지 각종의 축전개최」, 『동아일보』 1933. 10. 8.

71) 「인천상륙3주년 15일기념식개최, 『동아일보』 1953. 9. 17; 「인천상륙기념식」, 『조선일보』 1953. 9. 18.

대에서는 상륙작전 관련 사진전을 미국공보원에서 개최했다.[72]

1957년까지 인천상륙 기념은 대개 미군이나 해병 여단이 주도했으며, 행사내용은 그들만의 칵테일 파티와 그리고 일반 대중 대상으로는 사진전이 전부였다.[73] 이는 남북통일이 되지 못한 것을 아쉬워하는 일반적인 분위기에서 아직 인천상륙의 기념적 가치를 발견하기 어려웠음을 나타낸다.[74]

인천시가 인천상륙 기념행사 내지 이벤트를 처음 시도한 것은 1953년이었다. 그러나 이는 인천시민을 대상으로 한 기념행사가 아니라 군부대 위문행사였다.[75] 1956년까지 기념행사라야 시청 회의실에서 인천시장 이하 공무원만 참석하여 기념식을 거행하는 정도였다.[76]

인천상륙을 본격적으로 기념하기 시작한 것은 1957년 5월 정부가 '대한민국 수호에 헌신한 공훈을 기억하기 위하여' 맥아더 동상을 건립하기로 결정하고 동상건립추진위원회를 조직하면서였다. 처음 동상건립추진위원회는 내무부 차원에서 진행되었으니 회장: 내무부장관, 부회장: 내무부 차관, 추진책임위원: 치안국장으로 내정되었다. 이러한 추진 주체로 보아 동상 건립의 정치적 의도를 짐작할 수 있을 것이다.

---

72) 「인천상륙3주년사진전시회개최」, 『동아일보』 1953. 9. 25.

73) 「인천상륙4주년 기념사진전시회」, 『동아일보』 1954. 9. 14; 「인천상륙기념사진 LCI서 전시」, 『인천공보』 1954. 9. 18; 「인천상륙작전을 자축」, 『조선일보』 1955. 9. 17.

74) 「사설: 두 가지 史實」, 『조선일보』 1954. 6. 9. "노르망디 상륙은 대독(對獨) 군사적 성공을 획득하였다고 볼 수 있으나, 인천 상륙은 군사적인 면에서도 뚜렷한 결과를 나타냈다고 할 수 없게 되었다. 결국은 적을 굴복시키지 못하고 2년 여나 휴전회담을 계속한 나머지 겨우 미봉적인 결말을 짓게 된 것은 천추의 한"이라고 하는 데에서 인천상륙에 대한 인식이 잘 드러난다.

75) 「인천상륙기념일 기해 다채로운 위문행사」, 「제3회의 인천상륙기념사업: 최전선 해병위문행각기」(1~3회), 『인천공보』 1953. 9. 16, 9. 23, 9. 30, 10. 7. 인천시 부시장과 시의원, 시청직원, 시내 유지, 신흥국민학교 교장과 이 학교 어린이악대, 그리고 접대부로 조직된 연예단 등 일행 백여 명이 문산 주둔 해병 제1전투단 및 미 해병 제1사단을 방문하여 과실과 위문품을 전달하고 위문행사를 전개했다.

76) 「仁川上陸作戰6周記念」, 『인천공보』 1956. 9. 19.

이러한 내무부 중심의 일방적 추진방식은 상당히 비판받았으니, 문화단체 · 언론기관 · 교육계 등 각계와 공동 추진하기로 선회하여 위원장: 문교장관, 부위원장: 국방장관과 내무장관, 간사장: 국무원 사무국장, 추진위원: 언론계, 민의원으로 조정했다.[77]

경비 조달방식도 강제적인 모금을 피하고 성금 찬조 방식으로 바꾸었다.[78] 그러나 이승만 대통령이 정례국무회의에서 광범위한 기금 추렴을 지시하면서 모금운동이 전 국민적으로 진행되었다.[79] 동상 건립비용 3천 5백만 환을 마련하기 위해 내무부 산하 공무원 7만 명으로부터 1백 환씩 갹출(醵出)했으며, 국방부에서는 육군과 공군은 중사급 이상 그리고 해군과 해병대에서는 이등병 이상 장병으로부터 1백 환씩 내게 했다. 또한 민간 사회단체도 동원되었다.[80] 중고등학생들조차 학도호군단 조직을 통해 푼푼이 모은 돈을 성금으로 기탁했다. 이러한 모금과정을 통해 인천시민을 포함하여 일반 국민의 반공이데올로기 확립이란 소기의 정치적 목적을 달성했던 것이다.

반공이데올로기 강화를 위한 수단으로서의 '맥아디 영웅만들기'는[81] 동상제막식에 맥아더 가족을 초대하여 당일 서울운동장에서 환영시민

---

77) 「맥원수 동상건립추진위원을 내정」, 『동아일보』 1957. 5. 5; 「정부서 事務管掌 9일 맥장군동상건립회의」, 『조선일보』 1957. 5. 10. 위원회 본부는 국무원 사무국에 설치했으며, 회의도 국무회의실에서 개최했다.

78) 「각계와 공동추진」, 『조선일보』 1957 5. 7.

79) 「기금목표 삼천오백만환」, 『조선일보』 1957. 5. 8.

80) 「맥將軍銅像費 百圓씩을 醵出」, 「장병들도 醵出」, 『조선일보』 1957. 4. 5, 5. 23; 「맥원수 동상건립추진위원을 내정」, 『동아일보』 1957. 5. 5.

81) '영웅 맥아더'의 입론은 인천상륙작전에 대해 모든 참모가 성공 가능성이 낮다고 반대한 것을 맥아더는 소신을 굽히지 않고 관철시켜 성공했다는 점에서 출발한다. 그러나 최근 연구성과에 따르면, 미국은 한국전쟁 발발 이전에 이미 한반도에서 전쟁 발발 시 상당한 지점까지 후퇴했다가 인천으로 다시 상륙한다는 계획을 수립해놓고 있었으며, 맥아더는 이 계획에 기초해 작전을 구상했다고 한다(박명림, 『한국 1950 전쟁과 평화』, 나남출판, 2002, 396~397쪽).

대회를 열고, 이 때 외국 국가원수에게나 주어지는 1등건국공로훈장을 맥아더에게 수여한다는 정부 발표로 절정에 이르렀다. 맥아더 동상은 바로 "공산침략에 대항한 자유의 상징"이고 동시에 "한국전쟁이 뜻하지 않은 휴전 때문에 그 작전을 중도에 중단치 않을 수 없었던"것을 비분스럽게 생각하며, "동상 건립이 금후 한국 통일에 새로운 기억의 자료가 되기 바라"는[82] 이승만 정권의 북진통일론의 표상이기도 했다.

〈사진 9-5〉 맥아더 장군 동상

사진제공: 화도진도서관

1957년 9월 15일 인천항이 내려다보이는 만국공원(맥아더 동상이 이곳에 들어서면서 자유공원으로 바뀜)에서 열린 맥아더동상제막식[83] 이

82) 「사설: 맥장군 동상 제막에 즈음하여」, 『조선일보』 1957. 9. 15.

83) 동상제막식에 맥아더는 참여하지 못했고, 그 부하였던 콜터 중장을 비롯하여 유엔군 총사령관, 그리고 한국 측에서는 대법원장, 민의원장, 조병옥 등 정계 요인들이 참여했다.

후 '인천상륙'과 그것을 표상하는 '맥아더 동상'은 인천의 대표적인 집단기억이 되었다. 1958년 9월 15일 인천시는 인천상륙9주년을 기념하기 위해 오전에 시청 앞에서 인천시민대회와 해병대참전용사환영회, 오후에는 인천시민관에서 기념음악회 등 다양한 기념행사를 개최했다. 그리고 해병대는 인천시청 앞에서 인천상륙작전기념사진전시회를 개최하는 한편, 예전에는 볼 수 없었던 해병의장대와 군악대의 공개시범훈련 및 시가행진을 추가 거행했다.[84] 종래 인천시 공무원, 해병대만의 행사로 국한되었던 인천상륙기념이 이제 인천시 주도로 인천시민들의 행사로 확대된 것이다. 그리고 해병대의 사진전시회도 종래의 서울 미공보원이 아니라, 인천 시청 앞에서 열리게 되었다.

이는 인천상륙이란 역사적 사건이 집단기억으로 재조(再造)되고, 이것이 인천이란 구체적 공간과 연결되면서, 인천의 장소성으로 조형되는 과정을 보여준다. 즉 인천 하면 이제 인천상륙과 맥아더가 연상되게 된 것이다. 이와 같이 인천상륙이 인천의 장소성으로 조형된 결정적 계기는 바로 1957년 맥아더동상의 건립이었다.

이후 매년 9월 15일이 되면 인천시 주최로 종합운동장(공설운동장)에서 시민대회가, 그리고 밤에는 맥아더 동상이 위치한 자유공원 혹은 인천시민관에서 '시민위안의 밤'이 열리는 것이 연례화 되었다. 기념식에는 대개 인천시장과 각계 지역유지 뿐만 아니라 해병대 사령관이나 장교, 미군측 고급장교, 참전용사 등이 참석했다. 기념행사의 개최 목적은

맥아더동상의 하단부에는 "장군의 용자(勇姿)가 영겁을 통하여 이 거룩한 지역을 부감(俯瞰)하도록 동상을 세운다"라고 새겨져 있는데, 이 메시지는 "마치 신에 대한 칭송"과 같으니, 인천해전을 승리로 이끈 기고시 육군준장이나 우류 장군에 대한 집단기억보다 훨씬 강렬하고 그런 면에서 정치적이라고 비판받기도 했다(최재용, 「인물 키우지 못한 인천」, 『조선일보』 1998. 12. 24).

84) 「인천상륙 성공적으로 감행」, 『조선일보』 1958. 9. 15; 「인천상륙 八周」, 『동아일보』 1958. 9. 15.

"국민의 반공 투지와 국토 통일에의 새로운 결의를 촉구"하기 위한 것이었다.[85]

반공이념 강화를 위해 인천상륙 기념기억이 더욱 강조된 것은 5·16 쿠데타 이후였다. 1963년 박정희 의장은 민정시찰 차 들른 충남 유성에서 발표한 「인천상륙 제13주년 특별담화」를 통해 "국민의 총단결로 강력한 반공국가를 건설하고 반공이념을 투철히 하여 자유세계의 선도적인 역할을 하자"고 강조했다.[86] 이 무렵 기념전단을 인천 상공에 공중 살포하는 등 기념 행사가 강화되었다.

1964년 4월 맥아더가 사망하자, 정부는 인천상륙기념일에 외국인에게는 최초인 건국공로훈장 중장(重章)을 추서할 것이라고 발표했다. 그리고 맥아더 동상 앞에는 수많은 인천 시민들의 헌화와 조의가 잇달았다.[87] 매년 열리는 인천상륙기념식은 수만 명이 참가하는 규모로 더욱 성대해졌다. 이러한 분위기에서 1968년에는 수봉산에 인천상륙작전기념탑 건립을 추진했는데,[88] 실현되지는 못했다.

1980년 신군부 집권 이후 인천시는 인천상륙30주년기념사업을 여느 해보다 더욱 대대적으로 전개했다. 유엔군이 첫 발을 디뎠던 3개 지점에 상륙표지석을 세우고, 또한 교통부가 1억 2천여만 원의 비용으로 인천지구전적비(仁川地區戰績碑)를 수봉공원에 건립했다. 또한 당시 작전에 참가했던 미 해병과 가족 240여 명을 초청하여 군함에 승선시켜, 당

85) 「인천상륙아홉돌 오늘 다채로운 기념행사」, 『조선일보』 1959. 9. 15; 「인천서 기념행사」, 「오늘은 인천상륙 아홉돐」, 『동아일보』 1959. 9. 15.

86) 「朴議長 특별담화 인천상륙을 기념 반공이념 강조」, 『조선일보』 1963. 9. 15.

87) 「맥장군 동상 앞에 弔慰의 행렬」, 『조선일보』 1964. 4. 7.

88) 「인천상륙기념탑건립위 결정」, 『조선일보』 1968. 9. 4. 건립위원회의 발기인은 회장: 조경한, 부회장: 정긍모·김성곤·최덕신 등이었다. 이 기념탑은 1980년 건립된 수봉공원 안의 인천지구전적비를 말하는 것 같다. 따라서 1968년의 건립 추진은 불발로 끝난 것 같다.

시의 코스대로 항해하며 인천상륙작전을 재현했다.[89)]

1982년 7월에는 직할시승격1주년 기념사업의 일환으로 이회림 인천상공회의소 회장을 중심으로 인천상륙작전기념관건립추진위원회를 구성하고, 시비(市費) 17억과 모금 10억의 예산을 투입하여 남구(현재의 연수구) 옥련동 청량산 기슭에 인천상륙작전기념관을 조성하기로 결정했다. 그러나 기념관 건립은 인천지역사회에서 주도한 것이 아니라 정부에서 민간을 내세워 추진한 것이었다.[90)] 맥아더 동상 건립 때와 마찬가지로, '건립후보지까지 시민걷기대회'와 같은 기념관건립모금운동이 일반 시민과 학생들을 대상으로 한 "반공교육의 도장, 승공정신 함양의 기회"로 활용되었다.[91)] 1984년 9월 15일 기념관 준공식이 제34회 인천상륙작전기념식과 함께 거행되었다.[92)] 건평 9천 평의 기념관 정상에는 18m 높이의 '자유수호의 탑'이 건립되었다.

매년 9월 15일이면 인천상륙작전기념관과 자유공원의 맥아더 동상 앞 광장에서는 기념식이 열린다. 이 두 장소는 바로 '인천상륙' 집단기억의 벡터라고 할 것이다.

2) 개항기념사업과 집단기억의 갈등

해방 직후 인천 지역사회에서 개항이란 역사적 사실은 기념대상이

---

89) 「9.15인천상륙30주년 대대적 기념행사」, 「인천상륙작전 재현」, 『경기신문』 1980. 9. 11, 9. 15.

90) 「공고: 친애하는 시민여러분」, 『경인일보』 1984. 9. 15.
"…구국의 계기가 된 인천상륙작전을 기리 기념하고 전후 세대들에게 반공교육장으로 활용하기 위한 기념관의 건립이 바람직하다는 전두환 각하의 뜻을 받들어 우리 시와 기념관 건립추진위원회에서 추진하여…"

91) 「시민걷기대회 18일 개최」, 『경인일보』 1982. 9. 16.

92) 「호국반공의 산 교육장으로」, 『경인일보』 1984. 9. 15. 1983년 5월 1일 착공된 기념관의 건립비용은 처음 예상보다 훨씬 더 많은 43억이 소요되었다.

될 수 없었다. 신국가 건설과정의 혼란과 전쟁, 분단이란 정치적 소용돌이 상황에서 과거의 개항이 기억되고 재현될 여지는 없었던 것이다.

개항 기념이 시도되는 것은 정치적으로 어느 정도 안정된 1950년대 말 1960년대에 들어서였다. 1959년 12월 인천시는 1960년 1월 1일 신년식 후 개항77주년기념식을 거행하고 농악대를 동원하여 시가행진을 하는 계획을 세웠다.[93] 1965년에는 윤갑로 시장이 6월 1일을 '시민의 날'로 정했는데, 이는 개항일을 6월 1일로 본 일본인 학자의 설에 따라 정한 것이었다.[94] '경제 재건'을 부르짖는 사회분위기를 배경으로 개항을 기념해야 할 가치로 인식하는 변화가 나타났음을 알 수 있다.

1981년 7월 1일 인천시가 직할시로 승격되자, 그 축하사업의 일환으로 개항백년사와 화첩을 발간하고, 또한 개항1백주년기념탑 건립을 추진하기로 했다. 1983년 7월 1일 직할시승격2주년이자 제19회 인천시민의 날 축하기념식을 11억 3천만 원의 비용으로 1년 동안 제작한 개항백주년기념탑 제막식과 함께 시작한 것은 '직할시 인천 비약'의 출발을 개항 100주년을 맞아 새로이 한다는 상징적인 의미를 내포하고 있었다. 이때 개항백년과 직할시 승격 2돌을 축하하는 폭죽놀이와 같은 전야제 행사와 각종 문화예술행사가 성대하게 거행되었다. 인천시장을 비롯하여 지역유지와 시민상 수상자 등이 모인 가운데 오림포스호텔 대연회장에서 자축연이 열렸고, 자유공원 · 수봉공원 · 부평부흥로터리에서 개항기념으로 각기 1백여 발의 폭죽이 발사되는 전야제 행사가 열렸다. 7월 1일 이후 21일까지 열린 행사로는 시민회관에서 무용제와 시민애창곡합창

93) 「인천시서 행사준비 개항77주년을 기념」, 『동아일보』 1959. 12. 25.

94) 「조우성의 인천이야기: 시민의 날」, 『조선일보』 2003. 12. 23. 시민의 날은 1974년 인천항 선거(船渠, 내항 도크) 준공을 기념해 5월 11일로 변경했다. 그 후 1982년 직할시로 승격된 7월 1일로 다시 변경했다. 1994년에 이르러 『조선왕조실록』에 인천이란 지명이 처음 등장한 것이 1413년 10월 15일이란 것에 착안하여 10월 15일로 재개정했다.

음악회, 수봉공원에서 주부백일장과 미술실기대회, 자유공원에서 사진촬영대회가 있었다. 그리고 문화회관에서 인천시초대작가전과 인천시시화전, 개항1백년입선작품전시회가 열렸다.

한편, "조국근대화에 이바지해온 인천 개항의 업적을 기념"하기 위해 건립된 기념탑(높이 1백 척, 30미터)을 둘러싸고 개항이 강제적인 것이었으므로 기념하기보다 '아픈 역사'로 인식해야 하며, 또한 실제 인천 개항의 역사를 따진다면 372년 비류백제 시기 능허대 인근 한나루에서 사신들이 중국으로 떠난 때부터 잡아야 한다며 기념탑의 '몰역사성'을 비판하는 견해가 제기되었다. 특히 교통방해를 이유로 2001년부터 시민단체를 중심으로 그 철거가 계속 주장되었다.[95] 인천지방해양수산청은 연안부두로 이전할 것을 검토했으나, 결국 오랜 논란 끝에 2003년 12월경 6억 5천만 원을 들여 완전히 철거했다.[96]

그러나 2002년에도 일각에서는 인천지방해양수산청을 중심으로 '개

---

95) 조우성, 「일사일언: 개항1백년기념탑」, 『조선일보』 1996. 6. 2; 「옮기든 없애는 결론내야」, 「인천개항100주년기념탑 연안부두로 이전」, 『조선일보』 2001. 5. 17, 8. 31; 「인천개항기념은 능허대에서」, 『기호일보』 2002. 11. 4.
연안부두 입구의 항동에 위치한 기념탑의 탑신 하단에는 길이 16미터, 폭 4미터의 개항상징선에 승선한 10인의 인물과 2인의 시민상이 조각되어 있는데 이는 조국근대화의 기수들이 희망을 안고 파도를 헤치며 힘차게 입항하는 것을 상징하며, 30미터의 사다리형 탑신 위에 있는 여신상은 이들을 보호하는 수호신을 나타낸다고 한다. 그러나 이 탑은 "우리가 진취적으로 바다를 개척한다는 뜻에서 바다를 향하고 있어야 할 배의 형태가 거꾸로 육지를 향하고 있다는 점에서 문제"가 제기됐는데 "국적을 알 수 없는 여신상이 육지를 향해 손을 높이 든 채 들어오는 형상은 마치 개항 당시 일본이 우리를 침략하러 오는 것을 상징하는 것처럼 보인다"는 지적이 많았다(「개항백년기념탑 제막」, 『경인일보』 1983. 7. 1; 「83년 설치한 항동의 '개항100주년기념탑'」, 『조선일보』 2001. 11. 6).
이에 '평화와 참여로 가는 인천연대'는 기념탑 철거를 요구하는 플래카드를 탑 위에 내걸고 인천시청 앞 광장에서 1인 시위를 전개하는 등 기념탑 철거에 앞장섰다(「'100주년탑 철거' 1인시위」, 「기념탑 철거 현수막 등장」, 『조선일보』 2001. 10. 25, 11. 9).
96) 「개항100년탑 내달까지 철거」, 「개항100주년기념탑 철거」, 『조선일보』 2003. 8. 28, 12. 29.

항120주년기념사업'을 추진하기 위해 인천시와 10개 군·구를 포함하여 지역 기관·단체들로 추진기획단을 구성했다. 이는 2003년 제1회 바다의 날에 해양수산부가 '인천바다축제'(5월 31일) 주요 사업의 일환으로 인천개항120주년을 기념하는 각종 문화행사를 1주일간 실시하려는 계획이었다. 이에 대해 평화와 참여로 가는 인천연대, 인천경제정의실천연합과 같은 시민단체들이 "일제가 1883년 인천 개항을 기점으로 한반도 침략을 본격화했는데, 일제 잔재 청산과 민족의식 고취에 앞장서야 할 행정기관이 일제의 한반도 침략과 지배를 정당화하고 미화하려 하고 있다"며 비판했다. 결국 반대여론에 밀려 '인천항 개항120주년기념행사'는 '2003년 인천해양축제'로 명칭이 바뀌었다.[97]

개항이 침략의 역사이므로 인천개항120주년기념탑을 철거하자는 입장과 '인천 개항을 역사발전의 긍정적 전환점'으로 여기는 입장 사이에는 역사인식과 현실인식 면에서 큰 간격이 존재한다. 이는 개항 관련 기억의 전유를 둘러싼 사회세력 간 갈등의 한 단면이라고 할 것이다.

4. 기억의 정치와 인천의 장소성

앞에서 식민지시기 인천 거류 일본인에 의해 형성된 집단기억을 인천해전기념일과 개항기념제를 중심으로 살펴보았다. 그리고 해방 이후 인천해전기념을 대체하여 만들어진 맥아더·인천상륙 집단기억의 재구성 과정과 개항 기념을 둘러싼 갈등에 대해 고찰했다. 여기에서는 이러한 개항장도시 인천에서 식민지시기 이후 시간의 좌표축에 따라 형성된 집단기억이 어떻게 인천 공간의 특정 의미와 가치 즉 장소성으로 내

---

97) 「인천항 개항 120주년 기념행사 바꾼다」, 『경인일보』 2002. 11. 21.

재되어 갔는지 살펴보기로 한다.

개항 이후 인천은 갑신정변과 임오군란, 청일전쟁과 러일전쟁 등 정치적 격변의 한 가운데에 있었다. 인천은 군마(軍馬)가 오가는 중심지였으며, 혼란 속에서 전쟁물자 조달을 통해 번창하고 성장했다.[98] 실로 인천은 전쟁을 통해 인구와 물자가 모여들었고 비약적으로 발전했다. 이는 인천이 서울의 '다리목'이자[99] 특히 항구로 전략적 요충지란 지정학적 위치 때문이었다. 1904년 2월 8일 오후 러일전쟁의 단서가 된 일본의 첫 도발이 인천 팔미도 앞 바다에서 있었던 것도 그 지정학적 요인이 컸다.[100]

일제시기 인천 대신궁(신사)에서 거행된 공식적인 기념식전, 대중축제 형태의 인천해전기념과 개항기념사업은 식민도시 인천의 집단기억의 핵심 코드였다. 요컨대 일제시기 인천지역에서 인천해전기념이 '승리와 지배'란 정치사회적 목적의 기능기억으로 역할했다면, 개항기념은 '근대화와 산업개발'이란 경제적 측면의 기능기억이었다. 일본제국주의와 인천거류 일본인유력자들은 지역사회 지배와 집단적 결속을 위해 이러한 기억의 정치를 적극 활용했던 것이다.

그런데 집단기억은 유동적이다. 일본제국주의의 패망이란 정치 환경의 변화는 과거 집단기억의 소멸 혹은 기억의 재구성을 가져왔다. 일본인이 떠난 인천에서 정치적 목적의 인천해전 집단기억은 소멸될 수밖

---

98) 小川雄三, 김창수 · 전경숙 역주, 김석희 감수, 『인천 1903: 역주 인천번창기』, 인천대학교 인천학연구원, 2006, 37~40쪽(원서는 小川雄三, 『仁川繁昌記』, 1903); 저자 미상, 정혜중 · 양윤모 역, 『譯註 仁川開港25年史』, 인천광역시 역사자료관, 2008, 10~15쪽(원서는 저자 미상, 『仁川開港二十五年史』, 1908).

99) 일제시기 인천은 "서울이 파리라면 이곳은 말세유와 같고 로마(羅馬)라면 밀라노와 같고 남경이라면 상해 같고 동경이라면 요꼬하마와 같은 처지"라고 비유되었다(인천 李源昌, 「내 지방 현지보고: 경성의 다리목 인천항」, 『朝光』 6권 5호, 1940년 5월).

100) 로스뚜노프 편, 김종헌 옮김, 『러일전쟁사』, 건국대학교출판부, 2004, 127~131쪽.

에 없었다.

인천해전기념을 대체하여 형성된 집단기억은 '맥아더의 인천상륙'이었다. 새로운 집단기억이 만들어지고 전승되기 위해서는 상징, 텍스트, 그림, 의례, 기념비, 장소 등과 같은 각종 문화적 표현물의 제도적 장치가 필요하다.[101] '맥아더의 인천상륙'이란 집단기억의 제도적 장치는 1957년에 세워진 맥아더 동상, 1980년 인천상륙작전 30주년기념으로 세워진 인천지구전적비, 그리고 최종적으로는 1984년 준공된 인천상륙작전기념관과 자유수호의 탑이었다.

1998년 인천지역 청소년을 대상으로 한 여론 조사에서 '역사 속의 인천을 대표하는 인물' 1위로 맥아더가 뽑혔다.[102] '기억의 사회적 틀'을 개념화한 프랑스 사회학자 모리스 알박스(Maurice Halbwachs)와 알라이다 아스만(Aleida Assmann)의 이론에 의하면[103] 지역 청소년들의 기억

---

101) 김학이, 「얀 아스만의 문화적 기억」, 『서양사연구』 33, 2005, 235쪽.

102) 서규환 · 박동진, 「인천청소년의 비전-인천청소년 사회의식 조사연구」, 『황해문화』 22호, 1999년 봄; 「역사속의 인천 인물 "맥아더" 1위」, 『조선일보』 1998. 12. 23. 인하대 정치외교학과 서규환 · 박동균 교수팀이 인천지역 청소년 1,170명을 대상으로 실시한 '인천청소년사회의식 조사연구'에서 '역사속의 인천을 대표하는 인물'로 맥아더 20.3%, 비류 4.3%, 김활란 3.3%, 강재구 2.7%, 장면 2.6%로 나왔다.

103) 알박스는 기억은 본질적으로 집합적(집단적) 현상이라고 보며, 개인들이 기억을 획득하고 배치하며 되살릴 수 있는 것은 사회집단(특히 가족, 종교집단, 계급)의 성원됨을 통해서, 타인들과의 직간접적 관계를 통해서라고 했다. 즉 기억은 사회를 통해서 얻어질 뿐만 아니라 사회적으로 재생되고 인지되며 배치된다고 보았던 것이다. 또한 기억은 과거사의 자동적인 재생물이 아니라 마치 방아쇠와도 같은 구실을 하는 외적 자극에 의해 되살려지는 것에 한정되는데, 이 기억의 요건인 되살리기 과정에는 반드시 타인 또는 타인의 기억이 개입한다는 것이다. 그리고 집합체나 개인이 포지(抱持)하는 과거상은 전적으로는 아닐지라도 주로 현재적 관심(신념, 이해관계, 열망)에 의해 조형된다고 보았다. 알박스의 이론에 영향받은 알라이다 아스만은 기억을 현재와의 활성적 관계를 상실한 내용을 기록한 저장기억과 집단 관련성, 선택, 관련 가치, 목적의식을 특징으로 하는 기능기억으로 나누었다. 이 가운데 기능기억(문화적 기억)은 정치적인 요구와 관련되거나 또는 명확한 정체성을 부각시키는 특징이 있다(김영범, 앞의 글, 1999, 571~573쪽; 알라이다 아스만, 변학수 · 백설자 · 채연숙 옮김, 『기억의 공간』, 경북대출판부, 2003, 168~177쪽).

은 맥아더 동상과 인천지구전적비, 인천상륙작전기념관과 같은 조형물과 건축물에 의한 '일상적인 재현'에 의해 만들어진 집단기억이다. 또한 언론매체와 학교교육 등을 통한 '정기적인 기념 의례와 행사'에 의해 획득된 40여 년 동안의 기억학습 결과이다.

인천상륙과 맥아더라는 인천의 집단기억은 앞에서 살펴보았듯이 시간과 공간을 좌표축으로 삼아 형성되고, 전승되었다. 특히 기억과 공간의 관계는 뗄 수 없는 관계로 기억술(기억방법)의 핵심은 이미지와 장소이다. 이미지란 기억의 내용을 명확한 형상으로 코드화한 것이고, 이 형상은 일정한 구조로 되어 있는 어떤 공간 속의 구체적인 장소로 대응되게 된다. 공간은 기억술의 매체이고, 기억의 화신이라고 할 건축물은 기억의 상징체이다.[104] 따라서 기억이 내재된 특정 공간의 이미지(형상)가 곧 장소성이라고 할 것이다.

한편 국가의 반공이데올로기 차원에서 인천상륙 · 맥아더 집단기억이 만들어지고 그것이 지역의 장소성으로 형성 · 지속될 수 있었던 데에는 인천 지역민 가운데 이북 실향민이 70여만 명에 이르는 인구 구성이 상승작용을 한 것이기도 했다.[105] 이는 국가가 조형한 지역사회의 집단기억이 일방적일 수만은 없으며, 바로 이 점에서 장소성으로 의미화될 수 있었음을 나타낸다.

---

104) 알라이다 아스만, 위의 책, 2003, 199쪽.

105) 인천 지역 이북도민에 대한 정확한 통계는 없다. 인천은 6 · 25전쟁 시기에는 이북으로부터, 60년대 중반 이후에는 산업화에 따라 충청과 호남지역에서 인구가 유입되었다. 참고로 1998년 인하대 정영태 교수의 조사에 따르면 부친의 고향이 충청도 21.5%, 전라도 16.4%, 경기 14.1%, 인천 13%, 이북 10.4%였으며, 자신의 출생지는 인천 28.5%, 충청도 16.5%, 서울 13.5%, 경기도 12.2%, 전라도 11.1%였다. 이로 보아 60, 70년대에는 이북도민의 비율이 훨씬 높았을 것으로 생각된다. 인천지구전적비가 있는 수봉공원에 망향단이 위치한 것도 그런 차원에서 무관하지 않은 일이다(「이북5도민과 이북5도민회의 활동」, 『인천광역시사』; (「인천의 권력구조와 정치 과정」, 『정치비평』 4호, 한국정치연구회, 1998).

〈사진 9-6〉
세창양행 사택
초기 모습
(1884년경)
자료제공: 화도진
도서관

〈사진 9-7〉
서공원(각국공원)
내 존스톤 별장
자료제공: 화도진
도서관

〈사진 9-8〉
자유공원 내 맥아더
동상 앞에서 열린
제9회 제물포제
광경(1989)
자료제공: 화도진
도서관

맥아더동상과 1982년 세워진 한미수교100주년기념탑이 위치한 자유공원은 개항장도시 인천의 '기억의 장소'이다. 응봉산 남서쪽 바다를 향한 일대에 위치한 자유공원은 1888년 11월에 설치된 우리나라 최초의 서구식 공원으로 외국인 거류민단에서 경영하여 만국공원이라 불리었다. 1914년 이후 서공원으로 불렸다가, 해방 후 다시 만국공원으로 복원되었으며, 맥아더 동상 건립과 함께 1957년 10월 자유공원으로 개칭되었다.[106] 개항기에는 영국인 무역상 제임스 존스톤의 별장과 독일 무역상 세창양행이 위치했던 곳, 일제시기에는 인천해전에서 승리한 전함 치요다(千代田)호의 마스트를 높이 세워 두었던 곳, 그리고 해방 후에는 맥아더 동상이 건립된 곳인 자유공원과 그 주변의 개항장 일대는 인천 장소성의 벡터이다.

〈사진 9-9〉
치요다호의 마스트
자료제공: 화도진도서관

106) 인천문화재단, 『만국공원의 기억』, 다인아트, 2006; 「박물관 및 관광명소」, 『CD-ROM 인천광역시사』 6권, 2002.

외지이주민이 상당수를 차지하는, 개방적이고 역동적인 인천지역에는 개항장이란 공간적 성질이 장소성으로 작용하고 있다. 맥아더 동상을 인천상륙작전기념관으로 이전하는 것이 공간 배치 상 타당하다는 의견에도 불구하고 계속 자유공원에 위치시켜 두려는 것은 바로 자유공원이 인천해전/개항－인천상륙/개항이란 '인천 기억의 터'이기 때문일 것이다. 즉 '평화와 참여로 가는 인천연대'는 맥아더 동상을 송도의 인천상륙작전기념관으로 이전하고, 그 자리에 경성감옥 인천분감에서 3년 여 감옥생활을 한 백범 김구의 동상을 세우자고 주장했다. 그러나 황해도민회와 반공연맹 등 보수단체들은 '맥아더 동상을 역사적 가치가 떨어지는 송도 상륙작전기념관으로 옮길 이유가 없다'고 주장했다.[107)]

한편 앞에서 서술했듯이 개항은 해방 직후에는 기념가치가 되지 못했으나, 1950년대 말 이후 경제개발과 함께 "개항이 조국근대화에 이바지하여 온 업적"이[108)] 평가되면서 기념되기 시작했다. 정치환경 변화에 따라 전쟁 기념의 정치적 기능기억은 바뀌었지만, 근대화·산업화를 상징하는 개항관련 집단기억은 그대로 지속되었다는 것은 인천지역 장소성에서 개항(장)이란 시공간적 요인이 훨씬 지역적이고 기층적임을 뜻한다. 최근 "제2의 개항"이 거론되는 것도 이러한 맥락에서 생각해볼 수 있다.

1983년 7월 인천개항백주년을 맞이하여 경인일보사가 실시한 인천시민의식 조사에서 개항의 의의를 묻는 물음에 "열강에의 정치적 문호개방에 도움을 주었다"가 51.6%, "한국정치사에 일대 전기가 됐다"가 36.6%였다. 그리고 경제적인 측면에서 53.3%가 "한국경제 발전에 발판

---

107) 「인물 키우지 못한 인천」, 『조선일보』 1998. 12. 24; 「이슈 & 현장-자유공원 맥아더 동상」, 『인천일보』 2004. 12. 9.

108) 이는 1983년 7월 1일 준공된 인천개항100주년기념탑 하단에 새겨져 있는 건립취지문의 일부이다(「조우성의 인천이야기: 개항100년 유감」, 『조선일보』 2001. 9. 8).

이 마련됐다", 42.5%가 "외국과의 경제 교역에 결정적 가교가 됐다"로 답했다. 이를 근거로 경인일보사는 인천 지역민들에게는 "인천 개항의 역사가 한국의 정치경제사에 중요한 몫을 차지하고 있다는 강한 자부심이 내재해 있다"고 평가했다.[109] 그러나 과연 거의 모든 인천 시민이 개항에 대해 그렇게 생각했을까?

대개 기억의 전유는 제국주의 지배나 혹은 국가의 민족 통합, 혹은 군부정권의 통제와 같은 일정한 정치적 '욕망' 실현을 위해 이루어진다. 그러나 다양한 권력적 욕망이 아무리 기억을 단일적인 것으로 만들려고 분투해도 기억은 결코 통일적이지 않으며, 언제나 하위 서사들(sub-narratives)과 경쟁이 존재한다. 그리고 특정기억만 변화하는 것이 아니라 모든 시대에 걸쳐 기억의 기능 자체도, 즉 사회관계 속에서 기억이 차지하는 위상과 기억이 취하는 형식들도 변한다.[110]

2002년 참여정부 집권으로 과거 성찰에 대한 목소리가 높아지고 한미 외교관계에 대한 자주성이 주장되면서 그동안 잠재되어 있던 '인천상륙 · 맥아더/개항'의 집단기억 전유를 둘러싼 사회적 갈등이 표면화되었다. 그 갈등은 2001년부터 시민단체를 중심으로 교통 방해와 몰역사성을 명분으로 인천개항100주년기념탑 철거문제를 제기하면서 시작되었다. 주목할 점은 개항100주년기념탑과 함께 맥아더동상 철거도 함께 주장되었다는 사실이다.

진보적 시민단체는 2002년 '6 · 15 우리민족대회'의 인천 개최를 계기로 "인천은 북한과 인접하여 분단의 희생물이었는데, 이제 평화통일, 남북교류의 교두보로 변화시켜야 한다"고 주장하며 '평화도시'를 선언했다.[111] 특히 사회 일각에서는 도시 정체성 및 이미지와 관련해 공원의

---

109) 「인천개항 백년 본사 시민의식 조사」, 『경인일보』 1983. 7. 2.

110) 제프리 K 올릭 엮음, 최호근 · 민유기 · 윤영휘 옮김, 『국가와 기억』, 민주화운동기념사업회, 2006, 21쪽.

각종 도시 조형물 중 전쟁과 관련된 것이 너무 많다는 문제 제기를 하면서 대표적으로 맥아더 동상을 지목했다.[112] 그리고 '영웅' 맥아더에 대한 재평가가 시도되었다.[113] 2005년 7월과 9월에는 맥아더동상 철거 문제를 놓고 찬성하는 세력과 반대하는 세력이 격렬하게 대립했는데, 이는 전형적인 기억투쟁이다.[114]

여기에서 주목할 점은 개항/인천상륙·맥아더란 집단기억이 하나의 조합코드로 작동하고 있다는 사실이다. 개항100주년사업의 일환으로 인천상륙기념관이 건립되었고, 또한 개항100주년기념탑 철거와 함께 맥아더동상 철거도 함께 주장되었던 것이다. 이 집단기억 조합코드는 바로 개항장도시란 역사적 규정력, 그리고 수도 서울의 다리목이란 지정학적 위치에서 연유하는 정치적 규정력에 의해 생성된 것이다. 이것이 인천의 장소성, 즉 인천의 정체성과 아우라로 내재화되었다고 생각된다.[115]

---

111) 이 선언은 단순히 공염불에 끝나지는 않았으니, 2005년 5월 30일 지방자치단체 중에서는 처음으로 북한의 공식 초청을 받아 시장, 시의회, 경제계, 시민단체 등 42명의 대표단이 공식방문했다. 대북사업에서 지리적으로 밀접한 위치에 있는 인천은 남북교류협력조례를 제정하고 남북교류전담조직을 구성하기도 했다. 그러나 "이북 실향민이 많아 강성기류가 높은 관계로 대북 지원사업에 대한 시민들의 전폭적인 지원은 이루어지지 않았"다(「아듀 2005 결산: 항도사 길이 남을 '일대 사건'」, 『경인일보』 2005. 12. 29).

112) 「이슈 & 현장: 자유공원 맥아더 동상」, 『인천일보』 2004. 12. 9.

113) 이는 맥아더가 전범 히로히토 일왕을 사면해주고 일제가 빼앗아간 문화재 반환요구를 강력히 반대한 점, 한국전쟁 때 한반도 북부와 만주지역에 핵폭탄을 투하하려 했던 역사적 사실에 근거했다(구교정 인천연대 협동사무처장, 「맥아더장군동상 이전해야」, 『인천일보』 2004. 12. 13).

114) 「보수 대 진보 '이념충돌' 불붙인 맥아더 장군」, 『주간조선』 2005. 8. 2; 「해병전우회 '맥아더 동상사수' 경계근무 돌입」, 『오마이뉴스』 2005. 9. 15; 「맥아더 논란」, 『한겨레신문』 2005. 9. 13.

115) 인천의 집단기억 문제는 현재진행형이다. 우파 쪽에서는 맥아더를 인천상륙작전의 지휘자로 우상화하여 2009년 2월 해병대전우회, 인천연합회가 그의 탄생을 기념하는 동상참배식을 열었다. 그리고 최근에는 뉴라이트그룹이 인천상륙작전을 다룬 영화도 만들겠다고 공표했다(「해병대전우회 21일 맥아더동상 참배」, 『연합뉴

일제강점기나 해방 후 냉전체제 하에서 '전쟁(인천해전/인천상륙) 기념'은 인천 집단기억에서 상위를 점했으나, 현재에는 '제2의 개항'이 제기되면서 개항기념이 주요하게 부각되고 있다. 그런 점에서 개항 관련 기억전유가 오히려 훨씬 더 강렬한 인천 공간의 장소성으로 작용하고 있는 것이 아닐까 생각된다. 즉 전쟁기념 기억은 인천의 지정학적 규정력을 기초로 제국주의나 국가가 주도한 부분이 크지만, 개항기념 기억은 지역사회 차원에서 형성된 측면이 강하다.

지나간 시간의 기념물로서의 장소는 조직화된 의미세계이고 또한 가치의 응결물이다. 그 의미와 가치는 역사적 경험과 정치사회적 관계의 축적에 의해 획득된다. 이 점에서 과거의 집단기억은 정치환경이나 사회구성이 변화하면 전면적으로 폐기, 단절되는 것이 아니라 시간축의 선상에서 그대로 연계되면서 수정, 재구성된다고 볼 수 있을 것이다. 기념물과 기념(일)의례란 필요 장치는 변화하지만, 그것에 의거하여 작동되는 집단기억이 식민지시기나 해방 이후나 외부 규정력, 즉 제국주의 혹은 국가 권력에 의해 조형되었다는 점에서는 마찬가지이다.

인천 집단기억은 바로 개항장도시란 역사시간적 규정력, 그리고 수도 서울의 다리목이란 지정학적 위치에서 연유하는 정치공간적 규정력에 의해 조형된 것이다. 바꾸어 말하면 이러한 시공간적 규정력이 인천의 장소성, 즉 정체성과 아우라의 '원천'인 셈이다.

1990년대 말 이후 정치적 민주화란 사회변화와 함께 국가가 조형한 집단기억에 대항하는 하위서사들의 기억투쟁이 시작되었다. 여기에서 주목할 것은 지역 단위의 정체성과 관련한 기억투쟁으로, 기억의 재구성을 통해 공간과 장소에 대한 새로운 전망을 제기하고 있다는 점이다.

ス』 2009. 2. 21; 「드라마 영화로 역사를 바로잡겠다?」, 『위클리경향』 805호, 2008. 12. 23).

인천의 경우 '평화도시'란 슬로건이 그러하다. 현재진행형인 이러한 기억 재구성이 지역주민들에게 어떻게 투사되어 사회적기억(집단기억)으로 조형될지는 훗날의 연구주제이다.

참고문헌

1. 자료

신문, 잡지

『皇城新聞』『大韓每日申報』『東亞日報』『朝鮮日報』『時代日報』『中外日報』
『京城日報』『京城新報』『朝鮮新聞』『朝鮮新報』『釜山日報』『元山每日新聞』
『자유신문』『경인일보』『인천일보』
『通商彙纂-駐韓日本領事館報告』, 日本外務省 通商局, 1881~1903.
『日韓通商協會報告』, 東京: 日韓通商協會, 1895~1898.
『西友』, 漢城: 西友學會, 1906~1908.
『西北學會月報』, 西北學會, 1908~1910.
『大韓協會會報』, 大韓協會, 1908~1908.
『滿韓之實業』, 滿韓實業協會, 1908~1918.
朝鮮總督府, 『朝鮮總督府官報』, 1910~1944.
『朝鮮總督府及所屬官署直員錄』, 1910~1944.
조선총독부 편, 『朝鮮總督府月報』, 京城: 日韓書房, 1911~1914.
『崇實學報』 1호, 숭실학교학생회, 1915년 1월.
朝鮮總督府, 『朝鮮』, 1917~1944.
『半島時論』, 京城: 半島時論社, 1917~1919.
『開闢』, 京城: 開闢社, 1920~1935.
『朝鮮公論』, 東京: 朝鮮公論社, 1913~1944.
朝鮮總督府 殖産局 編纂, 『朝鮮工場名簿』, 朝鮮工業協會, 1921~1943.

中村資良 편,『朝鮮銀行會社組合要錄』, 東亞經濟時報社, 1921~1941.
『三千里』, 京城: 三千里社, 1929~1944.
『高等警察報』 1~6호, 조선총독부 경무국 보안과, 1933.
國民精神總動員朝鮮聯盟,『總動員』, 東京: 綠陰書房, 1939~1940.
『大陸東洋經濟』 1~36호, 京城: 東洋經濟新報社, 1943~1945.

단행본 · 문서철(발행연도 순)

靑山互惠,『仁川事情』, 朝鮮新報社, 1892.
相澤仁助 編,『釜山港勢一班』, 日韓昌文社, 1905.
『明治三十九年度 元山港貿易一斑』, 元山日本人商業會議所, 1907.
加瀨和三郎,『仁川開港二十五年史』, 平조郎, 1908(역서는 인천광역시 역사자료관에서 2008년 발간).
저자미상,『仁川開港廿五年史』, 印刷: 光村合資會社大阪工場, 1908.
「元秘發 第84號 伊藤公爵遭難ニ對スル當地及附近ノ民心狀況」(1909. 10. 29),『統監府文書』 7.
「高秘發 第346號의 1, 凶變에 對한 地方民心에 關한 電報」(1909. 11. 2),『한국독립운동사자료』 7』(안중근 편 Ⅱ).
「高秘發 第407號」(1909. 11. 25),『한국독립운동사자료 7』(안중근편 Ⅱ).
西田常三郎 편,『東朝鮮 一名 元山案內』, 元山每日新聞社, 1910.
『韓國實業要報』 第2編, 山口縣 內務部, 1910.
『耶蘇敎ニ關スル諸報告』, 조선총독부 지방부, 1910.
「憲機 第728號 排日派主唱者首領李東暉ノ行動ニ關スル件-3月3日 元山分遣所長報告」,『耶蘇敎에 關한 諸報告』(1910.6).
森田福太郎,『釜山要覽』, 釜山商業會議所, 1912.
川俣馨一,『日本赤十字社發達史』, 日本赤十字社發達史發行所, 1912.
川端源太郎,『朝鮮在住內地人實業家人名辭典』, 朝鮮實業新聞社, 1913.
石井彦三,『元山案內』, 元山商業會議所, 1914.
元山府廳,『元山府勢要覽』, 1914.
天野藤男,『地方靑年團の現在及將來』, 洛陽堂, 1915.
富永嘉藤壽,『朝鮮産業界』, 朝鮮新聞社, 1916.

田中周次,『仁川港經濟事情』, 朝鮮銀行, 1916.
高尾新右衛門 編,『元山發展史』, 大阪: 啓文社, 1916.
角田廣司 編,『在朝鮮內地人紳士名鑑』, 朝鮮公論社, 1917.
廣田駒次郎,『元山案內』, 元山每日新聞編輯局, 大阪市: 谷口印刷所, 1917.
京城覆審法院 刑事部, 「大正8年 刑控第230號 判決」(1919. 5. 26).
高等法院 刑事部,「大正8年 刑上第304號 判決書」(1919. 7. 3).
京城地方法院 刑事部,「大正9年 9月 14日 判決」.
京城覆審法院 刑事第2部,「大正9年 10月 13日 判決」.
京城覆審法院 刑事部,「大正8年 刑控第230號 判決」(1919. 8. 2).
「大正9年11月3日 高警第33269號 元山騷擾事件續報」,『朝鮮騷擾事件關係書類』(6), 日本陸軍省.
京城覆審法院,「大正10年 刑控第32號 判決」(1921. 2. 26).
高等法院 刑事部,「大正10年 刑上第48號 判決」(1921. 3. 19).
文部省 普通學務局 編,『全國青年團の實際』, 1921.
笠松英夫,『大正九年 港勢一斑』, 元山商業會議所, 1921.
貴田忠衛 편,『朝鮮人事興信錄』, 朝鮮新聞社, 1922.
高尾新右衛門,『大陸發展策より見たる元山港』, 元山: 東書店, 1922.
古賀貞造,『大正十年 統計年報』, 元山商業會議所, 1923.
商業會議所聯合會 編,『日本商業會議所之過去及現在』, 東京: 日清印刷株式會社, 1924.
日本青年団研究会,『青年団とは何ぞや』, 日本魂社, 1924.
章勳夫,『大正十二年 統計年報』, 元山商業會議所, 1924.
古庄逸夫,『朝鮮地方制度講義』, 帝國地方行政學會朝鮮本部, 1925.
朝鮮總督府,『簡易國勢調査結果標』, 1925.
章勳夫,『大正十四年 統計年報』, 元山商業會議所, 1926.
元山府 編,『日本海の商港 元山』, 1926.
『學校費特別賦課金關係書類』, 내무국 지방과, 1927.
畑本逸平,『咸鏡南道の事業と人物名鑑』, 咸鏡南道: 咸南新報社, 1927.
廣田駒次郎 編,『元山と人』, 東京: 東朝鮮通信社, 1927.
富岡重雄,『普通選擧講座』, 東京: 普選社, 1927.

「警高秘第2502號ノ1 朝鮮社會團體中央協議會創立大會開催狀況並集會禁止ニ關スル件」(1927. 5. 30),『思想問題에 關한 調査書類 3』.
久崎艦次郎,『町村會議員選擧必携』, 株式會社 久崎活版工場, 1929.
萩森茂 編著,『京城と仁川』, 大陸情報社, 1929.
朝鮮總督府 警務局,『高等警察關係年表』, 1930.
染川覺太郎,『全羅南道事情誌』, 목포: 全羅南道事情誌刊行會, 1931.
『朝鮮國勢調査報告』 全鮮編 제1권 結果表, 1930.
安藤靜,『朝鮮地方制度改正令』, 朝鮮寫眞通信社, 1931.
朝鮮總督府,『昭和5년 朝鮮國勢調査速報』, 1931.
岡本保誠,『仁川港』, 仁川商工會議所, 1931.
朝鮮總督府 內務局 編,『改正朝鮮地方制度實施概要』, 경성: 행정학회인쇄소, 1932.
中原倉造,『仁川鄕土誌』, 仁川教育會, 1932.
淵上福之助,『朝鮮と三州人』, 鹿兒島新聞京城支局, 1933.
南滿洲鐵道株式會社 經濟調查會,『朝鮮人勞動者一般事情』, 南滿洲鐵道株式會社, 1933.
小谷益次郎 編,『仁川府史』, 仁川府, 1933.
朝鮮總督府,「元山」(1917년 測圖, 1928년 제2회 修正測圖及補測), 陸地測量部, 1933(일본국회도서관 소장).
章勳夫,『昭和8年 統計年報』, 元山商工會議所, 1934.
朝鮮總督府,『昭和9年 朝鮮の人口統計』, 1934.
岡本保誠 編,『仁川商工會議所五十年史』, 仁川商工會議所, 1934.
朝鮮總督府,『昭和10年 國勢調査』, 1935.
善生永助,『朝鮮の人口問題』, 朝鮮總督府 官房文書課, 1935.
章勳夫,『昭和九年統計年譜』, 元山商工會議所, 1935.
元山府,『元山府史年表』, 元山: 三祐堂印刷所, 1936.
田中市之助,『全鮮商工會議所發達史』, 釜山日報社, 1936.
金元錄,『元山要覽』, 元山: 元山要覽編輯會, 1937.
梁村奇智城,『新興之北鮮史』, 京城: 朝鮮研究社, 1937.
朝倉昇,『朝鮮工業經濟讀本』, 東京: 朝倉經濟研究所, 1937.

朝鮮總督府,『仁川市街地計劃決定理由書』, 1937.
渡邊政喜,『仁川商工會議所年報』, 仁川商工會議所, 1937・1938년판.
金東弼(製圖者)・森脇毅(著作兼發行人),「最新元山案內圖」, 共榮商會, 1938(일본국회도서관 소장).
元山府,『元山府勢要覽』, 元山: 小林印刷所, 1939.
丸山雄治,『北支戰線と銃後の仁川』, 內田演(仁川: 築地活版所), 1939.
土屋幹夫 編,『咸南名鑑』, 元山: 元山每日新聞社, 1940.
朝鮮總督府,『昭和15년 朝鮮國勢調查結果報告要約』, 1940.
朝鮮總督府,『朝鮮に於ける國民精神總動員』, 朝鮮印刷株式會社, 1940.
愛國婦人會,『愛國婦人會四十年史』, 東京: 大日本印刷株式會社, 1941.
朝鮮總督府,『朝鮮人口ニ關スル資料』, 1941.
朝鮮總督府,『半島ノ國民總力運動』, 1941.
國民總力朝鮮聯盟 編,『國民總力讀本』, 國民總力朝鮮聯盟, 1941.
全國經濟調查機關聯合會朝鮮支部 編,『朝鮮經濟年報』, 改造社, 1941・1942.
御手洗辰雄,『南總督の朝鮮統治』, 京城日報社, 1942.
町田義介,『元山商工會議所六十年史』, 元山商工會議所, 1942.
小倉政太郎,『年間朝鮮 昭和17年版-朝鮮産業の共榮圈參加体制』, 東洋經濟新報社京城支局, 1942.
小倉政太郎,『朝鮮産業年報 昭和18年版-朝鮮産業の決戰再編成』, 朝鮮印刷株式會社, 1943.
國民總力朝鮮聯盟,『國民總力運動要覽』, 1943.
生活科學팜플렛,『國民生活論叢』(1), 生活科學社, 1943.
工政會 企劃部 편,『大東亞國土計劃の研究』 下, 東京: 平凡社, 1943.
中井武三,『在鄕軍人會三十年史』, 帝國在鄕軍人會三十年史編纂委員會, 1944.
杉田芳夫 編,『朝鮮に於ける國民總力運動史』, 國民總力朝鮮聯盟, 1945.
「전시생활개선위원회규정」,『국무회의상정안건철』, 총무처 의정국 의사과, 1952.
최성연,『開港과 洋館歷程』, 경기문화사, 1959.
元山市史編纂委員會,『元山市史』, 三信文化社, 1968.
독립운동사편찬위원회,『독립운동사 2: 삼일운동사 上』, 1970.
국사편찬위원회,『大韓帝國官員履歷書』, 탐구당, 1972.

金亨奎,『隨筆의 香氣』, 일조각, 1981.
元山公立中學校同窓會,『元山中學創立60周年紀念同窓會誌』, 서울: 元中同窓會, 1981.
笠井久義,『元山の想ひ出』, 千葉縣, 1981.
笠井久義,『望郷』, 株式會社圖書刊行會, 1992.
『朝鮮思想關係資料集: 十五年戰爭極祕資料集 5－朝鮮軍概要史』, 고려서림, 1993.
김학철,『김학철 자서전, 최후의 분대장』, 문학과지성사, 1995.
元山公立商業學校同窓會,『明沙』, 正文社, 1996.
元山公立高等女學校同窓會,『松濤』, 1999.
井上三治 · 稻田敦 · 松下昭 · 村上雄昭 編,『長德: 八十周年記念』, 元山公立中學校 元中長德同窓會本部, 東京: 三朋印刷株式會社, 2000.
元山樓氏高等女學校總同窓會,『常綠: 樓氏高女100年誌』, 2003.
부평사편찬위원회,『부평사』 1 · 2권, 인천신문, 2007.
원산시민회 홈페이지 http://www.wonsan.org/main.htm
한국역사정보통합시스템 http://www.koreanhistory.or.kr

2. 논저(저자 가나다순)

저서

가스통 르루, 이주영 옮김,『러일전쟁, 제물포의 영웅들』, 작가들, 2006.
공제욱 · 정근식 편,『식민지의 일상－지배와 균열』, 문화과학사, 2006.
권귀숙,『기억의 정치』, 문학과지성사, 2006.
김승,『근대 부산의 일본인 사회와 문화변용』, 선인, 2014.
김승태,『한말 · 일제강점기 선교사연구』, 한국기독교역사연구소, 2006.
김왕배,『도시 공간 생활세계』, 한울, 2009.
김용하 외,『인천 공유수면매립지 토지이용현황조사 연구』, 인천발전연구원, 2001.
김종식,『근대 일본 청년상의 구축』, 선인, 2007.
金重烈,『항일노동투쟁사』, 집현사, 1978.

김진균 · 정근식 편저, 『근대주체와 식민지 규율권력』, 문화과학사, 1997.
김택현, 『서발턴과 역사학 비판』, 박종철출판사, 2003.
김학이 · 김기봉 외, 『현대의 기억 속에서 민족을 상상하다』, 세종출판사, 2006.
김형목, 『대한제국기 야학운동』, 경인문화사, 2005.
다카사키 소지, 이규수 옮김, 『식민지 조선의 일본인들: 군인에서 상인, 그리고 게이샤까지』, 역사비평사, 2006.
다카시 후지타니, 『화려한 군주-근대 일본의 권력과 국가의례』, 이산, 2003.
데이비드 하비, 최병두 역, 『자본의 한계-공간의 정치경제학』, 한울, 1995.
도린 매시, 박경환 · 이영민 · 이용균 옮김, 『공간을 위하여』, 심산, 2016.
라나지트 구하, 김택현 옮김, 『서발턴과 봉기: 식민 인도에서의 농민 봉기의 기초적 측면들』, 박종철출판사, 2008.
로스뚜노프 편, 김종헌 옮김, 『러일전쟁사』, 건국대학교출판부, 2004.
마쓰모토 다케노리, 윤해동 옮김, 『조선농촌의 식민지 근대 경험』, 논형, 2011.
목포개항백년사편찬위원회, 『木浦開港百年史』, 목포백년회, 1997.
문화의창총서편집위원회, 『만국공원의 기억』, 인천문화재단, 2006.
미셸 푸코, 오생근 옮김, 『감시와 처벌』, 나남, 2003.
미셸 푸코, 박정자 옮김, 『사회를 보호해야 한다』, 동문선, 1998.
미야타 세쯔코, 이영형 역, 『조선민중과 황민화정책』, 일조각, 1997.
미즈노 나오키 외 지음, 정선태 옮김, 『생활 속의 식민지주의』, 산처럼, 2007.
박진한 외, 『제국 일본과 식민지 조선의 근대도시 형성』, 심산, 2013.
발터 벤야민, 최성만 옮김, 『발터벤야민선집 2: 기술복제시대의 예술작품』, 길, 2007.
신기욱 · 마이클 로빈슨 엮음, 도면회 옮김, 『한국의 식민지 근대성』, 삼인, 2005.
아리프 딜릭, 설준규·정남영 옮김, 『전지구적 자본주의에 눈뜨기』, 창작과비평사, 1998.
아쿠타가와 류노스케 · 나카지마 아쓰시 · 유아사 가쓰에, 최관 · 유재진 옮김, 『조선을 그린 일본 근대소설 식민지 조선의 풍경』, 고려대학교출판부, 2007.
알라이다 아스만, 변학수 · 채연숙 옮김, 『기억의 공간―문화적 기억의 형식과 변천』, 그린비, 2011.
에드워드 소자, 이무용 외 옮김, 『공간과 비판사회이론』, 시각과 언어, 1997.

에비아타 체룹바벨 · 제프리 올릭 엮음, 최호근 · 민유기 · 윤영휘 옮김, 『국가와 기억』, 민주화운동기념사업회, 2006.
연세대학교 국학연구원 편, 『일제 파시즘 지배정책과 민중생활』, 혜안, 2004.
연세대학교 국학연구원 편, 『일제의 식민지배와 일상생활』, 혜안, 2004.
오토 프리드리히 볼노, 이기숙 옮김, 『인간과 공간』, 에코리브르, 2011.
요시미 순야 외 지음, 이태문 옮김, 『운동회 근대의 신체』, 논형, 2007.
윤해동, 『식민지의 회색지대』, 역사비평사, 2004.
윤해동 · 황병주 엮음, 『식민지 공공성―실체와 은유의 거리』, 책과함께, 2010.
이규수, 『식민지 조선과 일본, 일본인―호남지역 일본인의 사회사』, 다할미디어, 2007.
이규수, 『개항장 인천과 재조일본인』, 보고사, 2015.
이매뉴얼 월러스틴, 나종일 외 옮김, 『근대세계체제 1』, 까치, 1999.
이성철, 『안토니오 그람시와 문화정치의 지형학』, 호밀밭, 2009.
이영석, 『역사가를 사로잡은 역사가들』, 푸른역사, 2015.
이준한 · 전영우, 『인천인구사』, 인천대학교 인천학연구원, 2007.
이진경, 『역사의 공간―소수성, 타자성, 외부성의 사건적 전유』, 휴머니스트, 2010.
이호룡, 『한국의 아나키즘: 운동편』, 지식산업사, 2015.
인천광역시사편찬위원회, 『仁川廣域市史』 제2권, 2002.
전진성, 『역사가 기억을 말한다』, 휴머니스트, 2005.
정근식 · 공제욱 편, 『식민지의 일상, 지배와 균열』, 문화과학사, 2006.
조경달, 정다운 역, 「식민지 근대성론 비판」, 『식민지 조선의 지식인과 민중』, 선인, 2012.
조선무정부주의운동사편찬위원회 편, 『한국아나키즘운동사』, 형설출판사, 1978.
조정민 엮음, 『동아시아 개항장도시의 로컬리티』, 소명출판, 2013.
조지 L. 모스, 『대중의 국민화』, 소나무, 2008.
천정환, 『조선의 사나이거든 풋뽈을 차라: 스포츠 민족주의와 식민지 근대』, 푸른역사, 2010.
최병두 · 한지연 편역, 『자본주의 도시화와 도시계획』, 한울, 1989.
최유리, 『일제 말기 식민지지배정책연구』, 국학자료원, 1997.

콜린 고든, 홍성민 옮김, 『권력과 지식: 미셸 푸코와의 대담』, 서울: 나남출판, 1991.
한국공간환경학회 편, 『공간의 정치경제학-현대 도시 및 지역연구』, 아카넷, 2000.
한국기독교역사연구소 북한교회사 집필위원회, 『북한교회사』, 한국기독교역사연구소, 1996.
홍순권 외, 『부산의 도시 형성과 일본인들』, 선인, 2008.
홍순권 외, 『일제강점하 부산의 지역개발과 도시문화』, 선인, 2009.
홍순권, 『근대 도시와 지방권력: 한말 · 일제하 부산의 도시 발전과 지방세력의 형성』, 선인, 2010.
古川昭, 『元山開港史－元山開港と日本人』, 岡山: ふるかわ海事事務所, 2004.
內藤正中, 『山陰の日朝關係史』, 平田: 報光社, 1993.
木村健二, 『在朝日本人の社會史』, 未來社, 1989.
木村健二, 『近代植民地都市 釜山』, 東京: 桜井書店, 2007.
梶村秀樹, 「植民地と日本人」, 『日本生活文化社』 8, 河出書房新社, 1984(『梶村秀樹著作集 第1巻 朝鮮史と日本人』, 明石書店, 1992 재수록).
小林英夫, 『帝國日本と總力戰體制－戰前 · 戰後の連續とアジア』, 有志舍, 2004.
松田利彦 · 陳姃湲 編, 『地域社會から見る帝國日本と植民地－朝鮮 · 臺灣 · 滿洲』, 京都: 思文閣出版, 2013.
アンリ · ルフエーブル, 齋藤日出治 譯, 『空間の生産』, 青木書店, 2000.
倉沢愛子 · 杉原達 · 成田龍一 · テッサ モーリス スズキ · 油井大三郎 · 吉田裕, 『動員 · 抵抗 · 翼贊-岩派講座 アジア · 太平洋戰爭 3』, 岩波書店, 2006.

논문

강옥초, 「그람시와 '서발턴' 개념」, 『역사교육』 82, 2002.
곽낙현, 「매일신보」에 기재된 脚戱, 씨름 기사에 대한 고찰: 1920년~1945년을 중심으로」, 『한국체육학회지』 46-6, 2007.
기유정, 「1920년대 京城의 '有志政治'와 京城府協議會」, 『서울학연구』 28, 2007.
김경일, 「1929년 원산총파업에 대하여: 60주년에 즈음한 역설운동을 중심으로」, 『역사와 현실』 2, 1989.
김광운, 「원산총파업을 통해 본 노동자조직의 건설문제」, 『역사와현실』 2, 1989.

김기곤, 「국가폭력, 하나의 사건과 두 가지 재현-거창사건의 기억과 문화적 재현 과정」, 『민주주의와 인권』 9-1, 5 · 18연구소, 2009.
김민철, 「전시체제하(1937~1945) 식민지 행정기구의 변화」, 『한국사학보』 14, 2003.
김민철, 「일제의 농민조직화 정책과 농가지도(1932~1945)」, 『역사문제연구』 18, 2007.
김상욱, 「한말 · 일제강점기(1899~1929) 목포소방조의 결성과 활동」, 『역사학연구』 34, 2008.
김성학, 「근대 학교운동회의 탄생: 花柳에서 훈련과 경쟁으로」, 『한국교육사학』 31, 2009.
김승, 「일제강점기 부산지역 일본인 청년단체의 조직과 활동」, 『한국민족문화』 28, 2006.
김영범, 「알박스(Maurice Halbwachs)의 기억사회학 연구」, 『사회과학연구』 6-3, 대구대 사회과학연구소, 1999.
김용규, 「로컬리티의 문화정치학과 비판적 로컬리티 연구」, 『한국민족문화』 32, 2008.
김윤성, 「함경도지역 교회사」, 『한국기독교와 역사』 3, 한국기독교역사연구소, 1994.
김윤정, 「1920년대 부협의원 선거 유권자대회와 지역 정치의 형성－마산과 원산의 사례를 중심으로」, 『사림』 55, 2016.
김익한, 「일제하 한국 농촌사회운동과 지역 명망가」, 『한국문화』 17, 1996.
김재철, 『한국 산업공간의 변화와 주변지역 공업화의 성격에 관한 연구』, 전남대 지리학과 박사학위논문, 1996.
김택현, 「다시 서발턴은 누구/무엇인가?」, 『역사학보』 200, 2008.
김택현, 「라나지트 구하의 '서발턴 연구'와 역사학(1)」, 『영국연구』 22, 2009.
김현숙, 「대한제국기 운동회의 기능과 표상」, 『동아시아 문화연구』 48, 2010.
김형목, 「자강운동기 한성부민회의 의무교육 시행과 성격」, 『중앙사론』 9, 1997.
남상호, 「近代日本の村落'名望家'論の檢討」, 『日本文化學報』 19, 2003.
류방란, 「개화기 기독교계 학교의 발달-소학교를 중심으로」, 『한국 근대사회와 문화 Ⅰ』, 서울대학교출판부, 2003.
박찬승, 「근현대 당진지방의 정치사회적 동향과 지역엘리트」, 『지방사와 지방문화』 7-2, 2004.

박환, 「근대 수원지역 학교운동회 연구」, 『한국민족운동사연구』 81, 2014.
배석만, 「일제시기 조선기계제작소의 설립과 경영(1937~1945)」, 『인천학연구』 10, 인천대학교 인천학연구원, 2009.
배성준, 「전시(1937~45) 통제하 경인공업지대의 형성」, 『기술과 역사』 창간호, 2000.
배성준, 「농민적 주체: 3·1운동의 농민봉기적 양상」, 『1919년 3월 1일에 묻다』, 성균관대출판부, 2009.
신용하, 「우리나라 最初의 近代學校 設立에 대하여」, 『한국사연구』 10, 1974.
신주백, 「체육교육의 군사화와 강제된 건강」, 『식민지의 일상, 지배와 균열』, 정근식·공제욱 편, 문화과학사, 2006.
심재만, 「인천시가지의 성장과 변천에 관한 연구－1910~1945」, 인하대 건축공학과 석사학위논문, 1986.
안병직, 「한국사회에서의 '기억'과 '역사'」, 『역사학보』 193, 역사학회, 2007.
안자코 유카, 「조선총독부의 '총동원체제'(1937~1945) 형성정책」, 고려대 박사학위논문, 2006.
염복규, 「1930-40년대 인천지역의 행정구역 확장과 시가지계획의 전개」, 『인천학연구』 6, 2007.
염복규, 「일제하 경성지역 소방기구의 변화 과정과 활동 양상」, 『서울학연구』 49, 2012.
오미일, 「총동원체제하 생활개선캠페인과 조선인의 일상－식민도시 인천의 사회적 공간성과 관련하여」, 『한국독립운동사연구』 39, 2011.
오미일, 「開港(場)과 移住商人－開港場都市 로컬리티의 형성과 기원」, 『한국근현대사연구』 47, 2008.
오미일, 「부평 로컬리티와 이주민－1945년~1960년대를 중심으로」, 『인문과학』 46, 2010.
柳漢喆, 「한말 私立學校令 以後 日帝의 私學 彈壓과 그 特徵」, 『한국독립운동사연구』 2, 1988.
윤건차, 「식민지 일본인의 정신구조」, 『제국과 식민지의 주변인－재조일본인의 역사적 전개』, 보고사, 2013.
이동진, 「간도의 조선인 축구」, 『동북아역사논총』 40, 2013.

이용기, 「일제시기 면 단위 유력자의 구성과 지역정치」, 『대동문화연구』 67, 2009.

이용기, 「마을에서의 한국전쟁 경험과 그 기억」, 『역사문제연구』 6, 역사문제연구소, 2001.

이정숙, 「M.C. 화이트 선교사의 원산 방문 재고」, 『한국교회사학회지』 21, 2007.

이준식, 「탈민족론과 역사의 과잉해석: 식민지공공성은 과연 실재했는가」, 『내일을 여는 역사』 31, 2008.

이형식, 「재조일본인 연구의 현황과 과제」, 『일본학』 37, 동국대 일본학연구소, 2013.

전성현, 「식민자와 조선－일제시기 大池忠助의 지역성과 '식민자'로서의 위상」, 『한국민족문화』 49, 2013.

전우용, 「원산에서의 식민지 수탈체제의 구축과 노동자계급의 성장」, 『역사와 현실』 2, 1989.

정근식, 「한국전쟁경험과 공동체적 기억－영암 구림권을 중심으로」, 『지방사와 지방문화』 5, 2002.

정근식, 「시간체제와 식민지적 근대성」, 『문화과학』 41호, 2005.

정예지, 「북간도 조선인학교의 연합운동회」, 『만주연구』 12, 2011.

정재걸, 「학교 근대교육의 起點에 관한 연구」, 『교육사학연구』 2·3, 1990.

정호기, 『기억의 정치와 공간적 재현-한국에서의 민주화 운동들을 중심으로』, 전남대 사회학과 박사학위논문, 2002.

조찬석, 「인천시 행정구역의 변천－특히 1883~1945년을 중심으로」, 『기전문화연구』 12, 경인교육대학교 기전문화연구소, 1983.

지수걸, 「일제하 공주지역 유지집단의 도청이전 반대운동(1930. 11~1932. 10)」, 『역사와 현실』 20, 1996.

지수걸, 「日帝下 公州地域 有志集團 硏究－사례 3: 池憲正 (1890~1950)의 '有志基盤'과 '有志政治'－」, 『역사와 역사교육』 2, 1997.

지수걸, 「일제시기 충남 부여·논산군의 유지집단과 혁신청년집단」, 『한국문화』 36, 서울대학교 규장각 한국학연구원, 2005.

최갑수, 「홀로코스트, 기억의 정치, 유럽중심주의」, 『사회와역사』 70, 한국사회사학회, 2006.

최호근, 「집단기억과 역사」, 『역사교육』 85, 역사교육연구회, 2003.
하원호, 「개화기 원산항의 한일간 교역과 그 성격」, 『동양학』 38, 단국대학교 동양학연구소, 2005.
한성훈, 「기념물을 둘러싼 기억의 정치와 집단 정체성」, 『사회와역사』 78, 한국사회사학회, 2008.
허병식, 「휴양지의 풍경: 근대도시 원산의 장소정체성」, 『한국문학연구』 44, 동국대학교 한국문학연구소, 2013.
홍순권, 「개항기 객주의 유통지배에 관한 연구」, 『한국학보』 11, 1985.
황병주, 「식민지기 公的 空間의 등장과 公會堂」, 『대동문화연구』 69, 2010.
허수, 「새로운 식민지 연구의 현주소－'식민지 근대'와 민중사를 중심으로」, 윤해동 · 황병주 엮음, 『식민지 공공성－실체와 은유의 거리』, 책과함께, 2010.
형기주, 「경인공업지대를 예로 한 공업의 분포와 그 지역적 구조유형」, 서울대 경제학과 석사학위논문, 1960.
히로세 레이코, 「대한제국기 일본 애국부인회의 탄생」, 『여성과 역사』 13, 2010.
木村健二, 「在朝日本人史研究の現状と課題－在朝日本人實業家の傳記から讀み取り得るもの」, 『일본학』 35, 동국대 일본학연구소, 2012.
桶口雄一, 「太平洋戰爭下の女性動員－愛國班を中心に」, 『朝鮮史研究會論文集』 32, 1994.
松田利彦, 「植民地期朝鮮における 消防組について」, 『地域社會から見る帝國日本と植民地－朝鮮 · 臺灣 · 滿洲』, 思文閣出版, 2013.
松田利彦, 「序」, 『地域社會から見る帝國日本と植民地－朝鮮 · 臺灣 · 滿洲』, 京都: 思文閣出版, 2013.

게재정보

*이 책의 내용은 다음의 논문을 수정, 보완하여 작성한 것이다.

1장 「개항장 도시의 스포츠 이벤트와 민족의 지리학－일제시기 원산지역을 중심으로」, 『탐라문화』 51, 2016.

2장 「자본주의생산체제의 변화와 공간의 편성-일제 말기 인천지역을 중심으로」, 『한국근현대사연구』 53집, 2010.

3장 「1920년 9월 원산지역 만세시위와 저항의식 형성의 기제」, 『역사와 경계』 102, 2017.

4장 「일제시기 조선인 자본가층의 결집과 '지역번영' 단체의 조직－1920년대 원산지역을 중심으로」, 『한국사연구』 171, 2015.

5장 「지역 '번영단체'의 개발 프로젝트와 그 사회정치적 의미－원산시영회와 원산시민협회의 활동을 중심으로」, 『역사문제연구』 36, 2016.

6장 「1920~1930년대 초반 원산지역 조선인 자본가층의 지역정치－시영회와 시민협회의 선거 및 노동 개입을 중심으로」, 『한국사연구』 175, 2016.

7장 「식민지 조선의 일본인 사회와 지역 단체－원산 지역을 중심으로」, 『역사문제연구』 19, 2015.

8장 전시체제기 지역사회의 기념(일)의례와 동원의 일상－인천지역을 중심으로－」, 『史林』 40, 2011.

9장 「한국 개항장도시의 기념사업과 기억의 정치」, 『사회와 역사』 83, 2009.

저자소개

오미일 Oh, Mi il

부산대 사학과 졸업, 서울대 국사학과에서 「18 · 19세기 貢物政策의 變化와 貢人層의 變動」으로 석사학위, 성균관대 사학과에서 「韓末－1920年代 朝鮮人 資本家層의 形成 및 分化와 經濟的 志向」으로 박사학위를 받았다.

현재 부산대 한국민족문화연구소 교수(한국근현대사 전공)

지역사와 경제사에 대해 연구하고 있다. 근래 제국주의 혹은 세계자본주의체제에 의해 고안되고 만들어지는 사회경제적 정책과 제도 · 장치들, 그리고 이것들이 지역사회의 다양한 계층의 일상적 삶을 어떻게 통제하고 규율하는가에 관심을 가지고 연구했다. 또한 식민지 도시에서 나타나는 민족 · 계급 등 다양한 층위의 갈등, 자본에 의한 공간 편성, 스포츠를 통해 본 공간 분절 등에 대해 연구했다.

앞으로 자본주의체제의 양극화문제, '성장' 패러다임의 전환을 위한 대안 모색으로 사회적 경제에 관한 역사를 연구해보려고 한다.

대표 논저로는 『한국근대자본가연구』(2002), 『경제운동』(2008), 『근대 한국의 자본가들』(개정판, 2015), 「開港(場)과 移住商人」(2008), 「총동원체제하 생활개선캠페인과 조선인의 일상」(2011), 「일제강점기 경성의 중국인거리와 "魔窟" 이미지의 정치성」(2013), 「근대 영흥지역 소비조합운동의 전개와 사회적 연대」(2016), 「상호부조 협동금융의 전개와 마이크로크레딧－지역 자활공제협동조합과 청년연대은행 토닥을 중심으로」(2016) 등이 있다.